Das Sound Blaster Buch

Das Sound Blaster Buch

Josha Munnik und Eric Oostendorp

DÜSSELDORF · SAN FRANCISCO · PARIS · SOEST (NL)

Titel der niederländischen Originalausgabe: WERKEN MET DE SOUNDBLASTER
Original-Copyright © 1992 by Sybex Uitgeverij b.v., Postbus 3177, 3760 DD Soest.

Deutsche Übersetzung: Frans Flecken, Fontline

Projektmanagement/Lektorat: Daniel Danhäuser
Produktion: Doris Heinzmann/Mathias Kaiser
Satz: Dirk Schaun, Düsseldorf
Belichtung: Softype Computersatz-Service GmbH, Düsseldorf
Umschlaggestaltung: Lippert Wilkens Partner, Düsseldorf
Farbreproduktionen: Lettern Partners, Düsseldorf
Druck und buchbinderische Verarbeitung: Bercker, Kevelaer

ISBN 3-88745-560-6
1. Auflage 1992
2. Auflage 1992

Inhaltsverzeichnis

Kapitel 1

Einführung

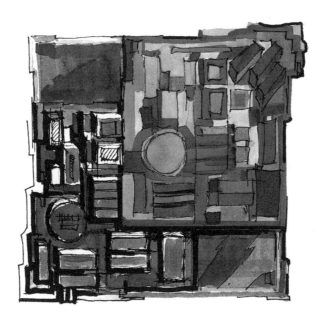

Wie es anfing ...

Lange Zeit war der interne Lautsprecher die einzige Schallquelle, die der PC besaß. Die von dem Lautsprecher erzeugten Geräusche waren nur sehr bescheidener Natur, eigentlich nicht mehr als nur ein paar leise Piepser. 1987 änderte sich dies aber gründlich. Die ersten Sound-Karten kamen auf den Markt. Mit diesen Karten war es möglich, verschiedene Geräusche zu erzeugen.

1987 erschien die AdLib-Music-Synthesizer-Karte, die allgemein als Standard akzeptiert und in vielen Spielen verwendet wurde. Damit konnten jetzt auch Schalleffekte und Musik erzeugt werden.

Nach der AdLib-Karte wurde von Creative Technology der Sound Blaster auf den Markt gebracht. Basis der AdLib-Karte ist ein Synthesizer-Chip, der allerdings die Schalleffekte einschränkt. Der Sound Blaster ist mit der AdLib-Karte kompatibel, hat aber neben dem Synthesizer-Chip noch andere Möglichkeiten, Geräusche zu erzeugen. So ist es möglich, Geräusche digital aufzunehmen und abzuspielen, wodurch auch Sprache in das Programm einbezogen werden kann.

Immer mehr Spiele und andere Programme unterstützen den Sound Blaster. Hierdurch ist die AdLib-Karte vom Markt verdrängt worden.

Genauso wie bei der AdLib-Karte, kam nach einiger Zeit eine neue Version des Sound Blaster für Computer mit einer MCA-Buchse (IBM PS/2) auf den Markt, nämlich der Sound Blaster MCV.

Momentan gibt es bereits einen Nachfolger in Form des Sound Blaster Pro, und hiermit ist zugleich eine neue Zeit angebrochen.

Neben den üblichen Funktionen des Sound Blaster, hat diese Version natürlich auch neue Funktionen. Die Karte besitzt mehrere Möglichkeiten für Stereo-Wiedergabe und kann mit CD-ROM zusammenarbeiten. Microsoft hat den Sound Blaster-Pro zum Standard der Multimedien-Sound-Karten gewählt.

Der Aufbau des Buches

Dieses Buch ist für jeden Benutzer des Sound Blaster bestimmt, einschließlich der Besitzer des Sound Blaster MCV und des Sound Blaster-Pro.

Das Buch unterteilt sich in zwei Teile.

Der erste Teil besteht aus den Kapiteln 2 bis 6.

- Kapitel 2 beschreibt die Installation der Sound Blaster-Karten.

- In Kapitel 3 werden die verschiedenen Teile der Sound Blaster-Karten behandelt.

- Kapitel 4 handelt von verschiedenen Software-Firmen und Musikprogrammen, die die Sound Blaster-Karten unterstützen, während in Kapitel 5 die Erweiterungsmöglichkeiten besprochen werden.

- In Kapitel 6 werden die Grundprinzipien des MIDI-Protokolls erörtert.

Der zweite Teil des Buches umfaßt die Kapitel 7 bis 12.

Dieser Teil befaßt sich eingehend mit der Programmierung der verschiedenen Teile.

- Kapitel 7 umfaßt eine Programmiereinführung und gibt nützliche Tips.

- Kapitel 8 befaßt sich mit allen Bestandteilen des FM-Chip. In diesem Kapitel wird auch die AdLib-Karte besprochen.

- Kapitel 9 erörtert die CMS-Chips.

- In Kapitel 10 wird der DSP behandelt.

- Kapitel 11 befaßt sich eingehender mit dem MIDI-Protokoll.

- Im zwölften Kapitel wird der Mixer-Chip des Sound Blaster Pro erörtert.

Wissenswertes

An erster Stelle möchten wir den Mitarbeitern der Ultra Force Development: Arjan Brussee, Michel Hooymans, Eric Soonius und Remco de Berk für ihre Kritik, Daten und Unterstützung herzlich danken.

Weiter möchten wir unseren Eltern danken. Sie haben uns sehr geholfen, als wir dieses Buch schrieben.

Unser herzlicher Dank geht ebenfalls an die Firma Walop Electronics GmbH, die uns die notwendige Hardware zur Verfügung gestellt hat. Besonders möchten wir Ferry Brink für seine vielen Kontakte danken.

Schließlich sind wir den Mitarbeitern von SYBEX sowie von Fontline zu Dank verpflichtet, ohne deren Hilfe dieses Buch nicht erschienen wäre.

Sollten Sie Programme für die Sound Blaster-Karten benötigen, dann können Sie jederzeit Ultra Force BBS aufrufen, (Tel.-Nr. Niederlande: 070-3585109, 300-57.600 bps). In diesem Bulletin-Board-System finden Sie eine sehr große Auswahl an Noise-Tracker-, CMF-, ROL-, und CMS-Musik sowie sehr viel Public-Domain-Software und Sound Blaster Programme.

Kapitel 2

Sound Blaster und
Sound Blaster Pro betriebsfertig machen

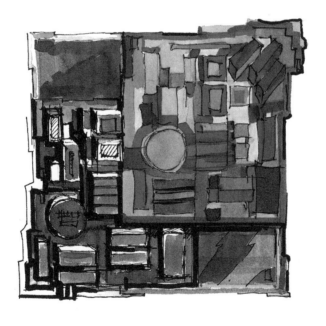

In diesem Kapitel wird die Installation des Sound Blasters, des Sound Blaster MCV und des Sound Blaster Pro beschrieben. Danach wird kurz die mitgelieferte Software besprochen, damit Sie einen Eindruck von den Möglichkeiten des Sound Blasters und des Sound Blaster Pro bekommen. An den Stellen, wo von Sound Blaster und Sound Blaster Pro die Rede ist, ist zugleich die MCV-Version des Sound Blasters gemeint.

Die Installation

Bevor Sie mit der Sound-Karte arbeiten können, muß diese installiert werden. Die Installation geschieht in zwei Schritten: zuerst müssen die richtigen Einstellungen auf der Karte vorgenommen werden, dann muß die Karte im PC installiert werden. Schließlich muß die mitgelieferte Software getestet werden, ob alles nach Wunsch funktioniert.

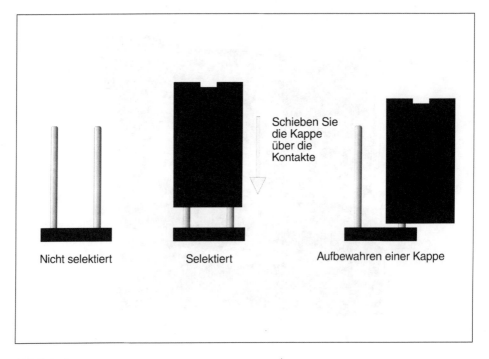

Abb. 2.1: Jumper

Die Einstellungsmöglichkeiten der Karten

Auf der Sound Blaster-Karte können mit Hilfe von sogenannten "Jumpern" (Steckern) vier mögliche Einstellungen gewählt werden. Jumper sind schwarze Kappen, die zwei unterschiedliche Kontakte miteinander verbinden können (Abbildung 2.1 und 2.2). Auf dem Sound Blaster MCV fehlt eine Einstellung. Es können daher nur drei Einstellungen vorgenommen werden (Abbildung 2.3). Auf dem Sound Blaster Pro ist eine Einstellung geändert worden, während zwei zusätzliche Einstellungen hinzugekommen sind. Dies ergibt insgesamt sieben mögliche Einstellungen (Abbildung 2.4).

Hinweis: Sollten Sie eine Kappe entfernen, so werfen Sie sie bitte nicht weg! Vielleicht brauchen Sie sie in Zukunft noch! Sie können z.B. den Jumper über nur einen der zwei Kontakte schieben. So bleibt die Kappe auf der Karte vorhanden, ohne daß die zwei Kontakte verbunden werden. Sollte Ihnen die Kappe dennoch abhanden kommen, so können Sie jederzeit in einem Elektronikgeschäft eine neue erstehen. (Beachten Sie aber die Größe der Kappe. Nehmen Sie vorsichtshalber eine andere Kappe mit!)

Der I/O-ADDRESS-JUMPER

Diesen Jumper finden Sie bei dem Sound Blaster und dem Sound Blaster Pro. Bei dem Sound Blaster MCV kann die Einstellung des gewünschten Ports mit Hilfe der mit dem PS-2 mitgelieferten Installations-Software vorgenommen werden.

Mit diesem Jumper wählen Sie den von der Karte benutzten Standard-Port. Über diese und die fünfzehn (oder siebzehn des Sound Blaster Pro) weiteren Ports findet von nun an die Kommunikation mit der Karte statt. Der Port hat den Standardwert 220H (hexadezimal = 544 dezimal). Wenn der Port bereits von einer anderen Karte benutzt wird, muß für den Sound Blaster ein anderer Port mit einem Wert zwischen 120H und 260H gewählt werden. Für den Sound Blaster Pro kann ausschließlich der Port 240H als Alternative gewählt werden. Versuchen Sie aber zuerst den Port auf einer anderen Karte zu verändern, weil manche Software für den Sound Blaster automatisch vom Port 220H ausgeht und es dann keine Möglichkeiten mehr gibt, diesen zu verändern.

Der Interrupt-Jumper

Dieser Jumper ist auf jeder der drei Karten vorhanden, bietet aber je nach Karte verschiedene Möglichkeiten. Mit diesem Jumper stellen Sie die IRQ-Nummer ein (IRQ = Interrupt Request; dies ist die Unterbrechung, die die Sound-Karte nach dem Abspielen

eines Samples über den DMA generiert). Jedes IRQ kann aber bereits von einem anderen Gerät benutzt werden; auch hier müssen Sie wählen.

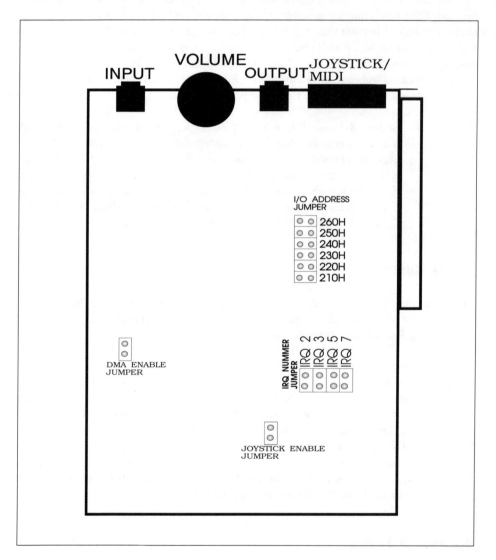

Abb. 2.2: Der Sound Blaster

Es folgt nun eine Beschreibung von allen möglichen IRQ-Nummern, so daß Sie einen Eindruck bekommen, welche Nummer Sie am besten wählen können.

IRQ-2: Wird bei allen AT als Durchgangsstelle benutzt. Dies ist aber bei der MCV-Karte nicht möglich.

IRQ-3: Wird von dem COM2 benutzt (wenn vorhanden). Diese Einstellung ist auf der Sound Blaster Pro-Karte nicht vorhanden.

IRQ-5: Wird von manchen AT für die Festplatte benutzt.

IRQ-7: Wird von der Parallelschnittstelle benutzt. Auf einem Tandy 1000 wird diese intern benutzt und darf daher nicht gewählt werden.

IRQ-10: Hat keine spezielle Verwendung. Diese Möglichkeit gibt es nur bei dem Sound Blaster Pro und bei PC/AT.

Die Standardeinstellung ist IRQ-7. Wenn Sie einen Drucker und die Sound-Karte zugleich einsetzen wollen, so müssen Sie eine andere Einstellung wählen. Ebenfalls kann es bei dem PS-2 Probleme geben, denn auch hier müssen Sie dann eine andere Einstellung wählen.

Versuchen Sie aber die Benutzung von IRQ-10 zu vermeiden! Dies ist eine neue IRQ-Nummer, die nicht von der alten Sound Blaster-Software unterstützt wird.

Der DMA-Enable-Jumper

Dieser Jumper gibt es nur bei dem Sound Blaster und dem Sound Blaster MCV. Für die VOICE-Ein- und Ausgabe benutzt der Sound Blaster den DMA (Direct Memory Access). Es gibt vier DMA-Kanäle auf dem PC-XT und acht Kanäle auf dem PC/AT und PS/2. Kanal 0 wird für Memory Refresh (Auffrischen des Speichers) benutzt. Die Kanäle 2 und 3 werden von den Laufwerken bzw. der Festplatte benutzt. Kanal 1 ist für die Benutzung durch andere Karten frei. Auf dem PC/AT und dem PS/2 sind die Möglichkeiten etwas anders, der DMA-Kanal-1 ist aber noch immer für die Benutzung durch andere Karten frei. Die beiden Sound-Karten benutzen diesen DMA-Kanal für die VOICE-Ein- und Ausgabe.

Dies hat den Vorteil, daß die VOICE-Ein- und Ausgabe fast keine Prozessorzeit in Anspruch nimmt. Wenn dieser Kanal aber bereits von einem anderen Gerät gebraucht wird, dann kann mit Hilfe des Jumpers die Benutzung des DMA-Kanals ausgeschaltet werden.

Das macht man, indem man die bereits erwähnte schwarze Kappe entfernt. Ändern Sie das aber nur dann, wenn der Kanal ständig benutzt wird. Der Sound Blaster benutzt den Kanal nur dann, wenn tatsächlich VOICE-Ein- und Ausgabe stattfindet. Während der übrigen Zeit ist der Kanal normalerweise für die Benutzung durch andere Karten frei. Sollte es Schwierigkeiten mit anderen Karten geben, versuchen Sie dann zuerst den DMA-Kanal auf den anderen Karten zu verändern. Übrigens benutzt ein Großteil der Software die VOICE-Ein- und Ausgabe über den DMA-Kanal, so daß es nicht empfehlenswert ist, den Jumper zu entfernen, wenn Sie die Software einsetzen wollen.

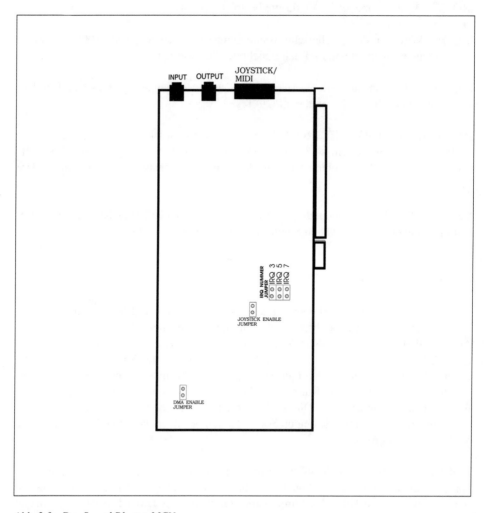

Abb. 2.3: Der Sound Blaster MCV

Normalerweise wird dieser DMA-Kanal nicht von anderen Geräten benutzt; der Jumper braucht dann auch nicht entfernt zu werden.

Der Joystick-Enable-Jumper

Diesen Jumper gibt es auf jedem der drei Karten. Die Sound-Karten haben auch eine Joystick-Anschlußstelle. Wenn es bereits einen Joystick- gibt, sind diese beiden Ports identisch. Weil es aber möglich ist, daß diese völlig gleichen Ports miteinander in Konflikt geraten, muß eine der beiden ausgeschaltet werden. Dies ist nur möglich, indem man die andere Anschlußstelle außer Betrieb setzt oder den Jumper entfernt, so daß der Joystick-Port nicht mehr funktioniert. Der MIDI-Port (der den Joystick-Port benutzt) wird hierdurch nicht beeinflußt!

Die nächsten drei Einstellungsmöglichkeiten sind nur auf dem Sound Blaster Pro vorhanden.

Der DMA-Select-Jumper

Wie bereits beschrieben, benutzt der Sound Blaster den DMA-Kanal für die VOICE-Ein- und Ausgabe. Der Sound Blaster Pro benutzt den DMA-Kanal ebenfalls als CD-ROM-Erweiterung. Es gibt acht Kanäle auf dem PC/AT. Die Kanäle 2 und 3 werden von den Laufwerken bzw. der Festplatte benutzt. Kanal 4 wird als Durchgangsstelle für die Kanäle 5, 6 und 7 benutzt. Die Kanäle 0, 1, 5, 6 und 7 sind frei für die Benutzung durch andere Karten. Der Sound Blaster Pro benutzt die DMA-Kanäle 1 und 3 für die VOICE-Ein- und Ausgabe bzw. das CD-ROM. Dies hat den Vorteil, daß keine Prozessorzeit für die VOICE-Ein- und Ausgabe oder das Einlesen der CD-ROM-Daten benötigt wird. Wird aber einer dieser DMA-Kanäle bereits von einem anderen Gerät benutzt, dann kann man immer noch Kanal 0 wählen. Machen Sie das aber nur dann, wenn feststeht, daß der Kanal ständig benutzt wird, weil der Sound Blaster nur dann auf die Kanäle zugreift, wenn VOICE-Ein- und Ausgabe stattfindet oder wenn CD-ROM-Daten eingelesen werden. Während der übrigen Zeit sind die Kanäle für die Benutzung durch andere Karten frei. Sollte dies immer noch Konflikte mit anderen Karten geben, versuchen Sie dann den DMA-Kanal auf den anderen Karten zu verändern.

Ein Großteil der Software, die für den Sound Blaster geschrieben wurde, benutzt den DMA-Kanal 1 für die VOICE-Ein- und Ausgabe. Es ist nicht empfehlenswert, einen anderen Kanal einzustellen, wenn Sie von dieser Software Gebrauch machen wollen.

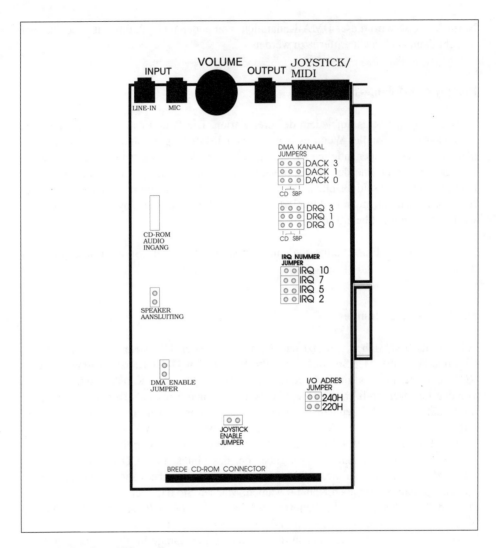

Abb. 2.4: Der Sound Blaster Pro

Wenn die DMA-Einstellung verändert wird, müssen gleichzeitig auch die DRQ- und die DACK-Einstellungen verändert werden. Es dürfen keine verschiedenen DACK-und DRQ-Einstellungen gewählt werden!

Der Remote-Speaker-Enable-Jumper

Der Sound Blaster Pro hat eine Anschlußmöglichkeit für den internen Lautsprecher.

Alle akustischen Signale werden von der Karte übernommen und vom Lautsprecher wiedergegeben. Es ist aber auch möglich, die Lautstärke des Lautsprechers zu regeln. Sollte die akustische Wiedergabe aber problematisch sein, dann kann diese Option mit Hilfe des Jumpers natürlich jederzeit ausgeschaltet werden (einfach indem man die Verbindung abbricht).

Der Speaker-Input-Jumper

An diesen Jumper können Sie den internen Lautsprecher anschließen. Der Anschluß muß gelötet werden und sollte deshalb am besten von einem Fachmann vorgenommen werden. Die Masse des Lautsprechers muß an den rechten Kontakt dieses Jumpers, der 5-Volt-Anschluß an den linken Kontakt angeschlossen werden.

Die Installation der Karten

Wenn Sie bereits früher eine Karte installiert haben und noch wissen, wie das vor sich geht, können Sie am besten diesen Teil überspringen.

Die Installation geschieht in mehreren Schritten:

1. Schalten Sie den Computer aus, und entfernen Sie das Netzkabel.

2. Öffnen Sie den Computer so, daß Sie einfachen Zugang zu den Erweiterungs-Slots haben.

3. Entfernen Sie eine der Verschlußkappen bei einem freien Anschluß, und halten Sie die Schraube bereit.

4. Schließen Sie, wenn Sie so wollen, den internen Lautsprecher an den Sound Blaster Pro an.

5. Stecken Sie die Karte in den freien Slot, und schrauben Sie die Oberseite mit der Schraube fest.

Beachten Sie: Der Sound Blaster Pro ist eine 16-Bit-Karte und kann also nur bei den PC/AT in die 16-Bit-Slots gesteckt werden (Abbildung 2.5 zeigt den Unterschied zwischen einem 8- und einem 16-Bit-Slot).

6.   Schließen Sie den Computer wieder.

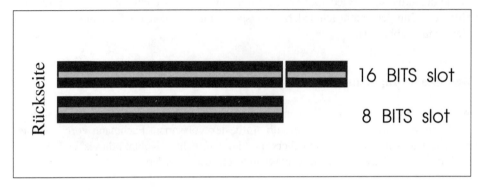

Abb. 2.5: Ein 8- und ein 16-Bit-Slot

7.   Bei der MCA-Version muß die Karte mit Hilfe der Installations-Software installiert werden.

Wenn um den dazugehörigen Treiber gebeten wird, müssen Sie die mit dem Sound Blaster mitgelieferte Diskette verwenden. Stellen Sie den Port auf 220H ein. Versuchen Sie zuerst die Ports anderer angeschlossener Geräte zu verändern, wenn dieser Port bereits benutzt wird; manche Sound Blaster-Software geht automatisch vom Port 220H aus. Sollte dies nicht gelingen, ändern Sie den Port dann in 210H, 230H, 240H, 250H oder 260H.

Das Testen der Karte

Die Karte muß jetzt noch an einen Verstärker, Lautsprecher oder Kopfhörer angeschlossen werden (Abbildung 2.6). Die Karte hat einen Maximalbereich von 4 Watt pro Kanal unter Verwendung eines 4 Ohm Lautsprechers (oder 2 Watt bei 8 Ohm Lautsprechern).

Als akustisches Eingabegerät kann ein Mikrophon verwendet werden (Abbildung 2.6). Zu diesem Zweck besitzt der Sound Blaster Pro zwei verschiedene Anschlüsse: einen

Audio- und einen Linear-Anschluß. Der Audio-Anschluß ist ein Mono-Anschluß, das Eingabesignal wird zugleich von der Karte verstärkt. Der Linear-Anschluß ist ein Stereo-Anschluß, der das Eingabesignal nicht verstärkt.

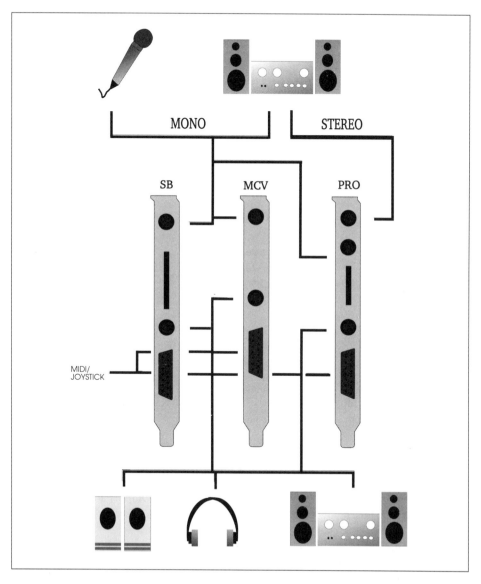

Abb. 2.6: Die Anschlußmöglichkeiten

Hinweis: Wenn Sie kein Mikrophon zur Verfügung haben, können Sie die Verbin-
               dung mit Hilfe des Kopfhörer-Anschlusses eines Verstärkers herstellen.
               Ein Lautsprecher oder Kopfhörer kann zugleich als Mikrophon dienen.
               Die Qualität ist nicht sehr hoch, reicht aber durchaus zum Testen aus.

Drehen Sie den Lautstärkeknopf in die mittlere Position. Bei der MCA-Version ist dies
nicht notwendig, weil diese keinen Lautstärkeknopf besitzt.

Schalten Sie den Computer ein. Legen Sie, nachdem der Computer startbereit ist, die
mitgelieferte Diskette NR.1 in eines der Laufwerke und wechseln Sie auf dieses Laufwerk über. Geben Sie dann folgendes ein:

`TEST-SBC`

oder

`TEST-SBP`

für die Sound Blaster Pro-Karte.

Bei TEST-SBP ist es möglich, alle Einstellungen selbst vorzunehmen. Zu diesem
Zweck müssen Sie

`TEST-SBP/M`

eingeben. Dies gilt nicht für TEST-SBC.

Wenn sofort ein Fehler auftritt, müssen Sie den Standard-Port modifizieren. Dies ist nur
möglich, indem Sie die Karte wieder aus dem Computer herausnehmen und die Nummer des Standardanschlusses verändern. Danach muß die Karte wieder in den Computer
gesteckt und von neuem getestet werden.

Wenn alles in Ordnung ist, erscheinen jetzt Informationsdaten auf dem Bildschirm. Es
können dann noch zwei Tests durchgeführt werden.

Wenn ein Fehler beim Testen der "Voice-Ausgabe" (Voice-Output) auftritt, kann dies
vielleicht auf eine falsch gewählte IRQ-Nummer zurückzuführen sein.

Nehmen Sie in diesem Fall die Karte wieder aus dem Computer und verändern Sie die
IRQ-Nummer. Stecken Sie die Karte danach wieder in den Computer. Bei dem Sound
Blaster Pro kann der Fehler auch wegen eines falsch gewählten DMA-Kanals auftreten.

Wenn ein andersartiger Fehler auftritt, so müssen Sie sich an Ihren Händler wenden.

Gibt es keine Fehlermeldungen, dann ist die Karte richtig installiert worden.

Die mitgelieferte Software

Mit dem Sound Blaster, dem Sound Blaster MCV sowie dem Sound Blaster Pro werden zwei Disketten mitgeliefert.

Legen Sie sich zunächst, bevor Sie weitermachen, eine Kopie der Disketten an, und verwenden Sie dann nur noch die Kopien statt der Originaldisketten.

Diese Software kann mit Hilfe des Programms INST-HD auf die Festplatte kopiert werden. Dieses Programm befindet sich auf derselben Diskette, auf der auch TEST-SBC zu finden ist. Die mit dem Sound Blaster und dem Sound Blaster MCV mitgelieferte Software kann auch mit Hilfe von DOS-Befehlen kopiert werden. Die meisten Programme des Sound Blaster Pro sind jedoch in komprimierter Form gespeichert und müssen deshalb mit Hilfe von INST-HD installiert werden. (Die Dateien sind mit Hilfe des Kompressionsprogramms LHARC gepackt worden.)

Geben Sie

```
INST-HD D:
```

ein.

Das "D" steht für den Laufwerksbezeichner. Mit dem Befehl "INST-HD C:" installieren Sie die Dateien auf C:. Die betreffenden Dateien werden in das Subdirectory \SB oder \SBPRO (für den Sound Blaster Pro) kopiert. Danach führt das Programm beim Sound Blaster Pro, falls der Anwender es wünscht, einige Veränderungen in der AUTOEXEC.BAT durch. Es werden nämlich zwei Zeilen der AUTOEXEC.BAT hinzugefügt, die mit Hilfe des SET-Befehls eine neue Umgebungsvariable generieren. Diese Variablen enthalten Informationen über das Subdirectory, in dem sich die Treiber befinden, sowie über die Einstellungen der Karten.

Wechseln Sie jetzt in das Verzeichnis mit Hilfe des Befehls "CD\SB" oder "CD\SBPRO" für die Sound Blaster Pro-Karte.

Die mitgelieferte Software verwendet verschiedene Treiber. Dies sind Programmdateien, die die Kommunikation zwischen den Sound-Karten und der Software regeln.

Sollte es Änderungen an den Karten geben, dann brauchen nur die Treiber modifiziert zu werden.

Wenn Sie während der Installation der Karte den Port oder die IRQ-Nummer verändert haben, dann müssen Sie die Treiber erneut installieren. Dies geschieht mit Hilfe des Programms INST-DRV. INST-DRV erkennt die Treiber im Verzeichnis und gibt dann an, welche Treiber verändert werden können.

Geben Sie "INST-DRV/?" ein, so bekommen Sie eine Liste aller Treiber, die mit Hilfe von INST-DRV verändert werden können.

Mittels "INST-DRV" können Sie den Treiber in dem voreingestellten Verzeichnis verändern.

Mittels "INST-DRV Name" können Sie einen oder mehrere Treiber im Subdirectory "Name" verändern.

Für den Sound Blaster und den Sound Blaster MCV gilt, daß die Subdirectories VOXKIT und FMORGAN beide einen Treiber haben, der verändert werden muß.

Beim Sound Blaster Pro heißt das Subdirectory DRV. Auch hier gilt, daß das voreingestellte Verzeichnis einen Treiber hat, der verändert werden muß.

Schließlich kann auch noch der C/MS-Treiber verändert werden. Dies ist ein Treiber, der mit Hilfe der C/MS-Chips mit der Standardversion des Sound Blasters arbeitet.

Es ist auch möglich mit Hilfe des SET-Befehls anzugeben, wo sich die Treiber befinden. Dies ist einer der beiden SET-Befehle, die bei der Installation des Sound Blaster Pro in die AUTOEXEC.BAT aufgenommen werden können.

Geben Sie

```
SET SOUND=Verzeichnisangabe
```

ein.

Bei der Verzeichnisangabe müssen Sie sowohl das Verzeichnis als auch das Laufwerk angeben, wo sich das Subdirectory SB oder SBPRO befindet. Weiter müssen Sie ein Subdirectory DRV in diesem Verzeichnis einrichten und die verschiedenen Treiber in dieses Subdirectory kopieren. Wenn dies geschehen ist, kann jedes Programm die Treiber finden, ohne daß diese jedesmal neu kopiert oder installiert werden müssen. Wenn eine Einstellung verändert wird, brauchen Sie nur die Treiber im DRV-Verzeichnis mit

Hilfe von "INST-DRV" zu verändern (vergessen Sie hier nicht, die Treiber aus den anderen Verzeichnissen zu entfernen!).

Für den Sound Blaster werden ebenfalls mit Hilfe des SET-Befehls die Einstellungsdaten der Karte gespeichert. Es ist durchaus möglich, daß für die Standardversion des Sound Blasters diese Umgebungsvariable auch bei manch neuer Software verwendet werden muß.

Geben Sie

```
SET BLASTER=Axxx Ix Dx Tx
```

ein.

Bei dieser Eingabe steht Axxx für die Anschlußstelle, z.B. A220 für den Port 220H. Die IRQ-Nummer wird mittels Ix dargestellt, z.B. I3 für IRQ-Nummer 3 oder I10 für IRQ-Nummer 10. Die Eingabe Dx steht für den gewählten DMA-Kanal, z.B. D1 für Kanal 1. Schließlich bestimmt Tx, welche Karte verwendet wird; so steht T1 für die Standardversion des Sound Blasters und T2 für den Sound Blaster Pro.

Damit Sie die Karten etwas besser kennenlernen, folgt hier eine kurze Beschreibung der mitgelieferten Software. Jedes Programm kann sowohl von den Disketten aus (außer beim Sound Blaster Pro) wie vom Verzeichnis \SB oder \SBPRO gestartet werden.

Talking Parrot

Geben Sie "PARROT" ein. Nach dem Starten des Programms erscheint ein Oszilloskop, womit die Umgebungsgeräusche wiedergegeben werden können. Sie können auch ins Mikrophon sprechen, damit Sie wissen, wie laut Sie sprechen müssen.

Dann werden Sie gebeten, einen Wert einzugeben. Wählen Sie einen Wert, der etwa zehnfach höher liegt als die Umgebungswerte. Es erscheint darauf ein Papagei, der einen Willkommensgruß spricht.

Wenn Sie dann ins Mikro sprechen, wird der Papagei Ihnen nachsprechen. Weiter können Sie mit Hilfe der Tastatur den Papagei "kitzeln". Drücken Sie die <ESC>-Taste, um das Programm zu beenden. Es ist auch möglich, dieses Programm durch eigene Texte und Zeichnungen zu verändern; beachten Sie hierzu die mitgelieferte Dokumentation.

FM ORGAN

Geben Sie ein:

```
FMORGAN
```

oder

```
PRO-ORG
```

(für den Sound Blaster Pro)

Dieses Programm gleicht einem einfachen Keyboard. Die vollständige Beschreibung finden Sie in der mitgelieferten Dokumentation. Es folgen hier ein paar praktische Tastenkombinationen.

Mit Hilfe von <F6> wird ein Lied geladen, welches mittels <F3> wiedergegeben wird.

Drücken Sie dann <F8> und <F1> für den "learn mode" (Lernmodus). <F2> zeigt Ihnen, wie Sie das Lied selber spielen können. Zu diesem Zweck erscheint eine Tastatur auf dem Bildschirm. Wenn die obere Seite einer Taste die Farbe wechselt, bedeutet das, daß Sie diese Taste als nächstes drücken müssen. Wenn die untere Seite ebenfalls die Farbe wechselt, müssen Sie diese Taste drücken. Solange Sie die Taste nicht finden können, wartet ORGAN mit dem Spielen der Melodie.

<F1> bietet Ihnen während des Komponierens eine Hilfe-Funktion zur Benutzung der Tasten. Mit Hilfe von <F2> können Sie ein Lied komponieren. Wenn Sie dann Ihre eigene Musik hören möchten, drücken Sie <F3>. Das Spielen Ihrer eigenen Musik können Sie mit Hilfe der Tasten <F8>, <F1> und <F2> trainieren.

Sie verlassen das Programm durch <F8> (more) und <F4> (exit).

Mit dem Sound Blaster Pro wird eine neue Version geliefert, die zugleich alle FM-Stereo-Möglichkeiten voll ausnutzt.

VOXKIT

Geben Sie "VOXKIT" ein.

Mit diesem Programm können Sie Geräusche aufnehmen und wieder abspielen. Dies nennt man Sampling (im nächsten Kapitel folgt eine nähere Beschreibung). Mit der Option "RECORD SAMPLE" können Sie ein Sample aufnehmen. Mit Hilfe des Cursors und der <RETURN>-Taste wählen Sie aus zwei Möglichkeiten. Sie können entweder mit der vorgegebenen Sample-Rate aufnehmen, oder Sie können die Sample-Rate ändern. Die Sample-Rate gibt an, mit welcher Geschwindigkeit das Programm aufnehmen soll. Je höher die Geschwindigkeit, desto besser ist die Qualität, aber desto mehr Speicherkapazität benötigen (12000 Hz ergibt eine bessere Qualität als 8000 Hz) Sie. Nachdem Sie ein Sample mit dem Mikrophon aufgenommen haben, können Sie dieses mittels "PLAY SAMPLE" wieder abspielen. Sie können dieses Sample mit Hilfe der "SAVE SAMPLE"-Option speichern und mit Hilfe von "LOAD SAMPLE" wieder laden. Samples werden in sogenannte VOC-Dateien gespeichert; diese enthalten neben den Sample-Daten auch noch andere Daten.

Wenn Sie "USE DISK" wählen, werden alle Sample-Daten statt im internen Speicher auf Diskette oder Festplatte abgelegt. Dies hat den Vorteil, daß Sie größere (also längere) Samples anfertigen können.

Dieses Programm wird nur mit dem Sound Blaster und dem Sound Blaster MCV mitgeliefert. Für den Sound Blaster Pro gibt es das Programm VEDIT, das alle Funktionen des VOXKIT besitzt, aber nur im Grafikmodus arbeitet.

PLAYCMF

Geben Sie folgendes ein:

```
SBFMDRV <Return>
CD PLAYCMF <Return>
PLAYCMF Name.CMF <Return>
```

Hier ist Name.CMF eine der CMF-Dateien in diesem Subdirectory. Dieses Programm spielt Lieder in dem 11-kanäligen Teil des Sound Blasters. Der Unterschied zu FMORGAN ist, daß die Lieder alle 11 Kanäle gleichzeitig benutzen, während bei FMORGAN nur ein Ton zugleich gespielt werden kann und nur eine beschränkte Zahl von Rhythmen und Instrumenten vorhanden ist.

Bei dem Sound Blaster Pro spielt dieses Programm die Musik über die FM-Stereo-Kanäle ab.

Voc Editor

Geben Sie "VEDIT" ein.

Dieser VOC-Editor wird nur mit der MCA-Version und dem Sound Blaster Pro mitgeliefert. Mit diesem Programm können Sie die Samples, die mit VOXKIT aufgenommen wurden, zusammenfügen und auf verschiedene Weise bearbeiten.

Auch Samples können mit diesem Programm aufgenommen werden.

Das Programm für den Sound Blaster Pro besteht aus einer erweiterten Version, die die Stereo-Möglichkeiten unterstützt und mehr Einstellungsmöglichkeiten bietet. (Beachten Sie Kapitel 4 für eine ausführlichere Beschreibung).

Doctor SBAITSO

Dieses Programm zeigt deutlich die Möglichkeiten von VOICE. Zu Anfang bittet Sie das Programm um Ihren Namen und danach immer wieder um einen Satz. Sie können dann einen englischen Satz eingeben. Das Programm wird den Satz analysieren und dann eine "intelligente" Antwort geben. Mit dem Befehl HELP bekommen Sie weitere Informationen, wie Sie die verschiedenen Einstellungsmöglichkeiten verändern können. Der Befehl EXIT beendet das Programm.

Die obengenannten Programme (VOXKIT ausgenommen) liegen allen Sound-Karten bei. Mit dem Sound Blaster Pro wird noch eine Anzahl anderer Programme mitgeliefert, deren Beschreibung nun folgt:

Multimedia play

Geben Sie "MMDEMO" ein.

Dieses Demo zeigt Ihnen die Möglichkeiten der Multimedia-Erweiterungskarte (eine Kombination von Grafik und Ton).

Die Grafikdateien sind mit Hilfe von sogenannten Präsentationsprogrammen erstellt worden. Anschließend wird mit Hilfe des Multimedia-Managers bestimmt, bei welcher Demo welcher Ton wiedergegeben wird.

Tetra Compositor Demo

Geben Sie "TDEMO" ein.

Diese Demo spielt eine Noise Tracker-Melodie über den Sound Blaster. Das Noise Tracker-Format stammt vom Amiga, wo es ein sehr beliebtes Format ist (es wird in mancherlei Demos und Spielen verwendet). Die Musik entsteht dadurch, daß aufgenommene Samples von Musikinstrumenten oder anderen Geräuschen mit verschiedenen Frequenzen abgespielt werden.

Indem man mehrere Samples gleichzeitig mit verschiedenen Effekten wiedergibt, kann man die unterschiedlichste Musik erzeugen (von Klassik bis zu Hip-Hop und Heavy Metal). Bei dem Amiga nimmt dies sehr wenig Zeit in Anspruch, weil dieser PC vier unabhängige Kanäle für die VOICE-Ein- und Ausgabe hat. Der Sound Blaster hat aber nur einen Kanal, und deshalb braucht das Abspielen dieses Formats sehr viel mehr Zeit.

Windows-Software

Es gibt drei Programme, die unter MS-Windows verwendet werden können:

–   Der Mixer SBMIXER, der die Lautstärke der verschiedenen Teile der Sound Blaster Pro-Karte regelt.

–   Der MIDI-Player JUKEBOX; dieser spielt alle .MID-Dateien im Hintergrund des FM-Teils ab.

–   Das Programm SETUP, womit die Standardeinstellungen verändert werden können.

Weiter befindet sich in dem Windows-Verzeichnis auch die SOUND.RLL-Datei, die für die drei Programme notwendig ist und auch von anderer Software, die für MS-Windows entwickelt wurde, benutzt werden kann.

Kapitel 3

Die Komponenten der Sound-Karten und ihre Funktion

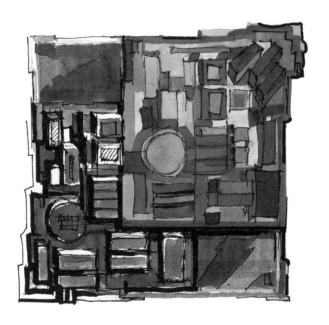

Der Sound Blaster

Einführung

Im großen und ganzen ist der Sound Blaster aus fünf verschiedenen Erweiterungskarten zusammengesetzt, nämlich:

–   Einer C/MS-Gameblaster-Karte, deren Stereo-Chips man auch beim Sound Blaster findet.

–   Einer AdLib-Music Synthesizer-Karte, von der der FM-Chip (das Herz des AdLib) übernommen wurde.

–   Einer DSP-Karte, mit der man digitale und analoge Geräusche erzeugen kann.

–   Einer MIDI-Karte, mit deren Hilfe die Kommunikation mit u.a. Synthesizern zustande kommt.

–   Einer Joystick-Karte zum Spielen.

Aufbau dieses Kapitels

In den nächsten Abschnitten wird die Funktion der einzelnen Komponenten des Sound Blaster näher beschrieben. Weil es aus musikalischer Sicht nicht interessant ist, die Funktion des Joystick näher zu betrachten, beschränken wir uns auf die Beschreibung der Funktion von C/MS, FM, DSP und MIDI. Diese Abschnitte beziehen sich, mit Ausnahme der C/MS-Stereo-Chips, auch auf den Sound Blaster MCV und auf den Sound Blaster Pro.

C/MS-Stereo-Chips

Der Game Blaster

Der Sound Blaster ist nicht die erste Sound-Karte, die von der Firma Creative Technology entworfen wurde. Ihr erstes Produkt war die Game Blaster-Karte, welche aber bei weitem nicht so beliebt wie die AdLib-Karte war.

C/MS-Chips

Der Sound Blaster hat – wie gesagt – das Herz des Game Blaster, den C/MS-Stereo-Chip, übernommen.

C/MS ist die Abkürzung für Creative Music System. Die Gameblaster-Karte wurde zum ersten Mal 1987 vorgestellt und war damals eine der ersten Sound-Karten für den IBM-PC und Kompatible.

Der ersten Version des Sound Blaster wurden die C/MS-Chips einfach beigelegt, aber ab Version 1.5 werden sie nur noch auf Bestellung geliefert.

C/MS-Kanäle

Was die C/MS-Option interessant macht, sind die 12 unabhängigen Kanäle und der Stereo-Effekt. Es muß aber gesagt werden, daß die Klangfarbe der von den C/MS-Chips erzeugten Geräusche nicht wesentlich zu beeinflussen ist. Nur die Lautstärke und die Frequenzregelung kann man einstellen.

Die Chips haben z.B. keine eingebaute Uhr, was bedeutet, daß man die Länge der Noten selbst programmieren muß. Das bedeutet aber nicht, daß die Stereo-Chips für FM-Musik nicht zu gebrauchen wären, im Gegenteil!

Große Hersteller von elektronischen Spielen wie Sierra, Accolade, Bröderbund und Taito unterstützen C/MS. Wenn Sie noch nicht im Besitz der C/MS-Chips sind, dann finden Sie hier die zwei wichtigsten Gründe, die Sie vielleicht doch noch zum Kauf der Chips bewegen könnten:

–   Sie sind Programmierer und Sie wollen Ihre Software mit C/MS unterstützen.
–   Sie kaufen oft elektronische Spiele, die von C/MS unterstützt werden.

Bevor Sie sich aber zum Kauf entscheiden, ist es vernünftig, daß Sie sich zuerst im Geschäft oder bei einem Bekannten, der bereits im Besitz der C/MS-Chips ist, davon überzeugen, ob Ihnen die Klangfarbe der von den Chips erzeugten Geräusche überhaupt gefällt!

Die C/MS-Chips verfügen über 12 Kanäle. Bei jedem einzelnen kann man die Lautstärke des linken und des rechten Kanals einstellen. Indem man bei der Wiedergabe die Lautstärke links und rechts unterschiedlich variiert, erzeugt man den Stereo-Effekt.

Der FM-Chip

Zuerst wollen wir – ohne allerdings allzu tief in die Materie einzudringen – zu erklären versuchen, wie Geräusche überhaupt generiert werden.

Ein Geräusch wird von Schwingungen in der Luft, den sogenannten Schallwellen, erzeugt. Wenn eine solche Schallwelle in regelmäßigem Takt erzeugt wird, bekommt das Geräusch eine feste Tonhöhe wie z.B. eine Musiknote. Bei einem unregelmäßigem Schallmuster hat das Geräusch wenig oder gar keine Tonhöhe. Denken Sie hier an einen harten Knall oder an das Rauschen eines Wasserfalls!

Frequenz

Bei regelmäßiger Wiederholung der Schallwelle spricht man von Frequenz. Diese beeinflußt die Tonhöhe, denn je höher die Frequenz ist, desto höher ist der Ton. Frequenzen werden ausgedrückt in Hertz (Abk.: Hz). Hiermit bezeichnet man die Zahl der Schallwellen pro Sekunde. Ein gesundes menschliches Ohr kann Frequenzen von 20 bis 20000 Hz wahrnehmen.

Es ist hilfreich, wenn man die Schwingungen der Luft, oder anders ausgedrückt, die Unterschiede im Luftdruck, in einer Grafik im Vergleich zu der Zeit darstellt.

Abbildung 3.1 ist eine solche Grafik mit der Sinus-Kurve einer Schallwelle. Die Grafik zeigt zum Beispiel die typische Schallwelle einer Flöte. Pfeifen Sie selber mal ins Mikrophon eines Oszillographen, und Sie werden eine ähnliche Darstellung sehen!

Auf der Horizontalachse wird die Zeit dargestellt, während die Vertikalachse die Amplitude anzeigt; das ist die Kraft der Schallwelle. Je höher die Amplitude ist, desto lauter klingt das Geräusch.

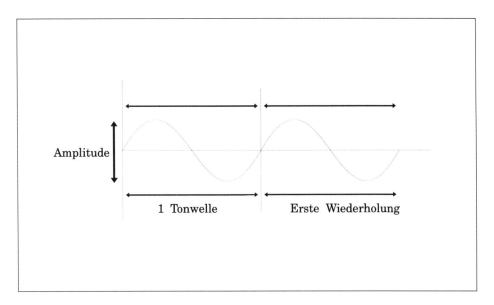

Abb. 3.1: Sinus-Kurve einer Schallwelle

Da Sie jetzt wissen, wie ein Geräusch entsteht, wenden wir uns dem FM-Chip zu. FM ist die Abkürzung für Frequency Modulation. Der Chip hat die Aufgabe, Frequenzen zu ändern.

Ein Instrument kennzeichnet sich durch Tonhöhe, Schallwelle, Frequenz und Amplitude. Sie können auch selbst "Instrumente" zusammenstellen, indem Sie diese vier Charakteristiken modifizieren. Das ist aber nicht die einzige Funktion des FM-Chips, denn nicht nur der Klang eines erzeugten Tones kann modifiziert werden, sondern auch der Ton selbst kann mit Hilfe des Chips verändert werden. Wie es sich damit verhält, werden wir später sehen. Sie wissen jetzt immerhin, daß der FM-Chip Geräusche den Naturgesetzen entsprechend erzeugt.

Es ist natürlich wunderbar, daß man Geräusche erzeugen kann. Daß dies aber nur für ein Instrument möglich ist, ist wohl etwas wenig. Deshalb verfügt der FM-Chip über zwei mögliche Einstellungen:

—   Eine Einstellung auf elf Kanäle, welche aus sechs Kanälen für FM-Ton und fünf Perkussionskanälen besteht. Für die sechs freien Kanäle kann jedes beliebige Instrument definiert werden. Für die fünf Perkussionskanäle sind feste Instrumente definiert, die aber nur minimal verändert werden können.

– Eine Einstellung auf neun Kanäle für FM-Ton. Alle neun Kanäle können in dieser Einstellung beliebig definiert werden.

Zusammenfassend kann also der FM-Chip zugleich elf verschiedene Instrumente wiedergeben.

DSP: DAC & ADC

Die Schwingungen, die von der Luft erzeugt werden, nennt man analoge Schallwellen. Der Sound Blaster kann aber keine analogen Schallwellen bearbeiten. Die Schallwellen müssen deshalb eingelesen und in einen Digital-Code umgewandelt werden. Wenn man in ein Mikrophon spricht, das mit dem Sound Blaster verbunden ist, so wird eine Reihe von analogen Schallwellen erzeugt.

Ein Analog-Digital-Wandler (ADC) liest in regelmäßigen kurzen Zeitabschnitten von etwa einer 8000-stel Sekunde die gespeicherten Informationen der Schallwelle ein und wandelt die gefundenen Werte in einen Digital-Code um. So entsteht eine Reihe von Digital-Codes, die Sample genannt wird. Samplen heißt also Schallwellen zu Digital-Codes konvertieren.

Sample-Rate

Der Sample-Rate ist die Summe der Codes, die innerhalb einer Sekunde eingelesen werden kann, in diesem Fall 8000. Umgekehrt, wenn ein Sample abgespielt wird, braucht man dazu einen Digital-Analog-Wandler (DAC).

DAC

Der DAC wandelt einen Digital-Code in ein analoges Signal, d.h. eine elektrische Spannung, um und leitet diese dann zur Audio-Anschlußstelle weiter. Über diese Anschlußstelle gelangt die elektrische Spannung – mit oder ohne die Hilfe eines Verstärkers – zu den Lautsprechern, die sie in Luftschwingungen umwandeln. Diese Luftschwingungen kann der Mensch wahrnehmen.

Der ADC des Sound Blaster kann minimal 4000 und maximal 13000 Digital-Codes pro Sekunde einlesen. Der DAC hat eine etwas größere Leistung und kann bis zu 23000 Codes umwandeln.

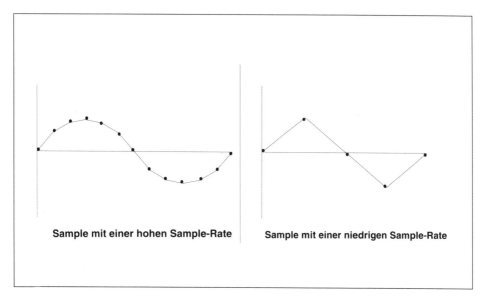

Sample mit einer hohen Sample-Rate | Sample mit einer niedrigen Sample-Rate

Abb. 3.2: Unterschiedliche Sample-Raten

Jeder Code, den der DAC einliest, besteht aus einem Byte, d.h. der Wert einer Schallwelle liegt immer zwischen 0 und 255, wobei der Wert 127 absolute Stille bedeutet.

Bei einer höheren Sample-Rate ist die Wiedergabequalität der Schallwelle wesentlich besser als bei einem niedrigen Wert. Abbildung 3.2 zeigt den Unterschied in der Wiedergabequalität zwischen einer hohen und einer niedrigen Sample-Rate.

Wie Sie sehen, wird die Form der Schallwelle von einer niedrigen Sample-Rate nachteilig beeinflußt.

Ein weiterer Nachteil ist, daß eine hohe Sample-Rate sehr viel Speicher in Anspruch nimmt. Bei einer maximalen Sample-Rate von 23000 ist der Speicher nach ungefähr 18 Sekunden voll ausgelastet.

Der ADC bietet die Möglichkeit, analoge Geräusche aufzunehmen und zu speichern (vgl. die Funktion eines Tonbandgeräts). Der DAC hat ebenfalls die Möglichkeit, die Aufnahmen abzuspielen.

MIDI

MIDI ist das Ergebnis von Vereinbarungen zwischen den großen Herstellern von Musikinstrumenten über die ganze Welt und damit auch allgemein als Standard für Kommunikation zwischen Musikinstrumenten anerkannt. Die Forderung nach der Entwicklung dieses Standards entstand aus dem Wunsch der Musikanten, mehrere Instrumente – vor allem Synthesizer – miteinander verbinden zu können.

Weil bei einer bestimmten Synthesizer-Marke ein Instrument oftmals besser klingt als ein vergleichbares Instrument einer anderen Marke, besaß ein Musiker oft mehrere Synthesizer. Das kam daher, daß die Hersteller die Geräte oft mit verschiedenen Schnittstellen ausstatteten. Und wenn die Ports schon identisch waren, dann bedeutete das noch nicht, daß die Sprache, mit deren Hilfe die Synthesizer miteinander "kommunizierten", immer die gleiche war.

Die Zeit war also reif für eine Vereinheitlichung, so daß in Zukunft Musikinstrumente miteinander verbunden werden konnten. Man einigte sich schließlich 1987 über das Protokoll MIDI, eine Abkürzung für Music Instrument Digital Interface.

Das System war in der Musikwelt sehr erfolgreich, aber ungeahnte Möglichkeiten offenbarten sich erst dann, als Computer mit MIDI ausgerüstet wurden.

Heutzutage ist der Computer für viele Komponisten ein unentbehrliches Instrument bei der Arbeit. Das ist auch der Grund, weshalb MIDI bei der Entwicklung von Musik- und Sound-Karten nicht mehr übergangen werden kann. Auch der Sound Blaster wird von MIDI unterstützt.

Mittels der MIDI Connector-Box, eines Erweiterungskastens für die Joystick-Schnittstelle, werden sechs MIDI-Instrumente zum Leben erweckt.

Fünf der sechs MIDI-Instrumente sind imstande alle MIDI-Daten zu speichern. Diese fünf nennt man "Slaves", weil sie die gespeicherten Daten bloß wiedergeben können. Das sechste MIDI-Instrument ist der "Master". Mit Hilfe des Master kann man selber Musik machen.

Wenn gespielt wird, erzeugt der Master MIDI-Codes von den vom Musiker gespielten Noten. Diese MIDI-Codes werden vom MIDI-Instrument zur MIDI Connector-Box geschickt und von dort werden sie zum Sound Blaster weitergeleitet. Auf diese Weise kann ein Programm die MIDI-Codes auf der Sound Blaster-Karte aufnehmen.

Ein MIDI-Instrument hat immer zwei MIDI-Ports: Eine Buchse für den eintreffenden Datenverkehr (MIDI-IN), und eine Buchse für den ausgehenden Datenverkehr (MIDI-

OUT). Die MIDI-Kabel, mit denen MIDI-Geräte verbunden werden, sind ebenfalls standarisiert. Es sind die sogenannten 5-poligen DIN-Stecker.

MIDI kann man auch zur Programmierung des Synthesizers verwenden, indem man zum Beispiel mit Hilfe eines Programms seine eigenen Instrumente zusammenstellt und diese dann an den Synthesizer weiterleitet. Es gibt in dieser Hinsicht zahlreiche Möglichkeiten. In Kapitel 5 werden wir uns näher mit der Welt von MIDI beschäftigen.

Der Sound Blaster MCV

Wenn man die 12 C/MS-Kanäle, die 11 FM-Kanäle und den DSP-Kanal zusammenzählt, stimmt das genau mit der Aufschrift auf der Verpackung überein, welche lautet: "24-VOICE ALL-IN-ONE SOUND CARD".

SBC MCV

Dies bezieht sich aber nicht auf den Sound Blaster MCV. Der MCV besitzt nämlich keine C/MS-Stereo-Chips. Ein ersichtlicher Grund dafür ist nicht vorhanden, aber es wird wohl etwas mit dem Folgenden zu tun haben:

1. Creative Technology distanziert sich seit kurzem von den alten Technologien. Leider betrifft dies auch die C/MS-Stereo-Chips.

2. Die Adressen der I/O-Ports, welche die C/MS-Chips benutzen um Befehle anzunehmen, werden möglicherweise auf MCA-Maschinen (IBM PS/2-Systeme) bereits von anderen Karten benutzt.

Die Nummern der Ports sind 220H bis einschließlich 223H hexadezimal, oder 544 bis einschließlich 547 dezimal für den Fall, daß die Adresse auf 220H eingestellt wurde. Wenn die I/O-Adresse allerdings auf 240H eingestellt wurde, sind die Adressen 240H bis einschließlich 243H oder 576 bis einschließlich 579 dezimal.

Es hätte wohl keinen Sinn gehabt, die Ports der C/MS-Chips zu verändern, denn dann wäre die Software nicht mehr kompatibel gewesen.

Weiter gibt es nur einen internen Unterschied zwischen dem einfachen Sound Blaster und der MCV-Version. Die Qualität der Digitalaufnahmen ist verbessert worden. Der MCV bedient sich bei der Aufnahme der Methode des Automatic Gain Control.

Das Grundprinzip ist folgendes: Der MCV bestimmt während der Aufnahme selber die Lautstärke, indem er sich nach der Lautstärke des angebotenen Geräusches richtet. Indem also dadurch die Lautstärke optimal eingestellt wird, werden mit dem MCV automatisch die besten Aufnahmen gemacht. Das Ergebnis ist, daß ein Lautstärkeregler nicht mehr vonnöten ist und deshalb fehlt.

So haben im Sound Blaster MCV nur noch die Komponenten FM-Chip, DSP, MIDI und der Joystick eine Funktion.

Der Sound Blaster Pro

Der Sound Blaster Pro ist als Sound-Karte für Profis gedacht, aber der Preis des "PRO" ist dermaßen günstig, daß jedermann ein Profi sein kann.

Der Sound Blaster Pro hat, im Vergleich zum einfachen Sound Blaster, viele neue Funktionen bekommen, aber er hat eine Komponente verloren. Im Sound Blaster Pro fehlen nämlich die C/MS-Stereo-Chips. Dafür hat er aber die nachfolgenden neuen Funktionen bekommen:

–   Erstens gibt es bei dem FM-Chip nicht mehr die Möglichkeit, ihn auf Mono umzustellen. Es sind jetzt sogar zwei FM-Chips auf der Karte. In Zukunft wird also im Falle des Sound Blaster Pro nur noch von den FM Stereo-Chips die Rede sein.

–   Um den Stereo-Effekt des Sound Blaster Pro nochmals zu betonen, ist auch die Funktion der DSP-Komponente von einem Stereo-Chip übernommen worden.

–   Auch auf dem MIDI-Gebiet hat Creative Technology einiges verbessert. Es wurden zusätzliche Funktionen geschaffen, welche die MIDI-Funktion besser unterstützen.

–   Der Sound Blaster Pro verfügt über eine Schnittstelle, die die Unterstützung von CD-ROM ermöglicht.

–   Genauso wie der MCV verfügt auch der Sound Blaster Pro über die Funktion des Automatic Gain Control.

– Schließlich hat die Karte selbst zusätzliche Anschlußmöglichkeiten für LINE-IN und CD-AUDIO. Dies alles wird von einem Mixer unterstützt, der alle von der Karte generierten Geräusche mixen kann.

In den nächsten Abschnitten werden die wichtigsten neuen Funktionen des Sound Blaster Pro näher betrachtet.

Stereo-FM

Creative Technology hat, indem sie den Sound Blaster Pro mit zwei identischen FM-Chips versehen hat, eine scheinbar einfache Lösung gewählt, nämlich einen Chip für den linken und einen für den rechten Kanal. Weil der Sound Blaster Pro vollständig zu dem einfachen Sound Blaster kompatibel ist, kann er auch auf Mono umgestellt werden. In der Mono-Einstellung werden identische Befehle und Daten sowohl an den linken wie an den rechten Kanal weitergeleitet. Auf diese Weise werden doppelte Instruktionen vermieden. Natürlich kann immer noch die Lautstärke des linken und des rechten Kanals variiert werden, so daß man immer noch auf Stereo umstellen kann.

Dank der doppelten FM-Chips können sowohl links wie rechts neun verschiedene Instrumente definiert werden, insgesamt also 18 Instrumente. Bei der Einstellung auf FM-Ton für elf Kanäle sind auf jedem Kanal sechs verschiedene Instrumente möglich, daneben stehen aber sowohl links wie rechts noch fünf Perkussionsinstrumente zur Verfügung, insgesamt also 22 Instrumente.

Die Möglichkeiten für Stereo-Geräusche sind vielfältig. So sind witzige Effekte, wie z.B. ein rasendes Auto, aber auch funktionelle Effekte, wie Geräusche zur Bestimmung der Gehrichtung in einem Labyrinth-Spiel, möglich.

Stereo-DSP

Der DSP-Chip im Sound Blaster Pro ist mit einer neuen Funktion ausgestattet, mit der man Geräusche in Stereo aufnehmen und Samples in Stereo abspielen kann. Dies ist eine sehr willkommene Angelegenheit, die aber keineswegs den Speicher entlastet! Beim Samplen wird ein Byte für den linken Kanal und ein Byte für den rechten Kanal eingelesen oder abgespielt, was eine doppelte Belastung des Speichers bedeutet.

Der einfache Sound Blaster ist auf eine Sample-Rate von 13000 Hz für Aufnahmen und 23000 Hz für Wiedergabe begrenzt. Der Sound Blaster Pro hat hier große Vorteile, denn die Sample-Rate sowohl für die Wiedergabe wie auch für die Aufnahme ist auf 44.100 Hz erhöht worden. Die Sample-Rate von 44.100 Hz ist nur in der Mono-Einstellung zu gebrauchen. Die Stereo-Einstellung hat eine maximale Sample-Rate von 22.050 Hz.

Das bedeutet aber, daß mit Hilfe der Mono-Einstellung perfekte Samples einer Musik-CD gemacht werden können. Eine Compact Disk ist ja nichts anderes als ein sehr langes Stereo-Sample (maximal 3,5 Stunden) mit einer Sample-Rate von 44.100 Hz.

MIDI

Mit Hilfe der MIDI-Schnittstelle des Sound Blaster können die Daten eines externen MIDI-Geräts eingelesen oder weitergeleitet werden, nicht aber beides zugleich. Man nennt dies halb-duplex. Die Bezeichnung halb-duplex findet man oft in der Modem-Welt. Wenn das Modem nicht zugleich senden und empfangen kann, nennt man dies halb-duplex. Man bezeichnet die Schnittstelle als full-duplex, wenn das Modem – oder in unserem Fall die MIDI-Schnittstelle – gleichzeitig senden und empfangen kann.

Die MIDI-Schnittstelle im Sound Blaster ist full-duplex geworden. Es ist jetzt nicht mehr notwendig, vom Lese- in den Scheibmodus zu wechseln und umgekehrt. Das ist für den Programmierer ein großer Vorteil, und es gibt dem Sound Blaster Pro zugleich ein professionelles Ansehen.

Daneben besitzt der Sound Blaster Pro das sogenannte MIDI-TIME-STAMP-Protokoll. Mit diesem Protokoll können externe Geräte, die an das MIDI-Netzwerk angeschlossen sind, synchronisiert werden. Das bedeutet, daß ein Programm dem angeschlossenen MIDI-Gerät erzählen kann, wann ein Auftrag ausgeführt werden muß. So kann z.B. während eines Konzerts an einer gewissen Stelle in einem Song mit Hilfe des TIME-STAMP-Protokolls ein bestimmter Scheinwerfer eingeschaltet werden. Das kann z.B. immer dann sein, wenn die erste Note der dritten Nummer gespielt wird. Dies ist eine sehr leistungsfähige MIDI-Funktion, insbesondere im Hinblick auf die Anwendung von Multimedia.

CD-ROM

CD-ROM für den PC gibt es eigentlich schon seit einigen Jahren.

Bis jetzt aber war CD-ROM eine etwas kostspielige Sache. Das Laufwerk war teuer und außerdem benötigt der PC für CD-ROM eine teuere Karte, eine sogenannte SCSI-Schnittstelle.

Der Sound Blaster Pro kommt genau im richtigen Moment mit einer CD-ROM-Schnittstelle auf der Karte, weil es neuerdings immer mehr Hersteller gibt, die ein CD-ROM-Laufwerk anbieten und so den Preis drücken!

Dies ist vor allem günstig, weil die großen Hersteller von elektronischen Spielen wie Sierra und Lucasfilm Games ihre Spiele auf CD-ROM anbieten. Namentlich Sierra bringt neuerdings Spiele heraus die, wie sie selbst sagen, eigentlich CD-ROM-Spiele sind, aber noch auf den üblichen Disketten geliefert werden. Für Ihre Festplatte ist CD-ROM deshalb eine sehr günstige Entwicklung!

Der Name CD-ROM ist eine Kombination von Abkürzungen der Wörter Compact Disc und Read Only Memory. Das CD-ROM-Laufwerk wird mit Compact Disks bestückt. Compact Disks sind Spiegelscheiben, die etwa 552 Megabyte (1 Megabyte sind 1024 Kilobyte) an Daten aufnehmen können. Eine CD kann nicht beschrieben werden. Die enthaltenen Daten können ausschließlich eingelesen werden (Read Only).

Ein CD-ROM-Laufwerk, das an den Sound Blaster Pro angeschlossen werden soll, hat folgende hardwaremäßige Eigenschaften:

–   Das CD-ROM-Laufwerk muß CD-ROM-Disketten einlesen können.

–   Mit Hilfe des CD-ROM-Laufwerks müssen Musik-CDs eingelesen und abgespielt werden können.

–   Das CD-ROM-Laufwerk muß dem Standard für CD-ROM-Laufwerke, dem sogenannten High Sierra-Standard (genannt nach dem Hotel, wo die Leute wohnten, als sie sich über diesen Standard einigten) genügen können.

–   Das CD-ROM-Laufwerk braucht einen Slot, der an die CD-ROM-Schnittstelle des Sound Blaster Pro angeschlossen werden kann.

–   Das CD-ROM-Laufwerk braucht einen 4-poligen Audio-Port, der an die Buchse CD-AUDIO IN des Sound Blaster Pro angeschlossen wird.

–   Mit dem CD-ROM müssen Treiber (Programme) mitgeliefert werden, so daß die Daten des CD-ROM-Laufwerks eingelesen werden können.

CD-ROM ist einer der Pfeiler, auf die sich das Phänomen von morgen, die Multimediatechnologie, stützen wird. Die Multimediatechnologie ist, einfach gesagt, eine Kombination von Bild, Ton, Information und interaktiver Software. Wenn sich diese Tech-
nologie durchsetzt, werden große Dateien an der Tagesordnung sein. Die Unterstützung
von CD-ROM ist dann eine logische Folge, um alle Informationen in den Griff zu bekommen.

Kapitel 4

Spielen und Musizieren

Spielen und Musik machen sind die zwei wichtigsten Anwendungsmöglichkeiten, die
die Beliebtheit des Sound Blaster begründen. Der Sound Blaster durchbricht eigentlich
alle Schranken, die den kleinen PC-Lautsprecher noch umgeben. Man hört jetzt die un-
glaublichsten Explosionen, wenn in einem Verfolgungsspiel auf die Gauner geschossen
wird, dazu noch begleitet von einer stimmungsvollen Melodie im Hintergrund.

Dank der FM- und MIDI-Unterstützung kann auch zu Hause Musik komponiert werden.
Es kommen immer mehr Musikprogramme auf den Markt die, zweifellos durch den
großen Erfolg des Sound Blaster, die Karte unterstützen. Dies ist eine hoffnungsvolle
Entwicklung, wodurch ohne Zweifel die Qualität auch in Zukunft noch verbessert wird.

Die nun folgenden Abschnitte beschäftigen sich mit den wichtigsten Aspekten und Programmen in bezug auf die Spiele und die Musik.

Die Sound Blaster-Unterstützung bei den Spielen

Wenn eine Sound-Karte als Standard gilt, bedeutet das, daß alle Spielehersteller bei der
Entwicklung und Produktion der Spiele die als Standard anerkannte Sound-Karte auch
tatsächlich unterstützen.

Software-Firmen und ihre Spiele

Bis zu dem Zeitpunkt, da der Sound Blaster vorgestellt wurde, galt die AdLib-Karte als
Standard-Karte, welche denn auch von allen Spielen unterstützt wurde. Mit dem Er-
scheinen des Sound Blaster war der AdLib als Standard überholt. Spielehersteller wie
Sierra machen oftmals von der Möglichkeit Gebrauch, mit Hilfe des Sound Blaster
Samples abspielen zu können.

Manche Software-Produzenten wählen oft andere Methoden, weil Samples viel Kapa-
zität auf der Festplatte und im Speichers in Anspruch nehmen. So hat Bröderbund ein
Spiel mit Namen "Prince of Persia" herausgebracht. Dieses Spiel hat eine große Anzahl
Samples für mehrere Spielsituationen, und diese haben nur eine Sample-Rate von 4000
Hz, das absolute Minimum.

Die Effekte nehmen insgesamt nicht mehr als etwa 110 KB in Anspruch.

Leider kann sich nicht jedes Spiel der Untersützung der Sound Blaster-Samples er-
freuen. Es bleibt dann nur bei der AdLib-Unterstützung in Form von FM-Musik.

Eine Kombination der beiden Elemente, FM-Musik und Samples, hat eine sehr gute
Tonqualität zur Folge. Dieses Format gibt es immer öfter, weil es den Software-Her-
stellern allmählich einleuchtet, daß neben der guten Bildqualität die Tonqualität eine
immer wichtigere Rolle spielt.

In dem nun folgenden Teil dieses Abschnitts wenden wir uns den Software-Produzenten
zu. Dies, um Ihnen einige nützliche Hinweise zu geben, worauf Sie achten sollten, wenn
Sie sich mit dem Gedanken tragen, in Zukunft ein Spiel zu kaufen.

Es ist jedoch möglich, daß sich die Einzelheiten, die hier für jeden Software-Produzenten geschildert werden, inzwischen geändert haben. Hier nicht genannte Hersteller
spielen noch keine bedeutende Rolle für die Entwicklung auf dem Gebiet des Sound
Blaster oder sind mit einem bereits erwähnten Produzenten verbunden.

Access Software

Dieser amerikanische Software-Produzent hat schon immer versucht, eine sehr gute
Tonqualität auf dem PC zu erzeugen. Es ist denn auch nicht verwunderlich, daß Access
die Möglichkeiten des Sound Blaster voll ausnutzt. Die Musiker von Access gewährleisten qualitativ ausgezeichnete Musikstücke und Samples.

Accolade

Accolade ist eine amerikanische Firma, die sich vor allem auf Simulationsspiele sowie
Renn- und Sportspiele spezialisiert hat. Accolade beschäftigt sowohl interne wie externe Programmierer. Eine große externe Gruppe von Programmierern, die oft von
Accolade engagiert wird, ist DSI. Diese Firma unterstützt bereits seit geraumer Zeit ihre
gesamten Spiele mit der AdLib-Karte. Auch Accolade selbst versucht, wo immer es
möglich ist, in seine Spiele den AdLib-Ton zu integrieren. Leider hat dieses Kollektiv
noch kein Spiel herausgebracht, das von den spezifischen Qualitäten des Sound Blaster
Gebrauch macht. Accolade unterstützt auch seit längerer Zeit seine Spiele mit C/MS-
Ton.

Activision

Activision ist eine Firma, die sich mit dem Konvertieren von Spielen beschäftigt, die für die typischen Spielecomputer wie den Commodore Amiga geeignet sind. Dazu braucht man oft die Hilfe einer externen Software-Entwicklungsgruppe. Es hängt von der Qualität dieser Gruppe ab, wie die Unterstützung der Sound-Karten geregelt wird. Nach den Worten des Produktmanagers von Activision werden Spiele, die mit einer digitalen Tonwiedergabe ausgerüstet sind, mit Sound Blaster-Unterstützung erweitert.

Bröderbund

Bröderbund hat ab dem Erscheinungsdatum des Sound Blaster seine alten Spiele durch neue Versionen mit VGA- und Sound Blaster-Unterstützung erzetzt. Bröderbund verfügt über eigene Programmierer und Musiker, so daß alle neuen Spiele diesen Anforderungen genügen können. Bröderbund ist eine amerikanische Firma, die ab und zu ein europäisches Spiel importiert, um es auf dem amerikanischen Markt herauszubringen. In einem solchen Fall ist es möglich, daß der Sound Blaster nicht oder nicht völlig unterstützt wird.

California Dreams

Dieser Software-Hersteller unterstützt in seinen Spielen die Möglichkeiten des FM-Chip. Die digitalen Sample-Möglichkeiten des Sound Blaster sind von dieser Firma bis jetzt nicht genutzt worden.

Data East

Dieser amerikanische Spielehersteller produziert vor allem Spiele für Video-Spielhallen. Die großen Hits der Video-Hallen werden oft für Homecomputer aufbereitet. Es ist in solchen Fällen von den engagierten Programmierern abhängig, ob und wie der Sound Blaster untersützt wird.

Disney Software

Disney Software hat in den letzten Jahren seine Spiele in Lizenz durch andere Software-Hersteller veröffentlichen lassen. Die von Disney engagierten Gruppen haben jedoch den Sound Blaster nie voll ausgenutzt. Im Vorjahr hatte Disney einen Vertrag mit Titus, einer französischen Firma, die ihre Spiele mit AdLib-Musik versieht.

Disney hat aber auch eigene Pläne, künftig selber Spiele zu entwickeln. Der Sound Blaster ist jedenfalls mit eingeplant. So werden in Hare Raising Havoc, einem Spiel mit Roger Rabbit, bereits viele Samples benutzt.

Domark

Domark ist eine englische Firma mit einer eigenen Gruppe von Programmierern (the Kremlin), die aber leider nur noch die FM-Möglichkeiten benutzt. Domark hat einen Lizenzvertrag mit Incentive, einem Software-Hersteller, der sich auf 3D-Gebiet spezialisiert hat. Incentive unterstützt seine Spiele mit AdLib-Effekten.

Electronics Arts

Diese aus Kalifornien stammende Firma hat bereits eine große Anzahl Spiele mit AdLib-Unterstützung auf ihrem Konto.

Sie beschäftigt außerdem einen der bekanntesten Musiker der Computer-Branche, Rob Hubbard. Rob Hubbard, bekannt vom Commodore 64, hat mehrere wunderschöne Songs geschrieben, und fast jedes Spiel, das von seiner Musik begleitet wird, muß man einfach kaufen. Eine von Electronic Arts engagierte Firma namens Distinctive Software Inc. ist für ein Spiel mit Sound Blaster-Unterstützung verantwortlich, nämlich 4D Sports Boxing. Eine andere Gruppe, die vom AdLib unterstützte Spiele produziert, ist die englische Firma Bullfrog.

Electronic Zoo

Electronic Zoo hat die AdLib-Unterstützung seiner neuen Spiele sichergestellt. Diese Firma hat ihre Tore für neue Programmierer und Software-Entwickelgruppen geöffnet, die keine feste Verbindung zu einer Software-Firma haben. Die Programmierer wissen wohl oft die FM-Musik zu benutzen, leider aber noch nicht die Samples.

Epyx

Epyx, bekannt durch eine Reihe von Sportspielen, hat in den letzten Jahren nur wenig neue Spiele herausgebracht. Die veröffentlichten Spiele sind meistens mit AdLib-Musik versehen.

Imageworks

Imageworks ist eine Firma, deren Haupttätigkeit daraus besteht, Spiele für den PC zu adaptieren. Zu diesem Zweck hat die englische Firma bekannte Namen wie die Bitmap Brothers, Vektor Graphics und Mirrorsoft an sich gebunden. Ihre Spiele sind mit der AdLib-Unterstützung versehen. In letzter Zeit findet man auch hier immer mehr die Sound Blaster-Unterstützung (z.B. Speedball II).

Infocom

Infocom hat mit dem Spiel Battletech II sein erstes Exemplar mit Samples und FM-Musik auf den Markt gebracht.

Infogames

Dieser in Frankreich ansässige Software-Hersteller hat nur ein paar Titel, ausschließlich mit AdLib-Unterstützung veröffentlicht.

Interplay

Interplay ist bekannt von den "Battle Chess"-Schachsimulationen. Die erste Version von Battle Chess hatte noch die AdLib-Unterstützung, aber die nächste Version wurde Gott sei Dank mit den Sound Blaster-Samples veröffentlicht. Eine eigene Gruppe von Programmierern ist für die Musikabwicklung zuständig.

Konami

Auch hier findet man wieder den Namen Distinctive Software Inc., weil diese Entwicklungsgruppe für das einzige vom Sound Blaster unterstützte Produkt von Konami verantwortlich ist, nämlich Nascar Challenge. Weiterhin sind nur noch AdLib-unterstützte Spiele dieser Firma erhältlich.

Krisalis

Dieser englische Software-Hersteller hat einige vom AdLib unterstützte Titel veröffentlicht. Die Qualität ist aber mal sehr gut, mal äußerst miserabel.

Linel

Damit die hier aufgeführte Liste ein internationaleres Ansehen bekommt, nennen wir hier auch diese Schweizer Firma. Bis jetzt hat sie aber nur ein vom AdLib unterstütztes Spiel auf den Markt gebracht, nämlich Never Ending Story II.

Lucas Arts/Lucasfilm Games

Lucas Arts (bis vor kurzem Lucasfilm Games) ist der Spezialist für Adventure-Spiele. Die Firma hat zu diesem Zweck ein spezielles System entwickelt, das von den Möglichkeiten des FM-Chip sowie der C/MS-Chips Gebrauch macht. Eigene Musiker gewährleisten eine konstant gute Qualität der Musik. Wahrscheinlich werden auch die neu entwickelten Adventure-Spiele den Sound Blaster unterstützen.

Micropose

Micropose ist eine der ersten Firmen gewesen, die die Möglichkeiten der neuen Sound-Karten in ihren Spielen angewandt hat.

Diese Software-Firma hat sich vor allem auf Flug- und Panzersimulationen spezialisiert. Die Firma besitzt zwei Tochterfirmen, die weniger seriöse Spiele veröffentlichen. Fast alle von Micropose veröffentlichten Spiele werden mit der AdLib-Musik versehen.

Mindscape

Mindscape beschäftigt keine festen Programmierer, aber bedient sich verschiedener Software-Entwicklungsgruppen (u.a. DSI). Diese Gruppen gewährleisten meistens AdLib-Unterstützung.

Ocean

Ocean ist eine englische Firma, die ihre Spiele von anderen Firmen konvertieren läßt. In letzter Zeit benutzen die von Ocean engagierten Leute die Möglichkeiten des Sound Blaster immer öfter.

Origin

Dieser amerikanische Software-Hersteller unterstützte bereits sehr früh die Sound Blaster-Karte. Origin beschäftigt zu diesem Zweck eine eigene Gruppe von Musikern, die eine sehr gute Qualität der Musikunterstützung liefert.

Paragon Software

Bei Paragon ist vor allem AdLib-Unterstützung zu erwarten, lediglich ab und zu wird ein Spiel vom Sound Blaster unterstützt.

Psygnosis

Psygnosis ist eine englische Firma, die bis jetzt in ihren Spielen nur AdLib unterstützt. Software-Entwicklungsgruppen, die für Psygnosis arbeiten, sind: DMA Design, Play Byte und Blue Byte, die manchmal ausgezeichnete Qualität liefern.

Rainbow Arts

Rainbow Arts ist eine deutsche Firma, die bis jetzt nur von den FM-Möglichkeiten Gebrauch gemacht hat. Leider bringt diese Firma nicht besonders viele Spiele auf den Markt, denn die Qualität ist sehr gut.

ReadySoft

Dies ist eine kanadische Firma, die fast nur ihre eigenen Laserplatten-Spiele für den Einsatz auf gängigen Computern umgeschrieben hat. Ein guter Ton ist dabei sehr wichtig, und Readysoft hat den Sound Blaster denn auch völlig mit einem phantastischen Mix von FM-Musik, Samples, schnellen Animationen und Aktionen umgeben. Das müssen Sie sich einmal anhören!

Sierra/Dynamix

Im Moment ist das Gespann Sierra/Dynamix der absolute Marktführer im Bereich der PC-Spiele. Dies hat zur Folge, daß die beiden Firmen auch Trendsetter im Bereich der Sound-Karten sind.

Die Tatsache, daß der Sound Blaster nach seiner Einführung fast unmittelbar von Sierra/Dynamix unterstützt wurde, demonstriert bereits das Vertrauen, das ihm diese beiden Firmen schenken. Sowohl Sierra wie Dynamix haben eine separate Abteilung, die sich mit der Musik für die Spiele beschäftigt. Die Spiele strotzen nur so vor ausgezeichneten Musikstücken. Sierra unterstützt übrigens noch immer die C/MS-Stereo-Chips.

Silmarils

Seit kurzem unterstützt diese Software-Firma ihre Spiele mit Hilfe der AdLib-Musik.

Software Toolworks

Software Toolworks unterstützt manchmal seine Spiele mit Samples; in den Spielen ist aber oft nur FM-Musik vorhanden.

Spectrum Holobyte

Spectrum Holobyte hat vor kurzem ein erstes Spiel, Falcon 3.0, mit Sound Blaster-Unterstützung veröffentlicht. Zuvor wurden die Spiele nur von FM-Musik begleitet.

SSI

SSI ist Spezialist für die sogenannten "Role Playing Games". Viele dieser RPG-Spiele sind vom AdLib unterstützt. Leider befindet sich nur sehr wenig "Sound Blaster" auf der Menükarte!

Taito

Diese Firma gibt es bereits nicht mehr, aber hat eine ganze Reihe von Spielen veröffentlicht, die alle von AdLib und C/MS unterstützt wurden.

Titus

Titus ist eine französische Firma, die vor allem FM-Ton in ihren Spielen verwendet. Vor kurzem aber wurden in dem Spiel "Prehistorik" zum erstenmal die Möglichkeiten des Sound Blaster voll ausgenutzt. Witzige Samples begleiten das Spiel wo immer möglich.

US Gold

US Gold kommt nicht oft mit einem originellen Spiel für den PC. Meistens bringt dieser Hersteller ein vom Amiga abgeleitetes Spiel auf den Markt. Dabei ist immer die Frage, wie die jeweilige Entwicklungsgruppe, die engagiert wurde, mit der Musik umgehen wird. Feste Entwicklungsgruppen bei US Gold sind u.a. die französische Delphine Software (immer AdLib) und The Assembler Line (ebenfalls immer AdLib).

Virgin Games

Leider hat Virgin Games noch keinen Sound Blaster-Titel auf seinem Konto. Meistens sind seine Spiele vom AdLib unterstützt.

Feste Entwicklungsgruppen, die alle AdLib-unterstützte Spiele veröffentlichen, sind Core Design Limited und Graftgold.

Allgemeines

Zusammenfassend kann man sagen, daß die Software-Firmen, die dem guten Ton mehr Aufmerksamkeit widmen,

–   eine spezielle Gruppe von Spezialisten zur Verfügung haben, die sich ausnahmslos nur mit der Musik beschäftigt.

–   Musik herausbringen, die von der Qualität her besser und stimmungsvoller ist und außerdem länger dauert.

–   den Sound Blaster mit Samples und Musik unterstützen.

–   Original-Software herstellen, also keine Konversionen durchführen.

Auf der anderen Seite zeichnen sich die Firmen, denen gute Tonqualität gleichgültig ist, dadurch aus, daß sie

– oft Konversionen schreiben.
– mit mehreren Gruppen zusammenarbeiten.
– den Sound Blaster nur selten unterstützen.

Es empfiehlt sich daher, beim Kauf von Spielen auf den Namen des Software-Herstellers zu achten. Wenn dieser bestimmte Gruppen engagiert, empfiehlt es sich außerdem auf den Ruf dieser Gruppen auf dem Musikbereich zu achten.

Wenn Sie ein Spiel eines der Hersteller mit einer eigenen Musikgruppe kaufen, dann sind Sie ganz sicher, daß die Musik fast automatisch von guter Qualität ist.

Wenn einmal ein Spiel gekauft wurde, dann muß man oft in der Gebrauchsanleitung nachschlagen, wie der Hersteller die Sound Blaster- oder AdLib-Unterstützung in seinem Spiel verarbeitet hat. Muß ein Parameter bei dem Start des Programm mit eingegeben werden, oder regelt das Programm dies selbst? Um Ihnen die Wahl zu vereinfachen, geben wir Ihnen in dem Rest dieses Abschnitts nochmal eine kurze Übersicht der wichtigsten Software-Hersteller.

Außerdem finden Sie dort, welche Informationen Ihnen das Programm beim Start gibt und was Sie eventuell zusätzlich eingeben müssen.

Die nicht erwähnten Firmen haben dermaßen unterschiedliche Verfahrensweisen, daß diese hier nicht alle einzeln genannt werden können.

Access Software

Bittet Sie, beim Start des Spieles eine Sound-Karte zu wählen.

Accolade

Untersucht selbst, ob eine Sound-Karte vorhanden ist.

Activision

Meistens wird mittels eines INSTALL-Programms um die richtige Sound-Karte gebeten.

Bröderbund

Untersucht selbst, ob eine Sound-Karte vorhanden ist. Es können aber auch Parameter bei dem Start mit eingegeben werden. Für das Spiel "Prince" oder "Persia" z.B. initialisieren Sie die Sound Blaster-Unterstützung mit dem Befehl "prince sblast". Andere Parameter sind "adlib" für FM-Musik oder "gblast" für C/MS-Musik.

California Dreams

Bittet Sie beim Start des Spieles, eine Sound-Karte zu wählen.

Disney Software

Bittet Sie in einem Spezialprogramm, die richtige Sound-Karte zu wählen.

Domark

Untersucht selbst, ob eine Akustikkarte vorhanden ist.

Electronic Arts

Die Spiele von Electronic Arts arbeiten mit Parametern. Das bedeutet, daß Sie beim Start zusätzliche Daten eingeben müssen. Für den Sound Blaster sind die Parameter "AdLib" und "CMS" wichtig.

Das Spiel Ski Or z.B. starten Sie mit dem Befehl: "Ski AdLib"

Electronic Zoo

Bittet Sie beim Start des Spieles zu wählen.

Epyx

Untersucht selbst, ob eine Sound-Karte vorhanden ist.

Imageworks

Untersucht oft selbst, ob eine Sound-Karte vorhanden ist, aber manchmal werden auch Parameter toleriert. In den "Teenage Mutant Ninja Turtles" z.B. steht der Parameter "AD" für AdLib-Musik. Bei den Spielen, die den Sound Blaster unterstützen, kann mit Hilfe eines Setup-Programms die richtige Karte selektiert werden.

Interplay

Untersucht selbst, ob eine Sound-Karte vorhanden ist.

Kristalis

Sucht selbst nach einer Sound-Karte.

Lucas Arts/Lucasfilm Games

Lucas Arts sucht selbst nach den Sound-Karten, aber es können auch Parameter beim Start mit eingegeben werden.

Das "a" steht für AdLib, und das "g" für C/MS-Unterstützung.

Micropose

Bittet Sie am Anfang des Spieles, eine Sound-Karte zu wählen.

Ocean

Untersucht selbst das Vorhandensein einer Sound-Karte oder bittet darum.

Origin

Indem man das INSTALL-Programm ausführen läßt, wird untersucht, ob eine Sound-Karte vorhanden ist. Danach wird das Ergebnis sichtbar gemacht, und die Daten werden an das Spiel weitergeleitet.

Psygnosis

Psygnosis bat früher um einen Parameter (in dem Spiel "Infestation" z.B. um das "a" für AdLib-Musik), untersucht aber jetzt selbst, ob eine bekannte Sound-Karte vorhanden ist (z.B. bei "Lemmings" und "Atomino").

Rainbow Arts

Sucht selbst nach einer Sound-Karte.

ReadySoft

Bittet Sie am Anfang des Spieles, die richtige Sound-Karte zu wählen.

Sierra/Dynamix

Diese Kombination verwendet ein INSTALL-Programm, mit dessen Hilfe die richtige Sound-Karte aufgespürt werden kann. Das Ergebnis wird dann an das Spiel weitergeleitet. Sierra arbeitet mit verschiedenen Treibern für die jeweiligen Sound-Karten. Beim Sound Blaster ist das die Datei SNDBLAST.DRV, und für C/MS- bzw. Game Blaster-Musik die Datei CMS.DRV.

Spectrum Holobyte

Sucht selbst nach einer Sound-Karte und bittet dann eine Karte zu wählen.

SSI

Bittet Sie am Anfang, die richtige Sound-Karte zu wählen.

Taito

Sie können am Anfang aus einem Menü die richtige Sound-Karte auswählen.

Titus

Untersucht jetzt selbst, ob eine Sound-Karte vorhanden ist. Früher mußte aber zuerst das AdLib-Programm "Sound.com" geladen werden, bevor man überhaupt FM-Ton erzeugen konnte.

US Gold

Läßt Sie am Anfang aus den verschiedenen Sound-Karten wählen (z.B. in dem Spiel "Turbo Outrun") oder verwendet ein INSTALL-Programm (z.B. in dem Spiel "Operation Stealth").

Virgin Games

Bittet Sie eine Sound-Karte zu wählen, oder verwendet ein INSTALL-Programm, um die von Ihnen gewählte Karte als Information an das Spiel weiterzuleiten.

Selbst musizieren

Es ist viel schöner, selber einen Song zu komponieren als sich immer nur die Musik anderer anhören zu müssen. Gott sei Dank verfügt der Sound Blaster über vier verschiedene Arten von Musik, so daß Sie eine schwierige Wahl zu treffen haben. Für jede dieser verschiedenen Arten von Musik gibt es einen Composer, ein Programm, womit sie eine bestimmte Art von Musik komponieren können. Für C/M ist das der CDMS-Composer, für FM der Visual Composer, für DSP Vedit, und für MIDI der Sequencer Plus Junior.

In den nächsten Abschnitten wird auf jeden dieser Composer einzeln näher eingegangen. Hierdurch bekommen Sie einen Eindruck von den Möglichkeiten der Programme, wodurch Ihre Entscheidung für ein bestimmtes Programm einfacher wird.

CDMS-Composer

Im Gegensatz zu den üblichen Methoden der grafischen Noteneingabe verwendet man bei dem CDMS-Composer (Creative Digital Musical Score) einen Texteditor für die

Komposition der Noten. Jeder Editor und jede Textverarbeitung, die eine ASCII-Datei erstellt, kann dazu verwendet werden. Ein Vorteil ist, daß Sie Ihren eigenen Editor verwenden können. Mit dem Editor muß eine Datei mit dem Suffix .THM oder .ABC erstellt werden.

Es sind vier wichtige Programme vorhanden. ABCR.EXE ändert eine .ABC-Datei in eine .THM-Datei, bei der dann zugleich Rhythmen hinzugefügt werden. COMPOSE.EXE kompiliert eine .THM-Datei zu einer .CMS-Datei, welche mit Hilfe des PLAYER.EXE abgespielt werden kann. Schließlich ist es auch möglich, mit Hilfe der Programmdatei DEFINST.EXE ein Instrument selber zusammenzustellen.

Der CDMS-Composer ist ein von Creative Labs hergestelltes Programm, das mit jedem Game Blaster mitgeliefert wird. Der CDMS-Composer benutzt speziell die C/MS-Stereo-Chips, die im Game Blaster vorhanden sind.

Daß ein Song mittels Text in den Computer eingegeben wird, hat den großen Vorteil, daß alle Möglichkeiten der Notenlinien ganz genau in dem Text-Modus simuliert werden können. Schlüssel, Moll, Noten im Dreivierteltakt, Pausen, kurz alles, was in den Notenlinien aufgeführt ist, kann unmittelbar in die CDMS-Sprache übersetzt werden.

Die C/MS-Chips ergeben insgesamt 12 Kanäle, wobei auf jedem Kanal ein anderes Instrument definiert werden kann. In der CDMS-Sprache haben die Kanäle die Nummern M1 bis M12. Für jeden Kanal können bestimmte Notenblöcke definiert werden. Diese Blöcke werden mittels des Zeichens | voneinander getrennt.

CDMS kennt 8 Noten, und zwar DO RE MI FA SO LA TI, und die Pause. Die Noten tragen die Nummern 1 bis einschließlich 7, während eine Pause mit 0 bezeichnet wird. Am Anfang eines Songs steht natürlich ein Schlüssel, z.B ein C-Schlüssel. Der C-Schlüssel wird in CDMS mit [1=C] oder [1=der Schlüssel] bezeichnet.

CDMS kennt auch das Semikolon. Mit dem .TITLE-Befehl können Sie den Titel des Songs angeben. Andere Befehle sind .Composer für Ihren Namen und .MESSAGE für Mitteilungen an den Leser über den Song. Ein besonderes Semikolon ist der .LINE5-Befehl. Dieser Befehl ist speziell für diejenigen entworfen, die bereits einige Erfahrung mit den traditionellen Notenlinien haben. Im .LINE5-Modus wird jede Note als Note geschrieben und nicht als Nummer. Die acht Nummern schreibt man dann folgendermaßen: c, d, e, f, g, a, b und 0.

·Das nächste Beispiel zeigt Ihnen einen Teil eines Songs.

Beispiel CDMS-Notation

In der üblichen Schreibweise:

```
m1 |  [1=C] 1 2 3 4 | 5 6 7 +1 |
m2 |       _7 1 2 3 | 4 5 6  7 |
```

Oder im LINE5-Modus:

```
.LINE5
m1 |  [1=C] c d e f | g a b +c |
m2 |       _b c d e | f g a  b |
```

Sie sehen, daß zwei neue Zeichen vor den Noten stehen. + zeigt an, daß die Note eine Oktave höher gespielt werden muß, während _ andeutet, daß die Note eine Oktave tiefer anzusetzen ist.

Die Notenblöcke müssen immer gleich groß sein, in diesem Fall also vier Noten. Werden in einem Block nur drei Noten gespielt, so wird diese mit dem _ -Zeichen ergänzt.

Eine Zeile kann maximal sechs Notenblöcke fassen. Alle benutzten Kanäle müssen denn auch nacheinander notiert werden, wobei jeder Kanal nicht länger als sechs Notenblöcke sein darf. Sobald die erste Zeile eines Kanals vollständig benutzt wurde, kann wieder zum ersten Kanal hinübergewechselt werden.

Eine Tastatur umfaßt sieben Oktaven, bezeichnet als A bis einschließlich G, wobei A die tiefste Oktave und G die höchste Oktave darstellt.

In CDMS ist ein "Beat" (Schlag) genauso lang wie die Länge einer Viertelnote. Für jede Viertelnote wird ein Zeichen notiert. Eine ganze Note besteht dann aus vier Beats und wird deshalb als 1-- notiert. Wenn die Länge der Note kürzer als ein Beat ist, kann man diesen mittels / in zwei Hälften unterteilen. Eine Sechzehntelnote wird dann in der CDMS-Notation als 1// bezeichnet. Indem man einen Punkt (.) vor den Schrägstrich (/) setzt, kann man die Note um einen halben Beat verlängern. 1./ ist dann eine Note mit einem dreiviertel Beat.

Der Schrägstrich kann auch dazu dienen, einen Notenblock als Einheit zusammenzuhalten. So bedeutet 1234// vier Noten mit einem viertel Beat.

Trisets werden mit einem T hinter den drei Noten bezeichnet. 123T// ist ein Triset von drei Noten mit einer halben Beat-Länge, denn das Triplet dauert zwei Beats und wird von zwei Schrägstrichen durch 8 dividiert. Ein Bogenstrich wird als ^ bezeichnet. Das Zeichen ^ muß vor die letzte Note gestellt werden.

Die Begriffe "Scharp", "Flat" und "Natural" aus der Musikwelt werden als #, @ und ~ notiert. Diese Symbole müssen immer unmittelbar vor den Noten stehen, während sich die Zeichen + und _ stets vor den Zeichen #, @ und ~ befinden.

Eine große Anzahl Einstellungen kann man mit Hilfe von nur einem Parameter erzielen. Folgende Werte sind möglich:

– [t=...] mit ... = 1/4, 2/4, 3/4, 4/4, 3/8, 6/8 oder 9/8

Der Parameter t bestimmt die Zahl der Beats in einem Block, dividiert durch 4. Bei [t=3/8] müssen demnach anderthalb Beats in dem Block hinzugezählt werden. Der Einfluß des Parameters ist permanent, d.h., daß die eingestellte Zahl auch für die anderen Blöcke gilt. Der Parameter kann in jedem Block modifiziert werden. Der Standardwert ist 4/4.

– Ein |%|-Block bedeutet, daß dieser keine Zeit in Anspruch nimmt und ausschließlich Parameter hat. Diese Einstellung wird oft verwendet, wenn viele Parameter auf einmal definiert werden müssen. Wenn Sie diese Einstellung verwenden, müssen Sie dafür sorgen, daß dieser Block sich auf jeden einzelnen Kanal bezieht.

– [1=...] mit ... = A, B, C, D, E, F, G, #A, #B, ... , #G, @A, @B, ... , @G

Bestimmt den Schlüssel, der verwendet wird.

– [s=...] mit ... = eine Zahl zwischen 45 und 240.

Bestimmt das Tempo. Das Tempo wird als Zahl der Beats pro Minute angegeben.

– [p=...] mit ... = 1 bis einschließlich 32.

Wählt ein Instrument.

– [v=...] mit ... = 0 bis einschließlich 255.

Stellt die Lautstärke ein.

– [x=...] mit ... = L für links, R für rechts und B für beide.

Wählt den Ausgangs-Port für den Stereo-Effekt.

Im ABC-Modus ist es möglich, einen Rhythmus zu wählen. Indem man [r=...] (mit ... = der Dateiname oder der Wert 0) als Parameter verwendet, wird eine Rhythmussektion eingelesen. Dazu muß auf der Festplatte die Datei mit dem Suffix .BCD vorhanden sein. Indem nun der Song (mit dem Suffix .ABC) mit Hilfe des Programms ABCR.EXE kompiliert wird, entsteht eine neue .THM-Datei mit dem gleichen Namen und zusätzlichen Zeilen, die den Rhythmus angeben. Die Rhythmussektion benutzt immer die Kanäle 6 bis einschließlich 12. Sie können diese dann nicht mehr benutzen.

Damit Sie den CDMS-Composer mit dem Sound Blaster verwenden können, müssen Sie allerdings dafür sorgen, daß die C/MS-Stereo-Chips auf dem Sound Blaster vorhanden sind. Außerdem muß auch die Datei CMSDRV.COM geladen sein. Dieses Programm steht auf der Master-Diskette, die mit Ihrem Sound Blaster mitgeliefert wurde.

```
{Programmausgabe dance.abc}
;
.copy m1-m3
m1 | [t=2/4,s=120,1=C,r=tango1] D 5+111/ | _76/ 5 | 5+222/ | 32/ 1 |
AA |            C          | G         |         | C      |
m1 | _5+111/ | _76/ 5 | 5567/   | +11/ 1 |
AA | C          | G        | Gs       | C       |
m1 | 1555/ | 65/ 4 | 4566/   | 54/ 5 |
AA |       | F        |        | Gs       |
m1 | 2555/ | 43/ 2 | 5./4// 32/ | 1 1 |
AA | G       | Gs      | G              | C    |


{Programmausgabe tango1.bcd}
; Tango Rythm    - variation #1
B |[p=3]C 1  5  1  5   | 11/ 05/  1  5  |
C |[p=4,v=180] z0z0/ z0zz/  | zz0z/ z0z0/     |
R |[v=180] xxyx/ xx/ xy/| x0/ x0/ x0/ x0/|


{Programmausgabe compiliere dance.abc}
Creative CMS Auto Bass Chord Generator   Version 3.00
Copyright (c) Creative Music Lab., 1987. All rights reserved.
Reading DANCE.ABC... Line #  12345678910111213141 5
    Auto bass/chord TANGO1.BCD
Job done.


{Programmausgabe dance.thm}
;
M1| [t=2/4,s=120,1=C,r=tango1] D 5+111/ | _76/ 5 | 5+222/ | 32/ 1 |
M2|                            D 5+111/ | _76/ 5 | 5+222/ | 32/ 1 |
M3|                            D 5+111/ | _76/ 5 | 5+222/ | 32/ 1 |
M6|[p=4,v=180]%| 1010/ | 5505/ | 5050/ | 1101/ |
M7|[p=4,v=180]%| 3030/ | 7707/ | 7070/ | 3303/ |
M8|[p=4,v=180]%| 5050/ | +2202/ | 2020/ | _5505/ |
M9|[p=4,v=180]%| +1010/ | 5505/ | 5050/ | 1101/ |
```

```
M10|[v=180]%| xxyx/ | x0x0/ | xxyx/ | x0x0/ |
M11|[p=3]%|C_15| 550+2/ |C_5+2| _1105/ |
M12|[p=3]%|C15| 550+2/ |C5+2| _1105/ |
M1| _5+111/ | _76/ 5 | 5567/  | +11/ 1 |
M2| _5+111/ | _76/ 5 | 5567/  | +11/ 1 |
M3| _5+111/ | _76/ 5 | 5567/  | +11/ 1 |
M6| 1010/ | 5505/ | 5050/ | 1101/ |
M7| 3030/ | 7707/ | 7070/ | 3303/ |
M8| 5050/ | +2202/ | 2020/ | _5505/ |
M9| 1010/ | 5505/ | 4040/ | 1101/ |
M10| xxyx/ | x0x0/ | xxyx/ | x0x0/ |
M11|C_15| 550+2/ |C_5+2| _1105/ |
M12|C15| 550+2/ |C5+2| _1105/ |
M1| 1555/ | 65/ 4 | 4566/ | 54/ 5 |
M2| 1555/ | 65/ 4 | 4566/ | 54/ 5 |
M3| 1555/ | 65/ 4 | 4566/ | 54/ 5 |
M6| 1010/ | 4404/ | 4040/ | 5505/ |
M7| 3030/ | 6606/ | 6060/ | 7707/ |
M8| 5050/ | +1101/ | 1010/ | 2202/ |
M9| 1010/ | 4404/ | 4040/ | 4404/ |
M10| xxyx/ | x0x0/ | xxyx/ | x0x0/ |
M11|C_15| 440+1/ |C_4+1| _550+2/ |
M12|C15| 440+1/ |C4+1| _550+2/ |
M1| 2555/ | 43/ 2 | 5./4// 32/ | 1 1 |
M2| 2555/ | 43/ 2 | 5./4// 32/ | 1 1 |
M3| 2555/ | 43/ 2 | 5./4// 32/ | 1 1 |
M6| 5050/ | 5505/ | 5050/ | 1101/ |
M7| 7070/ | 7707/ | 7070/ | 3303/ |
M8| 2020/ | 2202/ | 2020/ | _5505/ |
M9| 5050/ | 4404/ | 5050/ | 1101/ |
M10| xxyx/ | x0x0/ | xxyx/ | x0x0/ |
M11|C_5+2| _550+2/ |C_5+2| _1105/ |
M12|C5+2| _550+2/ |C5+2| _1105/ |
```

```
{Programmausgabe compiliere dance.thm}
Creative CMS Music Composer   Version 3.00
Copyright (c) Creative Music Lab., 1987. All rights reserved.
Reading source file DANCE.THM ->   46 lines read.
Master Bar: 1234567891011121314151617
Writing CMS file DANCE.CMS...
```

```
{Programmausgabe spring.thm}
.title    SONG OF SPRING
; Enter by Jessie Tan                         21st August 1987
.message edited by WH Sim
m1 |% [1=A,s=120,p=13,t=2/4 ] |
m2 |% [p=4 ]|
m3 |% [p=4 ] |
m4 |% [p=4] |
m5 |% [p=3] |
```

```
m1  |F  3  ^  34#45// |  +1_5/43/ |  2.  4/ |  6.  4/ |
m2  |E  3  ^  34#45// |  +1_5/43/ |  2.  4/ |  6.  4/ |
m3  |D  05/5 |  01/1 |  02/2 |  06/6 |
m4  |D  03/3 |  0_5/5 |  06/6 |  0+4/4 |
m5  |C  1  0 |  _3  0 |  4  0 |  +2  0 |
m1  |  2  ^  2#12#2// |  35/43/ |  21/_7+1/ |  3  2_5/ |
m2  |  2  ^  2#12#2// |  35/43/ |  21/_7+1/ |  3  2_5/ |
m3  |  05/5 |  05/5 |  0#4/4 |  05/5 |
m4  |  04/4 |  03/3 |  02/2 |  01/_7 |
m5  |  _7  0 |  +1  0 |  _6  0 |  5  0 |
m1  |  +3  ^  34#45// |  +1_5/43/ |  2.  4/ |  6.  5/ |
m2  |  +3  ^  34#45// |  +1_5/43/ |  2.  4/ |  6.  5/ |
m3  |  05/5 |  01/1 |  06/6 |  06/6 |
m4  |  +03/3 |  _05/5 |  +02/2 |  03/3 |
m5  |  +1  0 |  _3  0 |  4  0 |  #1  0 |
m1  |  #4~4/32/ |  1_7/+32/ |  2  1_5/ |  +5  ^  5#4~43// |
m2  |  #4~4/32/ |  1_7/+32/ |  2  1_5/ |  +5  ^  5#4~43// |
m3  |  06/6 |  04/4 |  05/5 |  01/+1 |
m4  |  04/4 |  02/_7 |  +04/3 |  _05/5 |
m5  |  2  0 |  5  0 |  +1  0 |  _3  0 |
m1  |  2_7/65/ |  +5  ^  5#4~43// |  2_7/65/ |  7+1/51/ |
m2  |  2_7/65/ |  +5  ^  5#4~43// |  2_7/65/ |  7+1/51/ |
m3  |  0_2/2 |  01/1 |  02/2 |  01/1 |
m4  |  05/7 |  05/5 |  05/7 |  05/5 |
m5  |  4  0 |  3  0 |  4  0 |  3  0 |
m1  |  _7.  7/ |  6@7/57/ |  6.  6/ |  76/7+1/ |
m2  |  _7.  7/ |  6@7/57/ |  6.  6/ |  76/7+1/ |
m3  |  02/2 |  05/@7 |  05/5 |  0#4/4 |
m4  |  05/5 |  +05/5 |  03/3 |  02/2 |
m5  |  2  0 |  +2  0 |  #1  0 |  1  0 |
m1  |  2.  2/ |  5432/ |  2  #13/ |  6#432/ |
m2  |  2.  2/ |  5432/ |  2  #13/ |  6#432/ |
m3  |  05/5 |  05/5 |  05/5 |  02/2 |
m4  |  02/2 |  02/2 |  03/3 |  01/1 |
m5  |  _7  0 |  @7  0 |  6  0 |  #4  0 |
m1  |  75#43/ |  2_6/  7/+2///1.// |  _7.  +2/ |  6#432/ |
m2  |  75#43/ |  2_6/  7/+2///1.// |  _7.  +2/ |  6#432/ |
m3  |  02/2 |  01/_6 |  0+2/2 |  02/2 |
m4  |  _07/7 |  04/4 |  07/7 |  +01/1 |
m5  |  5  0 |  2  0 |  5  0 |  #4  0 |
m1  |  75#43/ |  2_6/  +1_#4/ |  5.  #5/ |  6.  7/ |
m2  |  75#43/ |  2_6/  +1_#4/ |  5.  #5/ |  6.  7/ |
m3  |  020#1/ |  0101/ |  0204/ |  0304/ |
m4  |  _070@7/ |  0#406/ |  070+2/ |  0102/ |
m5  |  5050/ |  3030/ |  5050/ |  5050/ |
m1  |  +1.  #1/ |  321_6/ |  5.  #5/ |  6.  7/ |
m2  |  +1.  #1/ |  321_6/ |  5.  #5/ |  6.  7/ |
m3  |  0503/ |  0101/ |  _57+24/ |  0  4@6/ |
m4  |  030_@7/ |  0#404/ |  57+24/ |  0  4@6/ |
m5  |  5050/ |  2020/ |  5+2/0 |  13/0 |
m1  |  +1.  #1/ |  2.  3/ |  4  ^  4345// |  6  ^  6345// |
```

```
m2 | +1. #1/ | 2. 3/ | 4 ^ 4345// | 6 ^ 6345// |
m3 | 0 5@7/ | 0 @7+@2/ | 01/_6 | 0+1/6 |
m4 | 0 5@7/ | 0 @7+@2/ | 01/_6 | 06/4 |
m5 | 35/0 | 46/0 | 6 0 | 4 0 |
m1 | 6 ^ 6#123// | 4 ^ 4#123// | 4#123// 4123// | 4#45#5//7623// |
m2 | 6 ^ 6#123// | 4 ^ 4#123// | 4#123// 4123// | 4#45#5//7623// |
m3 | 06/4 | 0@6/4 | 05/0 | 0 0 |
m4 | 04/2 | 04/2 | 04/0 | 0 0 |
m5 | 2 0 | +1 0 | _7 0 | 0 0 |
m1 | 54_7+1//32_75// | +3 ^ 34#45// | +1_543/ | 2. 4/ |
m2 | 54_7+1//32_75// | +3 ^ 34#45// | +1_543/ | 2. 4/ |
m3 | 0 0 | 05/5 | 01/1 | 02/2 |
m4 | 0 0 | 03/3 | _05/5 | 06/6 |
m5 | 0 0 | 1 0 | _3 0 | 4 0 |
m1 | 6. 4/ | 2 ^ 2#12#2// | 3543/ | 21_7+1/ |
m2 | 6. 4/ | 2 ^ 2#12#2// | 3543/ | 21_7+1/ |
m3 | 06/6 | 05/5 | 05/5 | 0#4/4 |
m4 | +04/4 | 04/4 | 03/3 | 02/2 |
m5 | +2 0 | _7 0 | +1 0 | _6 0 |
m1 | 3 2_5/ | +3 ^ 34#45// | +1_543/ | 2. 4/ |
m2 | 3 2_5/ | +3 ^ 34#45// | +1_543/ | 2. 4/ |
m3 | 05/5 | 05/5 | 01/1 | 02/2 |
m4 | 01/_7 | +03/3 | _05/5 | 06/6 |
m5 | 5 0 | +1 0 | _3 0 | 4 0 |
m1 | 6. 4/ | 2. #4/ | 6. 2/ | +1_765/ |
m2 | 6. 4/ | 2. #4/ | 6. 2/ | +1_765/ |
m3 | 02/2 | 01/1 | 02/2 | 04/4 |
m4 | 06/6 | 06/6 | +01/1 | 02/_7 |
m5 | 4 0 | #4 0 | 2 0 | 5 0 |
m1 | +31_76/ | 52/3/5///4.// | 3 05/ | +1_765/ |
m2 | +31_76/ | 52/3/5///4.// | 3 05/ | +1_765/ |
m3 | 03/3 | 04/2 | 01/1 | 04/4 |
m4 | +01/1 | _07/7 | 05/5 | +02/2 |
m5 | 5 0 | 5 0 | 1 0 | 5 0 |
m1 | +31_76/ | 524_7/ | +1. #1/ | 2. 3/ |
m2 | +31_76/ | 524_7/ | +1. #1/ | 2. 3/ |
m3 | 010@3/ | 0204/ | 030@7/ | 060@7/ |
m4 | _050+1/ | 0_70+2/ | 0305/ | 0405/ |
m5 | 3 #4 | 5 5 | +1 1 | 1 1 |
m1 | 4. #4/ | 6542/ | 1. #1/ | 2. 3/ |
m2 | 4. #4/ | 6542/ | 1. #1/ | 2. 3/ |
m3 | 0606/ | 0204/ | 0503/ | 0205/ |
m4 | 040@3/ | 0_70+2/ | 030_@7/ | 060+@2/ |
m5 | 1 1 | _5 5 | +1 _5 | 4 @7 |
m1 | 4. #4/ | 6542/ | 135+1/ | _7542/ |
m2 | 4. #4/ | 6542/ | 135+1/ | _7542/ |
m3 | 0406/ | 0204/ | 05/5 | 04/2 |
m4 | 010@3/ | 0_707/ | +03/3 | _07/7 |
m5 | 6 +1 | _5 5 | +1 0 | _5 0 |
m1 | 135+1/ |_ 7542/ | 3 ^ 34#45// | +1 _02#23// |
m2 | 135+1/ |_ 7542/ | 3 ^ 34#45// | +1 _02#23// |
```

```
m3 | 05/5  | 04/2    | 05/5    | 05/5   |
m4 | +03/3 | _07/7   | +03/3   | 03/3   |
m5 | +1 0  | _5 0    | +1 0    | 1 0    |
m1 | 5 0_67+1// | 3 0_4#45// | +1_35+1/ | 35+13/ |
m2 | 5 0_67+1// | 3 0_4#45// | +1_35+1/ | 35+13/ |
m3 | 05/5  | 05/3    | _0535/  | +0535/ |
m4 | 03/3  | 03/3    | _0535/  | +0535/ |
m5 | 1 0   | 1 0     | _1 0    | +1 0   |
m1 | 5010/ | 10/ 0   |
m2 | 5010/ | 10/ 0   |
m3 | 3050/ | 50/0    |
m4 | 3050/ | 30/0    |
m5 | 0 10/ | 10/0    |
```

Visual Composer

Jeder Composer, der in diesen Abschnitten besprochen wird, bezieht sich auf spezifische Hardware des Sound Blaster. So benutzt der Visual Composer den FM-Chip. Das ist nicht befremdend, denn der Visual Composer ist ein Produkt der Hersteller der AdLib-Karte. Es ist denn auch bereits ein älteres Programm. Dennoch scheint jeder mit dem Programm zufrieden zu sein, denn neue Versionen oder gar vergleichbare Programme sind niemals erschienen.

Dadurch, daß der Visual Composer grafisch orientiert ist, ist die Verwendung einer Maus unentbehrlich. Der Visual Composer verwendet nur einen einzigen Bildschirm und ein paar Pull-Down-Menüs. Man braucht niemals zwischen verschiedenen Bildern zu wechseln, was die Arbeit mit dem Programm sichtlich erleichtert.

Das Bild besteht aus einem großen "Zeichenblatt". Links von diesem Blatt steht senkrecht eine Tastatur. Die waagerechten Linien des Zeichenblatts stimmen mit den schwarzen Tasten der Tastatur überein. Die ununterbrochenen Linien des Zeichenblatts zeigen den Beginn der Takte an. Die unterbrochenen senkrechten Linien eines Taktes zeigen die Beats an.

Die Zahl der Tasten auf der Tastatur ist größer als auf dem Bildschirm angezeigt werden kann. Dadurch muß das Blatt nach oben und nach unten gerollt werden. Zu diesem Zweck ist rechts neben dem Zeichenblatt ein Rollbalken sichtbar. Mit Hilfe des waagerechten Rollbalkens an der unteren Seite des Zeichenblatts kann das Blatt nach links oder rechts verschoben werden.

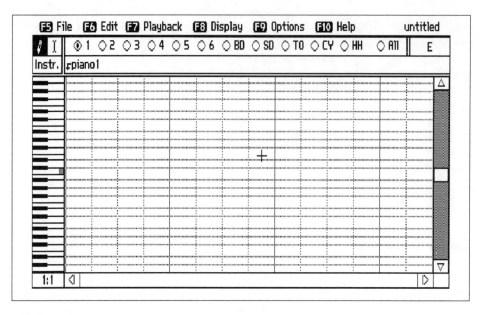

Abb. 4.1: Zeichenblatt

Auf das Blatt können Noten geschrieben werden. Dies kann man mit einer alten Dreh-
orgel vergleichen, die vorgedruckte Notenblätter abspielt.

Ein Würfel auf diesem Notenblatt gibt an, daß genau die Note, die mit der Note auf der
Tastatur übereinstimmt, gespielt wird. Die waagerechte Position der Note auf dem Blatt
gibt die Notenlänge an.

Nun verfügt der FM-Chip über mehrere Instrumente, die auch auf dem Zeichenblatt definiert werden können. In der zweiten Zeile des Bildschirms werden alle Instrumente
durch eine Nummer oder durch zwei Buchstaben dargestellt. BD, SD, TO, CY und HH
stehen für Bass-Drum, Snare-Drum, Tomtom, Cymbals und Hihat. Sie können entweder
ein Instrument oder alle Instrumente zugleich wählen. Dies geschieht mit Hilfe der Optionen Cut und Paste. In der ditten Zeile wird jeweils das Instrument angezeigt, das pro
Beat verändert werden kann.

Auf dem Zeichenblatt arbeiten Sie immer nur mit einem Instrument. Haben Sie einmal
ein Instrument gewählt, dann werden die Noten der anderen Instrumente auf dem Blatt
grau, was bedeutet, daß Sie diese nicht ändern können. Auf diese Weise können Sie elf
Instrumente mit der gleichen Tonhöhe gleichzeitig in das Zeichenblatt eintragen, denn

ein grauer Würfel kann jederzeit von einem schwarzen Würfel (der sich auf das gewählte Instrument bezieht) ersetzt werden.

In der zweiten Bildschirmzeile steht links die Abbildung eines Kugelschreibers und einer Klammer. Wenn der Kugelschreiber selektiert wurde, können die Noten in das Blatt
eingetragen werden. Die Positionsmarke der Maus ändert sich, wenn er sich in dem Gebiet des Zeichenblatts befindet, in ein Kreuz. Mit einem Druck auf die linke Maustaste
kann an jeder Stelle des Zeichenblatts eine Note oder eine ganze Reihe von Noten nacheinander geschrieben werden. Die Klammer gibt an, daß Sie sich im Cut-und-Paste-
Modus befinden, und somit Ihre Eingaben modifizieren können. Die Positionstaste der
Maus wird somit als Klammer bezeichnet. Indem Sie die Maustaste gedrückt halten und
die Maus nach links oder rechts bewegen, können Sie einen Block selektieren. Der
Block, der ausgewählt wurde, bezieht sich ausschließlich auf die schwarzen Noten.
Wenn Sie auch graue Noten in den Block mit einbeziehen wollen, so müssen Sie zuerst
All (alle Instrumente) wählen.

Bei dem Aktivieren der Pull-Down-Menüs kann man folgende Optionen unterscheiden:

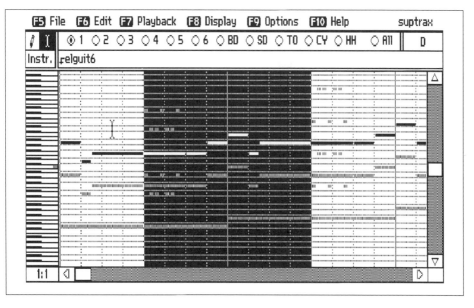

Abb. 4.2: Zeichenblatt mit Auswahl

Die Dateiauswahl

New	Der Befehl New entfernt den aktuellen Song aus dem Speicher, so daß Sie von nun an mit einer neuen Komposition anfangen können.
Open	Mit diesem Befehl können Sie eine Datei wählen, die in den Speicher geladen werden soll.
Save	Hiermit speichern Sie einen Song auf der Festplatte.
Save as	Dieser Befehl tut das gleiche wie der Befehl Save, bittet aber vor dem Abspeichern nochmals um den Namen der Datei.
Revert	Wenn Ihnen eine Änderung, die Sie in einem Song durchgeführt haben, nicht gefallen sollte, können Sie mit dem Befehl Revert die ursprüngliche Version wiederherstellen.
Instrument Bank file	Hiermit können Sie die Datei wählen, in der sich die Instrumente befinden. Meistens hat diese Datei das Suffix .BNK.
Quit	Hiermit verlassen Sie den Visual Composer und kehren zu DOS zurück.

Die Dateiaufbereitung

Copy	kopiert den Auswahlblock in einen Puffer.
Cut	nimmt den ausgewählten Block heraus und setzt ihn in einen Puffer. Die Noten rechts vom Block rücken nach links.
Paste	setzt den Inhalt des Puffers an die Stelle der Positionsmarke der Maus.
Clear	entfernt den Inhalt eines ausgewählten Blocks.
Semitone up	erhöht die Noten eines Auswahlblocks um eine Note.
Semitone down	senkt die Noten des Auswahlblocks um eine Note.
Octave up	erhöht die Noten eines Auswahlblocks um eine Oktave.

Octave down	senkt die Noten eines Auswahlblocks um eine Oktave.

Das Playback-Menü

Play	spielt den Song mit allen Instrumenten.
Play Voice	spielt den Song mit dem ausgewählten Instrument.
Interrupt	unterbricht das Abspielen des Songs.
Basic Tempo	Mit diesem Befehl können Sie die Zahl der Beats (Schläge) in der Minute einstellen. Die Anzahl der BPM bestimmt das Tempo.

Das Ausgabemenü

Tempo	Hiermit können Sie in der dritten Zeile von oben das Tempo des Songs einstellen.
Instrument	Hiermit wechseln Sie im Song das Instrument.
Volume	Stellt die Lautstärke ein.
Pitch Accuracy	Hiermit regeln Sie die Tonhöhe.
Large Grid	Großes Format: Zeichenblatt mit groß dargestellten Noten.
Medium Grid	Mittelgroßes Format.
Small Grid	Kleines Format: Zeichenblatt mit vielen Noten auf einem Blatt.
Ticks per Beat	regelt die Zahl der Schläge pro Beat.
Beats per Measure	regelt die Zahl der Beats pro Takt.

Das Options-Menü

With Percussion	Wählt den 11-Kanäle-Modus.

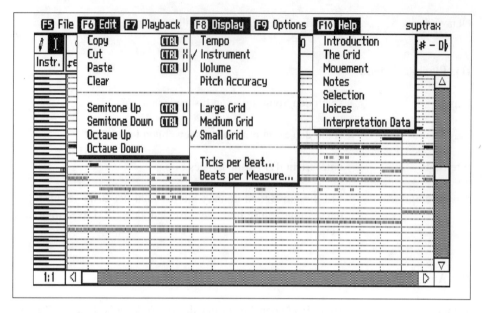

Abb. 4.3: Vollständiges Pull-Down-Menü 1

Without Percussion	Wählt den 9-Kanäle-Modus.
Audio Feedback	Wenn diese Option eingeschaltet ist, hören Sie bei jeder Note, die in das Zeichenblatt eingetragen wird, den dazugehörigen Ton.
MIDI Input	Wechselt von der üblichen Noteneingabe zur MIDI-Noteneingabe.

Das Help-Menü gibt Ihnen eine Übersicht aller Themen, worüber nähere Informationen zur Verfügung stehen. Die verschiedenen Instrumente können Sie selber mit Hilfe des Programms Instrument Maker zusammenstellen.

Vedit

Vedit ist ein von Creative Labs entwickeltes Programm, womit Sie Samples bearbeiten können. Dieses Programm benutzt auf sehr typische Weise den DSP-Chip. Mit Vedit können Sie Analoggeräusche aufnehmen und digital speichern. Mit dem digitalen

Sample können Sie dann Daten herausnehmen, hinzufügen, ergänzen und mit einem Echo versehen, um ihn dann wieder abzuspielen.

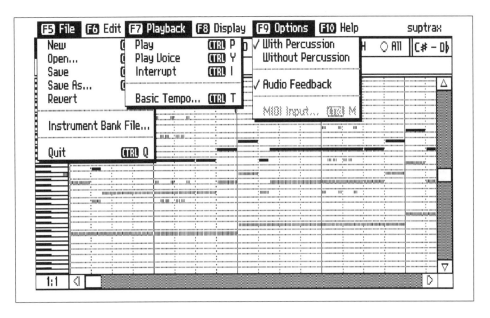

Abb. 4.4: Vollständiges Pull-Down-Menü 2

Vedit ist ein grafisches Programm, das die Maus benutzt, um damit Optionen und Funktionen auszuwählen, Pull-Down-Menüs zu öffnen, Dateien zu selektieren usw.

Manchmal ist es ratsam, dennoch Tastenkombinationen zu verwenden. In den Pull-Down-Menüs können Sie alle Funktionen selektieren, indem Sie den markierten Buchstaben der Funktion zusammen mit der <ALT>-Taste drücken.

Sobald Vedit gestartet ist, kommen Sie in das Hauptmenü. Dieses besteht aus fünf Pull-Down-Menüs: File, Record, Play, Pack und Edit.

Mit dem File-Menü können Sie Samples laden und abspeichern. Das File-Menü hat folgende Funktionen:

Load   Lädt einen Sample von der Festplatte.

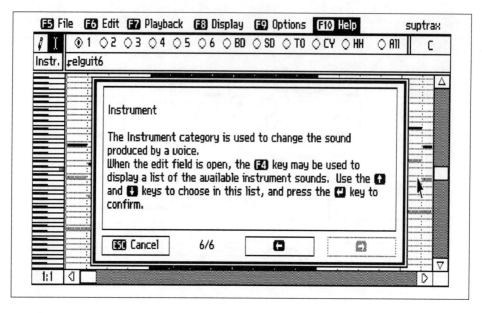

Abb. 4.5: Hilfe-Menü

Save   Speichert einen Sample unter demselben Namen auf der Festplatte.

Save as   Dieser Befehl tut das gleiche wie der Befehl Save, bittet aber vor dem Abspeichern nochmals um den Namen der Datei.

Write   Speichert den Auswahlblock eines Sample auf der Festplatte.

Intro   Gibt Ihnen Auskünfte über die Autoren.

Exit   Zurück zu DOS.

Wenn Sie einen Sample geladen haben, erscheint auf dem Bildschirm ein Fenster mit Informationen über den Aufbau des Sample. Der Aufbau geschieht im Format .VOC und wird in Kapitel 10 näher beschrieben.

In dem Record-Menü sind drei Funktionen vorhanden. Sie können Geräusche aufnehmen "To Memory" (in den Hauptspeicher laden) oder "To Disc" (auf Festplatte abspeichern). Bevor Sie mit den Aufnahmen anfangen, sollten Sie zuerst mit Hilfe der Scan Input-Funktion überprüfen, ob der Mikrophon-Port tatsächlich ein Signal empfängt. Für den Fall, daß kein Signal vorhanden ist, werden Sie im Input-Fenster nichts anderes se-

hen als eine gerade Linie. Wenn ein Signal vorhanden ist, erscheint in diesem Fenster
die Wellenform des Signals. Indem Sie eine Taste betätigen, kehren Sie wieder in das
Hauptmenü zurück. Mit Record to Memory beginnen Sie mit dem Aufnehmen des
Signals. Zuerst muß dann aber noch die Sample-Rate eingegeben werden. Bei Record to
Disc müssen Sie außer der Sample-Rate auch noch den Dateinamen eingeben, unter
dem die Sample-Rate gespeichert werden soll.

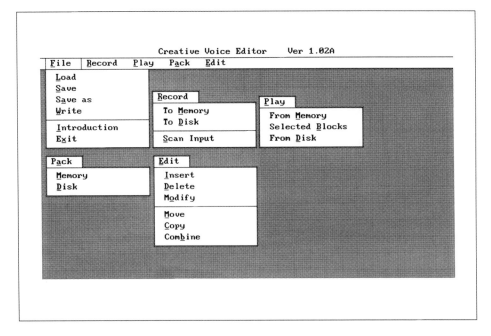

Abb. 4.6: Alle Pull-Down-Menüs

Wenn alles in Ordnung ist, erscheint im Hauptmenü ein Fenster mit den verschiedenen
Blöcken des Sample.

Ein Sample endet immer mit einem Terminator Block. Das Auswählen eines x-beliebi-
gen Blocks geschieht mit der Maus. Durch einen einzigen Druck auf die linke
Maustaste wird ein aktiver Block ausgewählt. Durch fortgesetztes Betätigen dieser
Taste können aber gleich mehrere Blöcke selektiert werden. Der aktive Block leuchtet
immer auf, während die Auswahlblocks von einer Linie umgeben sind.

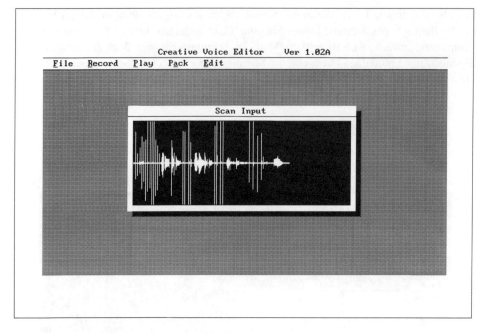

Abb. 4.7: Scan

Mit diesen Auswahlblöcken können Sie nun arbeiten. So kann in dem Play-Menü die Selected Blocks-Funktion nur die ausgewählten Blöcke abspielen. Weiter hat dieses Menü eine Funktion, mit der vollständige Samples aus dem Speicher (from memory) oder ein Sample von der Festplatte (from disc) abgespielt werden können.

In dem Pack-Menü können Sie mit Hilfe der Memory-Option einen Block aus dem Sample "packen", d.h. 2, 3 oder 4 nachfolgende

Sample-Werte zu einer Ziffer zusammenfügen. Hiermit können Sie sehr viel Speicher-kapazität sparen!

Die zweite Option in dem Pack-Menü bezweckt das "Packen" von Dateien auf der Fest-platte.

Das letzte Menü aus dem Hauptmenü ist Edit. Dies ist eine sehr wichtige Funktion, weil hier die eigentliche Aufbereitung der Daten für den Programmablauf stattfindet. Das Edit-Menü hat folgende Funktionen:

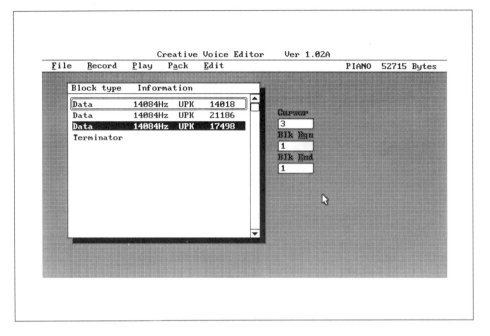

Abb. 4.8: Geladenes Sample

Insert   Insert kann in dem Block "Auskünfte-Fenster" neben dem aktiven Block noch die Blöcke Silence, Marker, ASCII und Repeat aufnehmen. Im Sample können Sie auf diese Weise eine Weile "Stille" einbauen, ASCII-Text aufnehmen oder einen bestimmten Sample-Block wiederholen lassen. Indem Sie einen Marker-Block vor und einen Repeat-Block hinter den Sample-Block setzen, können Sie diesen bis zu 999 mal wiederholen lassen.

Delete   Diese Funktion entfernt den aktiven Block aus dem Sample.

Modify   Führt Sie zum Hauptmenü, wo Sie die Wellenform des Sample ändern können.

Move   Setzt die Auswahlblöcke vor den aktiven Block.

Copy   Kopiert die Auswahlblöcke hinter den aktiven Block.

Combine   Fügt die Auswahlblöcke zu einem Block zusammen. Die Blöcke werden zusammengefügt und nicht gemischt!

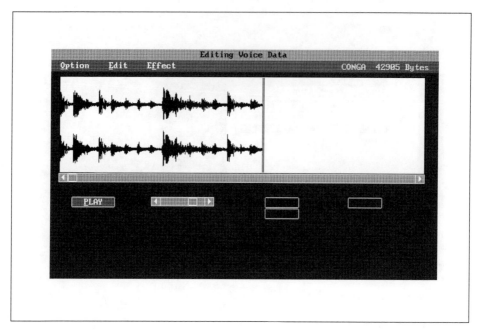

Abb. 4.9: Modify-Menü

Nach der Anwahl des Hauptmenüs erscheint auf dem Bildschirm eine Übersicht des wellenförmigen aktiven Blocks. Sie können die Maus verwenden, um damit in die Wellenform eine Positionsmarke zu setzen und bestimmte Daten zu selektieren. Dies macht man, indem man die Positionsmarke an die gewünschte Stelle der Wellenform bringt. Ein Druck auf die linke Maustaste setzt die Marke an diese Stelle. Sie sehen dort jetzt eine senkrechte Linie. Man kann einen Block auswählen, indem man die Maustaste ständig gedrückt hält und an der Stelle losläßt, wo man das Ende des Blocks haben möchte.

Auf dem Bildschirm sehen Sie zwei Optionen, nämlich Play und Zoom. Play spielt die Wellenform ab, während Zoom die Welle näher heranholt, wenn der Balken nach links verschoben wird.

Auch hier gibt es wieder drei Pull-Down-Menüs. Das Option-Menü besteht aus drei Funktionen, nämlich:

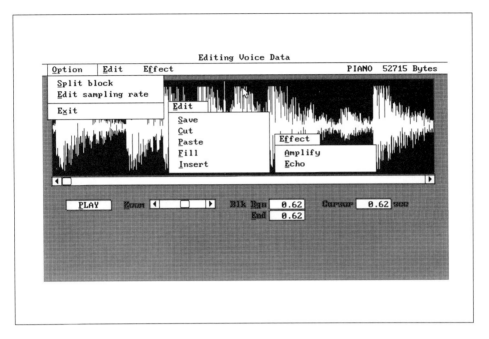

Abb. 4.10: Alle Pull-Down-Menüs

Split Block,   das die Wellenform an der Stelle der Positionsmarke in zwei
                         Blöcke unterteilt.

Edit Sampling Rate   Hiermit können Sie eine andere Sample-Rate eingeben.

Exit   Zurück zum Hauptmenü.

Außer dem Options-Menü können Sie auch das Edit-Menü öffnen. Die Funktionen des
Edit-Menüs sind:

Save   Speichert einen Auswahlblock in einer Datei.

Cut   Schneidet einen Auswahlblock aus der Wellenform aus und setzt diesen
            Block in einen Puffer ein.

Paste   Macht den Inhalt des Blocks an der Stelle des Puffers sichtbar, wo sich die
            Positionsmarke befindet.

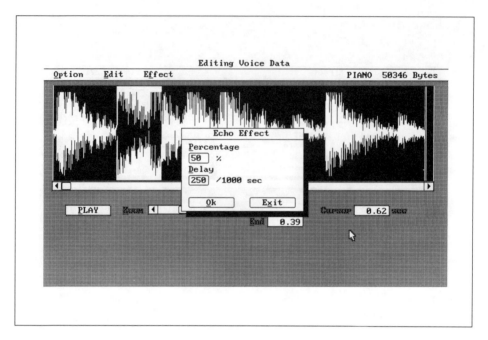

Abb. 4.11: Echo

Fill   Ergänzt einen Daten-Auswahlblock mit einem Wert.

Insert   Macht das gleiche wie Fill, nur mit dem Unterschied, daß Insert den Block
           mit dem Wert ergänzt, den die Positionsmarke in der Wellenform angibt.

Dieses letzte Menü ist das schönste des ganzen Programms, weil hier mit Effekten gespielt werden kann.

Das Effekte-Menü bietet die Möglichkeiten Amplify und Echo.

Bei der Wahl von Amplify muß ein Prozentsatz eingegeben werden. Dieser Prozentsatz
gibt an, mit welchem Wert die Wellenform erweitert werden soll. Alle Werte der erweiterten Wellenform über 255 oder unter 0 werden auf 255 und 0 auf- bzw. abgerun-
det.

Bei dem Echo-Effekt müssen zwei Parameter eingegeben werden. Der erste Parameter
ist die Lautstärke des Echos, in Prozent ausgedrückt, und der zweite die Dauer des
Echos.

Sequencer Plus Junior

Sequencer Plus Junior ist von der amerikanischen Firma Voyetra geschrieben worden. Es gibt von diesem Programm auch erweiterte Versionen mit dem Namen Sequencer Plus und Sequencer Plus Gold. Wir werden uns hier auf den Sequencer Plus Junior beschränken, weil dieses Programm mit dem Sound Blaster MIDI mitgeliefert wird.

Sequencer Plus Junior, abgekürzt SpJr, ist ein Software-MIDI-Sequenzer. Das heißt, daß dieses Programm MIDI-Daten aufnehmen, modifizieren, manipulieren und wiedergeben kann. Ein Hardware-Sequencer ist ein Gerät, das an das MIDI-Daten generierende Instrument angeschlossen wird. Der Hardware-Sequencer kann dann alle MIDI-Daten empfangen und auf Festplatte speichern. Mit einem Hardware-Sequencer können jedoch die MIDI-Daten fast nicht mehr verändert werden. Dazu braucht man wirklich einen Software-Sequencer.

Wenn man auf einem Keyboard Baß und Schlagzeug zugleich spielen will, bekommt man Schwierigkeiten. Mit bestimmten Kunstgriffen wäre dieses Problem wohl noch zu lösen, aber wenn dann auch noch Klavier gespielt werden soll, gelingt dies überhaupt nicht mehr. Mit einem Sequencer kann dieses Problem leicht gelöst werden. SpJr hat 64 Tracks (Spuren). Diese Spuren kann man mit den Spuren eines mehrspurigen Tonbands vergleichen. Auf jeder Spur kann ein Instrument aufgenommen werden. So auch bei den Tracks des SpJr.

Auf jedem Track kann mit einem MIDI-Instrument ein anderes Geräusch erzeugt werden. Ein MIDI-Instrument besitzt jedoch nur 16 Kanäle. Das bedeutet, daß gleichzeitig nicht mehr als 16 Geräusche gesendet und empfangen werden können. Was ist denn nun die Funktion der 64 Tracks?

Als Beispiel nehmen wir MIDI-Kanal 1. Diesem Kanal werden Track 1 bis einschließlich 4 zugewiesen. Track 1 wird Baß, Track 2 Snare-Drum, Track 3 Bass-Schlagzeug und Track 4 Becken zugeordnet. Eine Sekunde wird in vier (oder mehr) Einheiten unterteilt. Dadurch, daß nun der erste Teil für Track 1, der zweite Teil für Track 2 usw. reserviert wird, kann mit Hilfe der vier Tracks ein MIDI-Kanal ausgelastet werden. Wenn das gleiche bei allen MIDI-Kanälen so geschieht, werden so alle Tracks benutzt.

Nach dem Start des SpJr kommt man in das Hauptmenü. Hier sehen Sie in der Mitte des Bildschirms die Tracks. Oben finden Sie den Statusbereich und unten den Menübereich. Neben den Tracks stehen die verschiedenen Optionen, die einem Track zugewiesen werden können. Was man alles mit einem Track machen kann, sehen Sie in der folgenden Tabelle.

– Man kann einem Track einen Namen geben.

– Man kann ihn zur MIDI-Buchse oder zur FM-Buchse weiterleiten.

– Man kann ihm einen Kanal von 1 bis 16 zuweisen.

– Man kann ihm ein Instrument (wohl auch program oder patch genannt) zuweisen.

– Man kann ihn um Oktaven erhöhen oder vertiefen.

– Man kann ihn quantisieren, d.h. die Takte eines Tracks in allen Bereichen gleich-
  mäßig verteilen. Die Note, die in diesen Bereich gehört, wird an den Anfang gestellt. Dies hat als Ergebnis, daß die Noten, die nicht im gleichen Takt gespielt
  werden, korrigiert werden.

– Man kann ihn in einer ewigen Schleife spielen lassen.

– Man kann ihn löschen.

– Man kann ihn ein Solo spielen lassen.

Dadurch, daß der Sound Blaster nicht gleichzeitig MIDI-Daten empfangen und senden
kann, muß zwischen MIDI:OUT und MIDI:IN gewechselt werden. Mit der Tastenkom-
bination <Alt><X> kann vom Empfang auf Senden umgeschaltet werden. In dem Statusbereich sehen Sie den MIDI-Status, daneben die Zahl der BPM. Diese Zahl ist nichts
anderes als das Tempo des Songs in Beats pro Minute. Das Tempo kann von 16 bis 255
BPM variiert werden.

Durch das Betätigen der Leertaste kann man abspielen. Wenn das <R> von Record gedrückt wurde, leuchtet im Statusbereich das Wort REC zum Zeichen auf, daß aufgenommen werden kann. Die Aufnahme beginnt, wenn MIDI auf IN steht, REC eingeschaltet ist und die Leertaste gedrückt wurde. Sie können dann ein MIDI-Instrument
spielen und so den Track mit MIDI-Daten füllen.

Es gibt außer dem Hauptmenü noch vier andere Menüs, nämlich:

– Das Optionsmenü
– Das Dateimenü
– Das View-Menü
– Das Edit-Menü

```
<R> Song BRAND1AD                                          STOP      Mem 221648
  Tk   2 ------------------ BPM   90  MIDI:IN        1:0   THRU:OFF

Trk Name            Port Chan Prg   Transpose  Quantize  Loop    Mute
  1 TRUMPET            3   5   37     0: 5↑      ---      ---     ----
  2 ----------------   1   1    2     -----      ---      ---     MUTE
  3 FLUTE              2   5    4     -----      ---      ---     ----
  4 OBOE               3   4   21     -----      ---      ---     ----
  5 ----------------   1   1    2     -----      ---      ---     MUTE
  6 VIOLIN SOLO        2   4   40     -----      ---      ---     ----
  7 ----------------   1   1    2     -----      ---      ---     MUTE
  8 VIOLIN I           3   3   10     -----      ---      ---     ----
  9 VIOLIN II          2   3    2     -----      ---      ---     ----
 10 VIOLA              3   2   11     -----      ---      ---     ----
 11 VIOLONE            2   2    3     -----      ---      ---     ----
 12 CELLO              3   1    3     1: 0↓      ---      ---     ----
 13 ----------------   1   1    2     -----      ---      ---     MUTE
 14 HARPSICHORD        2   1   17     -----      ---      ---     ----
 15 harp (double)      3   6   17     -----      ---      ---     ----
 16 ----------------   1   1    2     -----      ---      ---     ----
 17 ----------------   1   1    2     -----      ---      ---     ----
 18 ----------------   1   1    2     -----      ---      ---     ----
 19 ----------------   1   1    2     -----      ---      ---     ----
 20 ----------------   1   1    2     -----      ---      ---     ----
 21 ----------------   1   1    2     -----      ---      ---     ----
 22 ----------------   1   1    2     -----      ---      ---     ----
 23 ----------------   1   1    2     -----      ---      ---     ----
 24 ----------------   1   1    2     -----      ---      ---     ----
 25 ----------------   1   1    2     -----      ---      ---     ----
 26 ----------------   1   1    2     -----      ---      ---     ----
 27 ----------------   1   1    2     -----      ---      ---     ----
 28 ----------------   1   1    2     -----      ---      ---     ----
 29 ----------------   1   1    2     -----      ---      ---     ----
 30 ----------------   1   1    2     -----      ---      ---     ----
 31 ----------------   1   1    2     -----      ---      ---     ----
 32 ----------------   1   1    2     -----      ---      ---     ----
 33 ----------------   1   1    2     -----      ---      ---     ----
 34 ----------------   1   1    2     -----      ---      ---     ----
 35 ----------------   1   1    2     -----      ---      ---     ----
 36 ----------------   1   1    2     -----      ---      ---     ----
 37 ----------------   1   1    2     -----      ---      ---     ----
 38 ----------------   1   1    2     -----      ---      ---     ----
 39 ----------------   1   1    2     -----      ---      ---     ----
 40 ----------------   1   1    2     -----      ---      ---     ----
 41 ----------------   1   1    2     -----      ---      ---     ----
Main Menu
  Delete  Loop  Mute  Name  Quit  Record  Solo  Tempo  EDIT  FILES  OPTIONS
  VIEW
```

Abb. 4.12: Hauptmenü

Das Optionsmenü

Dieses Menü können Sie von jedem anderen Menü aufrufen, indem Sie die <O>-Taste drücken. Sie sehen dann ein Fenster, mit den folgenden Optionen:

Metronom   Wenn dieser eingeschaltet ist, hören Sie über den internen Lautsprecher des PC die Beats des Tempo. Dies vereinfacht das Spielen des MIDI-Instruments wesentlich.

Lead-in	Dies ist die Zahl der Takte, die zum Spielen oder Aufnehmen vom SpJr angegeben wird.
Time Signal	Diese Option gibt an, wie die verschiedenen Tracks synchronisiert wurden, so daß Sie gleichzeitig spielen und aufnehmen können.
MIDI	Diese Funktion deutet an, ob man etwaigen Zubehörteilen, die an das MIDI-Instrument angeschlossen wurden, spezielle Aufmerksamkeit widmen soll.
MIDI THRU	Wenn diese Option eingeschaltet ist, leitet SpJr die Daten, die bei der MIDI-Buchse empfangen werden, an den FM-Chip weiter. So kann man z.B während der Aufnahme eines Songs gleichzeitig das Ergebnis über den Sound Blaster hören.
Velocity Filter	Manche MIDI-Keyboards sind nicht sehr anschlagempfindlich. Das heißt, daß sie die Geschwindigkeit, mit der eine Note angeschlagen wird, nicht registrieren können. Der Velocity Filter ergibt allen gespielten Noten die höchste Anschlaggeschwindigkeit.

Das Dateimenü

Von dem Hauptmenü aus können Sie mit der <F>-Taste das Dateimenü erreichen. Hier können Sie Ihre Songs laden und speichern.

Weiterhin können Sie hier fast alle Funktionen in bezug auf die Dateiverwaltung ausführen, ohne zu DOS zurückkehren zu müssen.

SpJr kann die Songs in drei Formaten abspeichern: als SNG-, MID- und ROL-Format. Das SNG-Format ist ein typisches Voyetra-Format, während das MID-Format das Standard-MIDI-Format darstellt.

Wir haben bei der Besprechung des Visual Composer bereits das ROL-Format näher betrachtet. Dies ist wie gesagt das typische Format des Herstellers der AdLib-Karte. Die .SNG- sowie die .MID-Dateien können geladen und gespeichert werden. Eine .ROL-Datei kann ausschließlich eingelesen werden.

Main
Song BRAND1AD
Tk 2------------------------- BPM 90 MIDI:IN

| | | | | | | | | Stop | Mem221648 |
| | | | | | | | | 1:0 | THRU:OFF |

Trk	Namen	Port	Chan	Prg	Transpose	Quantize	Loop	Mute
1	TRUMPET	3	5	37	0 : 5	---	---	---
2	-----------------------	1	1	2	-----	---	---	MUTE
3	FLUTE	2	5	4	-----	---	---	---
4	OBOE	3	4	21	-----	---	---	---
5	-----------------------	1	1	2	-----	---	---	MUTE
6	VIOLIN SOLO	2	4	40	-----	---	---	---
7	-----------------------	1	1	2	-----	---	---	MUTE
8	VIOLIN I	3	3	10	-----	---	---	---
9	VIOLIN II	2	3	2	-----	---	---	---
10	VIOLA	3	2	11	-----	---	---	---
11	VIOLONE	2	2	3	-----	---	---	---
12	OPTIONS - -----							
13					OPTIONS			
14	METRONOME	OFF			M BENDERS ETC.	NO PRESS		
15					I			
16	LEAD-IN	OFF			D PROGRAMS	ON		
17					I			
18	SOURCE	SMART			X-PEDALS UP	ON		
19	TS							
20	i i DEFAULT	4/4			MIDI THRU	OFF		
21	m g							
22	e FIXED Trk	1			VELOCITY filter	OFF		
23								
24								
25	-----------------------	1	1	2	-----	---	---	---
26	-----------------------	1	1	2	-----	---	---	---
27	-----------------------	1	1	2	-----	---	---	---
28	-----------------------	1	1	2	-----	---	---	---
29	-----------------------	1	1	2	-----	---	---	---
30	-----------------------	1	1	2	-----	---	---	---
31	-----------------------	1	1	2.	-----	---	---	---
32	-----------------------	1	1	2	-----	---	---	---
33	-----------------------	1	1	2	-----	---	---	---
34	-----------------------	1	1	2	-----	---	---	---
35	-----------------------	1	1	2	-----	---	---	---
36	-----------------------	1	1	2	-----	---	---	---
37	-----------------------	1	1	2	-----	---	---	---
38	-----------------------	1	1	2	-----	---	---	---
39	-----------------------	1	1	2	-----	---	---	---
40	-----------------------	1	1	2	-----	---	---	---
41	-----------------------	1	1	2	-----	---	---	---

Options Menu
Bender Default Fixed Kill-controllers Lead-in Metronome Omni-off Progrms Source Thru
Velocity Xped Hardware

Abb. 4.13: Optionsmenü

```
Files
BRAND1AD C:\VOYETRA\SONGS\
Mem 221648        Ext.SNG  BPM 90        MIDI:IN   1:0        THRU:OFF


SONG            Size         Date              Time    SONG     Size       Date      Time
[A:]                                                   TEST     19610      8/16/91   16:58
[B:]
[C:]
[D:]
.
7/25/91 22:28

..
7/25/91 22:28
2GUITARS      15819        12/24/90          0:49
ALLTIME       16907        12/15/90         21:55
BRAND-AD      17531         5/29/90         16:53
BRAND1AD      80619         5/30/90         12:14
CANCAN        21259        12/08/90         21:30
CHEERS3       22091         2/24/91         22:37
CMLCHEER      15163         7/17/90         12:16
CMLDISCO      14567         2/19/91         14:00
CMLJING       18075         7/17/90         12:22
CMLNUTS       13096         7/17/90         13:19
CMLSATIN      27400         7/17/90         13:34
CMLSWING      18059         5/31/90         13:58
CMLTECH       13355         5/30/90         17:46
DAARGAAT      51513         2/24/91         16:37
DEMO           9707         3/09/91         12:08
DEMOSONG      22379        10/16/90         14:04
FANTASIA       7707        12/08/90         16:14
HAPPY#42      21611         3/13/91         12:25
HAVANAG       13387        12/02/90         18:32
HOLDHAND      14333         1/25/90         15:51
HOLYCITY      16619        12/28/90         23:05
HORN          22763         5/27/91         18:13
HORNSBY       22333         6/04/90         17.54
INVITE        23499         3/09/91         12:08
LARGO         10203        12/05/90          0:47
LAVIE         24155        12/18/90          0:20
LDYMDONA      15869         1/21/90         18:04
LEFREAKC      56315         2/24/91         16:32
LETITBE       29965         8/15/89         20:48
LIT_HELP      15677         8/15/89         22:21
LONESOME      19229         1/20/90         17:32
LUCY_SKY      16285         8/19/89         14:03
MAPLERAG      17883        11/29/90         11:09
MINUETG       13003        11/29/90         11:10
SPTUTOR        5915        11/29/90          9:07
Files Menu
Buffers-clear  Create-dir  Delete   Free   Load   Mode   New    Path    Quick-find
Rename         Save
```

Abb. 4.14: Dateimenü

```
Song BRAND1AD                    Stop                              Mem 221648

Tk          2-----------------------    BPM    90      MIDI:IN   1:0      THRU:OFF


Trk    Name                   Port    Chan    Prg    Bars*      ↓8    ↓16    ↓24    ↓32
 1     TRUMPET                  3       5      37      1 ---*
 4     OBOE                     3       4      21      4 -------------------------------*
 9     VIOLIN II                2       3       2      9 ---*
10     VIOLA                    3       2      11     10 ----------*
12     CELLO                    3       1       3     12 ------------------*
13     -----------------------  1       1       2     13
18     -----------------------  1       1       2     18
21     -----------------------  1       1       2     21
24     -----------------------  1       1       2     24
27     -----------------------  1       1       2     27
30     -----------------------  1       1       2     30
33     -----------------------  1       1      ' 2     33
36     -----------------------  1       1       2     36
39     -----------------------  1       1       2     39
View Menu
Add Copy Delete Goto-bar Insert Loop Mute Name Replace Solo Width Zap
EDIT FILES OPTIONS
```

Abb. 4.15: View-Menü

Das View-Menü

In dem View-Menü können Sie sich den Inhalt der Tracks flüchtig ansehen. Rechts vom Track sind die Takte des Songs auf einfache Weise sichtbar gemacht. Undefinierte Takte werden mit dem Minus-Zeichen bezeichnet, definierte Takte mit einem Würfel. Ein Punkt stellt einen Takt dar, der noch nie gespielt wurde.

Es gibt in diesem Menü viele brauchbare Funktionen, die unten im Menübereich zu finden sind. Außer den bereits bekannten Funktionen des Hauptmenüs sehen Sie hier:

Goto-bar   Zu einem näher zu bestimmenden Takt in dem Track hinüberwechseln.

Width   Gibt über die ganze Bildschirmbreite nur Takte an.

Copy   Kopiert eine näher zu bestimmende Reihe von Takten in einen der drei vorhandenen Puffer. Diese Puffer heißen 0, 1 oder temp.

Zap   Macht das gleiche wie Copy, mit dem Unterschied, daß die kopierten
                Takte gelöscht werden.

Delete   Wie zuvor, verschiebt aber die Takte rechts vom gelöschten Teil nach
                links.

Insert   Setzt den Inhalt eines Puffers an die Stelle des Cursors.

Replace   Ersetzt einen bestimmten Teil der Takte durch den Inhalt eines Puffers.

Add   Ergänzt einen noch nicht bestimmten Takt.

Im View-Menü wird mit Abspielen und Aufnehmen an der Stelle des Cursors begonnen. Die Puffer 0, 1 und temp werden, sobald eine .SNG-Datei abgespeichert wird,
ebenfalls abgespeichert.

Das Edit-Menü

Sie können in dem View-Menü einen bestimmten ausgewählten Takt aus einem der
Tracks vergrößern, indem Sie das <E> des Edit-Menüs drücken. Links im Edit-Menü
finden Sie in der Senkrechten die Tonhöhen. In diesem Bildschirm können Sie selber
Noten hinzufügen und entfernen. Auch können Sie, wie in dem View-Menü, Noten
auswählen, um sie danach zu kopieren, zu entfernen oder zu ersetzen.

Die Länge einer Note wird in "Clicks" gemessen. Dies ist die kleinste Einheit, mit der
gearbeitet werden kann, nämlich der 1/192ste Teil einer Viertelnote. Von einer Note
kann man die Länge, den Pitch (die Tonhöhe) und den Anfang (Start) definieren. Länge
und Anfang werden in "Clicks" gemessen. Weil der Bildschirm zu klein ist, um alle
Noten in "Clicks" wiederzugeben, ist die Funktion Units entworfen worden. Diese
Funktion gibt an, mit welchem Wert die "Clicks" erweitert werden müssen, wenn der
Cursor um eine Position verschoben wird. Mittels der Track-Funktion können Sie eine
andere Track-Nummer wählen, mit der Sie dann arbeiten können.

Das Note-Edit-Menü

Konnten wir in dem Edit-Menü mehrere Noten in einem Takt beobachten, so ist im
Note-Edit-Menü nur eine gewählte Note zu sehen.

In diesem Menü sind die folgenden Funktionen vorhanden:

– Länge und Pitch sind mit den gleichnamigen Funktionen im Edit-Menü identisch.

– Die Start-Funktion wird hier als eine Kombination von Noten und "Clicks" notiert. Zum Beispiel bedeutet 10:+6, daß die Note 6 "Clicks" nach der zehnten Einheitsnote anfängt (Der Wert dieser Einheitsnote wird in Units angegeben).

– Velocity gibt (obwohl es unsinnig erscheinen mag) die Lautstärke einer Note an. Das kommt daher, weil die Geschwindigkeit, mit der die Note angeschlagen wird, auch die Lautstärke bestimmt.

– Off-Velocity ist der Wert der Geschwindigkeit, mit der die Note, die angeschlagen wurde, wieder losgelassen wird.

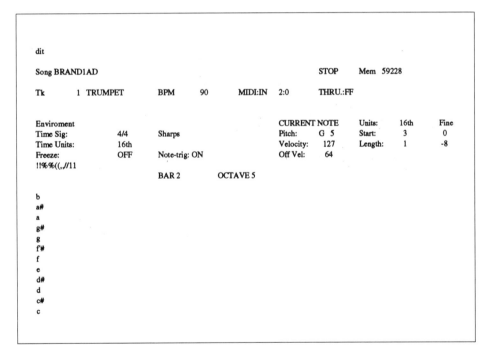

Abb. 4.16: Note-Edit-Menü

–   Die senkrechten Tonhöhen, die links bezeichnet werden, können mit der Accidentals-Funktion verändert werden. Sie können wählen aus Klaviertasten, Ziffern, Noten oder einfachen flachen Noten.

–   Die Freeze-Funktion verhindert, daß Sie den Bildschirm nach oben oder unten rollen. Sie bleiben bei der gewählten Oktave.

–   Wenn die Note-trig-Funktion aktiviert ist, wird jede Note automatisch abgespielt.

Das MIDI Edit-Menü

Vom Edit-Menü können Sie auch in das MIDI-Edit-Menü hinüberwechseln.

In diesem Menü können Sie die Noten mit bestimmten "MIDI-Events" versehen. Diese "Events" sind z.B. Program Changes, Aftertouch, Pitch Bender, Tempo, Key Aftertouch und Controller. In Kapitel 6 werden wir näher auf die Funktion dieser "Events" eingehen. Das Wichtigste an dieser Stelle ist, daß Sie wissen, daß die Funktionen in diesem Programm unterstützt werden. Die Class-, Value- und Type-Funktionen beziehen sich alle auf die verschiedenen "Events". Mit Hilfe der MIDI-line-Funktion können Sie alle oder nur die mit Class oder Type selektierten "Events" am unteren Ende der Noten sichtbar machen.

Der QWERTY-Synthesizer

Den QWERTY-Synthesizer können Sie von jedem Menü aus aufrufen. Dies ist ein Synthesizer, der mittels einer Tastatur gespielt wird. Sie können die Tastatur einfach wie ein richtiges MIDI-Instrument spielen. Die gespielten Noten können auch aufgenommmen werden, und Sie können sogar während eines Songs mitspielen. Es ist sogar möglich, die Anschlaggeschwindigkeit, die Länge und die Oktave der Noten zu bestimmen.

SpJr unterstützt den Einsatz der Maus. Dies ist wegen des Zeitgewinns sehr empfehlenswert. Auf jeden Fall vereinfacht es den Umgang mit SpJr.

Kapitel 5

Erweiterungen

Der Sound Blaster, der Sound Blaster MCV und der Sound Blaster Pro können mit zusätzlicher Hardware ausgestattet werden. Die Erweiterungsmöglichkeiten sind aber je nach Karte unterschiedlich. So gibt es auf jeder der drei Karten eine Anschlußmöglichkeit für eine MIDI Connector Box, mit der die Verbindung zu anderen MIDI-Geräten hergestellt werden kann.

Diese gehört zur Standardausrüstung des Sound Blaster Pro, muß aber für die anderen Karten einzeln gekauft werden. Für den Sound Blaster MCV ist dies die einzig mögliche Erweiterung. Auf dem Sound Blaster können zusätzlich die CMS-Chips angebracht werden. Der Sound Blaster Pro hat diese Erweiterungsmöglichkeit nicht; Stereo-CMS ist hier von FM-Stereo ersetzt worden. Der Sound Blaster hat jedoch noch eine andere Erweiterungsmöglichkeit, nämlich das CD-ROM-Laufwerk.

Die MIDI Connector Box

Dies ist eine Box mit Anschlußmöglichkeiten für MIDI-Standardkabel. Es gibt fünf Slots für MIDI-Out und einen für MIDI-In.

Mit dem Sound Blaster wird eine kompaktere Version mitgeliefert, die statt der Verbindungsstecker ein MIDI-In- und ein MIDI-Out-Kabel besitzt und demnach nicht die Möglichkeit hat, fünf MIDI-Outs zu benutzen.

Die Box muß über den Joystick-Port an die Karte angeschlossen werden. Der Joystick kann an die Box angeschlossen werden und bleibt funktionsfähig.

Die CMS-Chips

Diese Chips sind für den Stereo-Effekt der 12 Kanäle des Sound Blaster (siehe Kapitel 3) notwendig. Bei den ersten Versionen des Sound Blaster sind diese Chips auf der Karte vorhanden. Die neueren Versionen des Sound Blaster haben diese Chips nicht. Sie müssen einzeln gekauft werden. Die Installation findet in vier Schritten statt:

1. Entfernen Sie die Sound Blaster-Karte aus dem PC.
2. Setzen Sie die Chips in die dafür bestimmten Sockel.
3. Setzen Sie die Sound Blaster-Karte wieder in den PC.
4. Installieren Sie den CMS-Treiber mit Hilfe des Programms INST-DRV.

Weil CMS nur beschränkt unterstützt wird (meist zusammen mit einer AdLib-FM-Option, die zwar qualitativ bessere Musik erzeugt, allerdings nur in Mono), ist es empfehlenswert, sich zunächst bei anderen Anwendern zu informieren, ob sich der Kauf überhaupt lohnt (siehe ebenfalls Kapitel 3).

Andere CMS-Chips

Es ist auch möglich, statt der CMS-Chips den PHILIPS-Chip SAA 1099 zu verwenden. Auch von diesen Chips sind zwei Exemplare erforderlich. Die Chips sind, was die Funktion betrifft, den CMS-Chips gleichrangig. Es ist durchaus möglich, daß sie preiswerter als die CMS-Chips sind.

Das CD-ROM-Laufwerk

Mit dem Sound Blaster Pro können Sie ein CD-ROM-Laufwerk ansteuern. Momentan gibt es eine Marke, die für diesen Zweck geeignet ist, nämlich das Modell CT-521 CD-ROM-Laufwerk von Matsushita. Hiermit können Sie auch übliche CDs abspielen und mit dem Sound Blaster aufnehmen. Daraus resultiert eine höhere Aufnahmequalität. Natürlich können die CDs auch Programme und Daten enthalten. Es ist möglich, etwa 560 Megabyte an Daten zu speichern. Dies stimmt mit etwa 600.000.000 Zeichen überein. Es stehen verschiedene Arten von CDs zur Verfügung, die eine solch große Speicherkapazität haben, wie z.B. Enzyklopädien, Wörterbücher und Spiele. Es ist möglich, sowohl Daten wie auch Musik auf einer CD zu speichern. Programme auf einer CD können von Musik begleitet sein, die direkt auf CD aufgenommen wurde. Hierdurch kann die Musik abgespielt werden, ohne daß dies Speicherkapazität kostet oder zu Qualitätseinbußen führt.

Es ist sehr einfach, das CD-ROM-Laufwerk anzusteuern. Die Installation im Computer erfolgt dadurch, daß man das Laufwerk in der Aussparung für das 5,25 Zoll-Diskettenlaufwerk befestigt. Danach schließt man das CD-ROM an die Netzspannung und natürlich auch an den Sound Blaster Pro an.

Es gibt zwei Slots, die mit dem Sound Blaster Pro verbunden werden müssen. Es gibt einen kleinen weißen Steckverbinder mit fünf Kontakten, der in der kleinen weißen Aussparung befestigt werden muß. Dies ist nur auf eine Weise möglich. Weiter gibt es einen breiten Verbindungsstecker, der an der Rückseite des Sound Blaster angeschlossen werden muß. Auch dies ist nur auf eine Weise möglich.

Jetzt müssen noch die zwei Treiber installiert werden. Dies sind der SBPCD.SYS und der MSCDEX.EXE.

Der erste wird in die Datei CONFIG.SYS mit Hilfe der Zeile aufgenommen:

```
DEVICE = SBPCD.SYS /D:MSCD0001 /P:220 (oder /P:240)
```

Die Datei SBPCD.SYS muß sich im Hauptverzeichnis der Diskette mit dem Betriebssystem befinden. Mit Hilfe des /D: wird der Name des Device angegeben, womit SBPCD angesteuert werden kann (in diesem Fall MSCD0001). Mit /P: wird der Standard-Port bezeichnet. Dieser Device-Treiber ist die Schnittstelle zwischen der Hardware und dem anderen Treiber MSCDEX.EXE, der sich in der Datei AUTOEXEC.BAT befinden muß. Tabelle 5.1 zeigt die wichtigsten Funktionen in bezug auf MSCDEX.EXE und wie man sie aufrufen muß.

Option	Funktion
/D:xxx	Device mit dem Namen xxx verwenden
/E	Expanded Memory verwenden, falls vorhanden
/L:x	Mit Laufwerk x für die CD-ROM-Units beginnen
/M:x	Zahl der Puffer; für die Anfertigung einer Kopie der CD-ROM-Sektoren notwendig. Eine größere Zahl führt zur schnelleren Bearbeitung und weniger Fehler, braucht jedoch mehr Speicherkapazität.

Tab. 5.1: Optionen des MSCDEX.EXE

Die Option /D: muß wenigstens einmal verwendet werden. Der Name, der eingegeben wird, muß mit dem im SBPCD.SYS verwendeten Namen übereinstimmen (MSCD0001 also). Ein Beispiel einer Zeile in der AUTOEXEC.BAT ist z.B.:

```
MSCDEX.EXE /D:MSCD0001 /L:e /E /V /M:10
```

MSCDEX wird in diesem Fall zehn Puffer benutzen und diese, wenn möglich, im Expanded Memory speichern. Anderenfalls benutzt der Treiber den Standardspeicher. CD-ROM können Sie über Laufwerk E: ansteuern (/L:e).

Wenn Sie kein Expanded Memory besitzen, können Sie die Option /E weglassen.

Wenn Sie bereits ein Laufwerk E: haben, können Sie dies mit Hilfe von /L: ändern, um einen noch nicht benutzen Buchstaben zu verwenden (z.B. /L:f für die Verwendung von Laufwerk F:).

Bitte beachten Sie: Wenn Sie mit Hilfe von /L: ein höheres Laufwerk wählen (z.B. Q:),
dann muß das Betriebssystem DOS es zulassen, daß dieses Laufwerk benutzt wird. Die
Zahl der von DOS unterstützten Laufwerke können Sie mit dem Befehl LAST-
DRIVE=d in CONFIG.SYS verändern. Der Buchstabe d ist hier das letzte zugelassene
Laufwerk (z.B. Q:LASTDRIVE=Q oder höher).

Der MSCDEX-Treiber ist die Schnittstelle zwischen DOS und dem SBPCD.SYS-Trei-
ber und enthält Standardfunktionen, welche von anderen Programmen benutzt werden
können.

Bei der Software des Sound Blaster Pro finden Sie das Programm CDPLYR.EXE, das
mit Hilfe der bereits erwähnten Treiber eine normale CD abpielen kann. Nach dem
Starten mittels CDPLYR, wird die CD bis zum Ende abgespielt. Wird CDPLYR verlassen, ohne zuvor den Abspielvorgang zu beenden, findet das Abspielen bis zum Ende
statt. So können Sie eine CD hören, während Sie andere Software verwenden.

Bitte beachten Sie: Der MSCDEX-Treiber sorgt dafür, daß die ganze CD abgespielt
wird. CDPLYR bleibt also nicht permanent im Speicher vorhanden!

Das mit dem Sound Blaster Pro mitgelieferte Programm VEDIT2 bietet die Möglichkeit, Teile einer CD aufzunehmen und in VOC-Dateien zu speichern.

Eine zweite Sound Blaster-Karte

Es ist durchaus möglich, eine zweite Sound Blaster-Karte in Ihrem PC zu installieren.
Mit zwei solcher Karten haben Sie alle Möglichkeiten zweifach. Indem Sie z.B. einen
Sound Blaster an den linken Kanal und den anderen an den rechten Kanal Ihres Verstärkers anschließen, erzeugen Sie so den DSP- und FM-Stereo-Effekt. Dies sind auch
die akustischen Möglichkeiten des Sound Blaster Pro.

Zur Zeit wird leider von dieser Möglichkeit noch kein Gebrauch gemacht. Es gibt nämlich auch einen Nachteil. DMA kann nämlich nicht verwendet werden, um beide Karten
anzusteuern (eine Karte anzusteuern ist durchaus möglich). Eine der Karten muß auf jeden Fall sofort programmiert werden. Dies kostet aber Prozessorzeit und verzögert ein
laufendes Programm beträchtlich.

Sollten Sie aber dennoch zwei Sound Blaster in Ihrem PC installieren wollen, so müssen Sie folgendes beachten:

1.   Die Sound Blaster müssen beide auf einen anderen Standard-Port eingestellt wer-
     den, weil sonst die Karten nicht programmiert werden können.

2.   Um sicher zu gehen, muß bei einem der beiden Sound Blaster der DMA ENABLE-
     Jumper entfernt werden. Dies machen Sie am besten bei der Karte, die auf den
     höchsten Standard-Port eingestellt wurde. Die meisten Sound Blaster untersuchen
     nicht, ob es vielleicht noch eine zweite Sound Blaster-Karte gibt und geben dann
     die Fehlermeldung, daß DMA nicht funktioniert. Der Untersuchungsvorgang fängt
     meistens bei dem höchsten Port an.

Es ist sogar möglich, eine dritte, vierte, fünfte oder gar sechste Karte zu installieren. Sie
müssen dann aber für jede Karte einen anderen Port wählen und außerdem den DMA
ENABLE JUMPER entfernen. Dies ist aber nur dann interessant, wenn Sie mehrere unabhängige Kanäle brauchen und Sie dazu imstande sind, hierfür Ihre eigene Software zu
schreiben (Soweit bekannt ist, gibt es hierfür keine spezielle Software).

Es ist möglich, daß Sie bereits eine Sound Blaster-Karte besitzen und nun einen Sound
Blaster Pro kaufen wollen. Sie können versuchen, den alten Sound Blaster zu verkaufen
oder Sie verwenden die Karte einfach neben dem Sound Blaster Pro. So verfügen Sie
jederzeit über die CMS-Chips, was vielleicht für Sie ein Grund sein mag, die alte Sound
Blaster-Karte doch noch zu behalten.

Es ist auch möglich, beide Karten mittels DMA VOICE-Ein- und Ausgabe bearbeiten
zu lassen. Sie können dann für beide Karten verschiedene Sample-Rates verwenden. Indem Sie den Sound Blaster an den linken Kanal und den Pro an den rechten Kanal anschließen, können Sie mittels verschiedener Sample-Rates Stereo-Samples abspielen.
Dies ist nicht möglich mit dem Stereo-DSP auf dem Sound Blaster Pro, der sowohl für
den linken wie für den rechten Kanal die gleiche Sample-Rate verwendet.

Bei der Installation des Sound Blaster und des Sound Blaster Pro sollten Sie folgendes
beachten:

1.   Der Sound Blaster und der Sound Blaster Pro müssen an verschiedene Ports ange-
     schlossen werden. Beachten Sie dabei, daß der Sound Blaster Pro den Basis-Port
     sowie die 17 darauffolgenden Ports benutzt. Die letzten zwei Ports (welche vom
     CD-ROM benutzt werden) können sich mit dem eingestellter Basisadresse über-
     schneiden. Folgende Einstellungen sind, neben den korrespondierenden Ports,
     nicht möglich:

     –   220H auf dem Sound Blaster Pro und 230H auf dem Sound Blaster.

     –   240H auf dem Sound Blaster Pro und 250H auf dem Sound Blaster.

Weiterhin sind alle Einstellungen gestattet.

2. Weil der Sound Blaster als Basiseinstellung den DMA-Kanal 1 benutzt, muß der
    Sound Blaster Pro so eingestellt werden, daß dieser den DMA-Kanal nicht benutzt
    (DMA 0 für VOICE und DMA 3 für CD-ROM oder umgekehrt).

Es ist nicht möglich, zwei Sound Blaster Pro-Karten in einem PC zu installieren. Eine
der zwei DMA-Einstellungen wird sich mit der anderen überschneiden, und es gibt
außerdem noch keine Möglichkeit, das DMA auszuschalten. Außerdem ist dies eine
sehr kostspielige Angelegenheit, welche wahrscheinlich von keinem einzigen Programm unterstützt wird.

Kapitel 6

MIDI

Was ist MIDI?

MIDI ist eine Norm mit eigener Sprache und mit eigenen Hardware-Spezifikationen. MIDI ist aus dem Wunsch entstanden, verschiedene elektronische Instrumente miteinander zu verbinden und zusammenarbeiten zu lassen.

Die MIDI-Sprache ermöglicht es, bestimmte Befehle (z.B. "Spiele Note C4 mit der Geschwindigkeit 74") zwischen den verschiedenen Instrumenten auswechseln zu können. MIDI ist eine internationale Sprache, was bedeutet, daß auch Instrumente aus verschiedenen Ländern miteinander "reden" können. Außer Synthesizern gibt es noch sehr viel mehr Instrumente, die mit MIDI ausgestattet sind. So gibt es Gitarren, Saxofone, elektrische Klaviere und Schlagzeug-Maschinen, die alle mittels MIDI kommunizieren können.

Um ein MIDI-Instrument spielen zu können, braucht man selbst die MIDI-Sprache nicht zu beherrschen. Man braucht nur die Kabel anzuschließen. Im allgemeinen unterscheidet man drei verschiedene Gruppen MIDI-Benutzer, nämlich:

–   den "einfachen" Benutzer: Dieser hat zwei oder mehr Instrumente angeschlossen, und verwendet diese ausschließlich zum Musizieren.

–   den Musikanten: Dieser verfügt über einen mit MIDI ausgestatteten Computer, und kann hiermit seine eigenen Kompositionen schreiben und bearbeiten. Der Musikant weiß, welche zusätzlichen Möglichkeiten MIDI bietet.

–   den MIDI-Kenner: Der Kenner weiß genau, was alles für bestimmte Anwendungszwecke von MIDI im Geschäft erhältlich ist. Außerdem weiß er, wie er damit umgehen kann, und wie MIDI überhaupt funktioniert. Er beherrscht die Sprache und kann darin programmieren.

Wie MIDI angeschlossen wird

Jedes MIDI-Instrument hat einen MIDI-IN-, einen MIDI-OUT- und einen MIDI-THRU-Port. Der MIDI-IN-Port ist für den Empfang der MIDI-Daten und ist sozusagen das "Ohr" des Instruments. Der MIDI-OUT-Port hat die Funktion, die MIDI-Daten weiterzuleiten, und ist sozusagen der "Mund" des Instruments. Wozu der MIDI-THRU-Port dient, wird in dem nun folgenden Beispiel näher erklärt.

Sie spielen einen Synthesizer, aber wollen gleichzeitig auch zwei Schlagzeug-Maschinen benutzen. Nur eine Maschine an den Synthesizer anzuschließen, darf kein Problem sein. Aber es gibt nur einen einzigen MIDI-Port an dem Instrument! Die zweite Schlagzeug-Maschine an den MIDI-OUT-Port der ersten Maschine anzuschließen, hat keinen Sinn, denn Sie spielen ausschließlich den Synthesizer. Die Lösung liegt darin, daß man die zweite Maschine an den MIDI-THRU-Port der ersten Maschine anschließt. Es ist die Funktion des MIDI-THRU-Anschlusses, alle eingehenden MIDI-Daten unverändert weiterzuleiten. Der MIDI-THRU-Port übernimmt hier sozusagen die Funktion eines "Papageis".

Ein MIDI-OUT-Port muß immer an einen MIDI-IN-Port angeschlossen werden, während ein MIDI-IN-Port sowohl an den MIDI-OUT- wie den MIDI-THRU-Port eines anderen MIDI-Geräts angeschlossen werden kann.

Es können auf diese Weise im Grunde genommen 16 Instrumente miteinander verbunden werden. In der Praxis wird das wohl kaum passieren, denn je länger das MIDI-Kabel ist, desto schwächer wird das Signal, das über dieses Kabel transportiert werden muß. Nach z.B. acht Instrumenten wird das nächste Instrument, das mittels MIDI THRU an das letzte Instrument angeschlossen ist, die MIDI-Daten nicht mehr einlesen können oder falsch übersetzen. Ein anderes Problem bei solch langen Verbindungen ist, daß ein Signal immer eine Anzahl Mikrosekunden braucht (wie wenig auch immer), um von A nach B zu gelangen. Wenn viele Instrumente miteinander verbunden sind, so wird immer eine geringe Verzögerung auftreten.

Ein nützlicher Apparat ist in diesem Fall der Output Selector, auch MIDI-THRU-Box genannt. Dieses Kästchen hat einen MIDI-IN-Port und maximal 16 MIDI-THRU-Ports. So können alle 16 MIDI-Instrumente gleichzeitig die MIDI-Daten, die unmittelbar vom "Master" (dem Instrument, das gespielt wird) kommen, aufnehmen.

Instrumente und MIDI-Software

Es gibt bereits viele akustische Instrumente, die eine MIDI-Version besitzen. So gibt es das MIDI-Akkordeon und -Saxofon, die MIDI-Gitarre, das MIDI-Klavier und das MIDI-Schlagzeug. Diese Instrumente erzeugen die MIDI-Daten, indem sie den Luftdruck oder – mittels Sensoren – die Schwingungen messen. Außer akustischen Instrumenten gibt es auch digitale Instrumente. Synthesizer und Keyboards sind die wichtigsten, weil man diese zum Musizieren benutzen kann.

Es gibt aber auch noch eine wichtige Rolle für die sogenannten Module (auch Expander genannt). In einem solchen Modul liegt das Herz eines Synthesizers, jedoch ohne

Tastatur. Das Modul kommuniziert nur über MIDI. Bei der Verwendung von Modulen ist es meistens so, daß der Besitzer ein Masterkeyboard zur Verfügung hat, das nur MIDI-Daten sendet. Das Masterkeyboard generiert also keine Geräusche. Dadurch, daß ein Modul viel billiger als die Synthesizer-Version ist, ist es preiswerter, eine neue Version des Moduls zu kaufen als eine neue Version des Synthesizer.

Für den Fall, daß Sie dennoch mehrere Geräte mittels langer Kabel miteinander verbinden möchten, gibt es einen MIDI-Verstärker. Dieses Gerät verstärkt das eingehende Signal, bevor es dies weiterleitet.

Sollte es aber so sein, daß Sie viele "Slaves" (ein MIDI-Gerät, das Signale empfängt) oder sogar mehr als einen Master (ein MIDI-Gerät, das Signale sendet) zum Spielen benutzen möchten, dann empfiehlt es sich, mit einem MIDI-Patcher die verschiedenen Kombinationen zu programmieren. Alle MIDI-IN- und MIDI-OUT-Ports werden an den Patcher gekoppelt, wodurch eine Art Matrix entsteht. Die Verkabelung wird dabei erheblich übersichtlicher.

Man kann auch von MIDI Gebrauch machen, wenn man eine Präsentation vorbereiten muß. Möchten Sie z.B. Ihre Ferien-Videos mit Musik unterlegen, dann läßt sich mit einem MIDI-Synchronizer der Zeitpunkt bestimmen, an dem die Musik eines bestimmten Abschnitts einsetzt.

Das Schöne an einer Textverarbeitung ist, daß, wenn Korrekturen notwendig sind, das Dokument nicht wieder komplett eingetippt werden muß. Dies kann man mit dem Komponieren mit MIDI vergleichen. Mußten früher die Noten aufgeschrieben und danach von neuem gespielt werden, so gehört dies mit dem MIDI-Sequencer der Vergangenheit an. Der MIDI-Master ist mit dem Master und den Slaves verbunden. Es ist die Aufgabe des Sequencers, alle MIDI-Daten, die der Master überträgt, zu speichern. Ein MIDI-Sequencer besitzt ein Laufwerk als Standardausrüstung zur Speicherung der Daten. Auf diese Weise können Sie immer über die Daten verfügen. Es ist auch möglich, die Daten mittels des Sequencers wieder abzuspielen. Man kann die MIDI-Daten sogar bis zu einem gewissen Grad manipulieren. So kann man z.B. falsch gespielte Noten ändern.

Für uns ist die wichtigste MIDI-Funktion natürlich die Anschlußmöglichkeit der MIDI-Instrumente an den Computer. Indem man den Computer programmiert, können Geräte, wie z.B. der MIDI-Sequencer, durch Software ersetzt werden. Dies hat einen großen Vorteil, weil ein Software-Sequencer viel flexibler und preiswerter als ein "regulärer" Sequencer ist.

Ein Großteil der Software im MIDI-Bereich sind Sequencer. Software-Sequencer sind immer auf dem neuesten Stand der Entwicklungen. Andere große Vorteile eines Software-Sequencers sind:

–   Alle Daten können auf dem Bildschirm angezeigt werden.

–   Die Daten können einfach modifiziert werden. Mit Hilfe der Cut- und Paste-Optionen können sie einfach überarbeitet werden.

–   Die Software kann zu jeder Zeit erweitert werden.

–   Die Zahl der Funktionen eines Software-Sequencers kann viel umfangreicher sein, weil ein Computer ein offenes interaktives System ist.

–   Der Software-Sequencer ist sehr benutzerfreundlich.

–   Der Benutzer kann das Geschehen besser kontrollieren.

Außer Sequencern gibt es auch Synthesizer-Programme. Dies ist Software, die speziell für einen bestimmten Synthesizer oder ein typisches Modul geschrieben wurde. Mit dieser Software können neue Geräusche entwickelt werden. Manchmal findet man diese Möglichkeit auch bei Synthesizern, aber sie ist dann sehr benutzerunfreundlich.

Der Sound Blaster und MIDI: Was man alles damit machen kann

Für die Personal Computer ist eine Standardkarte zwecks MIDI-Verbindung von MIDI-Instrumenten und dem Computer entwickelt worden. Dies ist eine Einbaukarte mit dem Namen MPU-401, die von der Firma Roland hergestellt wurde.

Viele Sequencer für den PC benutzen diese Karte. Auch der Sound Blaster hat eine MIDI-Schnittstelle, die aber leider nicht mit dem MPU-401 kompatibel ist. Der Grund dafür ist, daß der MPU-401 nicht kopiert werden darf. Um es etwas genauer zu sagen: Der MPU-401 hat einen Chip mit ganz spezifischer Software. Sequencer, die Software dieses Chips benutzen, kann man nicht mit dem Sound Blaster verwenden.

Ein zweites Problem ist, daß der MPU-401 seine Daten an andere Ports als beim Sound Blaster weiterleitet. Mit anderen Worten: Der Sound Blaster hat zwar ein MIDI-kompatibles System, die Software muß, um mit dem Sound Blaster überhaupt arbeiten zu können, neu geschrieben werden.

Die erste Firma, die sich auf diesem Gebiet profilierte, ist Voyetra. Diese Firma hat drei Sequencer auf den Markt gebracht, die alle MIDI-Möglichkeiten des Sound Blaster unterstützen.

Damit Sie einen Eindruck bekommen, wie ein Sequencer funktioniert, wurde in Kapitel 4 eine Beschreibung des Sequencer Junior von Voyetra aufgenommen.

Nach diesen vielleicht enttäuschenden Tatsachen gibt es noch ein Problem mit der MIDI-Unterstützung des Sound Blaster. Der Sound Blaster arbeitet nämlich halb-duplex. Das bedeutet, daß Daten entweder gesendet oder eingelesen werden können. Das hat zur Folge, daß der Sound Blaster, wenn er MIDI-Daten an den Master weiterleitet, die von Ihnen beim Spielen auf dem Master erzeugten MIDI-Daten nicht empfangen kann.

Dieses Manko wurde mit dem Erscheinen des Sound Blaster Pro aus der Welt geschafft. Der Sound Blaster Pro arbeitet voll-duplex.

Der Sound Blaster Pro ist mit dem MIDI Time Stamp-Protokoll ausgestattet. In diesem Protokoll, das dazu dient, MIDI-Geräte mittels Zeitangaben zu synchronisieren, bekommt jedes MIDI-Signal einen Zeit-Code. So kann man bestimmen, zu welchem Zeitpunkt ein MIDI-Code empfangen wurde.

Alle Sound Blaster haben einen Puffer von 65 Bytes für MIDI-Daten. Der Puffer wird nach dem FIFO-System gefüllt und geleert. Dies bedeutet, daß das erste Byte, das empfangen wurde, auch als erstes weitergeleitet wird: First In, First Out.

Die MIDI-Schnittstelle des Sound Blaster genügt allen Anforderungen der International MIDI Association. Dadurch ist es möglich, alle für MIDI entwickelten Geräte anzuschließen. Es muß aber bei dem Sound Blaster-1.0, -1.5 und -MCV darauf geachtet werden, daß diese Geräte nicht von einer full-duplex MIDI-Verbindung abhängig sind.

Kapitel 7

Einführung zu den Kapiteln
über die Programmierung

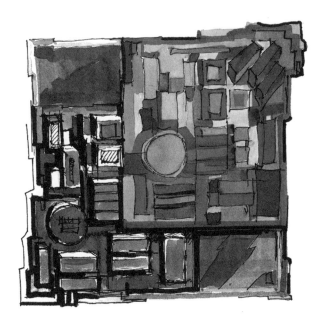

Mit diesem Kapitel beginnt der zweite Teil des Buches: die Programmierung.

Einteilung

Jeder Baustein des Sound Blaster weist ganz spezifische Funktionen und Einstellungen auf. Dies macht es nötig, jeden einzelnen Teil der Sound-Karte in einem separaten Kapitel näher zu betrachten. Obwohl alle Teile voneinander abhängig sind, bedeutet dies nicht, daß sie miteinander kombiniert werden können. So kann man den FM-Chip und den DSP zusammen verwenden und FM-Musik mit Samples (z.B. mit Sprache oder einem schweren Baß) anreichern. Daneben können die CMS-Chips benutzt werden, um alles mit Stereo-Effekten aufzuwerten. Der MIDI-Teil ist schließlich dafür zuständig, daß man mit einem Keyboard auf einfache Weise Musik komponieren und eingeben kann.

Die fünf Kapitel über die Programmierung sind wie folgt eingeteilt:

Kapitel 8 beschäftigt sich mit dem FM-Chip. Dieses Kapitel ist auch für AdLib-Benutzer interessant, weil neben dem CMF-Format tiefer auf das ROL-Format eingegangen wird. Weiter wird beschrieben, wie Sie den FM-Chip (also auch den AdLib) direkt einstellen und Geräusche erzeugen lassen können.

In Kapitel 9 werden die CMS-Chips behandelt. Neben der Anwendung des Treibers lernen Sie, wie Sie auch die CMS-Chips direkt einstellen können.

In Kapitel 10 wird der DSP betrachtet. Es wird hier auch näher auf den Stereo-DSP des Sound Blaster Pro eingegangen. Außerdem wird beschrieben, wie Sie abspielen und aufnehmen können.

Kapitel 11 ist MIDI gewidmet. Außer dem MIDI-Dateiformat wird erklärt, wie Sie die verschiedenen Synthesizer selbst mit Hilfe des Sound Blasters programmieren können.

Schließlich wird in Kapitel 12 die neueste Erweiterung des Sound Blaster, der Mixer-Chip, behandelt. Sie lernen, wie Sie selbst die verschiedenen Lautstärkeeinstellungen auf dem Sound Blaster Pro ändern können.

Einige Bemerkungen zu den Listings

In allen Kapiteln finden Sie neben dem Text auch viele Beispiele, die in Form von Programmlistings in Pascal, C und Assembler abgedruckt sind. Die Assembler-Programme ergänzen meistens die C- und Pascal-Programme. Die höhere Geschwindigkeit des Assembler-Code kann der Grund dafür sein, daß manchmal nur Beispiele in Assembler verwendet werden.

Sollten Sie nicht allzu sehr mit C, Pascal oder Assembler vertraut sein, so erschrecken Sie bitte nicht! Die meisten Beispiele werden in Form von selbständigen Libraries (Bibliotheken) oder Units abgedruckt. Eine Library besteht aus einer Anzahl verschiedener Funktionen, die Sie ohne Kenntnis des Aufbaus und deren Funktionsweise benutzen können. Außer den Libraries werden auch einfache Beispielprogramme vorgestellt, die bestimmte Funktionen einer Library verwenden und verdeutlichen, wie Sie die Funktionen einsetzen könnten).

Die Programme sind mit Hilfe von Turbo C, Turbo Pascal und Turbo Assembler von Borland International Inc. entwickelt. Manchmal wird von den besonderen Möglichkeiten, die diese Sprachen bieten (wie z.B. den Units in Pascal), Gebrauch gemacht. Einem guten Programmierer wird es jedoch keine Mühe bereiten, die Programme für seinen eigenen Pascal- oder C-Compiler zurechtzuschneiden. Alle Programme sind relativ einfach und klar strukturiert. Es werden keine komplizierten Techniken oder Tricks angewandt.

Bevor Sie die Programme benutzen können, müssen die Listings in den Rechner eingegeben werden. Es folgen ein paar Tips, mit denen die Eingabe vereinfacht werden kann:

–   Sie brauchen den Kommentar nicht mit einzugeben. Sie sparen oft sehr viel Zeit.

–   Turbo Pascal macht keinen Unterschied zwischen Groß- und Kleinschreibung. Sie können deshalb alles in Großbuchstaben eingeben. Dies führt zu einer etwas schnelleren Eingabe, es macht jedoch die Listings unübersichtlicher.

–   C unterscheidet die beiden Schreibweisen. Sie können zwar alles in Kleinbuchstaben eingeben, allerdings müssen Sie beim Aufruf der verschiedenen Funktionen aufpassen.

Weiteres

In den nächsten zwei Abschnitten werden das Hexadezimal- und das Binärsystem sowie die Programmierung des Timers behandelt. Sollten Ihnen diese Themen vertraut sein, so können Sie diese Abschnitte überspringen und sofort mit Kapitel 8 anfangen.

Das Hexadezimal- und das Binärsystem

In unserem normalen Zahlensystem zählt man von 0 bis 9; dies nennt man das Zehner- oder Dezimalsystem. Wenn man jetzt aber elf Äpfel zählen wollte, hat man ein Problem: Es muß eine neue Ziffer benannt werden, mit der man abgibt, wie oft die Ziffer 9 überschritten wird. Dies geschieht mit Hilfe der Zehnerstelle. Danach beginnt man einfach wieder bei Null. Neben dem Zehnern gibt es auch die Hunderter, Tausender, usw. Dies ist allgemein bekannt (auf 9 folgt 10).

Das Binär- oder Dualsystem ist auch ein einfaches Zahlensystem. Der Unterschied liegt darin, daß man statt der Ziffern 0 bis 9 mit den Ziffern 0 und 1 zählt.

Dieselben elf Äpfel können auch hier wieder dargestellt werden. Jetzt hat man bereits nach dem ersten Apfel ein Problem: was folgt auf 1? Die Antwort ist ziemlich logisch: das gleiche, was im Dezimalsystem auf 9 folgt, nämlich 10. Indem man nun alle Äpfel zählt, ergibt dies insgesamt 1011 binär (von jetzt an mit 1011b gekennzeichnet!). Versuchen Sie es einmal selbst: 1, 10, 11, 100, 101, 110 ...

Neben diesem Binärsystem wird oft das Hexadezimalsystem (ein System, das aus 16 Ziffern besteht) verwendet. Auch dies ist ein gewöhnliches Zahlensystem. Es wird hier jedoch mit 16 verschiedenen Ziffern gearbeitet. Die ersten zehn Ziffern stimmen mit denen des Dezimalsystems überein: 0, 1, 2, ... 8 und 9. Die übrigen sechs Ziffern werden mit Hilfe der Buchstaben A bis F angegeben. Die Reihenfolge ist also: 0, 1, 2, 3, 4, 5, 6, 7, 8, 9, A, B, C, D, E, F. Auf das F folgt wieder die 10. Eine Hexadezimalzahl wird mit dem Buchstaben h gekennzeichnet, z.B. 11Ah, aber auch 9832h (weil 9832 eine Hexadezimalzahl darstellt und einen ganz anderen Wert als die entsprechende Dezimalzahl repräsentiert). Die bereits erwähnten 11 Äpfel ergeben den Wert Ch (0, 1, ... , 9, A, B).

Es ist möglich, die verschiedenen Werte des einen Systems in die Werte des anderen umzurechnen. Wenn Sie z.B. das dezimale Äquivalent der Hexadezimalzahl A1Dh wissen möchten, dann müssen Sie folgende Formel anwenden:

```
Dezimalzahl= (A*16+1)*16+D = (10*16+1)*16+13 = 16*16+13 = 2589.
```

Der Algorhithmus ist ziemlich einfach: Sie multiplizieren die erste Ziffer mit der Basis (in diesem Fall 16), und addieren dann die zweite Ziffer und Ergebnis der Multiplikation.

Dieses Ergebnis und die Basis werden dann multipliziert. Schließlich werden dieses Ergebnis und die dritte Ziffer addiert. Dies wiederholen Sie, bis alles addiert wurde.

Als Formel:

```
(((...(C1*G+C2)*G+C3)*G+...)+C?
```

oder

```
C1*G^(?-1)+C2*G^(?-2)...+C?*G^(?-?)  (=1)
```

Hier ist Cx die Ziffer an der x-ten Stelle und G die Basis. G^(?-2) bedeutet G in der Potenz (?-2). Die Fragezeichen stehen für die Zahl der Ziffern, aus denen die Zahl zusammengesetzt ist. Im obigen Beispiel hat G den Wert 16 und ? den Wert 3 (G^(?-2) bedeutet 16^1).

Indem man nun die Zahl 16 an die Stelle der Basis 2 setzt, kann man Binärzahlen in Dezimalzahlen umsetzen.

Zum Beispiel: 1011b

Dezimalzahl = 1*2^(4-1)+0*2^(4-2)+1*2^(4-3)+1*2^(4-4) =
1*2^3+0*2^2+1*2^1+1*2^0 =
1*8+0*4+1*2+1*1 =
8+0+2+1 = 11

Eine Zahl aus einem anderen Zahlensystem in das Dezimalsystem umzusetzen, ist ziemlich einfach. Umgekehrt ist dies nicht der Fall.

Natürlich kann der bereits erwähnte Algorithmus verwendet werden. Sie dürfen jedoch nicht vergessen, daß sowohl die Multiplikation als auch die Addition nun in dem anderen Zahlensystem stattfinden und nicht im normalen Dezimalsystem. Addieren wäre noch durchführbar, es ist jedoch unwahrscheinlich, daß Sie das "Einmal-Dh" im Hexadezimalsystem auswendig können!

Es kann dann eine andere Methode angewandt werden, die das Gegenteil der zweiten Algorithmuszeile ist. Die Methode ist folgende:

1. Suchen Sie die größte Potenz der neuen Basis, die kleiner oder gleich der zu konvertierenden Dezimalzahl ist.

2. Dividieren Sie die Dezimalzahl durch die neue Basis in der errechneten Potenz. Der Quotient ergibt den Wert der ersten Ziffer und muß nötigenfalls in die neue Basis umgesetzt werden, z.B. 11 in C.

3. Verringern Sie die Potenz um den Wert 1 und dividieren Sie den Rest der Division durch die neue Basis in der errechneten Potenz. Der Quotient ist nun der Wert der zweiten Ziffer.

4. Verringern Sie die Potenz erneut und führen Sie wieder eine Division mit dem Rest durch. Der Quotient ist jetzt die dritte Ziffer.

5. Wiederholen Sie Punkt 4 so lange, bis die Potenz kleiner als Null ist. Die errechneten Werte ergeben die Zahl des bestimmten Zahlensystems.

    Bitte beachten Sie: Wenn der Rest gleich 0 ist, so sind die übrigen Ziffern alle gleich 0.

Beispiele:

Konvertierung der Zahl 28:

Die größte Potenz ist 4 ($28 > 16 = 2^4$ aber $28 < 32 = 2^5$). Die Potenz kann auch mit Hilfe der folgenden Formel errechnet werden:

INT (LN(Zahl)/LN(Basis) oder der nach unten abgerundete Wert der zwei Logarithmen der zu konvertierenden Zahl.

$28 / 2^4$ ergibt 2 als Quotient und 12 als Restwert. Die erste Ziffer ist 1.

$12 / 2^3$ ergibt 1 als Quotient und 4 als Restwert. Die zweite Ziffer ist 1.

$4 / 2^2$ ergibt 1 als Quotient und 0 als Restwert. Die dritte Ziffer ist 1, und die Restzahlen sind alle 0 (0 / x = 0).

Das binäre Äquivalent ist also 11100b.

Konvertierung der Zahl 457 zu einer Hexadezimalzahl:

Die größte Potenz ist hier 2 (457 > 256 = 16^2 und 457 < 4096 = 16^3).

457 / 16^2 ergibt 1 als Quotient und 201 als Restwert. Die erste Ziffer ist 1.

201 / 16^1 ergibt 12 als Quotient und 9 als Restwert. Die zweite Ziffer ist C (=12) und die letzte Ziffer ist 9.

Die Hexadezimalzahl ist also 1C9h.

Der Prozessor (das Gehirn des Computers, das alle Programme verarbeitet) arbeitet mit dem binären Zahlensystem. Mit Hilfe von binären Zahlen werden die Befehle bestimmt. Die Zahlen werden zu diesem Zweck im Speicher aufbewahrt. Dann werden sie vom Prozessor aus dem Speicher geholt und verarbeitet. Der kleinste Speicherplatz ist das Byte, das aus acht binären Ziffern zusammengesetzt ist. Diese Ziffern werden Bits genannt; ein Byte besteht also aus acht Bits. Oft wird auch mit zwei aufeinanderfolgenden Bytes zugleich gearbeitet; diese bilden dann eine 16-Bit-Zahl, welche man Word nennt. So gibt es auch ein Longword, welches aus zwei Words zusammengesetzt ist und eine 32-Bit-Zahl darstellt.

Von einem Word wird zuerst das niederwertige Byte (LSB = Least Significant Byte) gespeichert und dann das höherwertige Byte (MSB = Most Significant Byte).

Zum Beispiel 1111000000111100b wird wie folgt gespeichert:

Speicherplatz 0 enthält 00111100b.

Speicherplatz 1 enthält 11110000b.

Das gleiche gilt für die Longwords. In einem Byte wird das höherwertige Bit als Bit 7 (b7) und das niederwertige Bit als Bit 0 (b0) bezeichnet. Das höherwertige Bit befindet sich an der linken Seite und das niederwertige Bit an der rechten Seite der binären Zahl.

Obwohl der Prozessor und der Speicher byte-orientiert sind, kann es durchaus sein, daß die einzelnen Bits alle eine selbständige Funktion haben. Dies wird sich in den nächsten Kapiteln zeigen. Die einzelnen Bits können mit Hilfe der Befehle AND (in Pascal) oder & (in C), oder mit OR (in Pascal) oder | (in C) auf 0 oder 1 gesetzt werden. Die folgende Tabelle verdeutlicht die verschiedenen logischen Befehle.

A	B	A AND (&) B	A OR (I) B
0	0	0	0
0	1	0	1
1	0	0	1
1	1	1	1

Tab. 7.1: Die Funktionen von AND und OR

Ein Bit kann durch den Operator OR und der Zahl 1 gesetzt werden.

Das Gegenteil geschieht, wenn der Operator AND bei einem Byte und einer Zahl ausgeführt wird, bei der alle Bits den Wert 1 haben (außer den Bits, welche 0 werden sollen).

Beispiel:

11000100b, Bit 4 soll 1 werden
→ 11000100b OR 00010000b = 11010100b.

11010110b, Bit 7 und Bit 2 sollen 0 werden
→ 11010100b AND 01111011b = 01010000b.

Bitte beachten Sie: Das Zählen fängt bei null an, so daß das entsprechende Bit eine Stelle höher liegt!

In den Beispielprogrammen wird mit Dezimal- und Hexadezimalzahlen gearbeitet. Die Operatoren AND und OR bleiben gleich.

Im Text kommen oft die Bezeichnungen Reset und Set vor. Reset bedeutet, daß ein oder mehrere Bits den Wert 0 erhalten (indem man sie zurücksetzt). Set bedeutet das Gegenteil: Ein oder mehrere Bits erhalten jetzt den Wert 1 (indem man sie setzt).

Es erübrigt sich die Frage, wozu das Hexadezimalsystem verwendet wird. Dies wird anhand folgender Tabelle näher erklärt.

Dezimal	Binär	Hexadezimal
0	0000	0
1	0001	1
2	0010	2
3	0011	3

Dezimal	Binär	Hexadezimal
4	0100	4
5	0101	5
6	0110	6
7	0111	7
8	1000	8
9	1001	9
10	1010	A
11	1011	B
12	1100	C
13	1101	D
14	1110	E
15	1111	F

Tab. 7.2: Die drei Zahlensysteme

Es stellt sich heraus, daß alle möglichen Werte mit Hilfe von vier Bits und einer Hexadezimalzahl wiedergegeben werden können. Weil ein Byte aus zwei Gruppen von vier Bits besteht, können alle Werte des Bytes mit maximal zwei Ziffern im Hexadezimalsystem (im Dezimalsystem waren dies max. drei Ziffern) wiedergegeben werden.

Words belegen damit vier Stellen, Longwords acht Stellen. Dadurch, daß die vier Bits mit einer Hexadezimalziffer übereinstimmen, ist es ganz einfach, eine binäre Zahl zu einer Hexadezimalzahl (und umgekehrt) zu konvertieren. Dies ist im dezimalen Zahlensystem sehr viel schwieriger. Um eine binäre Zahl zu einer Hexadezimalzahl zu konvertieren, muß die binäre Zahl zuerst in Gruppen von vier Bits aufgeteilt werden. Erst dann kann jede einzelne Gruppe zu ihrem hexadezimalen Äquivalent konvertiert werden.

Beispiel:

1101011000101011b =
1101 0110 0010 1011 =
D 6 2 B = D62Bh.

Von einer Hexadezimalzahl muß jede Ziffer zu ihrem binären Äquivalent konvertiert werden.

Beispiel:

7A2Ch = 7 A 2 C = 0111 1010 0010 1100 = 0111101000101100b.

Bestimmte Bitwerte einer Hexadezimalzahl sind also schneller zu bestimmen als die einer Dezimalzahl. Dies ist der Grund dafür, daß eher mit einer Hexadezimalzahl als mit ihrem dezimalen Äquivalent gearbeitet wird.

In manchen Kapiteln ist von BCD-Zahlen die Rede. BCD steht für Binary Coded Decimals oder binär kodierte Dezimalzahlen. Für Zahlen dieser Art gilt, daß pro Dezimalziffer vier Bits benutzt werden. Der Dezimalwert dieser vier Bits repräsentiert die Dezimalziffer. Hier gilt also, daß die Werte für 10 bis einschließlich 15 niemals auftreten. Würde man eine binäre BCD-Ziffer als eine normale binäre Zahl betrachten, dann sieht man eigentlich nur das dezimale Äquivalent. Weil in der BCD-Kodierung eine Zahl durch eine feste Anzahl Bits wiedergegeben wird, entstehen hierdurch große Vorteile (man kann z.B. mit sehr großen Zahlen arbeiten, weil diese viel schneller zu Dezimalzahlen konvertiert werden können).

Beispiel:

Dezimal 10 = 1 0 = 0001 0000 = 00010000b BCD.

BCD 10010110 = 1001 0110 = 96 dezimal.

Normalerweise gilt folgendes:

10010110 = 96 hexadezimal = 150 dezimal.

Der Timer Chip

Verschiedene Beispielprogramme und Treiber benutzen den Timer Chip. Der Timer wird in diesem Abschnitt näher betrachtet.

PC-XT benutzen den Timer Chip 8253 und PC-AT den 8254, der mit dem 8253 kompatibel ist. Weil die gesamte Software sowohl für XT- wie AT-Maschinen geeignet sein muß, wird hier nur der 8253 besprochen.

Der Timer Chip arbeitet mit einer Frequenz von 1,19318 MHz und hat drei unabhängige Timerkanäle. Für jeden Timerkanal wird ein 16-Bit-Zähler definiert. Der Timer wird jedesmal bei einer Frequenz von 1,19318 MHz um 1 verringert. Wenn der Zähler den Wert Null hat, startet der Timer Chip ein Interrupt (dies ist nicht das gleiche wie die Timerinterrupts des Prozessors). Dann wird der Zähler wieder auf den angegebenen Startwert eingestellt und beginnt das Zählen erneut. So werden mit konstanten Unterbrechungen Interrupts generiert. Der 16-Bit-Zähler hat einen Bereich von 0 bis 65535. Hier stimmt 0 mit dem Wert 65536 überein.

Der Kanal 0 generiert über den Interrupt Controller jedesmal ein IRQ 0, oder anders gesagt: ein INT 8. Dieser Interrupt ist für die BIOS-Uhr zuständig und kontrolliert die Funktionsfähigkeit der Motoren der Laufwerke. Der Startwert des Zählers ist 0, die Frequenz des Interrupts $1193180/65536 = 18,206.. = 18,2$ Hz. Dies bedeutet, daß INT 8 18,2 mal pro Sekunde in Aktion tritt.

Kanal 1 wird für die DMA Memory Refresh-Aktionen benutzt. Hier werden alle im Speicher vorhandenen Daten ständig erneuert, so daß diese im Speicher vorhanden bleiben. Der Startwert des Zählers ist 18, so daß die Frequenz, mit der dies geschieht, $1193180/18 = 6628,78$ Hz ist.

Kanal 2 ist zur allgemeinen Benutzung frei und wird oft in Kombination mit dem Lautsprecher verwendet, um so den Ton einer gewissen Tonhöhe zu generieren.

Im Buch spielt nur Kanal 0 eine Rolle, weil dieser jedesmal im Prozessor ein Interrupt generiert. Auf diese Weise braucht der Programmierer nur seine eigene Interrupt-Routine für INT 8 zu schreiben, welche für die Musik zuständig ist.

So kann die Musik mit einer konstanten Geschwindigkeit abgespielt werden, ohne daß das Hauptprogramm sich hierum kümmern muß. Natürlich muß das Hauptprogramm das Abspielen der Musik selbst starten.

Normalerweise wird INT 8 18,2 mal in der Sekunde aktiviert; dies ist jedoch viel zu langsam, um Musik und Samples abzuspielen. Am Ende dieses Abschnitts wird deutlich sein, wie man diesen Wert so einstellen kann, daß die Frequenz höher wird.

Der Timer Chip kann über die Ports 40h bis einschließlich 43h programmiert werden. Auf den Portsn 40h bis einschließlich 42h können Daten sowohl geschrieben wie gelesen werden. Port 43h kann jedoch nur zum Speichern von Daten verwendet werden. Die Ports 40h, 41h und 42h beziehen sich auf die Timerkanäle 0, 1 und 2. Mittels dieser Ports kann der Startwert des Zählers eingestellt werden.

Port 43h ist der allgemeine Port, der für die jeweiligen Einstellungen benutzt wird. Mittels eines Kanalanschlusses und Port 43h kann ein Timerkanal programmiert werden. In der nachfolgenden Tabelle sind die Funktionen der jeweiligen Bits bei Port 43h angegeben.

Bits	Funktion
7 & 6	Selektiert einen der drei Zähler
5 & 4	Gibt an, wie man den jeweiligen Zähler einstellt
3 – 1	Zeigt den Arbeitsmodus des jeweiligen Zählers an
0	Selektiert entweder die normale oder die BCD-Kodierung

Tab. 7.3: Funktionen der Bits für Port 43h

Mittels Port 43h kann ein Timerkanal programmiert werden. Mit Hilfe der Bits 6 und 7 wird dieser Kanal selektiert.

Bits 7 & 6	Kanal
00b	0
01b	1
10b	2

Tab. 7.4: Die Wahl des Timerkanals

Mittels der Ports 40h, 41h wird einer der Timerkanäle auf einen 16-Bit-Startwert einge-stellt. Weil die Ports selbst 8 Bits breit sind, kann dies auf verschiedene Weisen gesche-hen. Die Bits 4 und 5 bieten folgende Möglichkeiten:

Bits 5 & 4	Funktion
00b	Liest unmittelbar den aktuellen Zählerwert ein
01b	Speichert und liest nur das höherwertige Byte (MSB)
10b	Speichert und liest nur das niederwertige Byte (LSB)
11b	Speichert und liest zuerst das niederwertige Byte und dann das hö-herwertige Byte

Tab. 7.5: Mögliche Einstellungen

Mit Hilfe der letzten drei Möglichkeiten können die ersten und/oder letzten acht Bits eingelesen oder eingestellt werden.

Mit Hilfe des ersten Modus wird der aktuelle Wert des Zählers eingelesen. Der Zähler selbst kann nicht eingestellt werden.

Die Bits 1 bis einschließlich 3 bestimmen den Modus des Timerkanals:

Bits 3 – 1	Modus
000b	0
001b	1
010b	2
011b	3
100b	4
101b	5

Tab. 7.6: Die verschiedenen Modi

Kanal 0 arbeitet im Modus 3, was bedeutet, daß dieser Timerkanal mit einem Rechteck-signal arbeitet.

Das letzte Bit bestimmt, wie der Zähler intern arbeitet:

Bit 0	Zähler
0b	Binärer Zählermodus
1b	BCD Zählermodus

Tab. 7.7: Der Zählermodus

Wenn der Zähler auf einen Startwert eingestellt wird, muß der Dezimalwert in eine 16-Bit-Zahl konvertiert werden. Der binäre Zähler verringert diese binäre Zahl jedesmal um einen Wert (111b, 110b, 101b, ...). Es ist aber auch möglich, den Startwert mittels der BCD-Kodierung weiterzuleiten und einen BCD-Zähler zu verwenden. Dies bedeu-tet, daß beim Zählen das BCD-Format mit einbezogen wird und daß der Zähler nach der BCD-Zahl 10 auf die BCD-Zahl 9 umwechselt. Auf 00010000b (= 10BCD = normaler-weise 16) folgt nicht 00001111b (= normalerweise 15), sondern 00001001b (= 9 BCD = normalerweise 9).

Wenn ein BCD-Zähler verwendet wird, kann der 16-Bit-Zähler auf den maximalen Wert 10000 eingestellt werden. Der Bereich ist dadurch viel kleiner. Das Einstellen mittels einer BCD-Zahl ist jedoch einfacher als das Einstellen einer normalen binären Zahl. Weil die Compiler und Assembler während der Einstellung des Code die Dezimalzahlen in ihre binäre Äquivalente umsetzen, wird in diesem Buch nicht der BCD-Zähler verwendet, sondern ausschließlich der normale binäre Zähler.

Für Kanal 0 jedoch wird der normale binäre Zähler verwendet.

Bitte beachten Sie: Nachdem Port 43h eingestellt wurde, muß der selektierte Timerkanal mit einem Startwert versehen werden. Der Timerchip wird nicht aktiviert, bis der Startwert eingestellt wurde. Mit anderen Worten: Solange die Daten an Port 43h weitergeleitet werden, und die Startwerte der Zähler nicht eingestellt wurden, wird es keinen Interrupt geben können.

Das Einstellen einer bestimmten Frequenz für Timerkanal 0 geschieht folgendermaßen:

1.   Dividieren Sie 1.193.180 durch die Frequenz zur Bestimmung des Startwertes.

2.   Versehen Sie Port 43h (Kanal 0 + zuerst LSB, dann LSB + Modus 3 + binärer Zähler) mit dem Wert 00110110b.

3.   Reservieren Sie die acht niederwertigen Bits für Port 40h.

4.   Reservieren Sie dann die acht höherwertigen Bits für Port 40h.

INT 8 wird jetzt über die eingestellte Frequenz angesteuert. Danach können Sie Ihre eigene Interrupt-Routine einsetzen. Diese Routine muß die frühere Interrupt-Routine regelmäßig aktivieren, und zwar so, daß dies 18,2 mal pro Sekunde geschieht. Das ist unbedingt notwendig, wenn Ihr Programm resident ist oder z.B. mit zeitkritischen Bestandteilen arbeitet.

Weil der Interrupt über Chip 8259 weitergeleitet wird, muß diesem Chip klargemacht werden, daß er andere Interrupts im Prozessor generieren darf. Geschieht dies nicht, dann gibt es keinen anderen IRQ. Indem man den Wert 20h für Port 20h bestimmt, gibt man an, daß der 8259 einen weiteren Interrupt generieren und an den Prozessor weiterleiten kann. Dies ist nicht notwendig, wenn die frühere Routine aufgerufen wird, weil diese das selbst macht.

Sollte Ihre Routine mehr Zeit als das Intervall zwischen zwei Interrupts benötigen, dann müssen Sie selber einen Merker (Flag) setzen, der angibt, ob die Routine bereits aktiviert ist. Ansonsten werden die Daten der Routine immer von neuem verarbeitet, während sie selber noch aktiv ist. Vergessen Sie aber nicht, in bestimmten Zeitabständen die frühere Interrupt-Routine anzusteuern.

Die folgenden drei Listings in Pascal, C und Assembler enthalten ein Beispielprogramm, das eine Stoppuhr darstellt. Timerkanal 0 wird auf die Frequenz 100 Hz eingestellt. Mittels eines Zählers wird die Zeit sehr genau in Hundertstel von Sekunden festgehalten.

In C und Pascal wird die frühere Interrupt-Routine auf einen anderen freien Interrupt übertragen. So wird auf einfache Weise das frühere Interrupt angesteuert. In den Assembler-Listings wird ein FAR JMP verwendet. Sie können auch ein FAR CALL verwenden, aber vergessen Sie nicht, die Flags mit PUSHF auf den Stack zu retten, bevor dieser FAR CALL stattfindet; dies ist notwendig, weil die Routine mit einem IRET endet.

```pascal
Program TimerTest;

Uses Dos, Crt;

Const
  OldTimerInt = 103;     { Alter Timer Interrupt }

Var
  Zaehler : Word;        { Zähler des alten Timer Interrupts }
  HSec    : LongInt;     { Zahl der Hunderstel Sekunden }
  Ch      : Char;        { Bestimmung der Taste }

Procedure StelleTimerEin(Rout : Pointer; Freq : Word);
{ Stelle Timer Interrupt ein, Rout wird Freq mal pro
  Sekunde angesteuert }

Var
  IZaehler : Word;
  OldV : Pointer;

Begin
  Inline($FA);                       { CLI, Interrupts aus }
  IZaehler:=1193180 Div Freq;        { Errechne Grundzähler }

  Port[$43]:=$36;                    { Bestimme Modus }
  Port[$40]:=Lo(IZaehler);           { schreibe LSB }
  Port[$40]:=Hi(IZaehler);           { schreibe MSB }

  GetIntVec(8,OldV);                 { Alter Int Vektor }
  SetIntVec(OldTimerInt,OldV);       { Int 8 jetzt Int OldT }
  SetIntVec(8,Rout);                 { Neuer Int Handler }
  Inline($FB);                       { STI, Interrupts ein }
End;
```

```
Procedure KorrigiereTimer;

Var
  OldV : Pointer;

Begin
  Inline($FA);                      { CLI, Interrupts aus }

  Port[$43]:=$36;                   { Stelle Frequenz ein }
  Port[$40]:=0; Port[$40]:=0; { 18,2 Hz              }

  GetIntVec(OldTimerInt,OldV); { Korrigiere INT Vector }
  SetIntVec(8,OldV);
  Inline($FB);                      { STI, Interrupts ein }
End;

Procedure NeuerTimer; Interrupt;
{ Neuer Timer Interrupt }

Var
  R : Registers;    { Dummy für Intr }

Begin
  Dec(Zaehler);                     { Verringere Zähler }

  If Zaehler = 0 Then Begin { Alter INT aufrufen? }
    Intr(OldTimerInt,R);    { Ja }
    Zaehler:=100 DIV 18;     { Korrigiere den Zähler }
  End
  Else                      { Nein }
    Port[$20]:=$20;         { Int. ist verarbeitet }

  Inc(HSec);                        { Erhöhe Interrupt }
End;

Begin
  Zaehler:=1;                       { Initialisiere den Zähler }
  StelleTimerEin(@NeuerTimer,100); { Stelle Int auf 100 Hz ein }

  WriteLn;
  WriteLn('Stoppuhr, drücke Taste ...');
  WriteLn;
  Ch:=ReadKey;                      { Warte auf Tastendruck }

  HSec:=0;                          { Stelle Hundertstel Sek. auf 0 }
```

```
Repeat
  GotoXY(1,WhereY);         { Zeige Zeit }
  Write((HSec Div 360000):2,':',
        (HSec Div 6000 Mod 60):2,':',
        (HSec Div 100 mod 60):2,'.',
        (Hsec Mod 100):2);
  Until KeyPressed;         { Warte nach Tastendruck }

  Ch:=ReadKey;              { Lies }
  KorrigiereTimer;            { Korrigiere den Timer }
  WriteLn;                             .
End.
```

Listing 7.1: Pascal-Beispiel für die Verwendung des Timers

```
/* Timer Test Programm */

#pragma inline                /* Verwendung Assembler */

#include <stdio.h>
#include <dos.h>
#include <conio.h>

#define OldTimerInt 103     /* Alter Timer Interrupt */

unsigned Zaehler;        /* Zähler Alter Interrupt */
long unsigned HSec;      /* Zahl der Hundertstel Sekunden */

void StelleTimerEin(void interrupt (*Rout) (),
                    unsigned Freq)
/* Stelle Timer Interrupt ein, Rout wird Freq mal pro
   Sekunde angesteuert. */
{
  int IZaehler;

  asm cli;                    /* CLI, Interrupts aus */
  IZaehler = 1193180 / Freq;   /* Errechne Grundzähler */
  outportb(0x43,0x36);        /* Stelle Modus ein */
  outportb(0x40,IZaehler & 255);/* Schreibe LSB */
  outportb(0x40,IZaehler >> 8); /* Schreibe MSB */
  setvect(OldTimerInt,getvect(8)); /* Kopie Int 8 */
  setvect(8,Rout);            /* Neuer Int Handler */
  asm sti;                    /* STI, Interrupts ein */
}
```

```
void KorrigiereTimer()
{
  asm cli;                      /* CLI, Interrupts aus  */
  outportb(0x43,0x36);          /* stelle auf Frequenz  */
  outportb(0x40,0);             /* 18,2 Hz ein          */
  outportb(0x40,0);
  setvect(8,getvect(OldTimerInt)); /* Korrigiere Int 8 */
  asm sti;                      /* STI, Interrupts ein  */
}


void Interrupt NeuerTimer()
/* Das neue Timer Interrupt */
{
  struct REGPACK R;            /* Dummy nötig für Intr */
  --Zaehler;                   /* Verringere Zähler */
  ++HSec;                      /* Erhöhe Hundertstel Sek. */
  if (Zaehler == 0) {          /* Alten INT aktivieren? */
    intr(OldTimerInt,&R);      /* Ja */
    Zaehler = 100 / 18;        /* Korrigiere Zähler */
  }
  else                         /* Nein */
    outportb(0x20,0x20);       /* Int. ist verarbeitet */
}


void main()
{
  char Ch;
  int U,M,S,H;

  Zaehler = 1;                 /* Initialisiere  Zähler */
  StelleTimerEin(NeuerTimer,100); /* Int auf 100 Hz */
  printf("\n");
  printf("Stoppuhr, drücke Taste ...\n");
  printf("\n");
  getch();                     /* warte auf Tastendruck */
  HSec = 0;                    /* stelle Hund. Sek auf 0 ein */

  do {
    gotoxy(1,wherey());        /* Zeige Zeit */
    H = HSec % 100;            /* Hunderstel Sekunden */
    S = (HSec / 100) % 60;     /* Sekunden*/
    M = (HSec / 6000) % 60;    /* Minuten */
    U = HSec / 360000;         /* Stunden */
    printf("%2d:%2d:%2d.%2d",U,M,S,H);
```

```
    } while (!kbhit());         /* Warte auf Tastendruck */

    getch();                    /* lies*/
    KorrigiereTimer();          /* Korrigiere Timer */
    printf("\n");
}
```

Listing 7.2: C-Beispiel für die Verwendung des Timers

Bitte beachten Sie: Mit dem Befehl ASM werden zwei Befehle der Maschinensprache eingefügt. Es hat sich jedoch herausgestellt, daß das Programm auch ohne diese Befehle funktioniert; sie werden nur erwähnt für den Fall, daß dies nicht so wäre. Sie können die Zeilen mit dem ASM-Befehl weglassen, wenn Sie das wünschen, so daß das Programm im Turbo C-Editor getestet werden kann. Vergessen Sie jedoch nicht, die erste Zeile mit #pragma inline zu entfernen!

```
            .MODEL TINY
            .CODE
            ORG 100h

cr = 13
lf = 10

Start PROC NEAR

            mov dx,offset IntroText      ; Willkommens-
            mov ah,9                     ;gruß
            int 21h
            mov dx,offset NeuerTimer     ; Routine
            mov ax,100                   ; Frequenz
            call StelleTimerEin
            mov ah,0                     ; Warte auf
            int 16h                      ; Tastendruck
            mov [WORD PTR Zaehler+0],0   ; Start bei 0
            mov [WORD PTR Zaehler+2],0

ZeigeZaehler:
            mov ax,[WORD PTR Zaehler+0]  ; Lies den
            mov dx,[WORD PTR Zaehler+2]  ; Wert
            mov di,offset HexText
            call ConvertHex              ; als Hex-Zahl
            call ZeigeHex                ; Zeige
            mov ah,1                     ; Test für
            int 16h                      ; Tastendruck
```

```
        jz ZeigeZaehler              ; Taste?
        mov ah,0                     ; Ja, lies
        int 16h                      ; aus Puffer
        call KorrigiereTimer
        mov dx,offset EndeText       ; Ende-
        mov ah,9                     ; Nachricht
        int 21h
        mov ax,4c00h                 ; zurück nach
        int 21h                      ; DOS
ENDP

IntroText       DB cr,lf,"Drücken Sie eine Taste ...",cr,lf
                DB cr,lf,"$"
InfoText        DB "Zähler : "
HexText         DB "00000000h.$"
EndeText        DB cr,lf,cr,lf,"Ende ...",cr,lf,"$"
altvec          DD 0              ; Timer Handler
Zaehler         DD 0              ; Zähler
ZweitZaehler    DW 1                   ; Aktivierung Früherer Handler

; Zeige InfoText in derselben Zeile.
ZeigeHex PROC NEAR
        mov ah,3                 ; Bestimme Cursorposition
        mov bh,0                 ; auf Seite 0
        int 10h
        xor dl,dl                ; Zum Anfang der
        mov ah,2                 ; Zeile
        int 10h
        mov dx,offset InfoText ; Zeige Infotext
        mov ah,9
        int 21h
        ret
ENDP

; Stelle Timer mit der neuen Frequenz AX ein und stelle
; Interrupt 8 mit der neuen Interrupt-Routine CS:DX ein.
StelleTimerEin PROC NEAR
        cli                      ; Schalte Interrupts aus
        push es
        push ax                  ; Speichere Frequenz
        mov ax,0                 ; Stelle Vektoren Segment
        mov es,ax                ; ein
        mov ax,cs
        xchg dx,[WORD PTR es:8*4+0]   ; Wechsle Offset
        xchg ax,[WORD PTR es:8*4+2]   ; Wechsle Segment
        mov [WORD PTR frühererVector+0],dx   ; und speichere
```

```
        mov [WORD PTR altvec+2],ax    ; dieses
        pop bx                   ; Korrigiere Frequenz
        pop es                   ; Korrigiere ES
        mov al,00110110b         ; Kanal 0+L/M+Modus 3+Bi
        out 43h,al
        mov dx,1193180 SHR 16    ; Bestimme Zähler
        mov ax,1193180 AND 65535
        div bx
        out 40h,al               ; Zuerst LSB
        mov al,ah
        out 40h,al               ; dann MSB
        sti                      ; Schalte Interr. ein
        ret
ENDP


; Korrigiere Timer Interrupt, so daß der frühere Handler
; 18,2 mal pro Sekunde angesteuert wird    .
KorrigiereTimer PROC NEAR
        cli
        mov al,00110110b         ; Kan. 0+L/M+Modus 3+Bi
        out 43h,al
        mov al,0                 ; Stelle Frequenz auf
        out 40h,al               ; 18,2 Hz ein
        out 40h,al
        push ds                  ; stelle Int. Vector
        lds dx,[altvec]      ; wieder richtig ein
        mov ax,2508h
        int 21h
        pop ds
        sti                      ; Schalte Interrupt ein
        ret
ENDP


; Neuer Timer Interrupt, erhöhe den Zähler und aktiviere,
; wenn nötig, den früheren Handler


NeuerTimer PROC FAR

        add [WORD PTR cs:Zaehler+0],1  ; Erhöhe den
        adc [WORD PTR cs:Zaehler+2],0  ; Zähler
        dec [cs:ZweitZaehler]    ; Verringere ZweitZaehler
        jz frueheresInterrupt    ; Frühere Ansteuerung?
        push ax                  ; Nein, speichere AX
        mov al,20h               ; Gib Nachricht weiter, daß INT
        out 20h,al               ; empfangen ist
        pop ax                   ; Korrigiere AX
```

```
        iret

frueheresInterrupt:
        mov [cs:ZweitZaehler],100 / 18  ; Korrigiere Zweitz.
        jmp dword ptr [cs:altvec] ; früherer Handler
ENDP

; Konvertiere DX:AX zu einer hexadezimalen Repräsentation
; mit ES:DI am Anfang.

ConvertHex  PROC NEAR
        push ax                         ; Speichere AX
        mov ax,dx                       ; Verarbeite zuerst DX
        call HexWord
        pop ax                          ; Korrigiere AX

HexWord:
        push ax                         ; Speichere AX (AL)
        mov al,ah                       ; Verarbeite zuerst AH
        call HexByte
        pop ax                          ; Korrigiere AL

HexByte:
        push ax                         ; Speichere AX (AL)
        shr al,1                        ; Verarbeite zuerst
        shr al,1                        ; das höherwertige
        shr al,1                        ; Nibble (4 Bits)
        shr al,1
        call HexNibble
        pop ax                          ; Korrigiere AX (AL)
        and al,15                       ; Unteres Nibble

HexNibble:
        add al,"0"                      ; Erhöhe AL mit "0"
        cmp al,"9"                      ; AL > 9
        jbe NoAsciiConversion
        add al,"A"-"9"-1                ; AL zwischen 'A' und 'F'

NoAsciiConversion:
        stosb                           ; Speichere AL
        ret
ENDP

END Start
```

Listing 7.3: Assembler-Beispiel für die Verwendung des Timers

Kapitel 8

FM-Chip programmieren

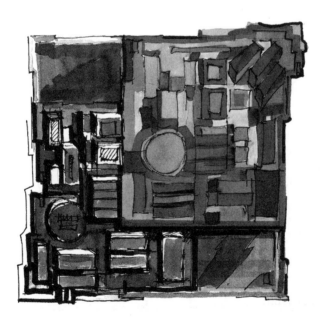

In diesem Kapitel lernen Sie, wie Sie den FM-Chip programmieren können, um einen Ton zu erzeugen und Musik abzuspielen. Dies kann man mit Hilfe eines Treibers machen, oder indem man den FM-Chip selbst programmiert. Der FM-Chip ist völlig mit der AdLib-Karte kompatibel. Alle AdLib-Software ist denn auch für die Sound Blaster-Karte geeignet. Umgekehrt braucht das jedoch nicht der Fall zu sein. Dies liegt nicht am Chip selbst, sondern an dem Aufbau des Sound Blaster (dies wird in diesem Kapitel näher erklärt). Weil der AdLib bereits länger auf dem Markt ist, werden die Programme und Formate des AdLib vorerst besser unterstützt als die des Sound Blaster und Sound Blaster Pro. Beide werden in diesem Kapitel näher beschrieben.

Wie man einen Ton erzeugt

Einen Ton kann mit Hilfe mehrerer Einstellungen des FM-Chip generiert werden. Die Einstellungen werden in diesem Abschnitt näher beschrieben. Wir raten Ihnen jedoch dringend, selber damit zu experimentieren.

An der Basis von FM steht der sogenannte Operator. Der FM-Chip hat 18 Operatoren. Ein Operator besteht aus drei Bestandteilen, nämlich:

–   einem Oszillator
–   einem Hüllkurven-Generator
–   einem Level Controller

Der Oszillator generiert eine (verformte) Sinuswelle, die vom Hüllkurven-Generator bearbeitet wird. Dann bestimmt der Level Controller, wie stark die Welle sein soll, und so entsteht letztendlich ein Ton (siehe Abbildung 8.1).

Im rhythmischen Teil werden diese Operatoren mit Hilfe eines Tons generiert. Die Operatoren werden auf die gleiche Weise eingestellt.

Weiterhin wird in diesem Abschnitt besprochen, wie jeder Bestandteil einzeln eingestellt und modifiziert werden kann.

Der FM-Chip hat drei mögliche Einstellungen zur Erzeugung von Tönen, nämlich:

–   den Melodie-Modus:

    In diesem Modus können neun Instrumente verwendet werden.

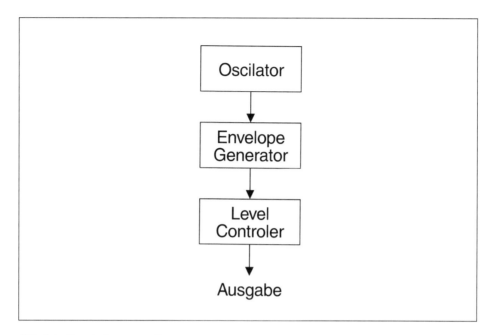

Abb. 8.1: Der Aufbau eines Generators

–   den rhythmischen Modus:

Hier gibt es sechs normale und fünf rhythmische Instrumente (die alle einen bestimmten Ton verwenden).

Die fünf rhythmischen Instrumente sind: Bass-Drum, Hi-Hat, Tomtom, Snare Drum und Top Cymbal. In diesem Modus können nicht alle rhythmischen Instrumente die Tonhöhe ändern. Dies ist nur bei dem Bass Drum und dem Tomtom möglich.

–   den zusammengesetzten Sprachmodus:

Hier können mehrere Kanäle gleichzeitig ein- und ausgeschaltet werden. Dadurch, daß mehrere Tonhöhen und Lautstärken verwendet und gleichzeitig abgespielt werden, kann Sprache generiert werden. Obwohl diese Option äußerst interessant ist, gibt es zu diesem Thema keine weiteren Hinweise in der Literatur des AdLib und des Sound Blaster.

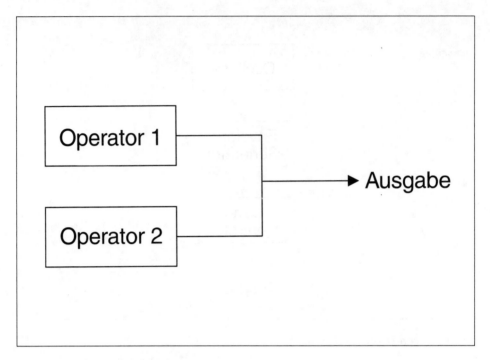

Abb. 8.2: Die additive Synthese

Der FM-Chip hat zwei Möglichkeiten zur Erzeugung von Tönen mit den normalen Instrumenten und mit dem Bass Drum, nämlich:

– die additive Synthese und
– die Frequenzmodulation:

Beide Methoden verwenden die beiden Operatoren. Von den rhythmischen Instrumenten verwendet nur der Bass Drum diese beiden Operatoren. Die übrigen vier verwenden nur einen Operator, so daß es hier nur eine Möglichkeit gibt, Ton zu generieren. Wenn nur ein Operator verwendet wird, können im rhythmischen Modus mehrere Instrumente verwendet werden.

Bei der erstgenannten Methode werden die Operatoren parallel verwendet: Die Ausgabe besteht aus der Summe aller Operatoren. In einer einfachen Formel sieht dies so aus:

```
F(t) = Op1(t) + Op2(t)
Op(t) = E(t)*Sin(wt+Ω)
```

F(t) steht für die Ausgabe, während Op1 und Op2 die Operatoren darstellen. E(t) und Ω sind für jeden Operator unterschiedlich. Auf diese Weise Töne zu erzeugen ist ziemlich einseitig. Es können nur solche Töne generiert werden, die denen einer Orgel gleichen.

Mit der zweiten Methode, der Frequenzmodulationssynthese, hat man die Möglichkeit, vielseitigere Töne zu erzeugen. Die zwei Operatoren werden jetzt in Serie verwendet. Der erste Operator, der "Modulator", beeinflußt den zweiten, den "Carrier".

In einer Formel dargestellt:

```
Fm(t)=Em(t)*Sin(wt+ß*Fm(t))
Fc(t)=Ec(t)*Sin(wt+Fm(t))
```

Der Parameter w der ersten Formel kann anders sein als der Parameter der zweiten Formel. Der Modulator hat die Möglichkeit, die eigene Ausgabe auch wieder als Eingabe zu benutzen. Dies nennt man das sogenannte Feedback-Prinzip. Den Wert für ß kann man selber einstellen, so daß die Stärke des Feedback jederzeit verändert werden kann.

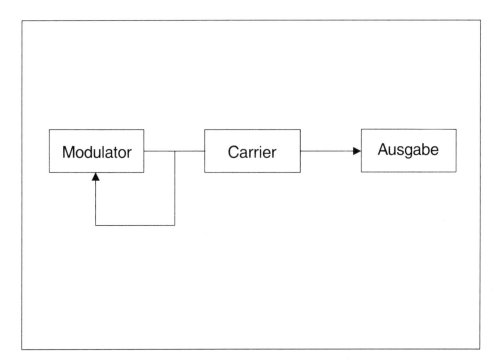

Abb. 8.3: Die Frequenzmodulationssynthese

Die von einer der beiden Synthesen generierten Töne können bei einer bestimmten Frequenz während einer festgelegten Zeit hörbar gemacht werden. Der Ton (das Geräusch einer bestimmten Frequenz) kann ein- und nach einer gewissen Zeit wieder ausgeschaltet werden. Je nachdem, wie die Operatoren eingestellt wurden, ist der Ton danach vernehmbar oder nicht.

Es folgen jetzt die drei Bestandteile des Operators. Hinter den aufgelisteten Einstellungsmöglichkeiten steht jeweils zwischen Klammern eine Abkürzung. Diese Abkürzungen werden in der Literaur des AdLib und des Sound Blaster verwendet. In den nächsten zwei Abschnitten werden wir die vollständigen Namen verwenden, danach werden nur noch die Abkürzungen gebraucht. Die Abkürzungen werden ebenfalls in den verschiedenen Listings verwendet.

Der Oszillator

Die Einstellungen des Oszillator können mit Hilfe mehrerer Optionen modifiziert werden. Diese Optionen sind:

1. Der Frequenzmultiplikator (MULTI): dieser multipliziert die Frequenz des generierten Signals mit einer bestimmten Zahl. Dadurch, daß das eigentliche Signal von zwei Operatoren bestimmt wird, kann ein Signal aus zwei harmonischen Signalen erzeugt werden.

2. Das Frequenz-Vibrato (VIB): Mit dieser Option entstehen geringe Frequenzschwankungen des Signals. Dieser Effekt wird auch Vibrato genannt.

3. Die Modulations-Rückkopplung (FB): Wie bereits vorher gezeigt wurde, kann der Modulator sein Ausgabesignal wieder als Eingabe benutzen. Mit Hilfe dieser Einstellung bestimmen Sie die Stärke des Eingabesignals.

4. Die Art des Wellensignals (WS): Gewöhnlich wird mit einer Sinuswelle gearbeitet. Es ist aber auch möglich, eine abgeleitete Welle zu verwenden. Diese ist neben der normalen Sinuswelle in Abbildung 8.4 dargestellt.

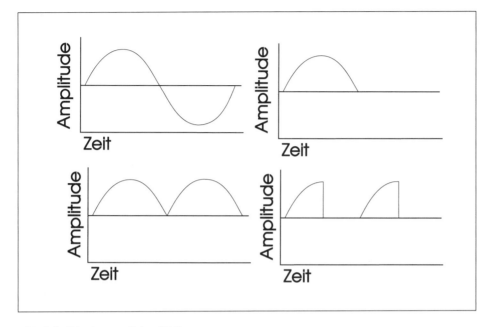

Abb. 8.4: Die vier möglichen Wellentypen

Der Hüllkurven-Generator

Bei dem Hüllkurven-Generator gibt es sechs mögliche Einstellungen:

1. Die Attack-Rate (AR): Das Eingabesignal hat anfangs die Stärke 0 (totale Stille).
    Dann steigert sich das Signal mit einer bestimmten Geschwindigkeit auf maximale
    Stärke. Die Geschwindigkeit können Sie mit dieser Option einstellen.

2. Die Decay-Rate (DR): Wenn das Signal seine maximale Stärke erreicht hat, geht
    es mit einer bestimmten Geschwindigkeit, die Sie mit dieser Option einstellen, auf
    Sustain-Stärke (siehe nächste Einstellung) über.

3. Die Sustain-Stärke (SL): Nachdem das Signal die maximale Stärke erreicht hat,
    geht dieses mit der eingestellten Decay-Rate (siehe 2) auf Sustain-Stärke über.
    Dies kann die maximale Stärke sein, so daß der eingestellte Decay-Rate nur wenig
    Effekt hat. Solange die Note eingeschaltet bleibt, behält das Signal diese Stärke
    bei. Wenn die Note nicht länger gebraucht wird, geht das Signal allmählich mit ei-

ner bestimmten Geschwindigkeit auf Stärke 0 zurück. Zu diesem Zweck muß aber auf jeden Fall der Sustain-Ton eingeschaltet sein. Wenn dies nicht der Fall ist, geht das Signal sofort – nachdem die Sustain-Stärke erreicht wurde – mit einer bestimmten Geschwindigkeit auf Stärke 0 zurück.

4. Die Release-Rate (RR): Dies ist die oben erwähnte Geschwindigkeit, mit der das Signal von der Sustain-Stärke auf Stärke 0 zurückgeht.

5. Den Sustain-Ton (EG-TYP): Dieser bestimmt, solange die Note eingeschaltet ist, ob bei Sustain-Stärke die Wiedergabe beendet werden soll oder nicht.

6. Die Längenskala (KSR): Wenn diese Option eingeschaltet ist, wird die Länge eines Tons von der Tonhöhe abhängig. Bei einem Klavier sind z.B. die höheren Töne kürzer als die niedrigen Töne. Mit dieser Option kann dieser Effekt verwirklicht werden (je höher der Ton, desto kürzer hört sich dieser auch an).

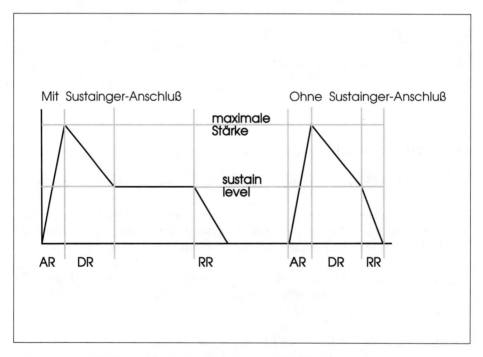

Abb. 8.5: Der Hüllkurven-Generator mit und ohne die Sustain-Option

Level Controller

Der Level Controller hat drei mögliche Einstellungen:

1. Die endgültige Stärke (TL): Dies ist die endgültige Lautstärke des Operatorsignals. In der additiven Synthese bestimmen die beiden TL-Einstellungen der Operatoren die Lautstärke des endgültigen Signals. In der Frequenzmodulationssynthese wird dies vom Carrier bestimmt.

2. Die Stärkenskala (KSL): Diese Option hat den gleichen Effekt wie die Längenskala bei dem Hüllkurven-Generator. Auf einem Klavier sind die niedrigen Töne nicht nur länger, sondern auch lauter als die höheren Töne. Mit dieser Option wird dieser Effekt erreicht (je höher der Ton, desto leiser klingt er).

3. Das Amplitude Vibrato (AM): Genau wie das Frequenz-Vibrato erzielt diese Option eine geringe Schwankung, jedoch hier in der Stärke des Signals.

In diesem Kapitel wird weiterhin erklärt, wie groß die Höchst- und Mindestwerte dieser Einstellungen sind, und wie Sie diese einstellen können. Zunächst aber wollen wir erläutern, wie die verschiedenen Einstellungen gespeichert sind und wie sie verwendet werden können.

Die Instrumente

Ein Instrument besteht aus ein oder zwei Operatoren, abhängig von der Art des Instruments (normal oder rhythmisch). Die Einstellungen für dieses Instrument sind in einer Instrumentdatei gespeichert. Weil es eine große Anzahl von Instrumenten gibt, kann dies schnell zu einer großen Zahl von Dateien führen, die schwierig zu verwalten sind. Dies hat man mit Hilfe einer Art Sammeldatei gelöst, in der alle möglichen Instrumente gespeichert sind (eine Datenbank für Instrumente). Eine solche Datenbank enthält mehrere Instrumentdaten, so daß man nur mit einer Datei zu arbeiten braucht (die meisten AdLib-Programme haben nur noch solche Instrumente-Datenbanken). Sowohl für den AdLib wie für den Sound Blaster gibt es beide Arten von Dateien. Der Aufbau der Dateien ist jedoch unterschiedlich. Die Formate werden in den nächsten vier Abschnitten behandelt.

Das SBI-Format

Dies ist das Instrumentformat, das mit dem Sound Blaster mitgeliefert wird. Die Instrumentdateien enden mit dem Suffix "SBI".

Der Aufbau dieser Datei ist folgendermaßen:

Offset (hexadezimal)

00h-03h Die ID der Datei: Hier befindet sich der Text "SBI", gefolgt vom EOF-Zeichen 1Ah. Hiermit überprüfen Sie, ob es sich um eine Instrumentdatei handelt.

04h-23h Der Name des Instruments: Dieser muß mit einem Null-Byte enden, zum Beispiel "Klavier",0. Wie sich später herausstellen wird, hat dieses Feld eigentlich gar keine Auswirkung. Es findet sich deshalb auch nicht in der Datenbank wider.

Die folgenden 16 Bytes enthalten die gleichen Daten für den Modulator wie für den Carrier. Die geraden Adressen enthalten die Daten für den Modulator (also 24h, 26h, 28h, 2Ah und 2Ch), die ungeraden Adressen die für den Carrier (also 25h, 27h, 29h und 2Dh). Dann gibt es noch ein Byte mit den Modulatordaten. Der Aufbau dieser 16 Bytes findet sich auch in den anderen mit dem Sound Blaster mitgelieferten Dateiformaten und Programmen.

24h & 25h   Die Toneinstellungen; Aufbau:
    Bit 7   Frequenz-Vibrato-Einstellung (AM)
    Bit 6   Amplitude-Vibrato-Einstellung (VIB)
    Bit 5   Sustain-Ton-Einstellung (EG-TYP)
    Bit 4   Längenskala-Einstellung (KSR)
    Bit 3-0   Der Frequenzmultiplikator (MULTI)

26h & 27h   Die Stärkenskala-Einstellung und die Lautstärke des Signals; Aufbau:
    Bit 7-6   Stärkenskala-Einstellung (KSL)
    Bit 5-0   Die Signalstärke (TL)

28h & 29h   Die Attack- und Decay-Rate; Aufbau:
    Bit 7-4   Sustain-Stärke (AR)
    Bit 3-0   Decay-Rate (DR)

2Ah & 2Bh   Die Sustain-Stärke und der Release-Rate; Aufbau:
  Bit 7-4   Sustain-Stärke (SL)
  Bit 3-0   Release-Rate (RR)

2Ch & 2Dh   Der Tonwellentyp; Aufbau:
  Bit 7-2   0
  Bit 1-0   Wellentyp (WS)

2Eh   Dieses Byte enthält zusätzliche Daten zum Feedback und der verwende-
ten Synthese; Aufbau:
  Bit 7-4   0
  Bit 3-1   Feedback(FB)
  Bit 0   Art der Synthese (FM)

2Fh-33h   Für mögliche Erweiterungen reserviert.

Das INS-Format

Dies ist das Format für die Instrumente. Es wird mit der AdLib-Karte mitgeliefert. Das Suffix der Instrumentdateien ist "INS". Das Format ist völlig anders aufgebaut als das SBI-Format, nämlich:

Offset (hexadezimal)

00h   Welches Instrument: Enthält dieses Byte den Wert 0, dann handelt es sich um ein normales Instrument. Der Wert 1 hingegen deutet auf ein Rhythmus-Instrument hin.

01h   Wenn es sich um ein Rhythmus-Instrument handelt, steht hier die Instrumentnummer, anhand derer Sie bestimmen können, was für ein Instrument gemeint ist. Bei einem normalen Instrument hat dieses Feld keine Funktion.

Die folgenden Bytes betreffen den Modulator:

02h-03h   Die Einstellung der Stärkenskala (KSL)
04h-05h   Der Frequenzmultiplikator (MULTI)
06h-07h   Die Feedback-Einstellung (FB)
08h-09h   Die Attack-Rate (AR)
0Ah-0Bh   Die Sustain-Stärke (SL)

0Ch-0Dh	Die Einstellung des Sustain-Tons (EG-TYP)
0Eh-0Fh	Die Decay-Rate (DR)
10h-11h	Die Release-Rate (RR)
12h-13h	Die Einstellung der Lautstärke (TL)
14h-15h	Die Frequenz-Vibrato-Einstellung (AM)
16h-17h	Die Amplitude-Vibrato-Einstellung (VIB)
18h-19h	Die Einstellung der Längenskala (KSR)

1Ah-1Bh   Der Synthese-Typ (FM): Dieser enthält den Wert 1, wenn die Frequenz-
modulationssynthese angewandt werden muß, und 0, wenn die additive
Synthese verwendet wird. Es verhält sich also genau gegensätzlich zur
Einstellung des FM-Chips und des SBI.

Die Einstellungen des Carrier sind folgende:

1Ch-1Dh	Die Einstellung der Stärkenskala (KSL)
1Eh-1Fh	Der Frequenzmultiplikator (MULTI)
20h-21h	Nicht benutzt
22h-23h	Die Attack-Rate (AR)
24h-25h	Die Sustain-Stärke (SL)
26h-27h	Die Einstellung des Sustain-Tons (EG-TYP)
28h-29h	Die Decay-Rate (DR)
2Ah-2Bh	Die Release-Rate (RR)
2Ch-2Dh	Die Einstellung der Lautstärke (TL)
2Eh-2Fh	Die Frequenz-Vibrato-Einstellung (AM)
30h-31h	Die Amplitude-Vibrato-Einstellung (VIB)
32h-33h	Die Einstellung der Längenskala (KSR)
34h-35h	Nicht benutzt

Es gibt deutliche Unterschiede zwischen den zwei Instrumentdateien. Obwohl die Daten
im SBI-Format an sich weniger Bytes in Anspruch nehmen, enthalten sie zusätzliche Informationen, so daß die Dateien dennoch fast gleich groß sind.

Im INS-Format können noch zusätzliche Daten über das Instrument hinzugefügt werden, während diese Daten im SBI-Format fehlen. Hingegen können im SBI-Format zusätzliche Daten über den Wellentyp hinzugefügt werden. Dies ist im INS-Format nur
für die Datei möglich, welche die Instrumente-Datenbank enthält.

Das IBK-Format

Dies ist für den Sound Blaster das Format der Instrumente-Datenbank. Die Dateien haben das Suffix "IBK". Eine IBK-Datei enthält 128 Instrumente. Der Aufbau ist folgender:

Offset (hexadezimal)

000h-003h	Wieder eine ID-Datei, diesmal eine IBK-Datei, gefolgt vom EOF-Byte 1Ah.
004h-803h	Die Parameter der Instrumente. Für jedes Instrument sind 16 Bytes reserviert. Der Aufbau dieser Bytes entspricht dem Aufbau des SBI-Formats (beginnend bei Offset 24h).
804h-C83h	Die Namen der 128 Instrumente. Für jeden Namen sind neun Bytes reserviert. Der Name muß auf ein Null-Byte enden. Er ist also maximal acht Bytes groß, z.B "Harfe",0.

Das BNK-Format

Das ist das AdLib-Format. Eine BNK-Datei kann maximal 65535 Instrumente enthalten. Wie bereits früher erwähnt wurde, wird nur dieses Format vom Großteil der neuen AdLib-Software unterstützt. Wird keine Datei als Datenbank bestimmt, so wird die Datei STANDARD.BNK verwendet. Die Datei mit der Datenbank besteht aus drei Teilen. Der erste Teil ist der Header, der allgemeine Daten enthält. Der zweite Teil besteht aus ein oder mehreren Datensätzen (Records) mit den Namen, während der letzte Teil einen oder mehrere Datensätze mit den Einstellungen der Instrumente enthält. Die Größe der zwei letzten Teile kann je nach Datenbank verschieden sein. Der Header ist folgendermaßen aufgebaut:

Offset (hexadezimal)

00h-01h	Die Dateiversion: Das erste Byte ist der höherwertige Teil (vor dem Punkt), das zweite der niederwertige Teil (hinter dem Punkt).
02h-07h	Datei-ID: Enthält den Text "AdLib". Hiermit können Sie testen, ob es sich tatsächlich um eine Instrumente-Datenbank handelt.

08h-09h   Zahl der benutzten Instrumentdaten.

0Ah-0Bh   Gesamtzahl der vorhandenen Instrumentdaten. Der Wert, der sich an die-
                ser Stelle befindet, ist also gleich groß oder größer als die Zahl der be-
                nutzten Instrumentdaten.

0Ch-0Fh   Der absolute Start der Liste mit den Instrumentnamen. Indem der Datei-
                zeiger auf diesen Wert eingestellt wird, wird automatisch auf den ersten
                Instrumentnamen verwiesen.

10h- 13h   Der absolute Start der Liste mit den Instrumentdaten. Hier gilt das glei-
                che wie im vorhergehenden Feld.

14h-1Bh   Nicht benutzt. Sie enthalten alle den Wert 0.

Die Liste der Instrumentnamen ist aus ein oder mehreren aufeinanderfolgenden Datensätzen zusammengesetzt. Die Zahl wird im Header angezeigt. Ein Datensatz ist folgendermaßen aufgebaut:

Offset (hexadezimal)

00h-01h   Der Index des Daten-Offset. Mit diesem Wert kann der Start der Daten
                bestimmt werden. Dazu verwendet man folgende Formel:

                Start = abs_Daten_Start + Einstellung des Instruments * diesem Wert.

02h   Gibt an, ob dieser Record benutzt wurde (enthält den Wert 1) oder nicht
                (enthält den Wert 0).

03h-0Bh   Die Instrumentnamen, die auf ein Null-Byte enden. Die maximale Größe
                des Namens (ausschließlich des Null-Bytes) ist wieder acht Bytes.

Auch die Liste der Instrumentdaten besteht aus ein oder mehreren aufeinanderfolgenden
Records. Es gibt genauso viele Record-Daten wie Instrumentnamen. Der Aufbau eines
Daten-Records ist folgendermaßen:

00h   Welches Instrument (0=normales Instrument, 1=Rhythmus-Instrument).

01h   Die Instrumentnummer für den Fall, daß es ein Rhythmus-Instrument
                betrifft.

02h-1Eh   Die Einstellungen des Modulators.

1Fh-2Bh   Die Einstellungen des Carriers.

2Ch   Der Sinus-Wellentyp des Modulators.

2Dh   Der Sinus-Wellentyp des Carriers.

Die Einstellungen des Modulators und des Carriers stimmen mit den Einstellungen im INS-Format überein. Jede Einstellung nimmt hier jedoch nur ein statt zwei Bytes in Anspruch. Dies führt zu keinen Problemen, weil sich herausstellen wird, daß 63 der größtmögliche Wert ist.

Die Liste der Namen muß in alphabetischer Reihenfolge sortiert sein und darf keine unbenutzten Namen enthalten. Diese müssen hinter dem zuletzt benutzten Namen stehen. Weil die Liste der Instrumentnamen immer auf diese Weise zusammengesetzt ist, können Sie beim Suchen eines bestimmten Instruments auch schnellere Suchmethoden verwenden als die Linearmethode. (Man beginnt bei dem ersten Namen und sucht so lange, bis man einen ähnlichen Namen gefunden hat.) Weil bei den Namen eine Indexnummer verwendet wird, ist es nicht notwendig, daß die Liste mit den Daten die gleiche Reihenfolge wie die Namen in der Datei aufweist. Die Instrumentdaten brauchen auch nicht unbedingt in alphabetischer Reihenfolge aufgelistet zu sein.

Dadurch, daß die Gesamtmenge und die Zahl der benutzten Daten einzeln angegeben werden, können in einer Datenbank bereits bestimmte Plätze für etwaige neue Instrumente reserviert werden. Auf diese Weise braucht nicht die ganze Datei eingelesen und von neuem gespeichert zu werden. Eventuelle Änderungen können direkt in der Datei vorgenommen werden. Dies beansprucht sehr viel weniger Speicherplatz als das Einlesen der gesamten Datei.

Es ist deutlich, daß das BNK-Format flexibler als das IBK-Format ist. Letzteres ist jedoch kompakter, weil eine einzige Datenbank eine große Anzahl Instrumente enthält. Das IBK-Format kann jedoch maximal 128 Instrumente enthalten. Bei einer größeren Menge Instrumente müssen mehrere IBK-Dateien benutzt werden. So hat jedes Format Vor- und Nachteile.

Programme für SBI, INS, IBK und BNK

In diesem Abschnitt finden Sie einige Programme, die das Arbeiten mit den verschiedenen Formaten vereinfachen. Zuerst wird eine allgemeine Bibliothek (Library) erzeugt, welche die Standardfunktionen für Einlesen, Bearbeiten und Abspeichern von Daten der vier verschiedenen Formate enthält. Es wird von verschiedenen Konvertierungsroutinen Gebrauch gemacht. Intern werden die Formate INS und SBI (Es wird sich später herausstellen, weshalb diese gewählt wurden.) und ein sogenannter Datenbanktyp benutzt. Dies ist die "Linked List" mehrerer Instrumente.

Die Bibliothek enthält keine großen Kontrollroutinen. Sie müssen deshalb selber aufpassen, ob Sie alles richtig machen. Sie können natürlich jederzeit die Kontrollroutinen in die Bibliothek aufnehmen.

Bitte beachten Sie: Die Bibliothek wird auch weiterhin in den Abspielroutinen und anderen Beispielprogrammen verwendet!

```
Unit Instr;

{ Funktion, die überträgt, welche Instrumente und
  Datenbanken benutzt werden }

Interface

Const
  SBIPt = 0;
  INSPt = 1;

Type
  { Definiere benutzte Typen }
  INSOp     = Record
                KSL, MULTI, FB,
                AR, SL, EG_TYP,
                DR, RR, TL, AM,
                VIB, KSR, FM   : Word;
              End;

  INSFormat = Record
                Mode,
                Nummer     : Byte;
                Modulator,
                Carrier    : INSOp;
                MWafeSel,
                CWafeSel   : Word;
              End;

  SBIFormat = Record
                Snd, KSLTL,
                ARDR, SLRR,
                WS, FBFM   : Array [0..1] Of Byte;
                Dummy      : Array [0..3] Of Byte;
```

```
              End;

  SBIFormatP  =  ^SBIFormat;
  INSFormatP  =  ^INSFormat;
  InsName     =  Array [0..8] Of Char;
  InsTp       =  Record
                   Art : Byte;
                   Case Boolean Of
                      True  : (INS : INSFormatP);
                      False : (SBI : SBIFormatP);
                   End;

  BnkTp       =  ^BnkRc;
  BnkRc       =  Record
                   Name : InsNam;
                   Ins  : InsTp;
                   Next : BnkTp;
                   End;

{ Lade ein Instrument }
Procedure LoadINS(N : String; Var I : InsTp);
Procedure LoadSBI(N : String; Var I : InsTp);

{ Lade eine Datei mit Datenbank }
Procedure LoadBNK(N : String; Var B : BnkTp);
Procedure LoadIBK(N : String; Var B : BnkTp);

{ Speichere ein Instrument }
Procedure SaveINS(N : String; I : InsTp);
Procedure SaveSBI(N : String; I : InsTp);

{ Speichere eine Datenbank }
Procedure SaveBNK(N : String; B : BnkTp);
Procedure SaveIBK(N : String; B : BnkTp);

{ Entferne ein Instrument oder eine ganze
  Datenbank aus dem Speicher. }
Procedure EntferneIns(Var I : InsTp);
Procedure EntferneBnk(Var B : BnkTp);

{ Einige Routinen für die Verwaltung einer Datenbank }
Procedure SucheIns(N : InsName; B : BnkTp;
                   Var F : BnkTp);
Procedure LoescheIns(N : InsName; Var B : BnkTp);
Procedure ErgaenzeIns(N : InsName; Var B : BnkTp;
                   I : InsTp);
```

```
Function AnzahllIns(B : BnkTp) : Word;
Procedure KopiereIns(S : InsTp; Var T : InsTp);
Procedure RichtigerInsName(Var N : InsName);

{ Konvertierungsroutinen }
Procedure SBIZuINS(Var I : InsTp);
Procedure INSZuSBI(Var I : InsTp);
Procedure StrZuName(S : String; Var N : InsName);

Implementation

Type
  ByteArray  = Array [0..52] Of Byte; { Hilfe Typen   }
  WordArray  = Array [0..52] Of Word; { bei Konversion }

  { die AdLib Dateiformate }
  BNKHeader  = Record
                 Version     : Word;
                 ID          : Array [0..5] Of Char;
                 NrBenutzt,
                 NrInsgesamt   : Word;
                 NameStart,
                 DataStart   : LongInt;
                 Dummy       : Array [0..7] Of Byte;
               End;

  BNKInsName = Record
                 IndexNr    : Word;
                 Benutzt    : Byte;
                 Name       : InsName;
               End;

  BNKOp       = Record
                 KSL, MULTI, FB,
                 AR, SL, EG_TYP,
                 DR, RR, TL, AM,
                 VIB, KSR, FM   : Byte;
               End;

  BNKInsData = Record
                 Mode,
                 Nummer      : Byte;
                 Modulator,
                 Carrier     : BNKOp;
                 MWS,
                 CWS         : Byte;
```

```
                End;

  { die Sound Blaster-Dateiformate }
  SBIFile   = Record
                 ID        : Array [0..3] Of Char;
                 Name      : Array [0..31] Of Char;
                 Operators : SBIFormat;
                End;

  IBKFile   = Record
                 ID   : Array [0..3] Of Char;
                 Data : Array [0..127] Of SBIFormat;
                 Name : Array [0..127] Of InsName;
                End;

Procedure SBI2INSOp(Var O : INSOp; H : SBIFormat;
                    T : Byte);
{ Konvertiere SBI Operator zu INS Operator. }

Begin
  With H Do Begin
    O.AM:=(Snd[T] AND 128) SHR 7;
    O.VIB:=(Snd[T] AND 64) SHR 6;
    O.EG_TYP:=(Snd[T] AND 32) SHR 5;
    O.KSR:=(Snd[T] AND 16) SHR 4;
    O.MULTI:=Snd[T] AND 15;
    O.KSL:=(KSLTL[T] AND 192) SHR 6;
    O.TL:=KSLTL[T] AND 63;
    O.AR:=(ARDR[T] AND 240) SHR 4;
    O.DR:=ARDR[T] AND 15;
    O.SL:=(SLRR[T] AND 240) SHR 4;
    O.RR:=SLRR[T] AND 15;
    O.FB:=(FBFM[T] AND 14) SHR 1;
    O.FM:=(FBFM[T] AND 1) XOR 1;
  End;
End;


Procedure INS2SBIOp(Var H : SBIFormat; O : INSOp;
                    T : Byte);
{ Konvertiere INS-Operator zu SBI-Operator. }

Begin
  With O Do Begin
    H.Snd[T]:=(AM SHL 7) OR (VIB SHL 6) OR
              (EG_TYP SHL 5) OR (KSR SHL 4) OR
              MULTI;
```

```
    H.KSLTL[T]:=(KSL SHL 6) OR TL;
    H.ARDR[T]:=(AR SHL 4) OR DR;
    H.SLRR[T]:=(SL SHL 4) OR RR;
    H.FBFM[T]:=(FB SHL 1) OR (FM XOR 1);
  End
End;

Procedure ByteZuWord(Var I : INSOp; O : BNKOp);
{ Konvertiere 8 Bits zu 16 Bits }

Var
  P : ^ByteArray;
  Q : ^WordArray;
  T : Byte;

Begin
  Q:=Addr(I); P:=Addr(O);
  For T:=0 To 13 Do
    Q^[T]:=P^[T];
End;

Procedure WordZuByte(Var O : BNKOp; I : INSOp);
{ Konvertiere 16 Bits-Einstellungen zu 8 Bits-Einstellungen }

Var
  P : ^ByteArray;
  Q : ^WordArray;
  T : Byte;

Begin
  Q:=Addr(I); P:=Addr(O);   { kopiere von Q zu P }
  For T:=0 To 13 Do
    P^[T]:=Lo(Q^[T]);       { benutzt den LSB }
End;

Procedure SBIZuINS(Var I : InsTp);
{ Konvertiere die Bit-Einstellungen für SBI zu
  Bytes für INS. }

Var
  S : INSFormatP;

Begin
  If I.Art<>INSPt Then Begin
    New(S);
    SBI2INSOp(S^.Modulator,I.SBI^,0);
```

```
      SBI2INSOp(S^.Carrier,I.SBI^,1);
      S^.MWafeSel:=I.SBI^.WS[0] AND 3;
      S^.CWafeSel:=I.SBI^.WS[1] AND 3;
      S^.Mode:=0;
      S^.Nummer:=0;
      Dispose(I.SBI);
      I.INS:=S;
      I.Art:=INSPt;
    End;
End;

Procedure INSZuSBI(Var I : InsTp);
{ Das gleiche wie vorher, aber umgekehrt. }

Var
    S : SBIFormatP;

Begin
   If I.Art<>SBIPt Then Begin
      New(S);
      INS2SBIOp(S^,I.INS^.Modulator,0);
      INS2SBIOp(S^,I.INS^.Carrier,1);
      S^.WS[0]:=I.INS^.MWafeSel;
      S^.WS[1]:=I.INS^.CWafeSel;
      Dispose(I.INS);
      I.SBI:=S;
      I.Artt:=SBIPt;
   End;
End;

Procedure KopiereIns(S : InsTp; Var T : InsTp);

Begin
   If S.Art=InsPt Then Begin
      New(T.INS);
      T.INS^:=S.INS^;
      T.Art:=InsPt;
   End
   Else Begin
      New(T.SBI);
      T.SBI^:=S.SBI^;
      T.Art:=SBIPt;
   End
End;

Procedure LoadINS(N : String; Var I : InsTp);
```

```
Var
  F : File;

Begin
  I.Art:=INSPt;
  New(I.INS);
  Assign(F,N); Reset(F,1);
  BlockRead(F,I.INS^,SizeOf(I.INS^));
  Close(F);
  I.INS^.MWafeSel:=0; I.INS^.CWafeSel:=0;
End;

Procedure LoadSBI(N : String; Var I : InsTp);

Var
  H : SBIFile;
  F : File;

Begin
  Assign(F,N); Reset(F,1);
  BlockRead(F,H,SizeOf(H));
  If H.Id='SBI'+#$1A Then Begin
    New(I.SBI);
    I.SBI^:=H.Operators;
    I.Art:=SBIPt;
  End;
  Close(F);
End;

Procedure LoadBNK(N : String; Var B : BnkTp);

Var
  Header  : BNKHeader;
  Name    : BNKInsName;
  Data    : BNKInsData;
  NamePos : LongInt;
  I       : InsTp;
  F       : File;

Begin
  B:=Nil;
  I.Art:=INSPt;
  New(I.INS);
  Assign(F,N); Reset(F,1);
  BlockRead(F,Header,SizeOf(Header));
```

```
  If Header.ID='Ad Lib-' Then Begin
    NamePos:=Header.NameStart;         { Erster Name }
    While Header.NrBenutzt>0 Do Begin
      Seek(F,NamePos);                 { Suche Name }
      BlockRead(F,Name,SizeOf(Name));
      NamePos:=FilePos(F);             { Nächster Name }
      If Name.NrBenutzt<>0 Then Begin
        Seek(F,Header.DataStart+       { Suche Data }
             Name.IndexNr*SizeOf(Data));
        BlockRead(F,Data,SizeOf(Data));
        I.INS^.Mode:=Data.Mode;
        I.INS^.Nummer:=Data.Nummer;
        ByteZuWord(I.INS^.Modulator,Data.Modulator);
        ByteZuWord(I.INS^.Carrier,Data.Carrier);
        I.INS^.MWafeSel:=Data.MWS;
        I.INS^.CWafeSel:=Data.CWS;
        ErgaenzeIns(Name.Name,B,I);
      End;
      Dec(Header.NrBenutzt)            { Zahl der Instr. }
    End
  End;
  Close(F);
  Dispose(I.INS);
End;

Procedure LoadIBK(N : String; Var B : BnkTp);

Var
  F   : File;
  IBK : IBKFile;
  I   : InsTp;
  T   : Word;

Begin
  B:=Nil; I.Art:=SBIPt;
  New(I.SBI);
  Assign(F,N); Reset(F,1);
  BlockRead(F,IBK,SizeOf(IBK));   { Lies alles ein }
  Close(F);
  If IBK.ID='IBK'+#$1A Then
    For T:=0 To 127 Do            { 128 Instr. }
      If IBK.Name[T][0]<>#0 Then Begin
        I.SBI^:=IBK.Data[T];
        ErgaenzeIns(IBK.Name[T],B,I);
      End;
  Dispose(I.SBI);
```

```
End;

Procedure SaveINS(N : String; I : InsTp);

Var
  F    : File;
  C    : InsTp;

Begin
  KopiereIns(I,C);
  SBIZuINS(I);
  Assign(F,N); ReWrite(F,1);
  BlockWrite(F,I.INS^,SizeOf(I.INS^)-2);
  Close(F);
  EntferneIns(C);
End;

Procedure SaveSBI(N : String; I : InsTp);

Var
  D : SBIFile;
  F : File;
  C : InsTp;

Begin
  D.Id[0]:='S'; D.Id[1]:='B'; D.Id[2]:='I';
  D.Id[3]:=#$1A;
  KopiereIns(I,C);
  INSZuSBI(C);
  Assign(F,N); ReWrite(F,1);
  D.Operators:=C.SBI^;
  BlockWrite(F,C.INS^,SizeOf(C.INS^)-2);
  Close(F);
  EntferneIns(C);
End;

Procedure SaveBNK(N : String; B : BnkTp);

Var
  F      : File;
  Header : BNKHeader;
  Name   : BNKInsName;
  Data   : BNKInsData;
  Zahl : Word;
  H      : BnkTp;
  C      : InsTp;
```

```
Begin
  Assign(F,N); ReWrite(F,1);
  Zahl:=ZahlIns(B);        { Bestimme Zahl der Instr. }
  Header.Version:=1;              { Stelle Header ein }
  Header.ID:='Ad Lib-';
  Header.NrBenutzt:=Zahl;
  Header.NrInsgesamt:=Zahl;
  Header.NameStart:=SizeOf(Header);
  Header.DataStart:=SizeOf(Header)+
                    Zahl*SizeOf(Name);
  BlockWrite(F,Header,SizeOf(Header));
  H:=B;
  Name.IndexNr:=0;                    { Beginne bei Index 0 }
  Name.Benutzt:=1;      { Alle Samples sind benutzt }
  While H<>Nil Do Begin                { Verarbeite Namen }
    Name.Name:=H^.Name;
    BlockWrite(F,Name,SizeOf(Name));
    Inc(Name.IndexNr);
    H:=H^.Next;
  End;

  H:=B;
  While H<>Nil Do Begin                { Verarbeite Daten }
    KopiereIns(H^.Ins,C);
    SBIZuINS(C);
    Data.Mode:=C.INS^.Mode;
    Data.Nummer:=C.INS^.Nummer;
    WordZuByte(Data.Modulator,C.INS^.Modulator);
    WordZuByte(Data.Carrier,C.INS^.Carrier);
    Data.MWS:=C.INS^.MWafeSel;
    Data.CWS:=C.INS^.CWafeSel;
    BlockWrite(F,Data,SizeOf(Data));
    H:=H^.Next;
    EntferneIns(C);
  End;
  Close(F);
End;

Procedure SaveIBK(N : String; B : BnkTp);

Var
  F   : File;
  IBK : IBKFile;
  Ins : InsTp;
  T   : Word;
```

```
  C    : InsTp;

Begin
  IBK.Id[0]:='I';
  IBK.Id[1]:='B';
  IBK.Id[2]:='K';
  IBK.Id[3]:=#$1A;
  T:=0;
  While (T<128) AND (B<>Nil) Do Begin     { 128 Instr }
    KopiereIns(B^.Ins,C);
    INSZuSBI(C);
    IBK.Name[T]:=B^.Name;
    IBK.Data[T]:=C.SBI^;
    Inc(T);
    B:=B^.Next;
    EntferneIns(C);
  End;
  While (T<128) Do Begin      { Ergänze übrige Instrumente }
    IBK.Name[T][0]:=#0;       { mit #0 }
    Inc(T);
  End;
  Assign(F,N); ReWrite(F,1); { Speichere IBK }
  BlockWrite(F,IBK,SizeOf(IBK));
  Close(F);
End;

Procedure EntferneIns(Var I : InsTp);

Begin
  If I.Art=InsPt Then
    Dispose(I.INS)
  Else
    Dispose(I.SBI)
End;

Procedure EntferneBnk(Var B : BnkTp);

Var
  H : BnkTp;

Begin
  While B<> Nil Do Begin
    H:=B^.Next;
    EntferneIns(B^.Ins);                  { Verarbeite Instr. }
    Dispose(B);                 { Entferne Datenbank-Record }
    B:=H;
```

```
   End;
End;

Procedure SucheIns(N : InsName; B : BnkTp;
                   Var F : BnkTp);

Begin
  RichtigerInsName(N);              { alle Großbuchstaben }
  F:=B;
  While (F<>Nil) And (N<>F^.Name) Do
    F:=F^.Next;
End;

Procedure LoescheIns(N : InsName; Var B : BnkTp);

Var
  H,
  V  : BnkTp;

Begin
  V:=Nil;                          { letztes Datenbank-Record }
  H:=B;                            { Benutze H statt B }
  RichtigerInsName(N);
  While (H<>Nil) And (N<>H^.Name) Do Begin
    V:=H;                          { Speichere letztes Record }
    H:=H^.Next;
  End;
  If H<>Nil Then Begin             { H<>Nil dann gefunden }
    EntferneIns(H^.Ins);
    If V<>Nil Then
      V^.Next:=H^.Next    { Link mit letztem Record }
    Else
      B:=H^.Next;    { V=Nil dann das erste Record }
    Dispose(H);           { Entferne gefundenes Record }
  End
End;

Procedure ErgaenzeIns(N : InsName; Var B : BnkTp;
                      I : InsTp);

Var
  H,
  Q,
  V  : BnkTp;

Begin
```

```pascal
    V:=Nil;
    H:=B;
    RichtigerInsName(N);
    New(Q);
    KopiereIns(I,Q^.Ins);
    Q^.Name:=N;
    While (H<>Nil) And (N>H^.Name) Do Begin
      V:=H;                          { in alphabetischer }
      H:=H^.Next;                { Reihenfolge }
    End;
    If (H=Nil) Or (N<>H^.Name) Then Begin
      Q^.Next:=H;                { ergänze neues Record  }
      If V<>Nil Then
        V^.Next:=Q
      Else
        B:=Q
    End
End;

Function AnzahlIns(B : BnkTp) : Word;

Var
  I : Word;

Begin
  I:=0;
  While B<>Nil Do Begin
    Inc(I);
    B:=B^.Next;
  End;
 AnzahlIns:=I;
End;

Procedure RichtigerInsName(Var N : InsName);

Var
  I : Byte;

Begin
  I:=0;
  While (I<9) And (N[I]<>#0) Do Begin
    N[I]:=UpCase(N[I]);
    Inc(I)
  End;
  While (I<9) Do Begin
    N[I]:=#0;
```

```
      Inc(I)
   End
End;

Procedure StrZuName(S : String; Var N : InsName);

Var
   T : Byte;

Begin
   T:=0;
   While (T<8) AND (T<Length(S)) Do Begin
      N[T]:=UpCase(S[T+1]);
      Inc(T)
   End;
   While (T<9) Do Begin
      N[T]:=#0;
      Inc(T);
   End;
End;

End.
```

Listing 8.1: Pascal-Unit zum Einlesen und Abspeichern der vier Formate

Das nächste Listing benutzt die Bibliothek zur Konvertierung einer BNK- zu einer IBK-
Datei. Dies ist nur ein Beispiel, das sich mit vielen zusätzlichen Optionen erweitern
läßt. Das überlassen wir jedoch Ihnen. Auf diese Weise kann sogar ein eigener Instru-
mente-Datenbank-Manager zusammengestellt werden.

```
Program BNKZuIBK;

Uses Instr;

Var
   Bank : BNKTp;

Begin
   WriteLn;
   If ParamCount <> 2 Then Begin
      WriteLn('Benutze BNK2IBK name.BNK name.IBK .');
      WriteLn;
      Halt(1);
   End;
```

```
WriteLn('Einlesen von        : ',ParamStr(1),'.');
{ lies ein Format ein }
LoadBNK(ParamStr(1),Bank);
WriteLn('Abspeichern von : ',ParamStr(2),'.');
{ speichere anderes Format ab }
SaveBNK(ParamStr(2),Bank);
WriteLn;
End.
```

Listing 8.2: Pascal-Programm, das eine BNK-Datei zu einer IBK-Datei konvertiert

Musik abspielen

In diesem Abschnitt handelt es sich um die Musikformate des Sound Blaster und des AdLib. Zum Abspielen werden die SBFMDRV.COM-Treiber (für den Sound Blaster) und die SOUND.COM-Treiber (für den AdLib) benötigt. Beide benutzen zum Abspielen den Timer Interrupt. Das bedeutet, daß Sie dem Abspielen selbst keine Aufmerksamkeit zu widmen brauchen und einfach Ihre eigenen Programme abspielen können.

Das Abspielen des CMF-Formats

Das CMF-Format ist das Musikformat, das mit dem Sound Blaster mitgeliefert wird. Musikdateien haben das Suffix "CMF". Zunächst wird erläutert, wie eine Datei im CMF-Format aufgebaut ist, dann werden die Funktionen des Treibers behandelt, und schließlich wird erklärt, wie Sie die Musik mit Hilfe des Treibers abspielen können.

Das CMF-Format

Eine CMF-Datei besteht aus drei Teilen. Der erste Teil ist der Header, dann folgt ein Block, in dem die Instrumente definiert sind und schließlich folgen die Musikdaten. Die Version des hier behandelten Formats ist 1.10.

Der Header enthält allgemeine Daten, die teilweise während des Abspielens verwendet werden. Der Aufbau des Header ist folgender:

Offset (hexadezimal)

00h-03h   Die Datei-ID enthält den Text "CTMF" (also nicht das EOF-Byte 1Ah!).

04h-05h   Version des Formats: Die Zahl vor dem Punkt befindet sich im ersten
              Byte, die Zahl hinter dem Punkt steht im zweiten Byte. In der Version
              1.10 haben diese zwei Bytes die Werte 01h und 0Ah.

06h-07h   Der absolute Start der Instrumentdefinitionen.

08h-09h   Der absolute Start der Musikdaten.

0Ah-0Bh   Die Zahl der Uhrtakte einer Viertelnote. Beachten Sie dazu auch den
              nächsten Abschnitt, in dem die Uhrtakte näher erklärt werden. Nehmen
              wir einmal an, daß 96 Uhrtakte in der Sekunde stattfinden und daß das
              Tempo 120 (Viertelnoten in der Sekunde) ist. Das Feld hat dann den
              Wert 48, was bedeutet, daß eine Viertelnote eine halbe Sekunde dauert.
              Dies ist übrigens auch der Standardwert.

0Ch-0Dh   Die Zahl der Uhrentakte in der Sekunde. Der Wert bestimmt hier, wie oft
              ein Timer Interrupt stattfindet. Wenn dieses Feld z.B. den Wert 96 ent-
              hält, dann findet 96 mal in der Sekunde ein Timer Interrupt statt. Ein hö-
              herer Wert führt zu einer höheren Genauigkeit während des Abspielens.
              Sie müssen jedoch selbst das Musikstück auf die neue Geschwindigkeit
              abstimmen. Am besten verwenden Sie eine Zahl zwischen 20 und 160.

0Eh-0Fh   Der absolute Start eines Musiktitels. Dieser muß unbedingt mit einem
              Null-Byte enden. Wenn das Wort den Wert 0 enthält, ist kein Titel vor-
              handen.

10h-11h   Der absolute Start des Namens des Komponisten. Hier gelten die glei-
              chen Regeln wie für den Titel.

12h-13h   Der absolute Start für verschiedene Bemerkungen. Auch hier gelten wie-
              der die gleichen Regeln wie für den Titel.

Bitte beachten Sie: Es wird empfohlen, nicht mehr als 32 Zeichen (einschließlich des
Null-Bytes) in den obengenannten drei Feldern zu verwenden; dies ist notwendig, weil
so Probleme mit der unterstützenden Software umgangen werden.

14h-23h   Tabelle mit Daten über die Kanäle. Der SBFMDRV-Treiber unterstützt
              16 Kanäle. In dieser Tabelle kann für jeden einzelnen Kanal festgelegt

werden, ob der Kanal benutzt wird oder nicht. Wenn dies der Fall ist, enthält das Byte den Wert 1, sonst den Wert 0.

24h-25h Die Zahl der benutzten Musikinstrumente. Eine CMF-Datei enthält Daten über die benutzten Instrumente. In diesem Feld wird deren Anzahl angegeben.

26h-27h Grundtempo: Dies ist das allgemein benutzte Tempo.

28h-??? Hier können die verschiedenen Texte (Titel, Komponist, Bemerkungen) eingegeben werden.

Nach dem Header folgt der Block der Instrumente, der für alle Instrumente die richtigen Daten enthält. Die Daten bestehen aus 16 Bytes, die alle genauso aufgebaut sind wie die 16 Bytes im IBK- und SBI-Format (Anfang bei Offset 24h). Im Header steht die Zahl der definierten Instrumente sowie der Start des Blocks. Die Größe des Blocks ist das 16fache der Zahl der benutzten Instrumente.

Schließlich gibt es noch den Musikblock, der die richtigen Songdaten enthält. Dieses Block ist im MIDI-Format aufgebaut, der in Kapitel 9 beschrieben wird. In diesem Format sind drei mögliche Arten von "Events" definiert: das MIDI-Event, das exklusive System-Event und das Meta-Event. Ein Event ist eine Aktion, die an einem gewissen Zeitpunkt stattfindet. Das CMF-Format unterstützt nur die ersten zwei Events. Die zusätzlichen MIDI-Events sind folgendermaßen festgelegt:

Kontrollnummer und Daten (hexadezimal)

66h, M Der Parameter M enthält einen Wert zwischen 1 und 127. Das Statusbyte bekommt den Wert von M zugewiesen. Wir werden später darauf zurückkommen.

67h, M Der Parameter M bestimmt den Abspielmodus. Enthält dieser den Wert 0, dann wird der Melodiemodus verwendet. Es stehen dann neun Instrumente zur Verfügung, welche über die 16 MIDI-Kanäle verteilt werden. Der Rhythmusmodus wird verwendet, wenn M den Wert 1 enthält. Es sind dann sechs normale und fünf Rhythmusinstrumente vorhanden. Diese fünf befinden sich in den folgenden MIDI-Kanälen:

Kanal	Instrument
12	Bass Schlagzeug
13	Snare Schlagzeug
14	Tomtom
15	Top Cymbal
16	Hi-Hat

Tab. 8.1: Instrumente

Ab Version 1.02 unterstützt der SBFMDRV-Treiber auch folgende zwei Events:

68h, M   Erhöhe die Tonhöhe aller folgenden Noten um M/128stel einer halben Note. Nach diesem Event sind alle Noten ein wenig höher.

69h, M   Dieses Event hat denselben Effekt wie das vorhergehende, aber jetzt sind alle Noten M/128stel tiefer.

Die Größe dieses Blocks entspricht der Länge der CMF-Datei, verringert um den Start des Musikblocks.

Der SBMFDRV-Treiber

Mit Hilfe dieses Treibers wird das oben genannte CMF-Format über den Timer abgespielt. Der Treiber wird über einen Interrupt programmiert. SBFMDRV.COM installiert den Treiber auf einem freien Interrupt zwischen den Vektoren 128 und 191. Auf dem Offset 259 oder 103h im Segment des zuvor gewählten Interruptvektors befindet sich der Text "FMDRV". Diese Information kann dazu verwendet werden, den richtigen Interrupt des Treibers zu finden (siehe Listing 8.3).

In Pascal sind folgende Routinen definiert:

```
Procedure CallFMDRV(BX: Word;Var AX,CX,DX,DI:Word)
```

Die Variablen AX, BX, CX, DX und DI bezeichnen die entsprechenden Register. Die Variable BX bestimmt die Funktion, wobei je nach Funktion ein oder mehrere Register verwendet werden.

Bitte beachten Sie: Nur bei Funktion 14 (die von der Version 1.21 unterstützt wird), wird das Register DI benutzt. Wenn Sie diese Funktion nicht benutzen, können Sie obige Funktionen so modifizieren, daß sie nur noch AX, BX, CX und DX als Eingabe erwarten.

Für den Assembler-Programmierer gilt, daß alle Register und Flags erhalten bleiben. Nur die Register AX und DX ändern sich und haben meistens ein bestimmtes Ergebnis.

Zum Sound Blaster Pro wird eine neue Version des Treibers mitgeliefert. Diese Version hat zwei zusätzliche Funktionen. Weiter spielt dieser Treiber die Musik über die Stereo-FM-Chips ab, so daß manche Instrumente links und manche rechts zu hören sind. Der Treiber kann jedoch auch auf dem normalen Sound Blaster eingesetzt werden. Die Version des mit dem Sound Blaster mitgelieferten Treibers ist 1.02 und die des Sound Blaster Pro 1.21.

Bei der Beschreibung der Funktionen werden Ein- und Ausgabe mit Hilfe von Registern angegeben. Diese stimmen mit den in Pascal definierten Variablen überein.

Funktion 0: Die Treiberversion

Eingabe: BX=0

Ausgabe: AX=Version

Die Funktion gibt die Version des Treibers in AX wieder. Das höherwertige Byte (AH) enthält den Wert vor dem Punkt und das niederwertige Byte (AL) den Wert hinter dem Punkt.

Funktion 1: Einstellung der Adresse des Status-Byte

Eingabe: BX=1
             DX:AX = Segment: Offset des Statusbytes

Ausgabe: keine

Das Statusbyte gibt den Wert des Treibers an. Enthält dieser den Wert 0, dann tritt der Treiber nicht in Aktion und es wird nichts abgespielt. Wenn ein Musikstück gespielt wird, enthält das Statusbyte den Wert 255 oder FFh, auch wenn das Musikstück vorher unterbrochen wurde. Mit Hilfe des Pointer-Event kann auch diesem Byte ein bestimmter Wert zugewiesen werden. Hiermit kann man das Abspielen verfolgen und den richtigen Zeitpunkt bestimmen, um die dazugehörigen Aktionen auszuführen. Mit Hilfe dieser Funktion wird auch die Adresse dieses Statusbytes eingestellt.

Funktion 2: Die Einstellung der Tabelle der Instrumente

Eingabe: BX=2
              CX= Zahl der Instrumente
              DX:AX=Segment:Offset oder Datentabelle

Ausgabe: keine

Mit Hilfe dieser Funktion wird die Adresse mit den verschiedenen Instrumentdaten eingestellt. Diese Daten werden zur Programmierung des FM-Chips benutzt. Die Tabelle hat den gleichen Aufbau wie die im CMF-Format, nämlich 16 Bytes pro Instrument. Wenn die Funktion eingeschaltet wird, sind die MIDI-Kanäle auf die ersten 16 Instrumente dieser Tabelle eingestellt. Wenn es weniger als 16 Instrumente gibt, dann folgen nach dem letzten Instrument die Daten des ersten Instruments, um so den nächsten Kanal einzustellen.

Der Treiber hat intern eine eigene Tabelle mit Instrumentdaten. Diese wird während des Abspielens benutzt, wenn die Funktion nicht eingeschaltet ist.

Es sind maximal 128 Instrumente möglich.

Funktion 3: Das Einstellen der Uhrfrequenz

Eingabe: BX=3
              AX=1193180/Frequenz (in Hz)

Ausgabe: keine

Wenn der Treiber keine Musik abspielt, wird der Timer Interrupt so oft aufgerufen, wie es vorher eingestellt wurde. Der Standardwert lautet 18.2. Um diesen Wert einzustellen, kann AX auf den Wert 65535 oder FFFFh gesetzt werden. Nehmen wir einmal an, Sie wollen den Timer Interrupt z.B. 36 mal in der Sekunde einschalten, dann enthält AX den Wert 1193180/36 = 33144. Es wird empfohlen, diese Funktion nicht zu verwenden, weil diese die Funktion der Uhr beeinflußt, was manchmal Probleme verursachen kann.

Funktion 4: Während des Abspielens die Frequenz einstellen

Eingabe: BX=4
              AX=1193180/Frequenz (in Hz)

Ausgabe: keine

Wenn der Treiber ein Musikstück abspielt, wird der Timer Interrupt benutzt. Dies bewirkt einen konstanten Zeitablauf, ohne daß der Programmierer sich darum kümmern muß. Mit dieser Funktion kann eingestellt werden, wie oft der Timer in der Sekunde eingeschaltet werden soll. Der Wert kann mit Hilfe der Daten ab Offset 0Ch in der CMF-Datei bestimmt werden.

Wenn z.B. im Offset 0Ch-0Dh der Wert 96h vorhanden ist, bekommt AX den Wert 1193180/96=12428 oder 308Ch.

Mit dieser Funktion können Sie die Abspielgeschwindigkeit ändern, indem Sie die Frequenz variieren.

Funktion 5: Musik transponieren

Eingabe: BX=5
              AX=Zahl der halben Noten

Ausgabe: keine

Mit dieser Funktion kann die Musik um eine bestimmte Anzahl halber Noten nach oben oder unten transponiert werden. AX enthält die Zahl der zu transponierenden halben Noten. Verwenden Sie einen negativen Wert, um in eine niedrigere und einen positiven Wert, um in eine höhere Tonart zu transponieren. In Pascal gehört AX jedoch zum Typ Word. Um dennoch einen negativen Wert einzustellen, kann die Formel 65536-X verwendet werden. Das Ergebnis ist dann der negative Wert.

Funktion 6: Ein Musikstück abspielen

Eingabe: BX=6
             DX:AX = Segment:Offset der Musikdaten

Ausgabe: AX=0, die Musik wird abgespielt
             =1, eine andere Musik wird derzeit gespielt.

Bevor diese Funktion verwendet werden kann, können mit Hilfe der vorangehenden
Funktionen die verschiedenen Einstellungen geändert werden. Die Musikdaten sind aus
den Daten des Musikblocks zusammengesetzt, der im CMF-Format erörtert wurde.
Wenn diese Aktion erfolgreich durchgeführt wurde, enthält AX den Wert 0 und das
Statusbyte den Wert 255.

Funktion 7: Das Abspielen beenden

Eingabe: BX=7

Ausgabe: AX=0, Musik ist beendet
             =1, es wurde keine Musik abgespielt.

Mit dieser Funktion können Sie die Musik beenden. AX enthält den Code, womit die
Musik angehalten werden kann. Das Statusbyte hat danach den Wert 0.

Funktion 8: Reset des Treibers

Eingabe: BX=8

Ausgabe: AX=0, keine Fehler
             =1, Musik wird abgespielt.

Diese Funktion stellt die Lautstärke des FM-Chips auf 0 und initialisiert anschließend
die interne Tabelle der Instrumente. Wenn ein Musikstück abgespielt wird, muß
zunächst die vorhergehende Funktion aufgerufen werden. Diese Funktion muß aufgerufen werden, bevor Sie Ihr Programm beenden und wieder zu DOS zurückkehren.

Funktion 9: Das Abspielen unterbrechen

Eingabe: BX=9

Ausgabe: AX=0, Musik ist jetzt unterbrochen.
                =1, es wird keine Musik abgespielt.

Diese Funktion kann zur Unterbrechung der Musik verwendet werden. Das Statusbyte
ändert sich hierdurch nicht. Danach kann die nächste Funktion zur Wiederaufnahme des
Abspielens oder die Funktion 7 zum Beenden verwendet werden.

Funktion 10: Das Abspielen wiederaufnehmen

Eingabe: BX=10

Ausgabe: AX=0, Musik wird weiter abgespielt.
                =1, Musik wurde nicht unterbrochen.

Mit dieser Funktion wird das Abspielen wiederaufgenommen.

Funktion 11: Eine Benutzerroutine einstellen

Eingabe: BX=11
                DX:AX=Segment:Offset der Routine

Ausgabe: keine

Die Benutzerroutine wird eingeschaltet, wenn der Treiber einem exklusiven System-
Event begegnet. Nachdem sie eingeschaltet wurde, zeigt ES:BX auf das Byte hinter
diesem Event. Die Routine selbst muß alle benutzten Register speichern und wieder mit
einem RETF zum Treiber zurückkehren. Der Treiber wird dieses Event dann überschla-
gen und einfach mit dem Abspielen weitermachen. Um die Benutzerroutine wieder auszuschalten, müssen DX und AX den Wert 0 enthalten.

Bei der Version 1.10 wurden zwei weitere Funktionen dem SBFMDRV hinzugefügt,
nämlich die Funktionen 12 und 13.

Funktion 12: Die Bestimmung der Adresse des MIDI-Kanals

Eingabe: BX=12

Ausgabe: DX:AX=Segment:Offset der Einstellungen des MIDI-Kanals.

Mit dieser Funktion kann die Startadresse der Einstellungen des MIDI-Kanals bestimmt werden. Nachdem sie eingeschaltet wurde, zeigt DX:AX auf eine Liste von 16 Bytes, wobei jedes Byte zum entsprechenden MIDI-Kanal gehört. Dieses Byte bestimmt, ob der MIDI-Kanal akustisch wahrnehmbar ist. Enthält dieses Byte den Wert 0, dann ist kein Ton des MIDI-Kanals zu hören. Enthält jedoch das Byte den Wert 1, dann werden alle Noten abgespielt. Sie können auch selber Daten in dieser Liste speichern, und somit bestimmte Kanäle ein- und ausschalten. So können Sie z.B. nur die Rhythmussektion wählen. Wenn der Treiber zurückgesetzt wird, werden alle Bytes wieder auf den Wert 1 eingestellt, so daß alle Kanäle wiedergegeben werden.

Funktion 13: Aktuelle Adresse des Musikblocks

Eingabe: BX=13

Ausgabe: DX:AX=Segment:Offset der aktuellen Adresse des Musikblocks.

Wenn ein Musikblock verarbeitet wird, können Sie den Treiber mit Hilfe dieser Funktion verfolgen. Die Funktion gibt nämlich die Adresse wieder an den Musikblock zurück, in dem sich die Abspielroutine derzeit befindet. DX:AX zeigt also auf das nächstfolgende MIDI-Event, das verarbeitet werden soll. Mit Hilfe dieser Funktion kann z.B. angegeben werden, an welcher Stelle sich das Abspielen derzeit befindet.

Die zwei nächsten Funktionen werden ausschließlich vom neuen Treiber unterstützt.

Funktion 14: Einen Fade-Effekt einstellen

Eingabe: BX=14
AX=Start Lautstärke in Prozenten
DX=Ende Lautstarke in Prozenten
CX=Größe der Veränderung
DI=Schrittgröße

Ausgabe: keine

Mit dieser Funktion kann ein sogenanntes Fade eingestellt werden. Dies bedeutet, daß
die Lautstärke mit einer konstanten Geschwindigkeit stärker oder schwächer wird.
Hiermit kann z.B. ein Fade-Out erzeugt werden: Am Ende eines Musikstücks wird die
Musik allmählich leiser und nicht sofort abgebrochen. Diesen Effekt finden Sie oft in
der Musik (im Radio oder auf einer CD). Der umgekehrte Effekt heißt Fade-In und
kann am Anfang eines Musikstücks verwendet werden. Der Ton schwillt allmählich an.

Die Variablen (Register) AX und DX enthalten beide einen Wert zwischen 0 und 100.
AX und DX ergeben einen bestimmten Prozentsatz, womit schließlich die Lautstärke
bestimmt wird. 0% ist die Mindestlautstärke (Stille) und 100% die maximale (normale)
Einstellung.

Die Variable CX enthält den Prozentsatz, mit dem AX jedesmal erhöht oder verringert
wird, bis dieser genauso groß ist wie der Prozentsatz in DX.

Der Wert der Variable DI gibt an, nach wieviel Uhrtakten dies geschehen muß. Nehmen
wir einmal an, daß die Abspielfrequenz auf 110 Hz eingestellt ist (110 mal in der Sekunde). Wenn DI den Wert 110 enthält, wird jede Sekunde der Prozentsatz um CX erhöht oder verringert (bis dieser wieder genauso groß wie DX ist).

Beispiel:

Um einen Fade-Out-Effekt zu erzeugen, können die Variablen folgendermaßen eingestellt werden:

AX=100 Beginnen bei der aktuellen (normalen) Abspieleinstellung

DX=0   Allmählich Lautstärke verringern ...

CX=5   ... indem der Prozentsatz um 5 verringert wird.

DI-10   Dies muß alle 10 Uhrtakte geschehen, so daß die Musik nach (100 / 5 = 20) *
             10 / Abspielfrequenz Sekunden verstummt ist und beendet werden kann.

Für einen Fade-In müssen die Werte AX und DX vertauscht werden.

Funktion 15: Die Zahl der Wiederholungen einstellen

Eingabe: BX=15
             AX=Zahl der Wiederholungen

Ausgabe: AX=die letzte Einstellung

Um ein Musikstück mehrmals hintereinander abzuspielen, können Sie diese Funktion verwenden. AX enthält die Zahl der Wiederholungen (0=keine Wiederholung). Wenn der Wert von AX 65535 oder 0ffffh ist, dann wird das Musikstück ununterbrochen wiederholt, bis es vom Programm beendet wird. Mittels Funktion 8 wird die Wiederholung wieder auf 0 eingestellt.

Ein CMF-Musikstück abspielen

In diesem Abschnitt wird erklärt, wie Sie eine CMF-Datei abspielen können. Am Ende folgt ein Listing in Pascal, das eine Abspiel-Unit enthält.

Damit Sie eine CMF-Datei abspielen können, müssen Sie zuerst den Treiber bestimmen. Zu diesem Zweck suchen Sie zwischen den Interrupts 128 und 191. Wenn im Offset 259 (103h) der Interrupt-Routine der Text "FMDRV" erscheint, haben Sie den richtigen Treiber gefunden.

Danach kann die CMF-Datei verarbeitet und abgespielt werden. Das Einlesen der Daten machen Sie wie folgt:

1. Öffnen Sie die Datei.
2. Lesen Sie den Header, und merken Sie sich die Daten.
3. Richten Sie den Dateizeiger auf den Block mit den Instrumenten.
4. Lesen Sie den Block mit den Instrumenten.
5. Richten Sie den Dateizeiger auf den Musikblock.
6. Lesen Sie den Musikblock.
7. Schließen Sie die Datei.

Nachdem Sie folgende Schritte ausgeführt haben, kann mit dem Abspielen der Musik angefangen werden:

1. Setzen Sie den Treiber zurück.
2. Stellen Sie die Adresse des Status-Bytes ein.

3. Stellen Sie die Tabelle mit den Instrumenten ein.
4. Stellen Sie die Abspielfrequenz ein.
5. Stellen Sie die Musiktabelle ein, und fangen Sie mit dem Abspielen an.

Wenn nötig können Sie die Fade-Funktion 14 und die Wiederhol-Funktion 15 verwenden.

Wie Sie sehen, ist das Abspielen sehr einfach. Während des Abspielens werden die Instrumente aus der Tabelle geholt. Wenn Sie ein Instrument in der Tabelle ändern, werden Sie dies an einem gewissen Punkt in der Musik hören können. Dies kann eine Weile dauern, weil der FM-Chip zuerst mit den Instrumentdaten programmiert werden muß, und dies findet erst dann statt, wenn der Treiber einem passenden MIDI-Event begegnet.

Wenn Sie die Instrumenttabelle ändern, bevor Sie das Abspielen anfangen, werden sofort die geänderten Instrumente verwendet.

Listing 8.3 enthält eine Bibliothek, die vom Treiber eingeschaltet wird, und außerdem eine CMF-Datei, die er einliest und abspielt. Weiter enthält die Bibliothek Funktionen, mit denen eine Zusammenarbeit mit der früher beschriebenen INSTR-Bibliothek möglich ist. Mit Hilfe der Funktion CallFMDRV sind bereits manche Treiberfunktionen definiert. Sie können selber andere Funktionen hinzufügen (die z.B. die Musik unterbrechen und wieder abspielen).

```
Unit PlayCmf;

{ Zur Unterstützung des CMF-Formats }

Interface

Uses Instr;

Type
  CMFTp = Record      { enthält die benötigten Daten }
            ZahlderIns,
            MusGroesse,
            EhrFreq   : Word;
            InsTabelle,
            MusTabelle  : Zeiger;
          End;

Var
  StatusByte : Byte;
```

```
{ Suche Treiber und stelle Statusword ein }
Function InitFMDriver : Boolean;

{ Die Schnittstellen-Routine }
Procedure CallFMDRV(BX : Word; Var AX,CX,DX,DI : Word);

{ Lade eine CMF-Datei }
Procedure LoadCMF(N : String; Var C : CMFTp);

{ Entferne ein CMF-Typ aus dem Speicher }
Procedure EntferneCMF(Var C : CMFTp);

{ Spiele Datei ab }
Procedure SpieleCMF(C : CMFTp);

{ Beende Abspielen }
Procedure StoppCMF;

{ Ersetze die Instrumentdaten durch I; T ist die
  Instrumentnummer }
Procedure ErsetzeIns(T : Word; I : InsTp; C : CMFTp);

{ Kopiere alle Instrumentdaten in eine Datenbank }
Procedure InsTabinBnk(C : CMFTp; Var B : BnkTp);

Implementation

Uses Dos;

Type
  CMFHeader = Record    { Für die Datei }
                  ID            : Array [0..3] Of Char;
                  Version,
                  InsStart,
                  MusStart,
                  Viertelnote,
                  Frequenz,
                  TitStart,
                  CompStart,
                  OpmStart   : Word;
                  KanalG     : Array [1..16] Of Byte;
                  ZahlIns,
                  Grundtempo : Word;
              End;

  SBIListe  = Array [1..128] Of SBIFormat;
```

```
Var
  FMIntr : Byte;         { Der Interrupt }

Function InitFMDriver : Boolean;

Type
  HilfeRc = Record
              Ergaenzung : Array [0..2] Of Byte;
              ID         : Array [0..4] Of Char;
            End;

Var
  I             : Byte;
  V             : ^HilfeRc;
  H             : Zeiger;
  F             : Boolean;
  AX,CX,DX,DI : Word;

Begin
  I:=128; F:=False;              { Start bei Int 128 }

  Repeat
    GetIntVec(I,H);              { H enthält Vektor }
    V:=Ptr(Seg(H^),$100);       { V zeigt auf COM Start }
    If V^.ID='FMDRV' Then        { Teste  bei Text }
      F:=True                    { gefunden }
    Else
      Inc(I);                    { Nächster Interrupt }
  Until (I>191) OR F;

  FMIntr:=I;                     { Speichere Interrupt }
  If F Then Begin                { Wenn gefunden, stelle }
    AX:=Ofs(StatusByte);         { Statusbyte ein        }
    DX:=Seg(StatusByte);
    CallFMDRV(1,AX,CX,DX,DI);
  End;

  InitFMDriver:=F;               { Flag zurückgeben }
End;

Procedure CallFMDRV(BX : Word; Var AX,CX,DX,DI : Word);

Var
  R : Registers;
```

```
Begin
  R.AX:=AX; R.BX:=BX; R.CX:=CX;            { Stelle Reg. ein }
  R.DX:=DX; R.DI:=DI;
  Intr(FMIntr,R);                          { schalte Treiber ein }
  AX:=R.AX; CX:=R.CX;            { stelle Reg. auf neue }
  DX:=R.DX; DI:=R.DI;            { Werte ein             }
End;

Procedure LoadCMF(N : String; Var C : CMFTp);

Var
  Header : CMFHeader;
  F      : Datei;

Begin
  Assign(F,N); Reset(F,1);
  BlockRead(F,Header,SizeOf(Header));

  If Header.ID='CTMF' Then Begin
    C.ZahlIns:=Header.ZahlIns;    { Nur die            }
    C.UhrFreq:=Header.Frequenz;   { benötigten Daten }
    C.MusGroesse:=FileSize(F)-Header.MusStart;

    GetMem(C.InsTabelle,C.ZahlIns*16);
    GetMem(C.MusTabelle,C.MusGroesse);

    Seek(F,Header.InsStart);      { Lies Tabellen ein }
    BlockRead(F,C.InsTabelle^,C.ZahlIns*16);
    Seek(F,Header.MusStart);
    BlockRead(F,C.MusTabelle^,C.MusGroesse);
  End;

  Close(F);
End;

Procedure EntferneCMF(Var C : CMFTp);

Begin
  FreeMem(C.InsTabelle,C.ZahlIns*16);
  FreeMem(C.MusTabelle,C.MusGroesse);
End;

Procedure SpieleCMF(C : CMFTp);

Var
  AX,CX,DX,DI : Word;
```

```
Begin
  CX:=C.ZahlIns;              { Stelle die Ins.Tabelle ein }
  AX:=Ofs(C.InsTabelle^);
  DX:=Seg(C.InsTabelle^);
  CallFMDRV(2,AX,CX,DX,DI);
  AX:=Trunc(1193180/C.UhrFreq);    { die Frequenz }
  CallFMDRV(4,AX,CX,DX,DI);
  AX:=Ofs(C.MusTabelle^);          { Starte Musik }
  DX:=Seg(C.MusTabelle^);
  CallFMDRV(6,AX,CX,DX,DI);
End;

Procedure StoppCMF;

Var
  AX,CX,DX,DI : Word;

Begin
  CallFMDRV(7,AX,CX,DX,DI);    { Beende Musik }
End;

Procedure ErsetzeIns(T : Word; I : InsTp; C : CMFTp);

Var
  K : InsTp;
  L : ^SBIListe;

Begin
  KopiereIns(I,K);              { Mache Kopie }
  INSinSBI(K);                  { Um sicher zu gehen }
  L:=C.InsTabelle;              { Kopiere Daten }
  L^[T]:=K.SBI^;                { In Tabelle }
  EntferneIns(K);               { Entferne kopie }
End;

Procedure InsTabNachBnk(C : CMFTp; Var B : BnkTp);

Var
  I : InsTp;
  T : Word;
  S : String;
  N : InsName;
  L : ^SBIListe;

Begin
```

```
 B:=Nil;
 I.Typ:=SBIPt;
 New(I.SBI);      { Instrument }
 L:=C.InsTabelle;

 For T:=1 To C.ZahlIns Do Begin
   Str(T,S);                    { verwende Ersatzname }
   StrnachName('INS '+S,N);
   I.SBI^:=L^[T];
   ErgaenzeIns(N,B,I);
 End;

End;

End.
```

Listing 8.3: Pascal-Listing, mit dem eine CMF-Datei abgespielt werden kann und Instrumente modifiziert werden können

Das nächste Listing enthält ein Beispielprogramm, das eine CMF-Datei einliest und abspielt. Wenn der Treiber es zuläßt, wird zugleich bezeichnet, an welcher Stelle sich der Abspielvorgang befindet.

```
Program CMFTest;

Uses PlayCmf, CRT, DOS;

Var
  Song         : CMFTp;   { CMF Musik }
  Version,
  AX,CX,DX,DI  : Word;
  Ch           : Char;    { Tastendruck }
  StartAdr,               { für Funktion 13 }
  RelatAdr     : LongInt;
  Getan        : Real;

Begin
  WriteLn;

  If ParamCount < 1 Then Begin         { kein Name }
    WriteLn('Error : verwende CMFTest Datei.ext !');
    WriteLn;
    Halt(1)
  End;
```

```
If Not InitFMDriver Then Begin          { kein Treiber }
  WriteLn('Error : CMF-Treiber nicht gefunden !');
  WriteLn;
  Halt(1)
End;

CallFMDRV(0,Version,CX,DX,DI);     { Bestimme Version }
LoadCMF(ParamStr(1),Song);          { Lade Datei }
WriteLn('Spiele gerade ',ParamStr(1),'..');

If Lo(Version)>9 Then
  WriteLn;

StartAdr:=16*LongInt(Seg(Song.MusTabelle^))+
          Ofs(Song.MusTabelle^);    { Beginn der  Musik }
SpeelCMF(Song);

Repeat
  If Lo(Version)>9 Then Begin          { Funktion 13 }
    CallFMDRV(13,AX,CX,DX,DI);          { gestattet }

    RelatAdr:=LongInt(DX*16)+AX-StartAdr;
    Getan:=100*RelatAdr/Song.MusGroesse;

    GotoXY(1,WhereY);                  { Zeige % }
    Write('Getan : ',Getan:7:2,' %.');
  End;
Until (StatusByte=0) Or KeyPressed;

  If KeyPressed Then Begin             { Tastendruck }
  Ch:=ReadKey;
  If Lo(Version)>20 Then Begin { fade-out gestattet }
    AX:=100; DX:=0; CX:=5; DI:=Song.UhrFreq Div 10;
    CallFMDRV(14,AX,CX,DX,DI);
    SetTime(0,0,0,0);                  { Warte 2 Sekunden }

    Repeat
      GetTime(AX,CX,DX,DI)
    Until DX>1;

  End;
End;

WriteLn; WriteLn;
StopCMF;                               { Beende Abspielen und }
```

```
CallFMDRV(8,AX,CX,DX,DI);          { Treiber zurücksetzen }
End.
```

Listing 8.4: Pascal-Beispiel für den Gebrauch der Einheit PLAYCMF

Abspielen des ROL-Formats

Das ROL-Format ist das zum AdLib gehörende Musikformat. Musikdateien haben das Suffix "ROL". Zunächst wird wieder der Aufbau einer ROL-Datei besprochen, dann die Funktionen des Treibers SOUND.COM, und schließlich wird erklärt, wie Sie mit Hilfe dieses Treibers die Musik abspielen können.

Der Aufbau des ROL-Formats

Der Aufbau einer ROL-Datei ist komplizierter als der einer CMF-Datei. Die ROL-Datei fängt mit einem Header an, in dem sich allgemeine Abspieldaten befinden. Auch finden Sie hier Daten, die vom Visual Composer benutzt werden. Der Visual Composer ist der zum AdLib gehörende Musikeditor. Nach dem Header folgen Musikdaten. Die Version des hier erörterten Formats ist 0.4. Eine ROL-Datei enthält auch mehrere Gleitkommazahlen (Bruchzahlen mit einem Komma, z.B. 1,23). Diese Zahlen sind nach dem IEEE-Format kodiert. Dieses Format stimmt mit dem Single-Typ in Pascal überein.

Der Aufbau des Header ist folgendermaßen:

Offset (hexadezimal)

00h-01h	Die Version des Formats: Die Zahl vor dem Punkt enthält den Wert 0 für Version 0.4.
02h-03h	Die Version des Formats: Die Zahl hinter dem Punkt enthält den Wert 4 für Version 0.4.
04h-2Bh	Wird nicht benutzt.
2Ch-2Dh	Die Zahl der Uhrtakte pro Viertelnote.

2Eh-2Fh	Die Zahl der Viertelnoten pro Takt. Ist lediglich beim Visual Composer von Bedeutung.
30h-31h	Die Skala der Vertikalachse. Wird nur vom Visual Composer benutzt.
32h-33h	Die Skala der Horizontalachse. Wird nur vom Visual Composer benutzt.
34h	Nicht benutzt: Muß den Wert 0 enthalten.
35h	Der Abspielmodus: Enthält dieses Byte den Wert 0, dann ist das Musikstück im rhythmischen Modus geschrieben. Enthält es den Wert 1, dann ist die Musik im Melodie-Modus verfaßt. Dem rhythmischen Modus stehen elf Kanäle zur Verfügung, dem Melodie-Modus neun.
36h-C4h	Nicht benutzt. Die ersten 90 Bytes müssen den Wert 0 enthalten.
C5h-C8h	Das Grundtempo: Die vier Bytes enthalten eine Gleitkommazahl.

Dann folgen die Musikdaten. Diese sind aus mehreren Bestandteilen zusammengesetzt. Die Daten enthalten sogenannte Events (Änderungen, die zu einem gewissen Zeitpunkt stattfinden). Zunächst wenden wir uns den Tempo-Events zu.

Offset (hexadezimal)

00h-01h	Der Wert an dieser Stelle gibt die Zahl der Events sowie die Zahl der Wiederholungen der zwei nächsten Felder an.
02h-03h	Länge des Tempo-Event, ausgedrückt in Uhrtakten.
04h-07h	Der Tempomultiplikator: Dieser wird dazu verwendet, das neue Tempo zu errechnen. Das neue Tempo ist das Ergebnis der Multiplikation dieser Zahl mit dem Grundtempo. Die Zahl in den vier Bytes ist eine Gleitkommazahl mit einem Wert zwischen 0,01 und 10,00.
08h-...	Eventuell andere Tempo-Events.

Dann folgen die gleichen Daten für alle Instrumentkanäle des FM-Chips. Es gibt neun oder elf Kanäle, je nach Abspielmodus. Die ROL-Datei enthält für jeden Kanal die nachfolgend erklärten Felder. Als erstes kommen die Felder des ersten Kanals, dann die des zweiten Kanals, usw.

Der erste Teil enthält die Daten der zu spielenden Noten, nämlich:

Offset (hexadezimal)

00h-0Eh   Nicht benutzt.

0Fh-10h   Die Summe der Länge aller Noten als Uhtentakte, um den Wert 1 erhöht.
               Dieses Feld wird dazu benutzt, die zwei nächsten Felder einzulesen. Ent-
               hält dieses Feld den Wert 0, dann existieren die zwei nächsten Felder
               nicht und der Kanal wird nicht abgespielt.

11h-12h   Der Inhalt einer Note: Enthält dieser Eintrag den Wert 0, dann herrscht
               Stille. Andernfalls muß dieses Event einen Wert zwischen 12 und 107
               enthalten. Der Wert 60 stellt das mittlere C dar.

13h-14h   Die Länge der Note, dargestellt in Uhrtakten.

15h-...   Eventuelle Wiederholung der zwei vorangehenden Felder: Wird so lange
               wiederholt, bis die Summe der Länge aller Noten kleiner ist als die Ge-
               samtsumme, die im Offset 0Fh angezeigt wird.

Dann folgen die Daten der in diesem Kanal verwendeten Instrumente:

00h-0Eh   Wird nicht benutzt.

0Fh-10h   Die Zahl der Instrumente-Events: Der Wert an dieser Stelle bestimmt
               zugleich, wie oft die drei nächsten Felder wiederholt werden.

11h-12h   Die Länge des Instrumente-Event in Uhrtakten.

13h-1Bh   Der Name des Instruments: Dieser Name kann dazu verwendet werden,
               in einer Instrumente-Datenbank die Instrumentdaten zu suchen. Der
               Name endet wieder auf ein Null-Byte und darf maximal acht Zeichen
               lang sein.

1Ch-1Eh   Nicht benutzt.

1Fh-...   Eventuelle Wiederholung der vorangehenden drei Felder.

Nach den Instrumente-Events folgen die Lautstärke-Events:

00h-0Eh   Nicht benutzt.

0Fh-10h   Die Zahl der Lautstärke-Events: Der Wert bestimmt, genau wie im vor-
               angehenden Datenblock, wie oft die zwei nächsten Felder wiederholt
               werden.

11h-12h   Die Länge des Lautstärke-Event in Uhrtakten.

13h-16h   Der Lautstärkemultiplikator: Die vier Bytes enthalten eine Gleitkomma-
               zahl mit einem Wert zwischen 0,0 (Mindestlautstärke=Stille) und 1,0
               (maximale Lautstärke).

17h-...   Eventuelle Wiederholung der zwei vorangehenden Felder.

Letztendlich folgen die Daten der Tonhöhen-Events:

00h-0Eh   Nicht benutzt.

0Fh-10h   Die Zahl der Tonhöhen-Events: Auch hier enthält dieser 16-Bit-Wert die
               Zahl der Wiederholungen der zwei nächsten Felder.

11h-12h   Die Länge des Tonhöhen-Event in Uhrtakten.

13h-16h   Die Tonhöhen-Variation: Diese vier Bytes enthalten eine Gleitkomma-
               zahl mit einem Wert zwischen 0,0 und 2,0. Mit diesem Wert wird die
               Größe der Veränderung in der Tonhöhe eingestellt. Wie es funktioniert,
               wird mit Hilfe folgender Formel dargestellt:

               Neue Tonhöhe = Tonhöhe + 0.5 * (Wert-1).

               Mit der Tonhöhe ist eine Note in den Notenlinien gemeint. Diese kann
               also maximal um eine halbe Note höher oder tiefer liegen (aus D wird
               Dis oder Cis). Die Tonhöhe nimmt zu, wenn der Wert dieser vier Bytes
               größer als 1,0 ist. Ist der Wert hingegen geringer, sinkt die Tonhöhe.

17-...   Eventuelle Wiederholung der zwei vorangehenden Felder.

Es ist deutlich, daß das ROL-Format komplexer als das CMF-Format ist, obwohl bei
der Besprechung des CMF-Formats weiter nichts über den Aufbau des Musikblocks
selber geschrieben wurde. Ein großer Unterschied liegt darin, daß eine CMF-Datei mehrere Daten über die verschiedenen Instrumente enthält und daß es möglich ist, die beiden Abspielmodi (rhythmisch und melodisch) durcheinander zu verwenden. Bei einer
ROL-Datei können nur die Namen der Instrumente verwendet werden, und der Abspielmodus ist zuvor bekannt.

Die Verwendung des Namens hat den Vorteil, daß die Instrumente modifiziert werden können, ohne daß etwas in der ROL-Datei verändert wird. Weiter kann das Format der Instrumentdaten geändert werden, ohne daß dies einen Einfluß auf das ROL-Format hat.

Die Verwendung des Namens hat jedoch auch einen Nachteil: Außer einer ROL-Datei müssen auch eine Instrumente-Datenbank oder mehrere Instrumentdateien vorhanden sein, damit die ROL-Datei überhaupt abgespielt werden kann. Dies beeinflußt die Flexibilität von ROL-Dateien. Vor allem wenn selbstdefinierte Instrumente verwendet werden, kann dies zu Dateien mit umfangreichen Datenbeständen führen.

Der Sound Driver

Auch der Sound Driver muß zuvor im Speicher vorhanden sein. Dies macht man, indem man SOUND.COM startet. Das Programm stellt dann selbst einen residenten Teil ein. Das Programmieren des Treibers findet mit Hilfe eines Interrupts statt. Das ist der Interrupt 101 oder 65h. Genauso wie bei dem SBFMDRV kann überprüft werden, ob der Treiber vorhanden ist. Vor dem Start des Offset der Interrupt-Routine steht nämlich der Text "SOUND-DRIVR-AD-LIB", gefolgt von drei Bytes, die keine Funktion haben. Vor dem Text stehen noch zwei Bytes, welche die Version des Treibers enthalten. Die beiden Zahlen sind nach der BCD-Kodierung aufgebaut. Listing 8.5 enthält ein Beispiel einer Funktion, die den Text überprüft und die Vesion des Treibers angibt.

Der Treiber hat zwei Daten als Eingabe: Die Funktionsnummer und eine Adresse, in der sich der Rest der Daten befindet. Die Zahl der Daten ist jedesmal unterschiedlich. Die Funktionsnummer befindet sich in Register SI, ES:BX zeigt auf die übrigen Eingabedaten. Diese Daten bestehen aus ein oder mehreren Festkommazahlen (Integers), so daß ES:BX auf ein Array einer oder mehrerer dieser Festkommazahlen verweist.

Es hat sich herausgestellt, daß maximal fünf Werte benötigt werden, so daß in Pascal folgende Funktion verwendet werden kann:

```
Procedure CallSound (F,P0,P1,P2,P3,P4:Integer)
```

Nach dem Aufruf liefert die Funktion eventuell ein Ergebnis zurück. Dies steht dann in Register AX und wird in die Variable SNDIOResult übernommen.

Der Treiber enthält einen Puffer (dessen Größe während des Ladevorgangs verändert werden kann), in dem die verschiedenen Aktionen gespeichert werden, bevor sie verarbeitet werden. Das hat den Vorteil, daß ein Musikstück vollständig an den Treiber weitergeleitet werden kann. Ohne weiteres Zutun spielt der Treiber das Stück dann zu

Ende. Es gibt verschiedene Versionen des Sound Driver. Hier ist von Version 1.51 die Rede.

Der Sound Driver hat folgende 23 Funktionen:

Funktion 0: Initialisierung des Treibers und des FM-Chips

Eingabe: keine

Ausgabe: keine

Mit Hilfe dieser Funktion wird der Treiber initialisiert. Die relative Lautstärke wird auf 100% eingestellt. Weiterhin wird der FM-Chip auf den Melodie-Modus gesetzt und alle 99 Instrumente werden mit den Daten eines elektrischen Klaviers versehen. Der Puffer wird geleert und das Tempo auf 90 Viertelnoten pro Minute eingestellt. Zuletzt wird die Verarbeitung des Wellentyps ausgeschaltet und der Tonhöhenunterschied auf eine halbe Note eingestellt (diese zwei Funktionen werden nachher näher erklärt).

Funktion 1: Unbekannt

Die AdLib-Dokumentation enthält keine Angaben über diese Funktion. Wahrscheinlich ist es eine interne Funktion.

Funktion 2: Den Anfang der Musik einstellen

Eingabe: P0=Zähler für Start
              P1=Nenner für Start

Ausgabe: keine

Die Bruchzahl P0/P1 bestimmt den Anfang der Musik. Alle anderen angegebenen Zeitpunkte richten sich nach diesem Zeitpunkt. Mit anderen Worten: das Ergebnis der Bruchzahl P0/P1 wird zu den anderen eingegebenen Zeitpunkten addiert. Hierdurch kann das Abspielen zu einem bestimmten Zeitpunkt stattfinden.

Damit das Abspielen sofort anfangen kann, muß P0 bzw. P1 den Wert 0 bzw. 1 enthalten.

Bitte beachten Sie: Es ist klar, daß der Nenner P0 nicht den Wert 0 enthalten darf. Dies gilt auch für die übrigen Nenner.

Funktion 3: Anfang oder Ende des Abspielens

Eingabe: P0=Aktion

Ausgabe: keine

Damit der Treiber überhaupt anfangen kann: muß diese Funktion zunächst eingeschaltet werden. Enthält P0 den Wert 1: dann fängt der Treiber mit der Verarbeitung der Aktionen im Puffer an. Wenn P1 den Wert 0 enthält: wird die Verarbeitung beendet. Diese Funktion kann also auch dazu verwendet werden: ein laufendes Stück zu unterbrechen und ein unterbrochenes Stück wieder neu zu starten. Während des Abspielens werden verarbeitete Aktionen aus dem Puffer entfernt, so daß neue Aktionen hinzugefügt werden können.

Funktion 4: Der aktuelle Status des Treibers

Eingabe: keine

Ausgabe: SNDIOResult=aktuelle Aktion

Mit dieser Funktion wird bestimmt, ob der Treiber die Daten des Puffers verarbeiten soll oder nicht. Bei der Verarbeitung enthält die Variable SNDIOResult den Wert 1, wenn dies nicht der Fall ist, enthält sie den Wert 0. Mit dieser Funktion können Sie auch überprüfen, ob der Treiber alles abgespielt und das Ende des Musikstücks erreicht hat.

Funktion 5: Den Puffer leeren

Eingabe: keine

Ausgabe: keine

Der Treiber schaltet bei dieser Funktion alle Kanäle aus und leert den Puffer. Danach kann das Abpielen von neuem anfangen.

Funktion 6: Das Einstellen des Abspielmodus

Eingabe: P0=Abspielmodus

Ausgabe: keine

Mit dieser Funktion wird der Melodie- oder Rhythmusmodus eingeschaltet. Der Melodiemodus wird eingeschaltet, sobald P0 den Wert 0 enthält, der rhythmische Modus wird gestartet, sobald P0 den Wert 1 enthält. Nachdem diese Funktion eingeschaltet wurde, werden die relative Lautstärke wieder auf 100% gesetzt und alle Kanäle auf das Klavier als Standardinstrument eingestellt.

Die Tonhöhe (siehe unten) wird wieder auf eine halbe Note eingestellt. Diese Funktion muß also vor allen anderen Funktionen eingeschaltet werden.

Bitte beachten Sie: Der Wert P0 verhält sich umgekehrt zum Wert des ROL-Formats.

Funktion 7: Abfrage des Modus

Eingabe: keine

Ausgabe: SNDIOResult=aktueller Abspielmodus

Sie ermitteln hiermit den mittels der letzten Funktion eingestellten Modus. Nachdem dies geschehen ist, enthält SNDIOResult die aktuelle Einstellung: 0 für den Melodiemodus oder 1 für den rhythmischen Modus.

Funktion 8: Das Event der relativen Lautstärke einstellen

Eingabe: P0=Zähler für relative Lautstärke
             P1=Nenner für relative Lautstärke
             P2=Zähler für den Zeitpunkt
             P3=Nenner für den Zeitpunkt

Ausgabe: SNDIOResult=Pufferergebnis

Hiermit stellen Sie ein Lautstärke-Event im eingeschalteten Kanal ein. Der Zeitpunkt
wird vom Ergebnis der Division P2/P3 bestimmt. Die relative Lautstärke wird dann auf
dem Wert P0/P1 eingestellt. Der Wert P0/P1 darf nicht als 1 sein. Die eingestellte Lautstärke eines Instruments wird mit diesem Wert multipliziert. Der hier bestimmte Wert
dient als eine Art allgemeine Lautstärke-Einstellung. Wie auch bei den anderen Event-
Funktionen enthält SNDIOResult einen Wert, der ungleich 0 ist, wenn das Event erfolgreich in den Puffer aufgenommen wurde. Enthält jedoch SNDIOResult den Wert 0,
dann ist der Puffer voll. Wenn der Treiber nicht mit der Verarbeitung des Puffers beschäftigt ist, dann müssen Sie ihm den Auftrag dazu geben (mittels Funktion 3). Während der Verarbeitung der im Puffer gespeicherten Aktionen wird wieder Platz für neue
Aktionen frei gemacht.

Funktion 9: Das Tempo-Event einstellen

Eingabe: P0=Tempo
             P1=Zähler für den Zeitpunkt
             P2=Nenner für den Zeitpunkt

Ausgabe: SNDIOR=Pufferergebnis

Mittels dieser Funktion stellen Sie ein Tempo-Event ein. Dies ist ein allgemeines Event,
das alle Kanäle beeinflußt. Wieder ergibt P1/P2 den Zeitpunkt und hat der Wert des
SNDIOResult dieselbe Bedeutung wie bei den vorangehenden Funktionen.

Funktion 10: Musik transponieren

Eingabe: P0=Transponierwert

Ausgabe: keine

Genauso wie bei dem CMF-Treiber kann die Musik eine bestimmte Anzahl halber Noten nach oben oder nach unten transponiert werden. Enthält P0 einen positiven Wert, dann wird die Musik nach oben transponiert, bei einem negativen Wert wird die Musik nach unten transponiert. In einer Formel:

Zu spielende Note = richtiger Wert + P0

Funktion 11: Transponierwert abfragen

Eingabe: keine

Ausgabe: SNDIOResult = Transponierwert.

Mit dieser Funktion ermitteln Sie den aktuellen Wert.

Funktion 12: Den aktiven Kanal wählen

Die meisten Events können einzeln auf einen bestimmten Kanal eingestellt werden. Mittels dieser Funktion wird ein Kanal gewählt. Wenn der Treiber auf den Melodiemodus eingestellt ist, muß sich der Wert von P0 zwischen 0 und 8 befinden. Im rhythmischen Modus muß sich der Wert zwischen 0 und 10 befinden. Nachdem diese Funktion eingeschaltet wurde, können die Events auf diesen Kanal eingestellt werden. Für die Rhythmusinstrumente sind die Nummern folgendermaßen definiert:

Kanal	Instrument
0 – 5	Die normalen Instrumente
6	Bass Drum
7	Snare Drum
8	Tomtom
9	Top Cymbal
10	Hi-Hat

Tab. 8.2: Instrumente

Im Melodiemodus stehen die Kanäle 0 bis einschließlich 8 den normalen Instrumenten zur Verfügung.

Funktion 13: Aktiven Kanal abfragen

Eingabe: keine

Ausgabe: SNDIOResult = der aktive Kanal

Mit dieser Funktion kann der aktive Kanal ermittelt werden.

Funktion 14: Ein Noten-Event auf eine bestimmte Länge einstellen

Eingabe: P0=Tonhöhe
              P1=Zähler für die Abspiellänge
              P2=Nenner für die Abspiellänge
              P3=Zähler für die Gesamtlänge
              P4=Nenner für die Gesamtlänge

Ausgabe: SNDIOResult=Pufferergebnis

Diese Funktion bringt ein Event für die Noten des aktiven Kanals in den Puffer. Die Note wird in der Tonhöhe P0 abgespielt. Die Länge des Abspielvorgangs wird vom Ergebnis der Division P1/P2 bestimmt, während die Gesamtlänge vom Ergebnis der Division P3/P4 abhängt. Wenn die Gesamtlänge größer als die Spiellänge ist, herrscht nach dem Abspielen Stille. Die Note wird abgespielt, nachdem die letzte Note in ihrer vollen Länge abgespielt wurde. Die Variable SNDIOResult enthält das vorher beschriebene Ergebnis. Die Werte von P2 und P4 dürfen zwischen 1 und 255 liegen. Die Tonhöhe (P0) enthält einen Wert zwischen –48 und 47, wobei der Wert 0 das mittlere C eines Klaviers darstellt. Folgende Tabelle zeigt die möglichen Werte:

Note	Werte
C	−48 −36 −24 −12 0 12 24 36
C#	−47 −35 −23 −11 1 13 25 37
D	−46 −34 −22 −10 2 14 26 38
D#	−45 −33 −21 −9 3 15 27 39
E	−44 −32 −20 −8 4 16 28 40
F	−43 −31 −19 −7 5 17 29 41
F#	−42 −30 −18 −6 6 18 30 42
G	−41 −29 −17 −5 7 19 31 43
G#	−40 −28 −16 −4 8 20 32 44
A	−39 −27 −15 −3 9 21 33 45
A#	−38 −26 −14 −2 10 22 34 46
B	−37 −25 −13 −1 11 23 35 47

Tab. 8.3: Die verschiedenen Werte der Noten

Bitte beachten Sie: Die Werte der ROL-Datei müssen um 60 verringert werden, bevor sie an den Treiber weitergeleitet werden können!

Funktion 15: Ein Noten-Event einstellen

Eingabe: P0=Tonhöhe
                  P1=Zähler für die Länge
                  P2= Nenner für die Länge

Ausgabe: SNDIOResult = Pufferergebnis

Wenn die Gesamtlänge mit der Abspiellänge übereinstimmt, kann diese Funktion verwendet werden. Diese Funktion ist mit der vorher beschriebenen Funktion völlig identisch. Die Gesamtlänge und die Abspiellänge werden nun auf die gleichen Werte eingestellt.

Funktion 16: Ein Instrumente-Event einstellen

Eingabe: P0=Offset der Instrumentdaten
                  P1=Segment der Instrumentdaten

P2=Zähler für den Zeitpunkt
P3=Nenner für den Zeitpunkt

Ausgabe: SNDIOResult=Pufferergebnis

Mit dieser Funktion wird ein Event eingestellt, der ein bestimmtes Instrument im aktiven Kanal einstellt. P1:P0 zeigt auf einen Puffer von Festkommazahlen, der die Daten
des Modulators und des Carrier enthält. Der Puffer enthält 26 oder 28 Festkommazahlen, abhängig von Funktion 23. Der Aufbau ist der gleiche, wie er im INS-Format verwendet wurde. Auf die 26 Festkommazahlen können noch zwei weitere Festkommazahlen folgen. Diese enthalten Daten über den Wellentyp des Modulators und des Carriers. Die Division P2/P3 bestimmt den Zeitpunkt, zu dem das Event stattfindet. Der
Puffer mit den Instrumentdaten muß die richtigen Daten bis zu dem Zeitpunkt enthalten,
da das Event stattgefunden hat. Danach kann der Puffer modifiziert werden.

Funktion 17: Ein Event zur Änderung des Tons einstellen

Eingabe: P0=Oktavdelta (muß null sein)
P1=Nenner der Änderung
P2=Zähler der Änderung
P3=Nenner des Zeitpunkts
P4=Zähler des Zeitpunkts

Ausgabe: SNDIOResult=Pufferergebnis

Sie können mit dieser Funktion die Frequenz der Noten ein wenig verändern. Mit der
Funktion wird ein Event zum Zeitpunkt P3/P4 für den aktiven Kanal eingestellt. Nachdem dieses Event verarbeitet wurde, wird zu den Noten ein Teil (P1/P2) einer halben
Note hinzugezählt oder abgezogen, je nach Inhalt von P1. Danach wird die Frequenz
berechnet. Dies bewirkt, daß jede Note etwas höher oder tiefer klingt. Mit Funktion 22
kann ein größerer Bereich eingestellt werden, so daß z.B. statt eines bestimmten Teils
einer halben Note mit einem Teil von zwei Noten gearbeitet wird. Die Note klingt deshalb eine ganze Note tiefer als die Viertelnote.

Der Wert von P1 muß zwischen −100 und 100 liegen. Der Wert für P2 zwischen 1 und
100.

Funktion 18: Die Zahl der Uhrtakte pro Viertelnote einstellen

Eingabe: P0=Zahl der Uhrtakte

Ausgabe: nichts

Mit dieser Funktion stellen Sie den kleinsten Teil der Viertelnote ein. Alle Noten-Events müssen auf eine Vielzahl von 1/P0 eingestellt werden. Die Geschwindigkeit des Timers wird ebenfalls mit dieser Funktion modifiziert. Der Wert für P0 muß deshalb übereinstimmen mit:

18.2 <= (P0*Tempo/60) oder P0 >= 1092/Tempo

Die Zahl der Uhr-Interrupts (Uhrtakte) pro Sekunde wird:

Uhrtakte = 60 oder P0 (wenn es größer als 60 ist) * Tempo/60.

Funktion 19: Eine Note direkt spielen

Eingabe: P0=Kanal
                P1=Tonhöhe

Ausgabe: keine

Mit dieser Funktion wird sofort, den derzeitigen Einstellungen entsprechend, eine Note über den gewählten Kanal gespielt. Mit dieser Funktion wird die Note eingeschaltet, mit Funktion 20 kann sie wieder ausgeschaltet werden. Dies kommt gerade recht, wenn eine bestimmte Aktion (z.B. eine Detonation) ganz plötzlich stattfindet. Indem zuvor die Daten eines bestimmten Kanals eingestellt werden, kann dieser Kanal jederzeit spielen. Mit dieser und den zwei nächsten Funktionen kann auch unmittelbar ein Musikstück gespielt werden. Sie müssen dann selber für das richtige Timing sorgen.

Funktion 20: Das Abspielen beenden

Eingabe: P0=Kanal

Ausgabe: keine

Die mittels der vorhergehenden Funktion gestarteten Note kann mit dieser Funktion wieder gestoppt werden.

Funktion 21: Ein Instrument direkt einstellen

Eingabe: P0=Kanal
                P1=Offset der Instrumentdaten
                P2=Segment der Instrumentdaten

Ausgabe: keine

Funktion 21 funktioniert genauso wie Funktion 16, jedoch mit dem Unterschied, daß jetzt das Instrument direkt eingestellt wird. Nach dieser Funktion können die Instrumentdaten direkt modifiziert werden, weil der FM-Chip unmittelbar damit programmiert wurde.

Funktion 22: Den Bereich der unterschiedlichen Tonhöhe einstellen

Eingabe: P0=Zahl der halben Noten

Ausgabe: keine

Mit dieser Funktion ändern Sie den Bereich von Funktion 17 und stellen die Zahl der halben Noten ein. Nach dem Aktivieren von Funktion 0 wird der Wert wieder auf 1 eingestellt, um so mit älteren Versionen kompatibel zu bleiben. Nach Funktion 0 muß, wenn nötig, diese Funktion aufgerufen werden.

Funktion 23: Ein Flag für Wellendaten einstellen

Eingabe: P0=Benutzung der Wellendaten

Ausgabe: keine

Bei den Funktionen 16 und 21 werden Instrumente eingestellt, bei älteren Versionen jedoch fehlen die Daten der verwendeten Sinuswelle. Mit dieser Funktion kann jedoch angegeben werden, ob diese Daten vorhanden sind und benutzt werden können. Dadurch, daß P0 mit dem Wert 1 versehen wird, erwarten die Funktionen 16 und 21 nach den 26 Festkommazahlen zwei zusätzliche Festkommazahlen mit den Daten der Wellentypen. Wenn P0 den Wert 0 hat, wird die Standard-Sinuswelle benutzt. Diese Option wird auch nach dem Aufruf von Funktion 0 eingestellt. Auch dies geschieht wieder, damit diese Version mit älteren Versionen kompatibel bleibt. Nach Funktion 0 muß, wenn nötig, diese Funktion aktiviert werden.

Der Sound Driver hat eine größere Auswahl an Funktionen als der CMF-Treiber, der nichts weiter als CMF-Musik abspielen kann. Mit dem Sound Driver können verschiedene Formate abgespielt werden. Wie aus dem nächsten Abschnitt hervorgeht, ist dies nicht so einfach wie bei dem CMF-Treiber.

Ein ROL-Musikstück abspielen

Das Abspielen einer ROL-Datei ist komplizierter als das Abspielen einer CMF-Datei. Weil mehrere Adressen beibehalten werden, dauert es länger, eine Datei einzulesen. Das Abspielen selbst ist auch komplizierter.

Weil der Puffer des Sound Driver unterschiedlich groß sein kann, dauert es eine Weile, bis das ganze Musikstück an den Sound Driver weitergeleitet wurde. Dies kann zu Verzögerungen führen.

Bevor überhaupt eine ROL-Datei abgespielt werden kann, muß sie zunächst geladen werden. Anhand eines Beispiels wird die Funktion LoadRol vorgestellt. Die einzelnen Schritte sind:

1. Die Datei wird geöffnet.
2. Die Tempo-Events werden eingelesen.
3. Die Gesamtlänge der Noten des ersten Kanals wird eingelesen.
4. Die Zahl der Noten-Events wird bestimmt.
5. Die Noten-Events werden eingelesen.
6. Die Instrumente-Events des ersten Kanals werden eingelesen.
7. Das gleiche wird mit den Events für Lautstärke und Tonhöhe gemacht.
8. Die Punkte 4 bis einschließlich 8 werden für die anderen Kanäle wiederholt.
9. Die Datei wird geschlossen.

Damit man abspielen kann, muß zunächst mit Hilfe der Bibliothek in Listing 8.5 noch eine Datenbank geladen werden. Das Abspielen geht folgendermaßen:

1. Setzen Sie den Treiber zurück.

2. Stellen Sie die richtigen Werte (für Tempo, zusätzliche Daten usw.) ein.

3. Richten Sie alle Event-Zeiger auf das erste Event.

4. Suchen Sie das nächste Event, das stattfinden soll.

5. Leiten Sie dieses an den Treiber weiter.

6. Wenn dies gelingt, kann das nächste Event gesucht werden. Danach geht es wieder zu Punkt 5 zurück, bis alle Events verarbeitet sind.

7. Wenn es nicht gelingt, ist der Puffer voll, und die Daten müssen zuerst verarbeitet werden. Dies geschieht, indem man den Treiber startet.

8. Das nächste Event wird gesucht.

9. Dieses wird an den Treiber weitergeleitet.

10. Punkt 9 wird so lange wiederholt, bis das Event erfolgreich in den Puffer aufgenommen wurde.

11. Suchen Sie das nächste Event und gehen Sie wieder zu Punkt 9 zurück, bis alle Events verarbeitet wurden.

Es können natürlich nur eine bestimmte Anzahl Events verarbeitet werden. Ein Vorteil des Puffers ist aber auf jeden Fall, daß schneller mit dem Abspielen der Musik begonnen werden kann. Dieses Verfahren wird auch im Listing 8.5 angewandt.

Dieses Listing beinhaltet eine Bibliothek mit Routinen für das Laden und Abspielen einer ROL-Datei. Genau wie in der CMF-Bibliothek sind einige Funktionen mit Hilfe von CallSound definiert. Sie können selbst Funktionen (wie Anhalten und Weitermachen) hinzufügen. Die Bibliothek ist dazu entworfen, eine ROL-Datei abzuspielen und dient nicht dazu, diese zu ändern. Dazu müssen die verschiedenen Typen modifiziert werden, damit es möglich wird, Events zu ändern, zu entfernen und zu ergänzen (z.B. mit einer Liststruktur). So können Sie Ihren eigenen ROL-Editor schreiben.

Bitte beachten Sie: Im Listing wird ein Typ definiert, der ein Array mit einem Element verwendet. Weiterhin werden im Listing Elemente mit einem höheren Index verwendet. Dies ist möglich, weil zuvor eine bestimmte Speicherkapazität für dieses Array reserviert wurde, so daß mehrere Instrumente zugleich eingeschaltet werden können. Damit man aber keine Fehlermeldung bekommt, muß das Range Checking {$R-} eingesetzt werden. Weiter muß beachtet werden, daß Pascal den Typ Single nur unterstützt, wenn die Coprozessor-Option eingeschaltet ist {$N+}. Weil jedoch die meisten Benutzer diese nicht besitzen, muß der Emulator verwendet werden {$E+}. Diese Optionen sind die Ursache dafür, daß das Beispielprogramm nach Kompilierung bereits ziemlich groß ist.

```
Unit PlayRol;

{ Einheit, mit der ROL-Dateien geladen und abgespielt werden }

{$N+E+R-}

Interface

Uses Instr;

Const
  VerarbeiteEvents = 100;

Type
  { die verschiedenen Events }
  InsEvRc  = Record
                  Zeit  : Word;
                  Ins   : InsNaam;
                  Dummy : Array [0..2] Of Byte;
              End;

  MultEvRc = Record
                  Zeit : Word;
                  Mult : Single;
              End;

  NoteEvRc = Record
                  Ton    : Integer;
                  Zeit   : Word;
              End;

  NoteEvs  = Record
                  Anzahl : Word;
                  E      : Array [1..1] Of NoteEvRc;
              End;

  InsEvs   = Record
                  Anzahl : Word;
                  E      : Array [1..1] Of InsEvRc;
              End;
```

```
 MultEvs   = Record
                Anzahl : Word;
                E      : Array [1..1] Of MultEvRc;
             End;

 NoteEvPt = ^NoteEvs;
 MultEvPt = ^MultEvs;
 InsEvPt  = ^InsEvs;

 { jeder Kanal enthält die gleichen Events }
 KanalRc = Record
                endet : Boolean;
                NoteT,                { werden während des    }
                NoteO,                { Abspielvorgangs endet }
                InsO,                 { ebenfalls }
                VolO,                 { ebenfalls }
                TonhoeheO : Word;  { ebenfalls }
                NoteEv  : NoteEvPt;
                InsEv   : InsEvPt;
                VolEv,
                TonhoeheEv : MultEvPt;
             End;

 RolTp     = Record
                GrundTempo  : Single;
                Modus,
                NrKanaele,
                TaktBeat,
                TempoO   : Word; { für Abspielen }
                TempoEv  : MultEvPt;
                Kanal    : Array [0..10] Of ^KanalRc;
             End;
Var
  SNDIOResult : Word;

{ Prüfe, ob der Sound Driver vorhanden ist. SNDIOResult
  enthält dann die Version.                              }
Function UeberpruefeSNDTreiber : Boolean;

{ Lade eine ROL-Datei }
Procedure LoadRol(N : String; Var R : RolTp);

{ Entferne ROL-Daten aus dem Speicher }
Procedure entfernRol(Var R : RolTp);
```

```
{ Spiele Musik ab, benutze Bank B }
Procedure SpieleRol(Var R : RolTp; B : BnkTp);

{ Treiber zurücksetzen }
Procedure ResetSoundDrv;

{ Allgemeine Schnittstellen-Routine }
Procedure CallSound(F,P0,P1,P2,P3,P4 : Integer);

Implementation

Uses Dos;

Const
  SNDIntr    = 101;

Type
  EventListe = (TempoEve, VolEve, InsEve,
                NoteEve, TonhoeheEve, KeinEve);
  RolHeader  = Record
                 MajVersion,
                 MinVersion   : Word;
                 Dummy0       : Array [0..39] Of Char;
                 UhrBeat,
                 BeatSecond,
                 YScale,
                 XScale       : Word;
                 Dummy1       : Byte;
                 AbspielModus : Byte;
                 Dummy2       : Array [0..142] Of Byte;
                 GrundTempo   : Single;
               End;

  TestHeader = Record
                 Version : Word;
                 ID      : Array [0..18] Of Char;
                 Dummy   : Array [0..2] Of Byte;
               End;

Var
  SDiv     : Word;
  Bank     : BnkTp;

Function UeberpruefeSNDDriver : Boolean;

Var
```

```
  P : ^TestHeader;
  Q : Zeiger;

Begin
  GetIntVec(SNDIntr,Q);              { Adresse des Treibers }
  P:=Ptr(Seg(Q^),Ofs(Q^)-SizeOf(TestHeader));
  SNDIOResult:=P^.Version;
  UeberpruefeSNDDriver:= P^.ID='SOUND-DRIVER-AD-LIB';
End;

Procedure CallSound(F,P0,P1,P2,P3,P4 : Integer);

Var
  R : Registers;
  A : Array [0..4] Of Integer;

Begin
  A[0]:=P0; A[1]:=P1; A[2]:=P2;  { kopiere Daten }
  A[3]:=P3; A[4]:=P4;
  R.SI:=F;                         { SI ist Funktion }
  R.ES:=Seg(A);                    { ES:BX   auf }
  R.BX:=Ofs(A);                    { Datenliste gerichtet    }

  Intr(SNDIntr,R);
  SNDIOResult:=R.AL;
End;

Procedure LoadRol(N : String; Var R : RolTp);

Var
  F : File;

  Procedure LiesMultEvents(Var N : MultEvPt);

  Var
    S,
    Anzahl : Word;

  Begin
    S:=SizeOf(MultEvRc);
    BlockRead(F,Anzahl,2);
    GetMem(N,2+Anzahl*S);
    N^.Anzahl:=Anzahl;
    BlockRead(F,N^.E,Anzahl*S);
  End;
```

```pascal
    Procedure LiesInsEvents(Var N : InsEvPt);

    Var
      S,
      Anzahl : Word;

    Begin
      S:=SizeOf(InsEvRc);
      BlockRead(F,Anzahl,2);
      GetMem(N,2+Anzahl*S);
      N^.Anzahl:=Anzahl;
      BlockRead(F,N^.E,Anzahl*S);
    End;


    Procedure LiesNoteEvents(Var N : NoteEvPt);

    Var
      S,
      Insgesamt,
      Summe,
      Laenge,
      Anzahl : Word;
      Start  : LongInt;

    Begin
      S:=SizeOf(NoteEvRc);
      BlockRead(F,Totaal,2);
      Start:=FilePos(F);
      Summe:=0;                          { bestimme Zahl    }
      Anzahl:=0;                         { der Noten        }

      While Summe<Insgesamt Do Begin
        Seek(F,FilePos(F)+2);
        BlockRead(F,Laenge,2);
        Summe:=Summe+Laenge;
        Inc(Anzahl);
      End;

      Seek(F,Start);                     { Lies Noten ein   }
      GetMem(N,2+Anzahl*S);
      N^.Anzahl:=Anzahl;
      BlockRead(F,N^.E,Anzahl*S);
    End;

Var
  Header     : RolHeader;
```

```
  Anzahl      : Word;
  MaxKanal : Byte;
   K          : Byte;


Begin
  Assign(F,N); Reset(F,1);
  BlockRead(F,Header,SizeOf(Header));
  R.GrundTempo:=Header.GrundTempo;   { Verarbeite Header }
  R.Mode:=Header.Abspielmodus;
  R.TaktBeat:=Header.TaktBeat;

  If R.Mode=1 Then
    R.NrKanaele:=8
  Else
    R.NrKanaele:=10;

  LiesMultEvents(R.TempoEv);          { Lies Tempo-Ev. }

  For K:=0 To R.NrKanaele Do Begin
    New(R.Kanal[K]);
    With R.Kanal[K]^ Do Begin
      Seek(F,FilePos(F)+15);
      LiesNoteEvents(NoteEv);
      Seek(F,FilePos(F)+15);
      LiesInsEvents(InsEv);
      Seek(F,FilePos(F)+15);
      LiesMultEvents(VolEv);          { Lies Lautstärke-Ev. }
      Seek(F,FilePos(F)+15);
      LiesMultEvents(TonhoeheEv);     { Lies Tonhöhen-Ev. }
      Verwendet:=NoteEv^.Anzahl > 0;
    End;
  End;

  Close(F);
End;


Procedure EntferneRol(Var R : RolTp);


Var
  K : Byte;


Begin
  For K:=0 To R.NrKanaele Do Begin
    With R.Kanal[K]^ Do Begin
      FreeMem(NoteEv,
              2+NoteEv^.Anzahl*SizeOf(NoteEvRc));
```

```
      FreeMem(InsEv,
             2+InsEv^.Anzahl*SizeOf(InsEvRc));
      FreeMem(TonhoeheEv,
             2+TonhoeheEv^.Anzahl*SizeOf(MultEvRc));
      FreeMem(VolEv,
             2+VolEv^.Anzahl*SizeOf(MultEvRc));
    End;           *
    Dispose(R.Kanal[K]);
  End;


  FreeMem(R.TempoEv,
         2+R.TempoEv^.Anzahl*SizeOf(MultEvRc));
End;

Procedure TonEvent(K,T,S,H : Integer);

Begin
  CallSound(12,K,0,0,0,0);          { Wähle Kanal }

  If H<>0 Then
    If S<>0 Then                    { Stille nach Note? }
      CallSound(14,H-60,T,SDiv,T+S,SDiv)      { Ja }
    Else
      CallSound(15,H-60,T,SDiv,0,0)           { Nein }
  Else
    CallSound(14,H-60,0,SDiv,T,SDiv);    { Keine Note}
End;

Procedure VolEvent(K,T : Word; F : Single);

Begin
  CallSound(12,K,0,0,0,0);          { Wähle Kanal }
  CallSound(8,Trunc(F*255),255,T,SDiv,0)
End;

Procedure TonhoeheEvent(K,T : Word; F : Single);

Begin
  CallSound(12,K,0,0,0,0);          { Wähle Kanal }
  CallSound(17,0,Trunc(F*255),255,T,SDiv);
End;

Procedure InsEvent(K,T : Word; I : InsName);

Var
  B : BnkTp;
```

```
Begin
  RichtigerInsName(I);
  SucheIns(I,Bank,B);              { Suche Daten }
  If B <> Nil Then Begin           { Gefunden? }
    SBINachIns(B^.Ins);            { Um sicher zu gehen, }
    CallSound(12,K,0,0,0, 0);      { wähle Kanal }
    CallSound(16, Ofs(B^.Ins.INS^.Modulator),
                 Seg(B^.Ins.INS^.Modulator),T,SDiv,0);
  End
End;


Procedure TempoEvent(T : Word; B,F : Single);


Begin
  CallSound(9,Trunc(B*F),T,SDiv,0,0);
End;


Procedure ResetRol(Var R : RolTp);


Var
  K : Byte;


Begin
  For K:=0 To R.NrKanaele Do       { Suche auf allen Kanälen }
    With R.Kanal[K]^ Do Begin
      NoteT:=0;                     { Gesamtlänge 0 }
      NoteO:=1;                     { Erstes Noten-Event }
      InsO:=1;                      { Ebenfalls für Instr. }
      VolO:=1;                      { Ebenfalls für Lautstärke }
      TonhoeheO:=1;                 { Ebenfalls für Tonhöhe }
    End;
  R.TempoO:=1;                      { Ebenfalls für Tempo }
End;


Function GefEv(Var R : RolTp; K : Byte;
                 E : EventListe) : Word;


Var
  H : Word;


Begin
  H:= $FFFF;
  If E <> TempoEve Then
    With R.Kanal[K]^ Do
      Case E Of
```

```
        VolEve        : If VolO<=VolEv^.Anzahl Then
                         H:=VolEv^.E[VolO].Zeit;

        InsEve        : If InsO<=InsEv^.Anzahl Then
                         H:=InsEv^.E[InsO].Zeit;

        TonhoeheEve : If TonhoeheO<=TonhoeheEv^.Anzahl Then
                       H:=TonhoeheEv^.E[TonhoeheO].Zeit;

        NoteEve       : If NoteO<=NoteEv^.Anzahl Then
                         H:=NoteT;
      End
  Else
    If R.TempoO <= R.TempoEv^.Anzahl Then
       H:=R.TempoEv^.E[R.TempoO].Zeit;
   GibEv:=H;            { Zeige Zeit für nächstes Event }
End;

Procedure SucheNaechstEv(Var R : RolTp; Var K : Byte;
                     Var E : EventListe);

Var
  T : Byte;
  H : EventListe;
  G : Word;

Begin
  E:=KeinEve;                    { Nichts gefunden }
  G:=GibEv(R,0,TempoEve);        { Nächstes Tempo-Event }

  If G <> $ffff Then             { Existiert Event? }
    E:=TempoEve;                 { Ja, dann wähle es aus }

  For T:=0 To R.NrKanaele Do   { Suche auf allen Kanälen }
    If R.Kanal[T]^.Benutzt Then
      For H:=VolEve To TonhoeheEve Do { und alle Events }
        If G > GibfEv(R,T,H) Then Begin
          G:=GibEv(R,T,H);     { Kopiere kürzeste Zeit }
          E:=H;                { Dazugehöriges Event }
          K:=T;                { und Kanal         }
        End;
End;

Procedure StelleEventEin(Var R : RolTp; K : Byte;
                     E : EventListe);
```

```
Begin
  If E <> TempoEve Then        { zählt Kanal mit? }
    With R.Kanal[K]^ Do        { ja }
      Case E Of

        VolEve      : With VolEv^.E[VolO] Do
                        VolEvent(K,Zeit,Mult);

        InsEve      : With InsEv^.E[InsO] Do
                        InsEvent(K,Zeit,Ins);

        NoteEve     : With NoteEv^ Do
                        If E[NoteO+1].Ton <> 0 Then
                          With E[NoteO] Do
                            TonEvent(K,Zeit,0,Ton)
                        Else
                          With NoteEv^ Do
                            TonEvent(K,E[NoteO].Zeit,
                                      E[NoteO+1].Zeit,
                                      E[NoteO].Ton);

        TonhoeheEve : With TonhoeheEv^.E[TonhoeheO] Do
                        TonhoeheEvent(K,Zeit,Mult);
      End
  Else
    With R.TempoEv^.E[R.TempoO] Do
      TempoEvent(Zeit,R.GrundTempo,Mult);
End;

Procedure ErhoeheEv(Var R : RolTp; K : Byte;
                        E : EventListe);
Begin
  If E <> TempoEve Then        { zählt Kanal mit? }
    With R.Kanal[K]^ Do        { ja, wähle Kanal }
      Case E Of                { erhöhe Event }
        VolEve    : Inc(VolO);
        InsEve    : Inc(InsO);
        NoteEve   : With NoteEv^ Do Begin
                      Inc(NoteT,E[NoteO].Zeit);
                      Inc(NoteO);
                      If E[NoteO].Ton=0 Then
                      Begin           { verarbeite Stille }
                        Inc(NoteT,E[NoteO].Zeit);
                        Inc(NoteO);
                      End
```

```
                    End;
          TonhoeheEve : Inc(TonhoeheO);
        End
  Else
    Inc(R.TempoO);                ( erhöhe Event )
End;


Procedure SpieleRol(Var R : RolTp; B : BnkTp);


Var
  Event  : EventListe;
  Kanal : Byte;
  Zaehler : Word;


Begin
  Bank:=B;                        ( Stelle Instr. Datenbank ein )
  CallSound(2,0,1,0,0,0);         ( Start am Anfang )
  CallSound(5,0,0,0,0,0);         ( Lösche alle Puffer )
  CallSound(6,R.Mode XOR 1,0,0,0,0); ( Stelle Modus ein )
  CallSound(18,R.TaktBeat,0,0,0,0); ( Stelle Takte ein )

  SDiv:=R.TaktBeat;               ( Timing )
  ResetRol(R);                    ( Daten zurücksetzen )
  Zaehler:=0;

  Repeat                          ( Fülle Puffer )
    SucheNaechstEv(R,Kanal,Event);
    StelleEventEin(R,Kanal,Event);
    If SNDIOResult<>0 Then
      ErhoeheEv(R,Kanal,Event);
    Inc(Zaehler);
  Until (SNDIOResult=0) Or (Event=KeinEve) OR
        (Zaehler>VerarbeiteEvents);

  CallSound(3,1,0,0,0,0);         ( Beginne Abspielen )

  While Event<>KeinEve Do Begin
    Repeat                        ( Setze in Puffer )
      StelleEventEin(R,Kanal,Event)
    Until SNDIOResult<>0;         ( gelungen? )
    ErhoeheEv(R,Kanal,Event);     ( ja, nächstes Event )
    SucheNaechstEv(R,Kanal,Event);
  End;


End;
```

```
Procedure ResetSoundDrv;

Begin
  CallSound(0,0,0,0,0,0);
End;

End.
```

Listing 8.5: Pascal-Unit für Laden und Abspielen einer ROL-Datei

Das nächste Listing enthält ein Beispielprogramm, das eine ROL-Datei lädt und abspielt.

```
Program RolTest;

Uses PlayRol,Crt,Instr;

Var
  Song    : RolTp;      { Rol Musik }
  Ch      : Char;       { Taste }
  Bank    : BnkTp;      { Instrumente-Datenbank }
  BnkFile : String;     { benutzte Datei }

Function BCD(I : Byte) : Byte;
{ Setze BCD in Dezimal um }

Begin
  BCD:=10*(I div 16) + I mod 16;
End;

Begin
  WriteLn;
  If ParamCount<1 Then Begin    { 1 oder 2 Parameter? }
    WriteLn('Verwende ROLTEST Name.rol [Name.bnk] !');
    WriteLn;
    Halt(1)
  End;

  If Not UeberpruefeSNDDriver Then Begin { Sound Drv.? }
    WriteLn('Error : Sound Driver nicht gefunden !');
    WriteLn;
    Halt(1)
  End;
```

```
If ParamCount=1 Then            { Datei mit Datenbank? }
   BnkFile:='standard.bnk'      { nein, 'STANDARD.BNK' }
Else
   BnkFile:=ParamStr(2);        { ja, dann verwende diese }

WriteLn('Sound Version : ',BCD(Hi(SNDIoResult)),'.',
        BCD(Lo(SNDIOResult)));
ResetSoundDrv;
WriteLn('Laden von   : ',ParamStr(1));
LoadRol(ParamStr(1),Song);
WriteLn('Laden von   : ',BnkFile);
LoadBnk(BnkFile,Bank);
WriteLn; WriteLn('Spiele gerade ab ...');
SpieleRol(Song,Bank);


Repeat
   CallSound(4,0,0,0,0,0); { Abspielen beendet? }
Until (SNDIOResult=0) Or KeyPressed; { ja oder Taste }


If KeyPressed Then Begin
   Ch:=ReadKey;                 { Lies Taste }
   ResetSoundDrv;               { beende abspielen }
End;
WriteLn;
End.
```

Listing 8.6: Pascal-Beispielprogramm für die Verwendung der PlayRol-Einheit

Direktes Einstellen des FM-Chips

Obwohl Sie die früher beschriebenen Treiber verwenden können, um damit Musik über
den FM-Chip abzupielen, sind sie unbrauchbar, wenn Sie unmittelbare Effekte erzeugen
wollen. Wenn Sie ein eigenes Musikformat verwenden, kommt der CMF-Treiber überhaupt nicht in Frage. Nur das eigene CMF-Format wird unterstützt. Der Sound Driver
ist in dieser Hinsicht flexibler, hat jedoch den Nachteil, daß bei großen Musikstücken
und einem kleinen Puffer ein Abspielprogramm eigentlich nur auf einen freien Platz im
Puffer wartet. In einem solchen Fall kann man besser eine eigene Abspielroutine zur
Verfügung haben. Ein anderer Vorteil ist, daß Ihr Programm auch dann arbeitet, wenn
keine Treiber im Speicher vorhanden sind, Sie also nicht unbedingt die beiden Treiber
besitzen müssen.

Ein weiterer Grund kann sein, daß Sie Ihr Programm durch Töne unterstützen wollen (z.B. bei bestimmten Fehlermeldungen). Auch dann ist es besser, ein paar einfache Routinen in das Programm einzubinden, statt den kompletten Sound Driver mit seinen vielen unbenutzten Funktionen zu benutzen. Auch der Speicher wird besser genutzt, und so bleibt mehr freier Speicherraum für das Programm zur Verfügung.

In diesem Abschnitt werden die Bestandteile des FM-Chips näher beschrieben, und es wird gezeigt, wie Sie selbst den FM-Chip programmieren können.

In den vorangehenden Abschnitten sind die Einstellungen des Operators erklärt worden, es wurde jedoch noch nichts über mögliche Werte gesagt. Dies wird hier ebenfalls behandelt. Wenn Sie nicht die Absicht haben, den FM-Chip selber zu programmieren, raten wir Ihnen dennoch, diesen Abschnitt zu lesen. Sie bekommen auf diese Weise einen besseren Eindruck davon, wie der FM-Chip funktioniert.

Bevor jedoch die Möglichkeiten des FM-Chips erörtert werden, wird zunächst beschrieben, wie der FM-Chip programmiert werden muß.

Alle Einstellungen werden intern als Variable gespeichert, die im weiteren Verlauf des Textes als Register angesprochen werden.

Das Programmieren des FM-Chips wird mit Hilfe einer Index- und einer Daten-Port realisiert. Es wird dann eine bestimmte Zahl an die Index-Port weitergeleitet. Diese Zahl steht für die Wahl eines bestimmten Registers. Danach kann über die Daten-Port das Register mit neuen Daten versehen werden.

Beispiel (In Pseudo-Code):

[1] OUT Index,11
[2] OUT Daten, 123
[3] OUT Index, 13
[4] OUT Daten, 24
[5] OUT Daten, 210

In Zeile 1 wird Register 11 gewählt. In Zeile 2 wird dieses Register mit dem Wert 123 versehen. In Zeile 3 wird dann Register 13 gewählt. In Zeile 4 wird dieses Register mit dem Wert 24 versehen. Schließlich wird das Register mit dem Wert 210 versehen (der frühere Wert 24 wird überschrieben). Es ist deutlich, daß Zeile 4 wenig Sinn macht, weil in Zeile 5 Register 13 wieder einen neuen Wert bekommt.

Auf der AdLib-Karte ist die Einteilung der Ports folgendermaßen:

Port (hexadezimal)

338   Index- und Status-Port (lesen und schreiben)

389   Daten-Port (nur schreiben)

Der Sound Blaster unterstützt obige Ports auch (die Karte ist hier mit der AdLib-Karte kompatibel), bietet jedoch auch noch eine andere Möglichkeit:

Port (hexadezimal)

2X8h   Index- und Status-Port (lesen und schreiben)

2X9h   Daten-Port (nur schreiben)

Hier ist X die gewählte Basis-Port. Dies ist übrigens auch die Ursache dafür, daß nicht alle Software (für den FM-Chip), die auf dem Sound Blaster arbeitet, das auch automatisch auf der AdLib-Karte tut. Es wird deshalb empfohlen, die Ports 388h und 389h zu benutzen, weil Sie dann nicht erst überprüfen müssen, an welchem Port sich der Sound Blaster befindet.

Auf dem Sound Blaster Pro finden Sie außer den vier genannten Ports noch vier weitere Ports:

Für den linken Kanal (den ersten Chip):

Port (hexadezimal)

2X0h   Index- und Status-Port (lesen und schreiben)
2X1h   Daten-Port (nur schreiben)

Für den rechten Kanal (den zweiten Chip):

Port (hexadezimal)

2X2   Index- und Status-Port (lesen und schreiben)
2X3   Daten-Port (nur schreiben)

Register	Bit 7	Bit 6	Bit 5	Bit 4	Bit 3	Bit 2	Bit 1	Bit 0
01h	Test							
02h	Schneller Zähler							
03h	Langsamer Zähler							
04h	IRQ Reset	Mask sch.Z.	langs.Z.				Start/Stop sch.Z.	langs.Z.
08h	CSM	SEL						
20h–35h	AM	VIB	EG-TYP	KSR	MULTI			
40h–55h	KSL		TOTAL LEVEL (TL)					
60h–75h	ATTACK RATE (AR)				DECAY RATE (DR)			
80h–95h	SUSTAIN LEVEL (SL)				RELEASE RATE (RR)			
A0h–A8h	F-NUMMER							
B0h–B8h			KEY	BLOCK			F_NUMMER	
BDh	Stärke AM	VIB	Rythmus modus	BASS DRUM	SNARE DRUM	TOM TOM	TOP CYMBAL	HI HAT
C0h–C8h					FEEDBACK			FM
E0h–F5h							WS	

Tab. 8.4: Allgemeine Übersicht der Registereinteilung

Wenn Sie die Ports 388h und 389h oder 2Xh und 2X9h benutzen, werden sowohl der linke als auch der rechte Kanal bearbeitet (sowohl die Ports 2X0h und 2X1h wie 2X2h und 2X3h werden mit Daten versehen). Um nun z.B. ein Instrument auf beiden Chips einzustellen, können Sie über die Ports 2X8h und 2X9h die beiden FM-Chips programmieren. Dann können Sie über die Ports 2X0 und 2X1 die Wiedergabe des Instruments im linken Kanal und über die Ports 2X2 und 2X3 im rechten Kanal stattfinden lassen (siehe Listing 8.10 am Ende des Kapitels).

Kapitel 12 befaßt sich damit, wie Sie von Stereo auf Mono umschalten können und wie Sie Instrumentkanäle im linken und im rechten Kanal erzeugen.

Wie bereits gesagt, können nur Daten an die Daten-Ports geschrieben werden. Über die Index-Ports kann das Statusregister auch gelesen werden. Dieses Register wird im Verlauf des Textes näher beschrieben.

Nach dem Einstellen der Index-Ports muß das Programm 3,3 Mikrosekunden warten, bevor das Register beschrieben werden kann. Dann muß das Programm noch mindestens 23,3 Mikrosekunden warten, bis ein neues Register über die Index-Ports gewählt werden kann.

Der FM-Chip benutzt nicht alle Register. Tabelle 8.4 gibt eine Übersicht der Registereinstellungen.

Es stellt sich heraus, daß es bei den verschiedenen Operatoreinstellungen (von jetzt an als Registergruppen bezeichnet) für 18 Operatoren 22 (0 – 15h) Register gibt. Die Register 6, 7, Eh und Fh werden nicht benutzt. In Tabelle 8.5 ist das Schema mit der Verteilung der Operatoren auf die Register aufgenommen. Sie ist für alle Registergruppen gleich.

Operator	1	2	3	4	5	6	7	8	9
Kanal	1	2	3	1	2	3	4	5	6
Typ	Modulator			Carrier			Modulator		
Register	00h	01h	02h	03h	04h	05h	08h	09h	0Ah
Operator	10	11	12	13	14	15	16	17	18
Kanal	4	5	6	7	8	9	7	8	9
Typ	Carrier			Modulator			Carrier		
Register	0Bh	0Ch	0Dh	10h	11h	12h	13h	14h	15h

Tab. 8.5: Verteilung der Operatoren über die Register

Der FM-Chip kennt zwei normale Abspielmodi: den Melodiemodus und den Rhythmusmodus. Im Melodiemodus hat jedes Instrument (oder jeder Kanal) zwei Operatoren (wie in Tabelle 8.5 angezeigt).

Im rhythmischen Modus gibt es vier Instrumente, die nur aus einem Operator aufgebaut sind.

Die Verteilung der Operatoren über die sechs ersten Instrumente ist identisch mit der Verteilung im Melodiemodus. Tabelle 8.6 zeigt die Verteilung der fünf rhythmischen Instrumente. Das Bass Drum wird als ein normales Instrument betrachtet.

Instrument	Operator(en)
Bass Drum	13 & 16
Snare Drum	17
Tomtom	15
Top Cymbal	18
Hi-Hat	14

Tab. 8.6: Einteilung der fünf Rhythmusinstrumente

Die Register können Sie dazu benutzen, selber den FM-Chip zu programmieren. Sie können hierbei selber den Oszillator, den Hüllkurven-Generator und den Level Controller einstellen. Bei der Besprechung werden oft ein oder mehrere Bits behandelt. b7 gilt hier als das höherwertige Bit (Wert 128) und b0 als das niederwertige Bit (Wert 1). Die nicht genannten Bits sind ohne Bedeutung und müssen auf 0 eingestellt werden.

Register 1: Testregister

Bevor Sie den FM-Chip programmieren können, muß dieses Register den Wert 0 haben.

Register 2: Der schnelle Zähler

Der FM-Chip hat zwei Zähler. Diese sind acht Bits breit und zählen von 0 bis 255. Register 2 kann den Standardwert des schnellen Zählers enthalten. Wenn der Zähler gestartet wird, stellt der FM-Chip den Zähler auf den hier angegebenen Wert ein. Dann wird der Zähler alle 80 Mikrosekunden (0,00008 Sekunde) um 1 erhöht. Wenn ein Überlauf stattfindet (von 255 nach 1, also carry=1) wird der Zähler von neuem mit dem bezeichneten Wert versehen. Die Länge eines Überlaufs wird mit Hilfe folgender Formel berechnet:

```
T = (256 - Standardwert) * 0,08 Millisekunden
```

Nehmen wir einmal an, daß das Register mit dem Wert 140 geladen wird. Dann dauert es 9,28 (256-140 = 116, 116*0,08 = 9,28) Millisekunden, bevor ein Überlauf stattfindet. Mit Hilfe des Statusregisters kann geprüft werden, ob ein Überlauf stattgefunden hat. Dies wird an einer weiteren Stelle in diesen Kapitel erörtert.

Der Zähler wird auch für den Modus der zusammengesetzten Sprache verwendet. Wenn ein Überlauf stattfindet, werden alle Instrumente eingeschaltet und dann gleich wieder ausgeschaltet, so daß auf allen Kanälen Tonwiedergabe stattfindet.

Register 3: Der langsame Zähler

Hiermit kann der Standardwert des zweiten Zählers eingestellt werden. Der Unterschied mit dem schnellen Zähler liegt darin, daß der Zähler nun jede 320stel Sekunde erhöht wird. Dieser Zähler ist also viermal langsamer. Jetzt gilt folgende Formel:

```
T = (256 - Standardwert) * 0,32 Millisekunden
```

Bekommt das Register den Wert 140, dann dauert es 37,12 Millisekunden, bis ein Überlauf stattfindet. Auch hier kann mit Hilfe des Statusregisters geprüft werden, ob ein Überlauf stattgefunden hat.

Register 4: Der Zähler-Controller

Dieses Register überprüft die beiden vorangehenden Zähler:

Bit 7   Wenn das Bit den Wert 1 bekommt, werden die Flags des Statusregisters mit dem Wert 0 versehen.

Bit 6   Wenn dieses Bit gesetzt ist, wird der Überlauf des schnellen Zählers nicht im Statusregister angezeigt.

Bit 5   Besitzt die gleiche Aufgabe für den langsamen Zähler.

Bit 1   Wenn dieses Bit den Wert 1 enthält, wird der langsame Zähler mit dem bezeichneten Standardwert versehen, und der Zähler wird erhöht. Hat das Bit den Wert 0, dann arbeitet der langsame Zähler nicht.

Bit 0   Besitzt die gleiche Aufgabe für den schnellen Zähler.

Das Statusregister

Bevor wir jetzt mit den übrigen Registern fortfahren, wenden wir uns zunächst dem
Statusregister zu. Den Aufbau dieses Registers finden Sie in Tabelle 8.7.

Bit 7	Bit 6	Bit 5	Bit 4	Bit3	Bit 2	Bit 1	Bit 0
IRG	T1	T2					

Tab. 8.7: Das Statusregister

Der Wert dieses Registers kann im Indexregister (388h,2X8h,2X0h oder 2X2h0) gefunden werden. Nur die drei höherwertigen Bits haben eine Funktion.

Bit 7   Wenn dieses gesetzt ist, enthält eines der zwei anderen Bits ebenfalls den
          Wert 1.

Bit 6   Das Flag des schnellen Zählers. Es enthält den Wert 1, wenn ein Überlauf
          stattgefunden hat.

Bit 5   Dieses hat die gleiche Funktion, jedoch für den langsamen Zähler.

Nachdem ein Überlauf stattgefunden hat, besitzt das entsprechende Bit den Status "Set".
Indem Bit 7 in Register 4 den Wert 1 bekommt, werden alle Bits wieder auf 0 gesetzt.
Mit Hilfe dieses Registers und der Register 2, 3 und 4 kann ein konstantes Timing
stattfinden, ohne daß der Timer benutzt wird. Zuerst muß ein Zähler mit einem Standardwert versehen werden. Dann muß dieser mit Hilfe von Register 4 gestartet werden.
Das Statusregister kann hier direkt auf den Wert 1 eingestellt werden. Dann muß so
lange gewartet werden, bis ein Überlauf stattfindet und dieser im Statusregister angezeigt wird. Dann muß jedoch das Statusregister erneut auf 0 eingestellt werden, wonach
eine bestimmte Aktion durchgeführt werden kann. Indem jetzt wieder das Statusregister
überprüft wird, erzeugt man ein konstantes Timing.

Sollten Sie diese Funktion nicht verwenden, dann können Sie auf jeden Fall das Register in Kombination mit den vorangehenden Registern benutzen, um so zu überprüfen,
ob ein FM-Chip vorhanden ist oder nicht (ein Beispiel finden Sie in Listing 8.7). Der
Sound Blaster hat natürlich auch andere Möglichkeiten, dies zu überprüfen. Für die
AdLib-Karte jedoch ist dies die einzige Möglichkeit.

Nach diesem Intermezzo werden die übrigen Register besprochen.

```
Function TestFMChip : Boolean;

Var
   S1, S2, T : Byte;

Begin
   SchreibeFM(1,0);       { Lösche Testregister }
   SchreibeFM(4,$60);     { Nichts weiterleiten/Zähler Stopp! }
   SchreibeFM(4,$80);     { Lösche Statusregister  }
   S1 := LiesFM;          { lies Status }
   SchreibeFM(2,$ff);     { stelle Zähler 1 auf 255 ein }
   SchreibeFM(4,$21);     { Daten weiterleiten + Start Zähler 1 }

   For T:=0 To 200 Do  { einen Moment warten }
      S2 := LiesFM;

   S2 := LiesFM;          { Lies Status }
   SchreibeFM(4,$60);     { Nichts weiterleiten/ Zähler Stopp!}
   SchreibeFM(4,$80);
   PruefeFMChip:=((S1 AND $E0)=0) AND ((S2 AND $E0)=$C0);
End;
```

Listing 8.7: Pascal-Beispiel, mit dem überprüft wird, ob ein FM-Chip vorhanden ist

Register 8: Allgemeines Kontrollregister

Bit 7   Hiermit wählen Sie den normalen Synthese-Modus oder den Modus für zu-
           sammengesetzte Sprache. Wenn das Bit "Reset" (=0) ist, wird der erste Mo-
           dus (normale Synthese) gewählt, wenn das Bit den Status "Set" hat (=1), dann
           wird jedoch der Sprachmodus gewählt. Falls letzteres der Fall ist, müssen alle
           Instrumentkanäle ausgeschaltet sein. (Im Verlauf des Textes wird beschrie-
           ben, wie das vor sich geht.)

Bit 6   Dieses Bit bestimmt den Split-Punkt der zu spielenden Noten. Wenn dieses
           Bit zurückgesetzt ist, bestimmt Bit 8 der Frequenzeinstellung den Split-Punkt.
           Wenn dieses Bit jedoch den Status "Set" hat, dann bestimmt Bit 9 der Fre-
           quenzeinstellung den Split-Punkt. In Tabelle 8.8 wird das schematisch darge-
           stellt.

SEL=0								
Oktave	0	1	2	3	4	5	6	7
F-Nummer B9	1	1	1	1	1	1	1	1
F-Nummer B8	01	01	01	01	01	01	01	01
Split-Punkt	0 1	2 3	4 5	6 7	8 9	10 11	12 13	14 15
SEL=1								
Oktave	0	1	2	3	4	5	6	7
F-Nummer B9	0 1	0 1	0 1	0 1	0 1	0 1	0 1	0 1
F-Nummer B8	X	X	X	X	X	X	X	X
Split-Punkt	0 1	2 3	4 5	6 7	8 9	10 11	12 13	14 15

(Bit 8 hat keinen Einfluß)

Tab. 8.8: Funktion der Notenauswahl

Die Register 20h-35h:
AM/VIB/EG-TYP/KSR/MULTI-Einstellungen der Operatoren

Bit 7   AM: Dieses Bit bestimmt, ob es Schwankungen in der Stärke des Operator-signals gibt.

Sobald dieses Bit den Status "Set" hat, wird diese Option gewählt. Im Status "Reset" finden keine Schwankungen statt. Die Frequenz der Schwankungen ist 3,7 Hz. Es gibt zwei Möglichkeiten, die Stärke dieser Schwankungen ein-zustellen. Diese Option wird bei Register BDh beschrieben.

Bit 6   VIB: Hat die gleiche Funktion wie Bit 7, mit dem Unterschied, daß hier die
            Schwankung in der Tonhöhe gewählt wird. Die Frequenz ist 6,4 Hz. Man
            kann den Größenunterschied auf zwei verschiedene Arten einstellen. Auch
            diese werden bei Register BDh näher erklärt.

Bit 5   EG-TYP: Dieses Bit gibt an, ob der Hüllkurven-Generator auf Sustain-Stärke
            bleiben soll, solange der Kanal den Status "Set" hat, oder ob dieser sofort
            (mittels eines Reset) mit dem Release-Rate auf null zurückgehen soll (siehe
            Abbildung 8.5 am Anfang dieses Kapitels).

MULTI	Multiplikationsfaktor
0	0.5
1	1
2	2
3	3
4	4
5	5
6	6
7	7
8	8
9	9
10	10
11	11
12	12
13	13
14	14
15	15

Tab. 8.9: Die MULTI-Einstellungen

Bit 4   KSR: Dieses Bit kann dazu verwendet werden, höhere Töne kürzer klingen zu
            lassen. Dies geschieht, indem man die Werte des Attack, Decay, Release-Rate
            und Sustain-Stärke erhöht, wodurch die Note schneller wird und deshalb kür-
            zer klingt. Dieses Bit muß dazu gesetzt werden. Die Option wird durch einen
            Reset wieder ausgeschaltet.

Bit 3-0   MULTI: Der hier eingestellte Wert bestimmt einen Faktor, mit dem die gewählte Frequenz multipliziert wird. Dadurch, daß dieser Faktor für jeden Operator einzeln eingestellt werden kann, können harmonische Signale erzeugt werden. Die folgende Tabelle zeigt alle möglichen MULTI-Einstellungen und die dazugehörigen Multiplikationsfaktoren.

Die Register 40h-55h: KSL/TL-Einstellungen der Operatoren

Bits 7 und 6   KSL: Mit diesen Bits können Sie einstellen, daß höhere Töne weniger laut wiedergegeben werden. In Tabelle 8.10 wird gezeigt, wie groß die Abnahme der Stärke ist:

KSL	Abnahme der Lautstärke pro Oktave
0	0 DB
1	3 DB
2	1,5 DB
3	6 DB

Tab. 8.10: Die Abnahme der Lautstärke bei KSL

Bit 5 – 0   TL: Diese Bits stellen die Stärke des vom Operator erzeugten Signals ein. Hier gilt, daß 0 die maximale Stärke und 63 die Mindeststärke ist. Die Stärke des Signals wird mit Hilfe folgender Formel bestimmt: Stärke = (63 – TL) * 0.75 DB

Die Register 60h-75h: AR/DR-Einstellungen der Operatoren

Bit 7 – 4   AR: Der Wert der Attack-Rate. Hier ist 0 die niedrigere Geschwindigkeit (eigentlich gar keine Geschwindigkeit).

Bit 3 – 0   DR: Der Wert der Decay-Rate. Für die Decay-Rate gelten die gleichen Voraussetzungen wie für die Attack-Rate. Wenn der Wert 0 eingestellt wird, wird hier die Sustain-Stärke nie erreicht. Das Signal wird auf maximaler Stärke bleiben, bis der Kanal ausgeschaltet wird und der Ton über die Release-Rate auf Stärke 0 zurückgeht.

Die Register 80h-95h: SL/RR-Einstellungen der Operatoren

Bit 7 – 4   SL: Der Wert der Sustain-Stärke. Auch diese Registergruppe kann auf einen
Wert zwischen 0 und 15 eingestellt werden. Hier ist 0 die maximale Stärke
und 15 die Mindeststärke (Stille).

Bit 3 – 0   RR: Der Wert der Release-Rate (zwischen 0 und 15, 0 ist die Mindestge-
schwindigkeit, 15 die Höchstgeschwindigkeit). Wenn RR den Wert 0 enthält,
klingt der Ton ununterbrochen, auch nachdem der Kanal ausgeschaltet wurde.
Dies kann man nur beenden, indem man die Release-Rate im Nachhinein ändert oder TL auf 63 einstellt.

Die Register E0h-F5h, WS-Einstellungen der Operatoren

Bit 1 und 0   WS: Die Werte dieser zwei Bits bestimmen den Typ der Sinuswelle:

Die Register C0h-C8h: FB/FM-Einstellungen der Modulator-Operatoren

Bei jedem der neun Modulatoren kann mittels dieser Registergruppe das Feedback und
der Synthesetyp eingestellt werden. Hier muß das zum Modulator gehörende Register
verwendet werden. Die Nummer dieses Registers stimmt mit dem Kanal überein, der
zum Modulator gehört.

Bit 3 – 1   FB: Der hier verwendete Wert bestimmt die Stärke des Feedbacks der Modulatoren. Tabelle 8.11 gibt eine Übersicht der Faktoren, mit denen das Signal
des Modulators multipliziert wird, bevor es wieder als Eingabe benutzt wird.
Ist der bezeichnete Wert 0, dann findet kein Feedback statt.

Feedback	0	1	2	3	4	5	6	7
Faktor	0	$\pi/16$	$\pi/8$	$\pi/4$	$\pi/2$	π	$\pi*2$	$\pi*4$

Tab. 8.11: Die verschiedenen Feedback-Einstellungen

Bit 0   FM: Hiermit geben Sie an, ob das Instrument mittels additiver Synthese (das Bit hat den Status "Set") oder mittels der Synthese der Frequenzmodulation (das Bit ist nicht gesetzt) bestimmt wird. Den Unterschied zwischen diesen beiden Synthesen finden Sie am Anfang dieses Kapitels.

Mittels der zwei nächsten Registergruppen wird für jeden Kanal die Tonfrequenz eingestellt. Im Melodiemodus stimmt jeder Kanal mit dem gleichen Port überein. Im rhythmischen Modus ist dies für die sechs normalen Instrumente der Fall. Das Bass Drum kann über den siebten und das Tomtom über den neunten Port programmiert werden. Die übrigen drei Instrumente können ihre Tonhöhe nicht ändern und brauchen daher nicht eingestellt zu werden. Der achte Port hat also keine Funktion, wenn der rhythmische Modus eingeschaltet ist.

Die Register A0h-A8h: Die Frequenzeinstellungen der neun Kanäle

Bit 7 – 0 F-NUMMER: Diese Bits enthalten die höherwertigen acht Bits der 10-Bit-Frequenzeinstellung eines bestimmten Kanals. Im nächsten Abschnitt wird dies näher erklärt.

Die Register B0h-B8h: Die Wahl der Kanäle und die Frequenzeinstellungen

Bit 5   KEY: Wenn dieses Bit den Status "Set" hat, wird der Kanal eingeschaltet und die für diesen Kanal eingestellten Operatoren zur Erzeugung von Ton verwendet.

           Wenn Bit EG-TYP den Status "Set" hat, wird der Ton so lange auf Sustain-Stärke bleiben, bis dieses KEY-Bit zurückgesetzt wird und der Kanal ausgeschaltet wird. Dies bedeutet jedoch keineswegs, daß der Ton sofort aufhört. Nach dem Reset des KEY-Bit geht der Ton allmählich über die Release-Rate auf 0 zurück. Ist EG-TYP zurückgesetzt, geschieht dies sofort, nachdem die Sustain-Stärke erreicht wurde, ungeachtet, ob das KEY-Bit wieder zurückgesetzt ist oder nicht.

           Nachdem das Bit gesetzt wurde, fängt der FM-Chip von neuem damit an, Ton zu generieren (auch wenn bereits Ton von einer vorigen Note generiert wurde. Dieser wird dann sofort beendet).

Im rhythmischen Modus gilt, daß das Bit den Status "Set" haben muß, sobald das Bass Drum abgespielt wird. Es muß jedoch für das Tomtom zurückgesetzt werden. (Im weiteren Verlauf des Textes wird erklärt, wie diese Instrumente ein- und ausgeschaltet werden.)

Note	Frequenz	F-NUMMER
C	261,63	343
C#	277,18	363
D	293,66	385
D#	311,13	408
E	329,63	432
F	349,23	458
F#	369,99	485
G	392,00	514
G#	415,30	544
A	440,00	577
A#	466,16	611
B	493,88	647

Tab. 8.12: Frequenzen und F-NUMMER einer Oktave

Bit 4 – 2   BLOCK: Der Wert, der von diesen drei Bits bestimmt wird, gibt die Zahl der Frequenzverdopplungen an. Anders gesagt: Mit Hilfe dieses Wertes wird die Oktave der Note bestimmt.

Bit 1 und 0   F-NUMMER: Dies sind die höherwertigen Bits der Frequenzeinstellung, die zusammen mit der letzten Registergruppe die 10 Bits bilden. Das Verhältnis zwischen F-NUMMER, BLOCK und der wirklichen Frequenz wird mit Hilfe folgender Formel bestimmt:

Frequenz = 50.000 * F-NUMMR * 2 ^ (BLOCK - 20)

(2^x steht für 2 hoch x)

Tabelle 8.12 zeigt die Frequenz der Noten einer bestimmten Oktave. Der BLOCK-Wert dieser Oktave ist 4. Wenn Sie die angegebenen Werte der F-NUMMER verwenden, brauchen Sie nur noch den BLOCK-Wert bei der Benutzung einer anderen Oktave zu ändern.

Register BDh: Die Einstellungen für Vibrato-Stärke und Rhythmus

Bit 7   Bestimmt die Stärke der Signalschwankungen der Operatoren. Wenn das
               Bit den Status "Set" hat, ist der Maximalwert der Schwankung 4, 8 DB.
               Im Status "Reset" ist der Maximalwert 1 DB.

Bit 6   Hat dieselbe Funktion wie Bit 7, mit dem Unterschied, daß jetzt die
               Stärke der Schwankung in der Frequenz angegeben wird. Wenn das Bit
               zurückgesetzt ist, beträgt die Schwankung maximal 14 Prozent. "Reset"
               ist dies 7 Prozent.

               Die obigen zwei Bits stellen bei allen Operatoren die gleiche Schwan-
               kungsstärke ein. Unterschiedliche Schwankungswerte sind also nicht
               möglich. Die Bits beziehen sich nur auf die Operatoren, die eine oder
               beide Einstellungen benutzen.

Bit 5   Stellt den Modus ein. Falls das Bit gesetzt ist, verwendet der FM-Chip
               den Melodiemodus mit den neun Instrumenten, ansonsten den
               Rhythmusmodus mit den elf Instrumenten.

Bit 4 – 0   Haben die gleiche Funktion wie das KEY-Bit. Sie schalten ein Rhyth-
               musinstrument ein oder aus, und funktionieren nur dann, wenn Bit 5 den
               Status "Set" hat. Ein Instrument wird eingeschaltet, wenn das entspre-
               chende Bit gesetzt wird. Mit dem Zurücksetzen des Bits wird das In-
               strument wieder ausgeschaltet. Was die Effekte der Release-Rate und der
               Sustain-Stärke angeht, gilt hier das gleiche wie für das KEY-Bit. In der
               folgenden Tabelle wird für jedes Bit das entsprechende Instrument ange-
               geben.

Bit	Instrument
4	Bass Drum
3	Snare Drum
2	Tomtom
1	Top Cymbal
0	Hi-Hat

Tab. 8.13: Die rhythmischen Instrumente des Registers BDh

Hinweis: Damit diese Instrumente gespielt werden können, muß außer dem Bit für
                das Bass Drum auch das KEY-Bit für den siebten Kanal (A6h und B6h)
                den Status "Set" haben. Dies gilt nicht für das Tomtom.

Das Programmieren des FM-Chips

In diesem Abschnitt wird eine Bibliothek vorgestellt, die Sie unmittelbar zur Programmierung des FM-Chips verwenden können.

Die Programmierung wird in drei Abschnitten erklärt:

1. Das Einstellen der Instrumentdaten
2. Das Einstellen oder Verändern der Lautstärke
3. Das Abspielen eines Kanals mit einer bestimmten Frequenz

Sie können, wenn die Lautstärke nicht modifiziert werden soll, die ersten zwei Abschnitte zusammenfügen. Das läßt sich in der Bibliothek einfach ändern. Sie können natürlich auch alle Abschnitte zusammenfügen, wenn Sie einen bestimmten Ton nur einmal generieren wollen.

Zum Einstellen der Instrumente müssen die Ports 20h, 40h, 60h, 80h, E0h und manchmal auch C0h (für den Modulator) programmiert werden. Für diesen Zweck ist das SBI-Format am besten geeignet. Das 16-Bytes-Format stimmt nämlich mit den Registereinstellungen überein, und genau diese benutzt die Bibliothek (mit Hilfe der im vorhergehenden erklärten INSTR-Bibliothek).

Die Register können ausschließlich mit Daten versehen werden. Es ist nicht möglich, die aktuellen Registereinstellungen eines bestimmten Registers zu lesen (Ausnahme: das Statusregister). Wenn das Programm bestimmte Daten eines Registers ändern und die anderen Einstellungen beibehalten will, muß das Programm selbst die aktuellen Einstellungen des Registers in einer Variablen abspeichern. Ein gutes Beipiel hierfür ist das Register BDh. Das Programm muß selbst registrieren, welche rhythmischen Instrumente ein- und welche ausgeschaltet sind, weil während des Einschaltens eines bestimmten Instruments die anderen Instrumente nicht einfach ein- oder ausgeschaltet werden können.

Wenn die Lautstärke eingestellt wird, wird zugleich eine Kopie der Lautstärke in der Bibliothek gespeichert. Wenn ein neues Instrument eingeschaltet wird, werden diese Kopiedaten verwendet. Man darf jedoch nicht vergessen, daß sich außer der TL-Einstellung auch noch die KSL-Einstellung in Registergruppe 40h befindet. Diese muß mit

Hilfe der Befehle AND und OR zuerst entfernt und später wieder hinzugefügt werden (siehe das Library-Listing für die Implementation).

Hinweis: Bei der Frequenzmodulation ist der Modulator der Eingang für den Carrier. Es braucht denn auch nur die Lautstärke des Carrier geändert zu werden, weil dieser für das endgültige Signal zuständig ist. Bei der additiven Synthese werden die zwei Operatoren parallel verwendet und muß also die Laustärke beider Operatoren modifiziert werden.

Natürlich kann bei der Einstellung der Lautstärke jedesmal das Instrument mit angegeben werden. Der Gebrauch von internen Variablen ist jedoch abstrakter: die Einstellung der Lautstärke hängt nicht von der gewählten Einstellung des Instruments ab.

Nachdem ein Instrument eingestellt wurde, kann seine Musik abgespielt werden. Zu diesem Zweck muß zunächst die Abspielmethode festgelegt werden (im rhythmischen Modus ist Instrument 9 ein anderes Instrument als im Melodiemodus). Die normalen Instrumente werden mittels der Registergruppen A0h und B0h eingestellt. Bei den rhythmischen Instrumenten muß aber auch Register BDh benutzt werden. Wie bereits früher erwähnt wurde, brauchen nur für das Bass Drum und das Tomtom die zwei anderen Registergruppen eingestellt zu werden. Weil jedes rhythmische Instrument einzeln ein- und ausgeschaltet werden muß, wird eine Kopie der aktuellen Einstellungen benutzt.

Die erwähnten Bestandteile geben an, wie die Bibliothek in etwa funktioniert. Eine interessante Option ist die Möglichkeit, während des Abspielvorgangs bestimmte Bestandteile zu modifizieren. Es können auf diese Weise bestimmte Effekte generiert werden wie z.B. eine Schwankung in der Frequenz oder eine Modifizierung der Tonhöhe. So können Sie die Bibliothek um viele zusätzliche Funktionen erweitern.

```
Unit FMDirect;

Interface

Uses Instr;

Const
  Melodie       = True;          { die beiden Abspielmodi }
  Rythmisch     = False;
  { die Frequenzen der verschiedenen Noten }
  FrLst : Array [0..11] Of Word = (343, 363, 385, 408,
                                   432, 458, 485, 514,
                                   544, 577, 611, 647);

  BassDrum  = 7;
  SnareDrum = 8;
```

```
  TomTom    =   9;
  TopCymbal = 10;
  HiHat     = 11;

Var
  Anschluss : Word;


{ Stelle Register ein }
Procedure SchreibeFM(I,D : Byte);

{ Lies Statusregister }
Function LiesFM : Byte;

{ Überprüfe Timer }
Function PruefeFMChip : Boolean;

{ Stelle Abspielmodus ein }
Procedure AbSpielModus(M : Boolean);

{ Stelle Lautstärke eines bestimmten Kanals ein }
Procedure Lautstaerke(N : Byte; V : Real);

{ Lautstärke abfragen }
Function ZeigeLautstaerke(N : Byte) : Real;

{ Spiele Note in einem bestimmten Kanal }
Procedure SpieleNote(N : Byte; T : Word);

{ Schalte Kanal wieder aus }
Procedure SchalteKanalaus(N : Byte);

{ Stelle Instrument ein }
Procedure StelleInsEin(N : Byte; I : InsTp);

Implementation

Const
  { die 18 Operator Offsets }
  OpAd  : Array [1..18] Of Byte = (00,01,02,03,04,05,
                                   08,09,10,11,12,13,
                                   16,17,18,19,20,21);
  { die Modulator Operator Offsets }
  Ins9  : Array [1..9] Of Byte  = (01,02,03,07,08,09,
                                   13,14,15);
  { die Modulator + Rythm. Ins Operator Offsets }
```

```
  Ins11 : Array [1..11] Of Byte = (01,02,03,07,08,09,
                                   13,17,15,18,14);


Type
  VolumeRc = Record  { für die Lautstärke-Einstellung }
               KSLTL  : Array [0..1] Of Byte;
               Typ : Byte;
               Wert : Real;
             End;
  VolumeAr = Array [1..11] Of VolumeRc;
  Ar       = Array [1..11] Of Byte;    { zus. Array }
  ArPt     = ^Ar;


Var
  Lautstaerken     : VolumeAr;  { die Lautstärke-Einstellungen }
  MelodieMode : Boolean;  { der Abspielmodus }
  BasisIns   : ArPt;      { zu verwendende Ins. Tabelle }
  PortBD     : Byte;      { für die Rhythmusinstr. }


Procedure SchreibeFM(I,D : Byte);


Var
  K : Byte;


Begin
  Port[Anschluss]:=I;              { Wähle Register }
  For K:=0 To 10 Do;         { warte 3.3 Mikrosek. }
  Port[Anschluss+1]:=D;            { stelle Register ein }
  For K:=0 To 70 Do;         { warte 23.3 Mikrosek. }
End;


Function LiesFM : Byte;


Begin
  LiesFM:=Port[Anschluss];          { Lies Daten }
End;


Function TestFMChip : Boolean;


Var
  S1, S2, T : Byte;


Begin
  SchreibeFM(1,0);      { lösche Testregister }
  SchreibeFM(4,$60);   { Nichts weiterleiten/Zähler Stopp }
  SchreibeFM(4,$80);   { Lösche Statusregister }
```

```
  S1 := LiesFM;        { Lies Status }
  SchreibeFM(2,$ff);   { stelle Zähler 1 auf 255 ein }
  SchreibeFM(4,$21);   { Daten weiterleiten + Start Zähler 1 }

  For T:=0 To 200 Do { einen Moment warten }
    S2 := LiesFM;

  S2 := LiesFM;        { Lies Status }
  SchreibeFM(4,$60);   { Nichts weiterleiten/Zähler Stopp }
  SchreibeFM(4,$80);
  TestFMChip:=((S1 AND $E0)=0) AND ((S2 AND $E0)=$C0);
End;


Procedure AbSpielModus(M : Boolean);

Begin
  MelodieMode:=M;      { wähle Modus }
  If MelodieMode Then Begin
    BasisIns:=Addr(Ins9);           { benutze 9 Ins. }
    PortBD:=PortBD And (Not 32);  { Rhythm. Modus aus }
  End
  Else Begin
    BasisIns:=Addr(Ins11);          { benutze 11 Ins. }
    PortBD:=PortBD Or 32;         { Rhythm. Modus ein }
  End;
  SchreibeFM(8,0);     { Wähle Normalmodus und Split }
End;


Function ZeigeRBit(N : Byte) : Byte;
{ zeige das zum Rhythmischen Instrument gehörende Bit }

Begin
  Case N Of
    BassDrum  : ZeigeRBit:=16;    { Bit 4 }
    SnareDrum : ZeigeRBit:=8;     { Bit 3 }
    TomTom    : ZeigeRBit:=4;     { Bit 2 }
    TopCymbal : ZeigeRBit:=2;     { Bit 1 }
    HiHat     : ZeigeRBit:=1;     { Bit 0 }
  Else
    ZeigeRBit:=0;                 { kein Bit }
  End;
End;


Procedure StelleOperatorEin(N,M : Byte; I : SBIFormat);
{ stelle Modulator oder Carrier auf Kanal N ein }
```

```
Var
  H : Byte;

Begin
  H:=OpAd[BasisIns^[N]+3*M];       { bestimme Oper. Port }
  SchreibeFM(H+$20,I.Snd[M]);      { stelle AM/VIB/... ein  }
  SchreibeFM(H+$60,I.ARDR[M]);     { stelle AR + DR ein }
  SchreibeFM(H+$80,I.SLRR[M]);     { stelle SL + RR ein }
  SchreibeFM(H+$E0,I.WS[M]);       { stelle WS  ein }
  Lautstaerken[N].KSLTL[M]:=I.KSLTL[M];   { kopiere Lautstärke }

  If (M=0) And (MelodieMode OR (N<8)) Then Begin
    SchreibeFM(N-1+$C0,I.FBFM[0]);    { stelle FM + FB ein }
    Lautstaerken[N].Typ:=I.FBFM[0] AND 1;  { Synth. Typ }
  End;
End;


Procedure Lautstaerke(N : Byte; V : Real);

Var
  KSL,
  TL,
  B    : Byte;

Begin
  If MelodieMode Or (N<8) Then Begin { Carrier }
    B:=BasisIns^[N];                 { bestimme Oper. Offset }
    KSL:= Lautstaerken[N].KSLTL[1] And 192; { kopiere KSL }
    TL:=(Lautstaerken[N].KSLTL[1] And 63) Xor 63;
    TL:=Round(V*TL);                 { neue Laustärke }
    If TL>63 Then TL:=63;            { zu groß? }
    SchreibeFM($40+OpAd[B+3],KSL OR (TL XOR 63));
  End;

  If (Lautstaerken[N].Typ=1) Or         { Addi. Synthese? }
    (Not MelodieMode And (N>7)) Then Begin    { Rhythm.? }
    KSL:=Lautstaerken[N].KSLTL[0] And 192;       { ja }
    TL:=(Lautstaerken[N].KSLTL[0] And 63) Xor 63;
    TL:=Trunc(V*TL);        { stelle Modulator oder Rhythm. ein }
    If TL>63 Then TL:=63;
    SchreibeFM($40+OpAd[B],KSL OR (TL XOR 63));
  End;

  Lautstaerken[N].Wert:=V;
End;
```

```
Function ZeigeLautstaerke(N : Byte) : Real;

Begin
  ZeigeLautstaerke:=Lautstaerken[N].Wert;
End;


Procedure StelleInsEin(N : Byte; I : InsTp);

Var
  C : InsTp;
  P : ArPt;
  V : Real;

Begin
  KopierIns(I,C);                    { benutze Kopie }
  INSNachSBI(C);                     { benutze SBI-Format }
  V := ZeigeLautstaerke(N);  { stelle Lautstärke vorübergehend }
  Lautstaerke(N,0.0);                { auf 0 ein                 }
  StelleOperatorEin(N,0,C.SBI^);     { verarbeite Modulator }

  If MelodieMode Or (N<8) Then
    StelleOperatorIn(N,1,C.SBI^);    { und evt. Carrier     }

  Lautstaerke(N,V);                       { Lautstärke wiederherstellen }
 EntferneIns(C);                { Entferne Kopie }
End;


Procedure SpieleNote(N : Byte; T : Word);

Var
  FNr : Word;
  Blk : Byte;

Begin
  FNr := FrLst[T Mod 12];            { bestimme Frequenz }
  Blk := ((T Div 12) And 7) Shl 2;   { und Oktave        }

  If MelodieMode Or (N<8) Then Begin { stelle ein + schalte }
    SchreibeFM($A0+N-1,FNr and 255);   { Note ein }
    SchreibeFM($B0+N-1,(FNr Shr 8) Or Blk Or 32);
  End;

  If Not MelodieMode And (N=TomTom) Then Begin
    SchreibeFM($A8,FNr And 255);       { stelle nur ein }
    SchreibeFM($B8,(FNr Shr 8) Or Blk);
  End;
```

```
   If Not MelodieMode And (N>6) Then Begin
      PortBD:=PortBD Or GeefRBit(N);  { verarbeite Rhythm. }
      SchreibeFM($BD,PortBD)              { Instrument      }
   End;
End;


Procedure SchalteNoteAus(N : Byte);


Begin
   If MelodieMode Or (N<8) Then
      SchreibeFM($B0+N-1,0);

   If Not MelodieMode And (N>6) Then Begin
      PortBD := PortBD And (Not ZeigeRBit(N));
      SchreibeFM($BD,PortBD);
   End;
End;


Var
   K : Byte;


Begin
   Anschluss:=$388;
   For K:=1 To 11 Do
      Lautstaerken[K].Wert:=0;
End.
```

Listing 8.8: Pascal-Unit für das direkte Programmieren des FM-Chips

Das nächste Beispielprogramm zeigt den Gebrauch der verschiedenen Funktionen der Bibliothek. Zuerst wird die Instrumente-Datenbank STANDARD.BNK eingelesen, danach das Instrument KLAVIER1 eingestellt. Auch die Einstellungen werden erklärt (TL und SL sind den wirklichen Werten genau entgegengesetzt). Sie können mit Hilfe der unteren zwei Tastenreihen selber Noten spielen. Mit den Tasten <[> und <]> kann die Oktave erhöht oder gesenkt werden, <{> und <}> haben die gleiche Funktion für die Lautstärke. Die Leertaste beendet den Ton. Ein neues Instrument wird mittels der <I>-Taste eingestellt, während man durch die <ESC>-Taste das Programm verläßt. Sie können dieses Programm selber erweitern z.B. um einen Editor für verschiedene Instrumente. Weitere Anmerkungen finden Sie im Listing.

```
Program KeyBoard;

Uses FMDirect, Instr, Crt;
```

```
{ Ein einfaches Keyboard, das direkt den FM Chip }
{ programmiert. }

Const
  { definiere die Klaviertasten }
  KeyB  : String[12] = 'ZSXDCVGBHNJM';
  { und die übereinstimmenden Noten }
  NoteT : String[12] = 'C#D#EF#G#A#B';

Var
  Instru  : InsTp;      { Instrument, mit dem die Musik }
                        { gespielt wird }
  Bank    : BnkTp;      { Instrumente-Datenbank }
  Name    : InsName;    { Instrument, das gesucht wird }
  Zaehler,              { Womit die Note gesucht wird }
  Oktave,               { Aktuelle Oktave }
  Kanal  : Byte;        { Für rhythmische Instrumente }
  Note   : Word;        { Gespielte Note }
  Taste  : Char;        { Tastendruck }
  Vol    : Real;        { Aktuelle Lautstärke }

Procedure OperatorInfo(K : Byte; I : InsOp);
{ Gib Auskünfte über den Modulator und den Carrier }

Var
  C : Byte;

Begin
  If K>1 Then Begin
    For C:=3 To 13 Do Begin
      GotoXY(58,C); Write('  -   ');
    End;
    GotoXY(54,14);Write('  -   ');
    GotoXY(54,15);Write('  -   ')
  End
  Else Begin
    C:=K*5+53;
    GotoXY(C, 3);Write(I.KSL:4);
    GotoXY(C, 4);Write(I.MULTI:4);
    GotoXY(C, 5);Write(I.AR:4);
    GotoXY(C, 6);Write((I.SL XOR 15):4);
    GotoXY(C, 7);Write(I.EG_TYP:4);
    GotoXY(C, 8);Write(I.DR:4);
    GotoXY(C, 9);Write(I.RR:4);
    GotoXY(C,10);Write((I.TL XOR 63):4);
    GotoXY(C,11);Write(I.AM:4);
```

```
      GotoXY(C,12);Write(I.VIB:4);
      GotoXY(C,13);Write(I.KSR:4);
      If K=0 Then Begin
         GotoXY(C,14);Write(I.FM:4);
         GotoXY(C,15);Write(I.FB:4)
      End;
   End;
End;

Procedure NeuesIns(S : String);
{ Suche neues Instrument und stelle es ein }

Var
   N : InsName;
   H : BnkTp;

Begin
   StrZuNamen(S,N);              { konvertiere zu Namen }
   SucheIns(N,Bank,H);             { Suche Instrument }
   If H<>Nil Then Begin          { gefunden? }
      EntferneIns(Instru);       { Entferne früheres Inst. }
      KopiereIns(H^.Ins,Instru);{ kopiere von Datenbank }
      SBINachIns(Instru);          { benutze INS-Format }
      SchalteNoteAus(Kanal);
      If Instru.Ins^.Mode = 1 Then
         Kanal:=Instru.Ins^.Nummer+1    { rhythmisch }
      Else
         Kanal:=1;                    { Melodie }
      StelleInsEin(Kanal,Instru);
      Lautstaerke(Kanal,Lautst);
      Name:=N;                    { kopiere Namen }
      OperatorInfo(0,Instru.Ins^.Modulator);
      If (Instru.Ins^.Mode=1) And
         (Instru.Ins^.Nummer>6) Then   { kein Carrier? }
         OperatorInfo(2,Instru.Ins^.Carrier)   { ja }
      Else
         OperatorInfo(1,Instru.Ins^.Carrier);  { nein }
   End;
End;

Procedure Initialisierung;
{ Stelle Bildschirm ein sowie die benötigten Variablen }

Begin
   If Not TestFMChip Then Begin
      WriteLn;
```

```
   WriteLn('Error, kein FM-Chip vorhanden !');
   WriteLn;
   Halt(1);
  End;

  WriteLn;
  WriteLn('Lesen Datei mit Datenbank ...');
  LoadBnk('Standard.Bnk',Bank);
  KopiereIns(Bank^.Ins,Instru);    { Instrument muß ein INS }
  NeuesIns('Klavier1');            { enthalten }

  ClrScr;
  Oktave:=3;                       {   in Oktave 3 anfangen }
  Vol:=1.0;                        { max. Lautstärke }
  Note:=$ffff;                     { keine Note }
  AbSpielModus(Rhytmisch);         { für die rhythm. Ins. }

  GotoXY( 1, 1);Write('Instrument :');
  GotoXY( 1, 3);Write('Volume     :');
  GotoXY( 1, 5);Write('Oktave     :');
  GotoXY( 1, 7);Write('Kanal      :');
  GotoXY( 1, 9);Write('Note       :');
  GotoXY( 1,11);Write('Keyboard');
  GotoXY( 1,12);Write(' S D   G H J ');
  GotoXY( 1,13);Write('Z X C V B N M');
  GotoXY(40, 1);Write('Einstellung    Mod. Car.');
  GotoXY(40, 2);Write('----------------------');
  GotoXY(40, 3);Write('KSL            ');
  GotoXY(40, 4);Write('Freq mult      ');
  GotoXY(40, 5);Write('Attack-Rate    ');
  GotoXY(40, 6);Write('Sustain level  ');
  GotoXY(40, 7);Write('Sustaining     ');
  GotoXY(40, 8);Write('Decay-Rate     ');
  GotoXY(40, 9);Write('Release-Rate   ');
  GotoXY(40,10);Write('Total level    ');
  GotoXY(40,11);Write('AM             ');
  GotoXY(40,12);Write('VIB            ');
  GotoXY(40,13);Write('KSR            ');
  GotoXY(40,14);Write('Freq synthese  ');
  GotoXY(40,15);Write('Feed back      ');
  NeuesIns('Klavier1');
End;

Procedure ZeigeAlles;
{ Zeige Informationen über Note, Lautstärke, Kanal,
  Oktave und Namen des Instruments }
```

```
Var
  C : Char;

Begin
  GotoXY(14,1); Write(Name:2);
  GotoXY(14,3); Write(Vol:4:2);
  GotoXY(14,5); Write(Oktave:2);
  GotoXY(14,7); Write(Kanal:2);
  GotoXY(14,9);

  If Note <> $ffff Then Begin
    C:=NoteT[1+(Note Mod 12)];
    If C='#' Then                    { schwarze Taste? }
      Write(NoteT[Note Mod 12],C)    { ja }
    Else
      Write(C,' ');                  { nein }
  End;
End;

Procedure AbfragNeuesIns;
{ Ermittle den Namen eines neuen Instruments und }
{ stelle diesen ein }

Var
  S : String;

Begin
  GotoXY(1,17); Write('Neuen Namen (max. 9 Char.) : ');
  ReadLn(S);
  If S<>'' Then
    NeuesIns(S);
  GotoXY(1,17);   { Lösche Frage }
  Write('                                            ');
End;

Begin { main }
  Initialisierung;

  Repeat
    ZeigeAlles;
    Note:=$ffff;               { keine Note }
    Taste:=UpCase(ReadKey);    { bestimme welche Taste }

    Case Taste Of
      '[' : If Oktave>0 Then Dec(Oktave);
```

```
      ']' : If Oktave<7 Then Inc(Oktave);
      '{' : If Vol>0 Then Vol:=Vol-0.01;
      '}' : If Vol<1 Then Vol:=Vol+0.01;
      'I' : AbfragNeuesIns;
      ' ' : SchalteNoteAus(Kanal);
   Else
      For Zaehler:=1 To 12 Do          { eine der      }
         If KeyB[Zaehler]=Taste Then   { Klaviertasten?}
            Note:=Oktave*12+Zaehler-1; { ja }
   End; {Case}

   If Noot<>$ffff Then Begin { Note spielen? }
      SchalteNoteAus(Kanal);       { ja, schalte letzte Note aus }
      SpieleNote(Kanal,Note); { Spiele neue Note }
   End;
      Lautstaerke(Kanal,Vol);          { stelle Lautstärke ein }
   Until Taste=#27;              { ESC ist Ende }

   SchalteNoteAus(Kanal);             { Ende der Note }
   Lautstaerke(Kanal,0);              { stelle Lautatärke auf 0 }
   GotoXY(1,17);                 { Ende der Nachricht }
   WriteLn('Schöne Grüße!...');
   WriteLn;
End.
```

Listing 8.9: Pascal-Listing eines Keyboard-Beispiels

Sie können die zwei FM-Chips des Sound Blaster Pro einzeln einstellen. Das nächste Listing stellt ein Instrument ein, indem Daten an die Ports 2X8h und 2X9h weitergeleitet werden. Dann klingt das Instrument mit Hilfe der Ports 2X0h, 2X1h, 2X2h und 2X3h so lange von links nach rechts und umgekehrt, bis eine Taste gedrückt wird. Natürlich gibt es noch viele andere Möglichkeiten. So können Sie die letzte Bibliothek um verschiedene andere Funktionen für den Pro erweitern. So ist es z.B. (mit Hilfe der Informationen aus Kapitel 12) möglich, alles über den linken oder den rechten Kanal wiedergeben lassen und so 15 normale und fünf rhythmische Instrumente verwenden, indem Sie einen Chip im Melodiemodus verwenden und den anderen im rhythmischen Modus.

```
Program SBProTest;

Uses Instr, FMDirect, CRT;

Const
  Geschwindigkeit        = 0.001;    { Die Größe der Abnahme }
```

```
   I : InsFormat = (Modus:0;Nummer:0; { ein Summton }
                    Modulator :
                    (KSL:1;MULTI:1;FB:3;AR:15;SL:0;
                     EG_TYP:1;DR:0;RR:2;TL:0;AM:1;
                     VIB:1;KSR:0;FM:1);
                    Carrier :
                    (KSL:0;MULTI:1;FB:0;AR:15;SL:0;
                     EG_TYP:1;DR:0;RR:2;TL:0;AM:1;
                     VIB:1;KSR:0;FM:0);
                    MWafeSel:0;CWafeSel:0);
   Ins : InsTp     = (Typ : INSPt; INS : @I);


Var
   Ch      : Char;          { für Tastendruck }
   Opt,                     { der Zähler }
   Vol     : Real;          { die Lautstärke }
   PKopie  : Word;          { SBPro-Port }


Begin
   Anschluss:=$220;                   { Test des linken Chip }

   If Not TestFMChip Then    { Test OK? }
      Anschluss:=$240;                { nein, anderer Basis-Port }
   PKopie:=Anschluss;
   Anschluss:=PKopie+8;               { unmittelbar über SBPro }

   If TestFMChip Then Begin
      AbspielModus(Melodie);
      StelleInsEin(1,Ins);            { stelle auf beiden Chips ein }
      Lautstaerke(1,0);               { Stille }
      SpieleNote(1,48);             { schalte Ton ein }
      Vol:=1;                       { links maximal }
      Opt:=-Geschwindigkeit;        { verringere jedesmal Lautstärke }

      Repeat
        Anschluss:=PKopie;            { linker Port auf 0 }
        Lautstaerke(1,Vol);           { stelle Lautstärke VOL ein }
        Anschluss:=PKopie+2;          { rechter Port auf 2 }
        Lautstaerke(1,1.0-Vol);      { stelle entgegengesetzte }
                                      { Lautstärke ein }
        Vol:=Vol+Opt;                 { veringere/erhöhe Lautstärke }

        If (Vol>1.0) Or (Vol<0.0) Then Begin
          Vol:=Vol-Opt;               { einen Schritt zurück }
          Opt:=-Opt;                  { entgegengesetztes Zeichen }
        End;
```

```
    Until KeyPressed;           { wiederhole bis Tastendruck }

    Ch:=ReadKey;                { Lies }
    Anschluss:=PKopie+8;           { beide FM Chips }
    SchalteNoteAus(1);
  End;
End.
```

Listing 8.10: Pascal-Listing eines Beispiels des Sound Blaster Pro

Kapitel 9

Die Programmierung der C/MS-Chips

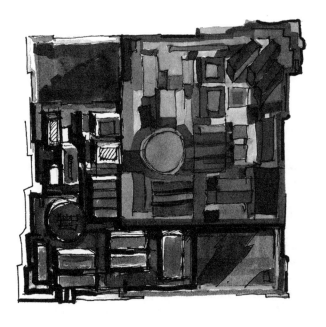

Die C/MS-Chips sind immer das Stiefkind des Sound Blaster geblieben. Sie werden kaum noch unterstützt. Die Tatsache, daß die Chips zu einem zusätzlichen Ankauf verpflichten, hat dies nur noch verstärkt.

Dennoch haben die Chips eine wichtige Funktion. Bereits die Tatsache, daß die Chips als einziger Teil des Standard-Sound Blaster Stereo-Ton erzeugen können, ist Grund genug, sie mal etwas näher zu betrachten.

Dieses Kapitel ist für den Besitzer der Versionen 1.0 und 2.0 des Sound Blaster gedacht, also nicht für den Besitzer des Sound Blaster Pro oder des MCV.

Wenn Sie noch keine Stereo-Chips besitzen, empfehlen wir Ihnen die in Kapitel 5 erwähnten Nachbildungen der C/MS-Chips.

Der C/MS-Treiber

Die C/MS-Chips unterscheiden sich in mancherlei Hinsicht vom FM-Chip. Die Adressen der Daten und auch die Funktion der Adressen selbst sind verschieden. Diesen Unterschied kann man aufheben, indem man Treiber benutzt. So gibt es einen Treiber für den FM-Chip (den SOUND.COM), aber auch einen Treiber für die C/MS-Chips, den CMSDRV.COM.

Der CMSDRV.COM kann eigentlich nur eines: CMS-Songs abspielen. "Ist das denn nun ein Treiber?", werden Sie fragen. Daß dies ein richtiger Treiber ist, ergibt sich aus der Tatsache, daß auch ein Programm (Driver) geschrieben werden kann, mit dem die C/MS-Songs über den FM-Chip abgespielt werden können.

C/MS-Songs sind Dateien mit dem Suffix .CMS, die mit dem CDMS-Composer von Creative Labs angefertigt wurden. Diesen Composer haben wir bereits ausführlich in Kapitel 3 behandelt. Der CDMS-Composer wurde mit dem Game Blaster, dem Vorgänger des Sound Blaster, mitgeliefert. Sollten Sie keine Game Blaster-Karte besitzen, dann können Sie jederzeit versuchen, den CDMS-Composer von einem BBS zu laden. Die Firma "Ultra Force BBS" in den Haag, Spezialist für den Sound Blaster, wird Sie jederzeit gern beraten. Rufen Sie dazu die Nummer 070-3585109 in den Haag an (Normaltarif).

CMSDRV.COM wird mit Hilfe des betreffenden Programms installiert. Danach ist der Treiber permanent im Speicher vorhanden. Den Treiber kann man mittels einer Programmunterbrechung erreichen.

Das Programm versucht bei der Unterbrechung Interrupt 80H für sich in Anspruch zu nehmen. Sollte dieser bereits von einem anderen Programm benutzt werden, dann sucht der Treiber nach einem höherliegenden Interrupt. Um herauszufinden, ob ein Interrupt überhaupt frei ist, muß man den genauen Wert der Interrupt-Vektoren bestimmen. Die Vektoren sind vier Bytes lang und fangen in Segment 0:Adresse 0 an.

Um herauszufinden, ob Interrupt 80H bereits besetzt ist, sehen wir uns die Bytes 0000H:0200H bis einschließlich 0000H:0204H an. Wenn diese alle gleich 4 sind, dann ist der Interrupt zur Benutzung frei. Sonst versucht der Treiber Interrupt 81H, indem er die Adressen 0000H:0205H bis einschließlich 0000H:0208H überprüft. Dieser Vorgang wiederholt sich so lange, bis ein freier Interrupt-Vektor gefunden wird.

Der Treiber benutzt einen freien Interrupt und biegt die Interrupt-Vektoren um. Dadurch entsteht das Problem, daß man nicht weiß, welchen Interrupt der Treiber benutzt.

Indem man den Wert der Interrupt-Vektoren bestimmt und den niedrigsten Wert um 0104H erhöht, findet man die Speicheradresse, die verrät, ob der Treiber tatsächlich dieser Interrupt benutzt. Auf der Adresse muß nämlich der Text "CMSDRV" vorhanden sein. Wenn man nun die Interrupt-Nummern ab 80H bestimmt und die dazugehörigen Vektoren – um 0104H erhöht – mit "CMSDRV" vergleicht, findet man die richtige Interrupt-Nummer.

Jetzt, wo der Treiber installiert ist, kommt die CMS-Datei an die Reihe. Diese Datei darf an jeder beliebigen Stelle in den Speicher geladen werden, vorausgesetzt, daß der Offset im Segment 0 ist.

Eine Speicheradresse kann man nämlich auch als Segment:Offset schreiben, wobei das Segment zwei Bytes umfaßt. Der Offset nimmt ebenfalls zwei Bytes in Anspruch, wodurch sich insgesamt 64 KB ergeben. Auf diese Weise kann die Adresse 66096 als 1010H:0130H und als 1023H:0000H geschrieben werden.

Dieses System macht es möglich, daß eine CMS-Datei in Blöcken von jeweils 16 Bytes geladen werden kann, weil ja die ersten drei Ziffern der Offset-Zahl zu den letzten drei Ziffern des Segments hinzugezählt werden. Eine CMS-Datei, die geladen werden kann, darf maximal 64 KB umfassen.

Der Treiber, der jetzt im Speicher vorhanden ist, kann dort eine Menge Funktionen haben, welche sich alle auf den CMS-Song beziehen.

Der CMSDRV.COM-Treiber hat folgende Funktionen:

Funktion 0

Beschreibung: Bittet um die genaue Version des Treibers. Diese Nummer wird durch zwei Zahlen beschrieben und durch einen Punkt getrennt.

Eingabe: ah=0

Ausgabe: ah=Nummer vor dem Punkt.
                 al=Nummer hinter dem Punkt.

Funktion 1

Beschreibung: Abspielen des CMS-Songs.

Der Treiber muß wissen, in welchem Segment sich der Song befindet (Offset ist nicht notwendig, weil dieser immer gleich 0 ist).

Daneben benutzt der Treiber auch ein sogenanntes Play-Flag, in der die genauen Daten des Treibers festgelegt sind. Das Play-Flag ist nichts anderes als ein von Ihnen im Speicher gewähltes Byte. Wenn der Inhalt des Play-Flags gleich 255 ist, dann spielt der Treiber den Song ab. Wenn der Inhalt gleich 0 ist, dann ist der Treiber inaktiv.

Eingabe: ah=1

                 al: Gibt an, wie oft ein CMS-Song abgespielt werden soll. Die Zahl kann zwischen 1 und 255 liegen, wobei die Zahl 0 angibt, daß der Song nonstop abgespielt werden soll.

                 es: Die Segmentadresse des Play-Flags.

                 bx: Die Offset-Adresse des Play-Flags.

                 cx: Die Segmentadresse des CMS-Songs.

Ausgabe: ax=0:   Alles ist nach Wunsch gegangen. Die Musik spielt jetzt.

                 ax=1:   Der angezeigte CMS-Song hat Fehler oder ist gar kein CMS-Song.

ax=2:   Der CMS-Song ist mit Hilfe eines Composers, den der Treiber
         nicht unterstützt, geschrieben worden.

Funktion 2

Beschreibung: Pause der Musik.

Eingabe: ah=2

Ausgabe: ax=0:   Aktion erfolgreich; die Musik macht Pause.

             ax=1:   Es spielte keine Musik, so daß es auch keine Pause geben kann.

Funktion 3

Beschreibung: Wiedergabe fortsetzen. Diese Funktion hat nur einen Sinn, wenn es eine
              musikalische Pause gibt.

Eingabe: ah=3

Ausgabe: ax=0:   Aktion ist gelungen; die Musik spielt weiter.

             ax=1:   Es gibt kein Musikstück im Pausenzustand.

Funktion 4

Beschreibung: Abbrechen des CMS-Songs.

Eingabe: ah=4

Ausgabe: keine

Funktion 5

Beschreibung: Ausschalten der Tasten <Ctrl><5> (auf dem Ziffernblock). Der
                 Treiber kann auch mittels der Tastatur betätigt werden. Indem Sie
                 die <Ctrl>-Taste und dreimal die <5> des Ziffernblocks drücken,
                 können Sie den Song abbrechen. <Ctrl> und zweimal die <5>

unterbricht den Song, einmal die <5> startet den Song wieder. Mit dieser Funktion können Sie die Funktion der Tastatur ausschalten.

Eingabe: ah=5

Ausgabe: keine

Das Abspielen von C/MS-Songs

Wie ein Treiber eigentlich funktioniert, kann man am besten an einem Beispiel demonstrieren. Das nun folgende Programm spielt einen C/MS-Song. Dazu macht man folgendes:

1.   Überzeugen Sie sich, daß der CMSDRV.COM vorhanden ist, und bestimmen Sie die Interrupt-Nummer.

2.   Laden Sie die .CMS-Datei in ein Segment mit Offset 0.

3.   Reservieren Sie ein Play-Flag.

4.   Beauftragen Sie den Treiber, den Song abzuspielen.

5.   Wenn die Ausgabe gleich 0 ist, dann verlassen Sie das Programm mit einer Fehlermeldung.

6.   Warten Sie auf die Benutzereingabe. Es gibt vier Tasten für Wiedergabe, Pause, erneuten Start und Ende.

7.   Verlassen Sie das Programm, wenn der Benutzer Ende drückt.

Bitte beachten Sie, daß die Funktion für <Ctrl><5> (auf dem Ziffernblock) nicht abgeschaltet wird! Statt der vier erwähnten Tasten können Sie auch die <Ctrl><5>-Funktion verwenden, um den Song zu beenden oder zu unterbrechen.

```
{ ********************************************************
**   CMS-Einheit zur Unterstützung von PLAYCMS.PAS **
**   Turbo Pascal 4.0                             **
******************************************************** }

Unit CMS;
```

```
INTERFACE

Uses Crt,Dos;

var Play_flag:byte;
    songseg:word;
    intno:byte;

Function CheckDrv:byte;
Function SpieleSong:boolean;
Function Unterbrechen:boolean;
Function Fortfahren:boolean;
Procedure Stopp;
Procedure Mache_Taste_frei;

IMPLEMENTATION

Function CheckDrv:byte;              { Prüfe ob der Treiber }
const header:string[6]="CMSDRV"; { im Speicher }
                                    { vorhanden ist; benutze }
var vect:byte;                      { dazu den }
    found:boolean;                  { Erkennungsstring }
    regs:Registers;
    temp:string[6];

begin
  vect:=$80;
  found:=false;

  while not found and (vect<>0) do
  begin
    regs.ah:=53;            { Funktion 53 des Int 21h }
    regs.al:=vect;          { liest einen Vector  }
    intr($21,regs);

    Move(mem[regs.es:$104],temp[1],6);
    temp[0]:=#6;
                              { Kopiere in einen Puffer }
    if temp=header then     { Stelle die Länge auf 6 ein }
      found:=true
    else
      Inc(vect);
  end;
  checkdrv:=vect;
end;
```

```pascal
Function SpieleSong:boolean;      { fange zu spielen an }
var regs:registers;

begin
  regs.ah:=1;
  regs.al:=1;
  regs.es:=Seg(Play_flag);
  regs.bx:=Ofs(Play_flag);
  regs.cx:=songseg;
  intr(intno,regs);
  if (regs.ax<>0)
  then
    spieleSong:=true
  else
    spieleSong:=false;
end;

Function Unterbrechen:boolean;    { Unterbrich den Song }
var regs:registers;

begin
  regs.ah:=2;
  intr(intno,regs);
  if (regs.ax<>0)
  then
    Unterbrich:=true
  else
    Unterbrich:=false;
end;

Function Fortfahren:boolean;   { Unterbrechen Stopp! }
var regs:registers;

begin
  regs.ah:=3;
  intr(intno,regs);
  if regs.ax<>0
  then
    Fahrefort:=true
  else
    Fahrefort:=false;
end;

Procedure Stopp;            { das Spielen beenden }
var regs:registers;
```

```
begin
  regs.ah:=4;
  intr(intno,regs);
end;

Procedure Mache_Taste_frei;   { Mache numerische Tastatur frei }
var regs:registers;

begin
  regs.ah:=5;
  intr(intno,regs);
end;


begin
end.
```

Listing 9.1: Pascal-Unit zum Abspielen von C/MS-Songs

```
{ ******************************************
** PLAYCMS.PAS                           **
** Turbo Pascal 4.0                       **
****************************************** }

Program PlayCMS;

uses Crt,Dos,Cms;

var mempos:pointer;
    size:word;
    Taste:char;
    result:integer;

Function loadfile(Dateiname:String):byte; { lädt eine }
var handle:file;                { Datei am Anfang }
    regs:registers;             { eines Segments }

begin
  {$I-}
  Assign(handle,Dateiname);
  Reset(handle,1);
  size:=filesize(handle);
  GetMem(mempos,(size+15) AND $FFF0);
  songseg:=Seg(mempos^);
```

```
  BlockRead(handle,mem[songseg:0],size);
  close(handle);
  {$I+}
  If ioresult<>0 then loadfile:=1 else loadfile:=0;
end;

Procedure Wahl;
begin
  Write("Drücke P-Pause, U-Unterbrichpause, S-Stopp ");
  Writeln("oder M-Musik Meastro!");
end;

begin                        { Hauptprogramm }
  if paramcount<>1 then
  begin
    Writeln("Verwende: playcms < cms-file >");
    halt(1);
   end;

  intno:=checkdrv;
  if intno=0 then
  begin
    Writeln("CMSDRV.COM ist nicht geladen.");
    halt(2);
  end
  else
    Writeln("CMSDRV.COM gefunden, Interrupt : ",intno);

  result:=loadfile(paramstr(1));
  if result<>0 then

  begin
    if result=2 then
      writeln("Nicht genügend Speicherplatz vorhanden .")
    else
      writeln("Ladefehler ",paramstr(1));
    halt(3);
  end;

  Wahl;

  Repeat
    If Keypressed then
      Taste:=Upcase(readkey)
    else
      Taste:=#0;
```

```
      case Taste of                { verarbeite die Wahl }

        "M":if Spielesong then
               writeln("Fehler beim Anfang des Song..")
             else
               Wahl;

        "P":if Unterbrechen then
               writeln("Es spielt keine Musik.")
             else
               Wahl;

        "U":if Fortfahren then
               writeln("Keine Pause vorhanden.")
             else
               Wahl;
      end;
    Until (Taste="S");

    Stopp;
    Mache_Taste_frei;
    freemem(mempos,(size+15) AND $FFF0);
end.
```

Listing 9.2: Pascal-Beispiel, mit dem C/MS-Songs abgespielt werden

```
/* ******************************************************
** Include file CMS.H bij PLAYCMS.C            **
** Turbo C++ 2.0                               **
****************************************************** */

typedef unsigned char byte;
typedef unsigned int  word;

word Play_flag;
word segm;
byte intno;

checkdrv()
{
  byte vect=0x80;
  byte found=0;
  int aantal=0;
  char kar[6]="CMSDRV";
```

```
  union REGS inregs,outregs;
  struct SREGS segregs;
  byte far *oldvect;

  while (!found && vect!=0)
  {
    inregs.h.ah=53;
    inregs.h.al=vect;
    int86x(0x21,&inregs,&outregs,&segregs);

    outregs.x.bx=0x0104;

    oldvect=MK_FP(segregs.es,outregs.x.bx);
    for(aantal=0;oldvect[aantal]==kar[aantal];aantal++);

    if (aantal==7)
      found=1;
    else
      vect++;
  }

  return(vect);
}

speelsong()
{
  union REGS inregs,outregs;
  struct SREGS segregs;

  inregs.h.ah=1;
  inregs.h.al=1;
  segregs.es=FP_SEG(Play_flag);
  inregs.x.bx=FP_OFF(Play_flag);
  inregs.x.cx=segm;
  int86x(intno,&inregs,&outregs,&segregs);
  if (outregs.x.ax!=0) return(1);
  return(0);
}

pauzeer()
{
  union REGS inregs,outregs;

  inregs.h.ah=2;
  int86(intno,&inregs,&outregs);
  if (outregs.x.ax!=0) return(1);
```

```
   return(0);
}

gadoor()
{
  union REGS inregs,outregs;

  inregs.h.ah=3;
  int86(intno,&inregs,&outregs);
  if (outregs.x.ax!=0) return(1);
  return(0);
}

void stop()
{
  union REGS inregs,outregs;
  inregs.h.ah=4;
  int86(intno,&inregs,&outregs);
}

void geef_key_vrij()
{
  union REGS inregs,outregs;
  inregs.h.ah=5;
  int86(intno,&inregs,&outregs);
}
```

Listing 9.3: C-Einheit zum Abspielen von C/MS-Songs

```
/* **************************************************
** PLAYCMS.C                                        **
** Turbo C++ 2.0                                    **
************************************************** */

#include <dos.h>
#include <fcntl.h>
#include "cms.h"

extern word Play_flag;
extern word segm;
extern byte intno;

loadfile( char *filenaam )
{
  int handle;
```

```c
  long filesize;
  struct REGPACK reg;

  if ( (handle=open(filenaam,O_RDONLY | O_BINARY))==-1)
    return(1);
  filesize = filelength(handle);
  if (allocmem(((filesize+16)>>4), &segm) !=-1)
    return(2);
  reg.r_ax=0x3f00;
  reg.r_bx=handle;
  reg.r_cx=filesize;
  reg.r_dx=0;
  reg.r_ds=segm;
  intr(0x21,&reg);
  if (reg.r_flags & 1 )
  {
    freemem(segm);
    return(1);
  }
  close(handle);
  return(0);
}

void keuze()
{
  printf("\nDruk p-pauze, u-unpauze, s-stop ");
  printf("of m-muziek meastro!\n");
}

main ( int argc, char *argv[])
{
  char toets;
  int result;

  if ( !(argc==2) )
  {
    printf("Gebruik: playcms < cms-file > \n");
    return(-1);
  }

  if ( (intno=checkdrv())==0 )
  {
    printf("CMSDRV.COM is niet geladen.. \n");
    return(-2);
  }
```

```
if (!((result=loadfile(argv[1]))==0 ))
{
  if (result==2)
    printf("Niet genoeg geheugen beschikbaar.\n");
  else
    printf("Fout bij laden %s.\n",argv[1]);
  return(-3);
}


keuze();
while ((toets=toupper((toets=getch())))!='S')
{
  switch(toets)
  {
    case 'M':
        if (speelsong()==1)
        {
          printf("Fout bij starten v.d. song..\n");
          break;
        }
        keuze();
        break;

    case 'P':
        if (pauzeer()==1)
        {
          printf("Er speelt geen muziek.\n");
          break;
        }
        keuze();
        break;

    case 'U':
        if (gadoor()==1)
        {
          printf("Er staat niets gepauzeerd.\n");
          break;
        }
        keuze();
        break;

    default:
        break;
  }
}
```

```
stop();
geef_key_vrij();
freemem(segm);
return(0);
}
```

Listing 9.4: C-Beispiel, mit dem C/MS-Songs abgespielt werden

Wie wird mit den C/MS-Chips ein Ton erzeugt?

Das Vorhandensein von zwei Stereo-Chips berechtigt zu der Annahme, daß ein Chip für
die linken und ein Chip für die rechten Tonkanäle zuständig ist. Das stimmt aber nicht!
Nachdem z.B. einer der Chips entfernt wurde, kann man immer noch eine bestimmte
Anzahl Kanäle, wenn auch nur die Hälfte, ansteuern.

Jeder C/MS-Chip verfügt über sechs unabhängige Kanäle. Daß die beiden C/MS-Chips
einander nicht im Wege sind, kommt dadurch, daß die Chips unterschiedliche Ports zur
Ansteuerung verwenden. Der erste Chip, der die Kanäle 0 bis einschließlich 5 ansteuert,
benutzt die Ports 2x1H und 2x0H. Die Ports 2x3H und 2x2H sind für den zweiten
C/MS-Chip, der die Kanäle 6 bis einschließlich 11 ansteuert. Das X in den Hexadezimalzahlen verweist auf die Einstellung des I/O-Jumpers. Die Ausgangsposition
des I/O-Jumpers ist 220H; das X bedeutet hier eine 2.

Um die sechs Kanäle anzusteuern, hat jeder C/MS-Chip 32 interne Register, die alle
Informationen über die Chips speichern. Diese Register sind Write Only, d.h. es können
nur Daten in ihnen gespeichert werden.

Weil es sehr ineffizient ist, 32 Ports für diese Register zu reservieren, werden indizierte
Register verwendet.

Aus Bequemlichkeit nehmen wir an, daß der I/O-Jumper auf 220H eingestellt ist. Port
221H des ersten und Port 223H des zweiten C/MS-Chip beziehen sich auf die Registeradressen. Die Zahlen, die an diese Ports weitergeleitet werden, müssen zwischen 0
und 31 liegen. Die Ports 220H und 222H des ersten bzw. zweiten Chips enthalten die
Zahlen, die in den Registeradressen gespeichert werden müssen.

Nehmen wir mal an, daß die Zahl 32 im dritten Register des zweiten C/MS-Chips
gespeichert werden muß (einer der Kanäle zwischen 6 und 11 wird dann angesteuert).
Der zweite Chip hat als Adressen-Port 223H und als Daten-Port 222H.

Zuerst leitet man die Zahl 3 an den Adressen-Port 223H, so daß der Chip weiß, daß die nächstfolgende Zahl, die an den Adressen-Port weitergeleitet wird, im 3. Register gespeichert werden muß. Danach überträgt man die Zahl 32 an den Daten-Port 222H.

Wie bereits früher erwähnt wurde, enthalten die 32 Register alle Daten, um auf den sechs Kanälen einen Ton zu generieren. Der Klang eines Tons wird auf allen Kanälen durch Frequenz, Oktave, Amplitude und Hüllkurve bestimmt.

Frequenz

Jeder C/MS-Chip verfügt über sechs Frequenzgeneratoren. In einem Chip sind sechs Register für die Tonnummern jedes Frequenzgenerators reserviert worden. Das Register der Tonnummern ist 8 Bits breit, so daß die zugelassenen Werte zwischen 0 und 255 liegen. Tonhöhe und Tonfrequenz sind die gleichen Begriffe. Die Funktion wird immer in Hz gemessen. Um die Frequenz eines Ton zu berechnen, können Sie folgende Formel verwenden:

```
Tonfrequenz (in Hz) = 15625 x 2^(Nummer der Oktave) / (511 - Tonnummer)
```

Oktave	Frequenzbereich
0	31 Hz bis 61 Hz
1	61 Hz bis 122 Hz
2	122 Hz bis 244 Hz
3	244 Hz bis 488 Hz
4	489 Hz bis 977 Hz
5	978 Hz bis 1.95 KHz
6	1.96 KHz bis 3.91 KHz
7	3.91 KHz bis 7.81 KHz

Tab. 9.1: Frequenzen

Oktave

Weil die Tonnummern zwischen 0 und 255 zur Bestimmung der vielen Tonhöhen unzureichend sind, sind die Tonhöhen in acht Oktaven unterteilt. Jede Oktave hat ihren eigenen Frequenzbereich. In der Tabelle 9.1 sind die acht Oktaven mit ihren Frequenzbereichen aufgelistet.

Für eine Oktave sind genau drei Bits notwendig, so daß zwei Oktavnummern in 1 Byte passen. So sind auch nur drei Register für die Oktavnummern der sechs Frequenzgeneratoren reserviert worden.

Amplitude

Die Amplitude ist nichts anderes als die Lautstärke eines Tons. Für jeden einzelnen Kanal kann die Lautstärke eingestellt werden. Hier fängt der Stereo-Ton an, denn sowohl für links als auch für rechts kann die Amplitude bestimmt werden.

Es gibt sechs Register, eins für jeden Kanal, dessen höhere 4 Bits die Amplitude für rechts und die niederen 4 Bits die Amplitude für links bestimmen. Sie können die Lautstärke bei beiden Kanälen in acht Schritten einstellen.

Hüllkurve

Es gibt zwei Hüllkurven-Generatoren, die den Verlauf der Tonamplitude anzeigen. Die Generatoren ergeben folgende Darstellungen:

Zero Amplitude: Lautstärke Null.

Maximum Amplitude: Volle Lautstärke.

Single Decay: Eine lineare Abnahme der Lautstärke.

Repetitive Decay: Wiederholte lineare Abnahme der Lautstärke. Die Wiedergabe erfolgt mit Hilfe einer stufenförmigen Linie.

Single Triangular: Eine lineare Zunahme, gefolgt von einer linearen Abnahme der Lautstärke.

Repetitive Triangular: Wiederholte lineare Zunahme, gefolgt von einer linearen Abnahme der Lautstärke.

Single Attack: Eine einzige lineare Zunahme der Lautstärke.

Repetitive Attack: Wiederholte lineare Zunahme der Lautstärke.

Sobald bei Attack und Decay die maximale Lautstärke erreicht wird, wird die Lautstärke sofort auf 0 reduziert. Die maximale Lautstärke wird bei der Verwendung von Hüllkurven-Generatoren auf 7/8 des maximalen Wertes des Amplitude-Registers zurückgebracht.

Bitnummer	Zustand (0=aus, 1=ein)	Beschreibung
Bit 0	0	Sowohl links wie rechts haben die gleichen Hüllkurven-Darstellungen
	1	Die Hüllkurven-Darstellungen für die linke und rechte Ausgabe sind einander entgegengesetzt
Bit 3, 2, 1	000	Keine Amplitude
	001	Maximale Amplitude
	010	Ein einziges Decay
	011	Wiederholtes Deacy
	100	Ein einziges Attach+Decay (triangular)
	101	Wiederholtes Triangular
	110	Ein einziges Decay
	111	Wiederholtes Attack
Bit 4	0	4-Bits Hüllkurven-Wiedergabe
	1	3-Bits Hüllkurven-Wiedergabe
Bit 5	0	Interne Hüllkurven-Uhr: Frequenzgeneratoren 1 oder 4
	1	Externe Hüllkurven-Uhr: an dieses Register-Byte weiterzuleiten
Bit 6	0, 1	Hat keine Funktion
Bit 7	0	Hüllkurven-Generator ist ausgeschaltet
	1	Hüllkurven-Generator ist eingeschaltet

Tab. 9.2: Hüllkurven-Darstellungen

Es sind zwei Hüllkurven-Register vorhanden. Ein Register für die Frequenzgeneratoren 0 bis einschließlich 2, und ein Register für die Frequenzgeneratoren 3 bis einschließlich 5. Die oben erwähnten acht Hüllkurven-Darstellungen benötigen 3 Bits.

Sobald die Oktaven 5, 6 und 7 erreicht werden, werden die Frequenzstufen größer, so daß eine 4-Bit-Zahl verwendet werden muß.

Um zu bestimmen, ob bei einer wiederholten Hüllkurven-Darstellung ein Attack oder ein Decay anfangen soll, benutzt der Hüllkurven-Generator eine interne oder externe Uhr. Bei der internen Uhr wird Frequenzgenerator 1 (für den ersten Hüllkurven-Generator) oder Frequenzgenerator 4 (für den zweiten Hüllkurven-Generator) benutzt. Diese Frequenzgeneratoren sind dann nicht mehr zu gebrauchen. Als externe Uhr können Sie selbst fungieren. Indem Sie Daten an das Register des dazugehörigen Hüllkurven-Generators weiterleiten, starten Sie zugleich ein neues Attack oder Decay, je nach Einstellung der Hüllkurven.

Geräuschgeneratoren

Ein Sound-Chip muß natürlich nicht nur Noten erzeugen können. Noten an sich sind nämlich unzureichend für die Erzeugung verschiedenartiger Geräuscheffekte. Für die verschiedenen Geräuscheffekte gibt es einen Geräuschgenerator. Überall dort, wo der Frequenzgenerator Sinuswellen zur Erzeugung der Töne verwendet, verwendet der Geräuschgenerator beliebige Zahlen. Diese Zahlen bilden eine Art Rauschen. Das Geräusch des Geräuschgenerators wird denn auch oft "Weißes Rauschen" genannt.

Jeder C/MS-Chip hat zwei Geräuschgeneratoren. Die Tonhöhe des Rauschens, oder die Geschwindigkeit, mit der neue beliebige Zahlen gewählt werden, hängt von zwei Bits im Register des Geräuschgenerators ab. Das Geräuschregister enthält zwei Bits für Geräuschgenerator 0 und zwei Bits für Geräuschgenerator 2. Der Wert dieser zwei Bits bestimmt die Rauschfrequenz. Die möglichen Werte sind:

Bit 0	Bit 1	Frequenz
0	0	31.25 KHz
0	1	15.6 KHz
1	0	7.8 KHz
1	1	Zwischen 61 Hz und 16.6 KHz

Tab. 9.3: Hüllkurven-Darstellungen

Wenn beide Bits den Wert 1 haben, bestimmen die Werte des Registers der Frequenzgeneratoren 0 und 3 die Frequenz der Geräuschgeneratoren 0 und 1.

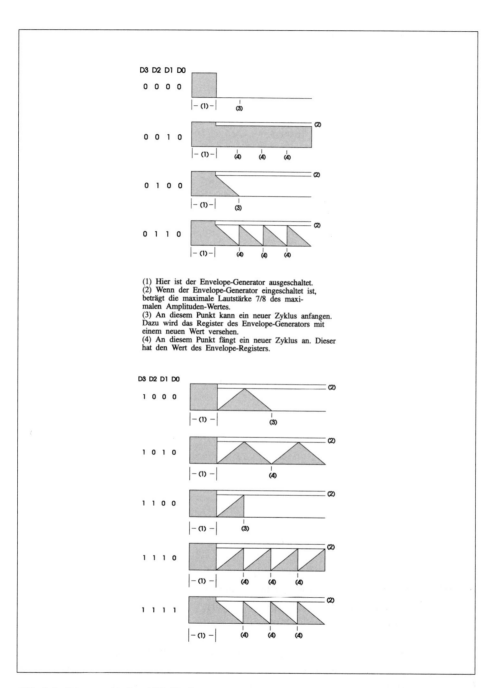

(1) Hier ist der Envelope-Generator ausgeschaltet.
(2) Wenn der Envelope-Generator eingeschaltet ist,
beträgt die maximale Lautstärke 7/8 des maximalen Amplituden-Wertes.
(3) An diesem Punkt kann ein neuer Zyklus anfangen.
Dazu wird das Register des Envelope-Generators mit
einem neuen Wert versehen.
(4) An diesem Punkt fängt ein neuer Zyklus an. Dieser
hat den Wert des Envelope-Registers.

Abb. 9.1: Die verschiedenen Wellenformen

Geräusch-/Frequenz-Mischer

Der C/MS-Chip hat sechs Mischer, für jeden Kanal einen, mit denen man Töne und Geräusche mischen kann.

Damit die Mischer wissen, was nun eigentlich weitergeleitet werden soll, sind zwei interne Register zu diesem Zweck reserviert worden. In beiden Registern sind sechs Bits mit bestimmten Werten versehen, die alle einen bestimmten Kanal andeuten. Das erste Register gibt an, ob die Töne weitergeleitet werden sollen. Nachdem das Bit eingestellt wurde (also den Wert 1 hat), wird der Ton, der vom Frequenzgenerator generiert wurde, weitergeleitet. Das zweite Register bestimmt, ob die Geräusche des Geräuschgenerators weitergeleitet werden sollen. Folgende Kombinationen sind hier möglich:

Frequenz-Enable-Register	Noise-Enable-Register	Beschreibung
0	0	Ton und Rauschen werden nicht weitergeleitet.
0	1	Nur Rauschen wird weitergeleitet.
1	0	Nur Töne werden weitergeleitet.
1	1	Sowohl Töne wie Rauschen werden weitergeleitet.

Tab. 9.4: Register-Belegung

Damit Sie die Struktur aller Bestandteile des C/MS-Chip besser erkennen können, ist in Abbildung 9.2 der Zusammenhang der einzelnen Teile grafisch wiedergegeben.

Reset und Sound Enable Register

Es bleibt noch ein Register übrig, das Sound Enable-Register, das eine wichtige Funktion hat. Damit man mit dem Sound Blaster auch nur ein einziges Geräusch erzeugen kann, muß Bit 1 dieses Registers unbedingt festgelegt sein. Bit 0 bestimmt, ob die Tonwiedergabe durch diesen Chip erfolgt oder nicht.

Nachdem Bit 1 dieses Registers festgelegt wurde, werden alle Frequenzgeneratoren von neuem bestimmt (reset). Beide Funktionen beeinflussen alle sechs Kanäle. Wenn der Computer eingeschaltet wird, haben sowohl Bit 0 wie Bit 1 den Wert 0.

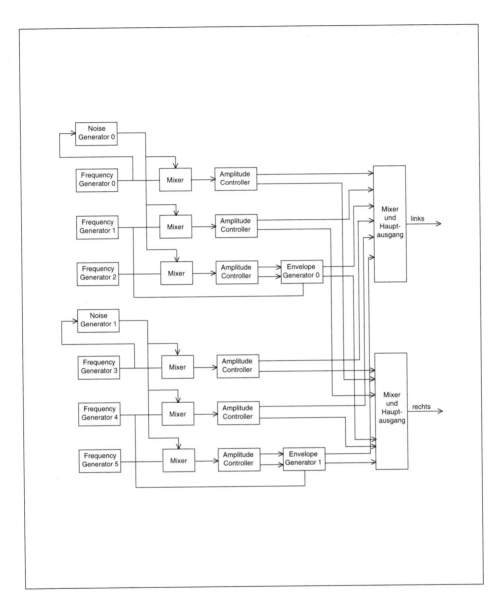

Abb. 9.2: Der C/MS-Chip

Beschreibung der Register

Auf den vorangehenden Seiten wurden viele Register besprochen. Es ist aber noch immer nicht deutlich, welche Adresse jedes Register hat. Deshalb sind in der nachfolgenden Tabelle alle internen Register mit ihren Adressen, Datenbits und einer Beschreibung wiedergegeben.

Tabelle 9.3 bezieht sich auf den ersten C/MS-Chip, Tabelle 9.4 auf den zweiten.

Register Adresse	Datenbus Eingabe								Beschreibung
	Bit 7	Bit 6	Bit 5	Bit 4	Bit 3	Bit 2	Bit 1	Bit 0	Funktion
00	AmR3	AmR2	AmR1	AmR0	AmL3	AmL2	AmL1	AmL0	Amplitudewerte rechts und links für Kanal 0
01	AmR3	AmR2	AmR1	AmR0	AmL3	AmL2	AmL1	AmL0	Amplitudewerte rechts und links für Kanal 1
02	AmR3	AmR2	AmR1	AmR0	AmL3	AmL2	AmL1	AmL0	Amplitudewerte rechts und links für Kanal 2
03	AmR3	AmR2	AmR1	AmR0	AmL3	AmL2	AmL1	AmL0	Amplitudewerte rechts und links für Kanal 3
04	AmR3	AmR2	AmR1	AmR0	AmL3	AmL2	AmL1	AmL0	Amplitudewerte rechts und links für Kanal 4
05	AmR3	AmR2	AmR1	AmR0	AmL3	AmL2	AmL1	AmL0	Amplitudewerte rechts und links für Kanal 5
06	X	X	X	X	X	X	X	X	Für Erweiterung reserviert
07	X	X	X	X	X	X	X	X	Für Erweiterung reserviert
08	Tn7	Tn6	Tn5	Tn4	Tn3	Tn2	Tn1	Tn0	Zeige Nummer für Frequenzgenerator 0
09	Tn7	Tn6	Tn5	Tn4	Tn3	Tn2	Tn1	Tn0	Zeige Nummer für Frequenzgenerator 1
0A	Tn7	Tn6	Tn5	Tn4	Tn3	Tn2	Tn1	Tn0	Tonnummer für Frequenzgenerator 2

Register Adresse	Bit 7	Bit 6	Bit 5	Bit 4	Bit 3	Bit 2	Bit 1	Bit 0	Beschreibung Funktion
0B	Tn7	Tn6	Tn5	Tn4	Tn3	Tn2	Tn1	Tn0	Tonnummer für Frequenzgenerator 3
0C	Tn7	Tn6	Tn5	Tn4	Tn3	Tn2	Tn1	Tn0	Tonnummer für Frequenzgenerator 4
0D	Tn7	Tn6	Tn5	Tn4	Tn3	Tn2	Tn1	Tn0	Tonnummer für Frequenzgenerator 5
0E	X	X	X	X	X	X	X	X	Für Erweiterung reserviert
0F	X	X	X	X	X	X	X	X	Für Erweiterung reserviert
10	X	K1On2	K1On1	K1On0	X	K0On2	K0On1	K0On0	Oktavnummer von Frequenzgenerator 1 (Bits 4-6) und von Frequenzgenerator 0 (Bits 0-2)
11	X	K3On2	K3On1	K3On0	X	K2On2	K2On1	K2On0	Oktavnummer von Frequenzgenerator 3 (Bits 4-6) und von Frequenzgenerator 2 (Bits 0-2)
12	X	K5On2	K5On1	K5On0	X	K4On2	K4On1	K4On0	Oktavnummer von Frequenzgenerator 5 (bits 4-6) und von Frequenzgenerator 4 (Bits 0-2)
13	X	X	X	X	X	X	X	X	Für Erweiterung reserviert
14	X	X	K5	K4	K3	K2	K1	K0	Frequency Enable für alle Kanäle
15	X	X	K5	K4	K3	K2	K1	K0	Geräusch Enable für alle Kanäle
16	X	X	G1Kf1	G1Kf0	X	X	G0Kf1	G0Kf0	Geräuschgenerator Uhr-Frequenz
17	X	X	X	X	X	X	X	X	Für Erweiterung reserviert
18	G0E7	X	G0E5	G0E4	G0E3	G0E2	G0E1	G0E0	Hüllkurven-Generator 0
19	G1E7	X	G1E5	G1E4	G1E3	G1E2	G1E1	G1E0	Hüllkurven-Generator 1

Register Adresse	Datenbus Eingabe								Beschreibung Funktion
	Bit 7	Bit 6	Bit 5	Bit 4	Bit 3	Bit 2	Bit 1	Bit 0	
1A	X	X	X	X	X	X	X	X	Für Erweiterung reserviert
1B	X	X	X	X	X	X	X	X	Für Erweiterung reserviert
1C	X	X	X	X	X	X	RST	SE	Reset/Sound enable alle Kanäle (0 bis einschließlich 5)
1D	X	X	X	X	X	X	X	X	Für Erweiterung reserviert
1E	X	X	X	X	X	X	X	X	Für Erweiterung reserviert
1F	X	X	X	X	X	X	X	X	Für Erweiterung reserviert

Tab. 9.5: Der erste C/MS-Chip

Alle Zahlen sind hexadezimal notiert.

Das X deutet an, daß diese Bits nicht benutzt werden.

Als Register für diesen C/MS-Chip dienen der Adressen-Port 2X1H und der Daten-Port 2X0H. Das X steht hier für eine der Zahlen 1, 2, 3, 4, 5, 6, in Abhängigkeit von der I/O-Einstellung.

Register Adresse	Datenbus Eingabe								Beschreibung Funktion
	Bit 7	Bit 6	Bit 5	Bit 4	Bit 3	Bit 2	Bit 1	Bit 0	
00	AmR3	AmR2	AmR1	AmR0	AmL3	AmL2	AmL1	AmL0	Amplitudewerte rechts und links für Kanal 6
01	AmR3	AmR2	AmR1	AmR0	AmL3	AmL2	AmL1	AmL0	Amplitudewerte rechts und links für Kanal 7
02	AmR3	AmR2	AmR1	AmR0	AmL3	AmL2	AmL1	AmL0	Amplitudewerte rechts und links für Kanal 8

Register Adresse	Datenbus Eingabe								Beschreibung Funktion
	Bit 7	Bit 6	Bit 5	Bit 4	Bit 3	Bit 2	Bit 1	Bit 0	
03	AmR3	AmR2	AmR1	AmR0	AmL3	AmL2	AmL1	AmL0	Amplitudewerte rechts und links für Kanal 9
04	AmR3	AmR2	AmR1	AmR0	AmL3	AmL2	AmL1	AmL0	Amplitudewerte rechts und links für Kanal 10
05	AmR3	AmR2	AmR1	AmR0	AmL3	AmL2	AmL1	AmL0	Amplitudewerte rechts und links für Kanal 11
06	X	X	X	X	X	X	X	X	Für Erweiterung reserviert
07	X	X	X	X	X	X	X	X	Für Erweiterung reserviert
08	Tn7	Tn6	Tn5	Tn4	Tn3	Tn2	Tn1	Tn0	Tonnummer für Frequenzgenerator 6
09	Tn7	Tn6	Tn5	Tn4	Tn3	Tn2	Tn1	Tn0	Tonnummer für Frequenzgenerator 7
0A	Tn7	Tn6	Tn5	Tn4	Tn3	Tn2	Tn1	Tn0	Tonnummer für Frequenzgenerator 8
0B	Tn7	Tn6	Tn5	Tn4	Tn3	Tn2	Tn1	Tn0	Tonnummer für Frequenzgenerator 9
0C	Tn7	Tn6	Tn5	Tn4	Tn3	Tn2	Tn1	Tn0	Tonnummer für Frequenzgenerator 10
0D	Tn7	Tn6	Tn5	Tn4	Tn3	Tn2	Tn1	Tn0	Tonnummer für Frequenzgenerator 11
0E	X	X	X	X	X	X	X	X	Für Erweiterung reserviert
0F	X	X	X	X	X	X	X	X	Für Erweiterung reserviert
10	X	K7On2	K7On1	K7On0	X	K6On2	K6On1	K6On0	Oktavnummer von Frequenzgenerator 7 (Bits 4-6) und von Frequenzgenerator 6 (Bits 0-2)
11	X	K9On2	K9On1	K9On0	X	K8On2	K8On1	K8On0	Oktavnummer von Frequenzgenerator 9 (Bits 4-6) und von Frequenzgenerator 8 (Bits 0-2)

Register Adresse	Bit 7	Bit 6	Bit 5	Bit 4	Bit 3	Bit 2	Bit 1	Bit 0	Beschreibung Funktion
12	X	K11On2	K11On1	K11On0	X	K10On2	K10On1	K10On0	Oktavnummer von Frequenzgenerator 11 (Bits 4-6) und von Frequenzgenerator 10 (Bits 0-2)
13	X	X	X	X	X	X	X	X	Für Erweiterung reserviert
14	X	X	K11	K10	K9	K8	K7	K6	Frequency Enable für alle Kanäle
15	X	X	K11	K10	K9	K8	K7	K6	Geräusch Enable für alle Kanäle
16	X	X	G3Kf1	G3Kf0	X	X	G1Kf1	G1Kf0	Geräuschgenerator Uhr-Frequenz
17	X	X	X	X	X	X	X	X	Für Erweiterung reserviert
18	G2E7	X	G2E5	G2E4	G2E3	G2E2	G2E1	G2E0	Hüllkurven-Generator 2
19	G3E7	X	G3E5	G3E4	G3E3	G3E2	G3E1	G3E0	Hüllkurven-Generator 3
1A	X	X	X	X	X	X	X	X	Für Erweiterung reserviert
1B	X	X	X	X	X	X	X	X	Für Erweiterung reserviert
1C	X	X	X	X	X	X	RST	SE	Reset/Sound Enable alle Kanäle (6 bis einschließlich 11)
1D	X	X	X	X	X	X	X	X	Für Erweiterung reserviert
1E	X	X	X	X	X	X	X	X	Für Erweiterung reserviert
1F	X	X	X	X	X	X	X	X	Für Erweiterung reserviert

Tab. 9.6: Der zweite C/MS-Chip

Alle Zahlen sind hexadezimal notiert. Das X deutet an, daß diese Bits nicht benutzt werden.

Als Register für diesen C/MS-Chip dienen der Adressen-Port 2X3H und der Daten-Port 2X2H. Das X steht hier für eine der Zahlen 1, 2, 3, 4, 5, 6, in Abhängigkeit von der I/O-Einstellung.

Länge eines Tons

Ein Problem bei den C/MS-Chips ist, daß keine interne Uhr zur Bestimmung der Länge einer Note vorhanden ist. Die Chips brechen einen einmal erzeugten Ton nicht selber ab. Das ist die Aufgabe des Programmierers.

Es gibt zwei Möglichkeiten die Länge eines Tons festzulegen.

Die erste Möglichkeit ist nur dann zu gebrauchen, wenn ein bestimmtes Programm die C/MS-Chips bloß ansteuert. Zeitintensive Programme, wie z.B. zur Berechnung bestimmter Bilder, sind nicht möglich.

Die Zeit kann man bis auf Hundertstel von Sekunden genau bestimmen. Auf diese Weise kann die Zeit, die seit dem Anfang einer Note verstrichen ist, abgelesen werden.

Die zweite Möglichkeit benutzt den Timer Interrupt. Indem mit Hilfe eines Zählers genau festgehalten wird, wie oft der Timer Interrupt angesteuert wird, kann die Länge einer Note sehr präzise bestimmt werden.

Ein großer Vorteil dieser Methode ist, daß das Programm inzwischen andere Befehle ausführen kann. Das Interrupt-Programm sorgt für die Bearbeitung der Töne und Effekte.

Notentabelle

Damit man die Oktaven und Frequenzen der verschiedenen Noten nicht erst berechnet werden muß, wird in der folgenden Tabelle eine Übersicht aller Noten mit Oktaven und Frequenzen angegeben. Das mittlere C wird in der Tabelle als <C> bezeichnet.

Note	Oktav-nummer	Frequenz	Note	Oktav-nummer	Frequenz	Note	Oktav-nummer	Frequenz
A	0	3	A	3	3	A	6	3
A#	0	31	A#	3	31	A#	6	31
B	0	58	B	3	58	B	6	58
C	0	83	C	3	83	C	6	83
C#	0	107	C#	3	107	C#	6	107
D	0	130	D	3	130	D	6	130
D#	0	151	D#	3	151	D#	6	151
E	0	172	E	3	172	E	6	172
F	0	191	F	3	191	F	6	191
F#	0	209	F#	3	209	F#	6	209
G	0	226	G	3	226	G	6	226
G#	0	242	G#	3	242	G#	6	242
A	1	3	A	4	3	A	7	3
A#	1	31	A#	4	31	A#	7	31
B	1	58	B	4	58	B	7	58
C	1	83	C	4	83	C	7	83
C#	1	107	C#	4	107	C#	7	107
D	1	130	D	4	130	D	7	130
D#	1	151	D#	4	151	D#	7	151
E	1	172	E	4	172	E	7	172
F	1	191	F	4	191	F	7	191
F#	1	209	F#	4	209	F#	7	209
G	1	226	G	4	226	G	7	226
G#	1	242	G#	4	242	G#	7	242
A	2	3	A	5	3			
A#	2	31	A#	5	31			
B	2	58	B	5	58			
C	2	83	C	5	83			
C#	2	107	C#	5	107			
D	2	130	D	5	130			
D#	2	151	D#	5	151			
E	2	172	E	5	172			
F	2	191	F	5	191			
F#	2	209	F#	5	209			
G	2	226	G	5	226			
G#	2	242	G#	5	242			

Tab. 9.7: Noten und Oktaven

Ein praktisches Beispiel

In diesem Abschnitt wird anhand einer praktischen Anwendung gezeigt, wie die C/MS-Chips und ihre Register benutzt werden müssen.

Als Beispiel haben wir ein kleines Spiel genommen, in dem die C/MS-Chips zur Bestimmung der Richtung verwendet werden.

Das Spiel wird folgendermaßen gespielt:

Ein Einbrecher geht in einem Viereck mit der Beute seiner letzten Aktion ziellos umher. In seiner Tasche befindet sich einen Sender. Dieser Sender erzeugt jede halbe Sekunde ein Stereo-Signal. Wenn das Signal z.B. links stärker ist als rechts, dann befindet sich der Schurke links von Ihnen.

Je näher Sie ihm kommen, desto höher wird die Frequenz des Signals. Es ist jetzt Ihre Aufgabe, den Einbrecher innerhalb einer Minute zu fassen!

Auf dem Bildschirm sehen Sie das ummauerte Viereck. Auch Sie selbst befinden sich darin, aber der Einbrecher kann Sie nicht sehen. Damit es nicht zu schwierig wird, können Sie den Einbrecher alle zehn Sekunden auf dem Bildschirm sehen.

```
{ **************************************************
** Unit CMSNOTE zur Unterstützung von DIEB.PAS **
** Turbo Pascal 4.0                            **
************************************************** }

Unit CmsNote;

INTERFACE

Uses Crt,Dos;

const basisschnittstelle=$220;     { selektierte Schnittstelle }
      OldTimV=103;                 { alter Timer Interrupt }
var newtimepointer:pointer;

Procedure settimer(Freq : word; Rout : pointer);
Procedure resettimer;
Procedure SpielNote(kanal,ampl,ton,oktav,
                    art,noiseclock,envelope:byte;
                    dauer:integer);
Procedure ResetCms;
```

```
Procedure InitCms;

IMPLEMENTIERUNG

var zeitkan:array[0..11] of integer;   { Puffer }
    cmseinfrequ:array[0..11] of byte;
    cmseinnoise:array[0..11] of byte;
    zaehler:byte;
    frequtot:byte;
    noisetot:byte;

procedure settimspeed(Freq : word);          { berechne die }
var                                  { Anzahl der Clock-Ticks und }
  ITel : longint;                    { übergebe sie dem Timerchip }

begin
        inline($FA);
        ITel:= 1193180 div Freq;
        port[$43]:=$36;
        port[$40]:=lo(ITel);
        port[$40]:=hi(ITel);
        inline($FB);
end;

procedure settimer(Freq : word; Rout : pointer);
var
  OldV : pointer;                    { Timer übernehmen }

begin
        inline($FA);
        getintvec(8,OldV);
        setintvec(OldtimV,Oldv);
        setintvec(8,Rout);
        settimspeed(Freq);
        inline($FB);
end;

procedure resettimer;
Var OldV : pointer; { Vektor und Geschwindigkeit zurücksetzen}

begin
        inline($FA);
        port[$43]:=$36;
        port[$40]:=$0;
        port[$40]:=$0;
        getintvec(OldtimV,Oldv);
```

```
        setintvec(8,Oldv);
        inline($FB);
end;

Procedure SpielNote(kanal,ampl,ton,oktav,
                    art,noiseclock,envelope:byte;
                    dauer:integer);
var cmskanal,cmsschnittstelle:integer;
    { initialisiere alle Register }
    i,j,k,l:byte;                    { und schalte Flag ein }

begin
  cmsschnittstelle:=basisschnittstelle;
  cmskanal:=kanal;

  if (kanal>=6) then  { grösser als 5; anderer Chip }
  begin
    Dec(kanal,6);
    Inc(cmsschnittstelle,2);
  end;

  port[cmsschnittstelle+1]:=kanal;
  port[cmsschnittstelle]:=ampl;          { Amplitude }
  port[cmsschnittstelle+1]:=8+kanal;
  port[cmsschnittstelle]:=ton;           { Frequenz }
  port[cmsschnittstelle+1]:=$10+(kanal DIV 2);

  j:=oktav SHL ((kanal AND 1)*4);
  port[cmsschnittstelle]:=j;             { Oktave }
  port[cmsschnittstelle+1]:=$16;

  k:=noiseclock SHL (((kanal DIV 3) AND 1)*4);
  port[cmsschnittstelle]:=k;             { Noisefrequenz }
  port[cmsschnittstelle+1]:=$18+(kanal DIV 3);
  port[cmsschnittstelle]:=envelope;      { Envelope }

  if (art AND 2)=2 then
    cmseinfrequ[cmskanal]:=1;   { Frequenzkanal }
  if (art AND 1)=1 then
    cmseinnoise[cmskanal]:=1;   { Noisekanal }

  zeitkan[cmskanal]:=dauer;     { und die Länge der Note }
end;

Procedure NewTimer; INTERRUPT;
var frequ,noise:byte;
```

```
   i,j:integer;
   cmsschnittstelle:word;
   Regs:registers;

begin
  For i:=0 to 11 do
  begin
    if ((cmseinfrequ[i]=1) OR (cmseinnoise[i]=1)) then
    begin
      if (zeitkan[i]>0) then
        Dec(zeitkan[i])
      else
        begin
          cmseinnoise[i]:=0;
          cmseinfrequ[i]:=0;
        end;
    end;
  end;

  frequtot:=0;
  noisetot:=0;
  cmsschnittstelle:=basisschnittstelle;

  For i:=0 to 5 do
  begin
    if (cmseinfrequ[i]=1) then Inc(frequtot,(1 SHL i));
    if (cmseinnoise[i]=1) then Inc(noisetot,(1 SHL i));
  end;

  port[cmsschnittstelle+1]:=$14;
  port[cmsschnittstelle]:=frequtot;

  port[cmsschnittstelle+1]:=$15;
  port[cmsschnittstelle]:=noisetot;

  frequtot:=0;
  noisetot:=0;

  for i:=6 to 11 do
  begin
    if (cmseinfrequ[i]=1) then Inc(frequtot,(1 SHL (i-6)));
    if (cmseinnoise[i]=1) then Inc(noisetot,(1 SHL (i-6)));
  end;

  port[cmsschnittstelle+3]:=$14;
  port[cmsschnittstelle+2]:=frequtot;
```

```
  port[cmsschnittstelle+3]:=$15;
  port[cmsschnittstelle+2]:=noisetot;

  Inc(zaehler);

  Intr(oldtimV,Regs);          { ältere Timer Interrupt }
end;

Procedure ResetCms;          { setzt das Reset Register }
begin
  port[basisschnittstelle+1]:=$1c;
  port[basisschnittstelle]:=2;
  port[basisschnittstelle+3]:=$1c;
  port[basisschnittstelle+2]:=2;
end;

Procedure InitCms;
var tel:integer;

begin
  resetcms;

  port[basisschnittstelle+1]:=$1c;      { enable sound }
  port[basisschnittstelle]:=1;
  port[basisschnittstelle+3]:=$1c;
  port[basisschnittstelle+2]:=1;

  For tel:=0 to 11 do
  begin                         { initialisiere alle Register }
    zeitkan[tel]:=0;
    cmseinfrequ[tel]:=0;
    cmseinnoise[tel]:=0;
    spielnote(tel,0,0,0,0,0,0,0);
  end;

  port[basisschnittstelle+1]:=$14;
  port[basisschnittstelle]:=255;
  port[basisschnittstelle+3]:=$14;
  port[basisschnittstelle+2]:=255;
  port[basisschnittstelle+1]:=$15;
  port[basisschnittstelle]:=0;
  port[basisschnittstelle+3]:=$15;
  port[basisschnittstelle+2]:=0;
end;
```

```
begin                       { initialisiere Timer Pointer }
  newtimepointer:=@newtimer;
end.
```

Listing 9.5: Pascal-Unit zur Unterstützung des Spiels DIEB

```
{ ***************************************************
** DIEB.PAS                                        **
** Turbo Pascal 4.0                                **
*************************************************** }


Programm DIEB;

Uses Crt,Dos,Cmsnote;

type bildschirmtype=array[0..1999] of byte;

var bildschirm:bildschirmtype absolute $b800:0;
    cur_bildschirm:word;
    xdieb,ydieb,xpolizist,ypolizist:byte;
    beepcount:integer;
    diebcount:integer;
    oldtimer:pointer;
    oldnum:byte;
    xmin:byte;
    ymin:byte;
    amplit:byte;
    oct:byte;
    stereo:byte;
    stop:byte;
    a,i,j:integer;
    ch:char;

Procedure SetSchirm;{ zeichnet ein Rechteck auf dem Bildschirm }
var i:integer;
    regs:registers;

begin
  clrscr;
  cur_bildschirm:=22;
  bildschirm[0]:=218;
  i:=2;
  Repeat
    bildschirm[i]:=196;
    inc(i,2);
```

```
   Until (i>=34);
   bildschirm[34]:=191;

   i:=80;
   Repeat
     bildschirm[i]:=179;
     bildschirm[i+34]:=179;
     inc(i,80);
   Until (i>=80*17);
   bildschirm[80*17]:=192;

   i:=80*17+2;
   Repeat
     bildschirm[i]:=196;
     inc(i,2);
   Until (i>=(80*17+34));
   bildschirm[80*17+34]:=217;

   regs.ax:=$0100;
   regs.cx:=$2000;
   Intr(16,regs);          { positioniert den Cursor weit weg }
end;

Procedure Setzpop(x,y,kar:byte);   { plaziert ein Zeichen }
var totaal:word;                    { ins Quadrat }

begin
   totaal:=0;
   Inc(totaal,((x+1)*2)+((y+1)*80));
   bildschirm[totaal]:=kar;
end;

Procedure inteldieb;      { berechnet die neuen   }
var xr,yr:byte;           { Koordinaten }

begin
   xr:=random(2);
   yr:=random(2);

   if ((xr=1) AND (xdieb<15))
   then
     Inc(xdieb)
   else
     if (xdieb>0) then Dec(xdieb);

   if ((yr=1) AND (ydieb<15))
```

```
  then
    Inc(ydieb)
  else
    if (ydieb>0) then Dec(ydieb);
end;

Procedure Newtimerint; INTERRUPT;   { Töne links und rechts }
var regs:registers;                 { abhängig von den Koordinaten }
                                    { von Polizist und Dieb }

begin
  Inc(beepcount);

  if (beepcount=9) then
  begin
    if (stereo=0) then
    begin
      if (xpolizist<=xdieb) then
      begin
        xmin:=(xdieb-xpolizist);
        amplit:=0;
        amplit:=((15-xmin) SHL 4);
      end
      else
        amplit:=0;
      port[basisschnittstelle+1]:=0;
      port[basisschnittstelle]:=amplit;
    end
    else
    begin
      if (xpolizist>=xdieb) then
      begin
        xmin:=(xpolizist-xdieb);
        amplit:=15-xmin;
      end
      else
        amplit:=0;
      port[basisschnittstelle+1]:=0;
      port[basisschnittstelle]:=amplit;
    end;
    stereo:=stereo XOR 1;

    if (ypolizist<ydieb) then
    begin
      ymin:=(7-(ydieb-ypolizist) div 2);
      oct:=ymin;
```

```
      port[basisschnittstelle+1]:=$10;
      port[basisschnittstelle]:=oct;
    end
    else
    begin
      ymin:=(7-(ypolizist-ydieb) div 2);
      oct:=ymin;
      port[basisschnittstelle+1]:=$10;
      port[basisschnittstelle]:=oct;
    end;
    beepcount:=0;
    port[basisschnittstelle+1]:=$14;
    port[basisschnittstelle]:=1;
  end;
  if (beepcount=5) then
  begin
    Port[basisschnittstelle+1]:=$14;
    Port[basisschnittstelle]:=0;
  end;

  if (diebcount=0) then setzpop(xdieb,ydieb,32);

  Inc(diebcount);
  if (diebcount=182) then
  begin
    setzpop(xdieb,ydieb,2);
    diebcount:=0;
  end;

  intr(oldtimv,Regs);
end;

begin
  beepcount:=0;
  diebcount:=0;
  xmin:=0;
  ymin:=0;
  oct:=0;
  amplit:=0;
  stereo:=0;
  stop:=0;

  clrscr;
  Writeln(' Der Polizist (Schwarz) muß');
  Writeln(' den Dieb (Weiss) fassen.');
  Writeln(' Verwende dazu die Cursortasten.');
```

```
Writeln(' Hohe Töne bedeuten, daß der Dieb sehr');
Writeln(' nah ist, tiefe Töne umgekehrt.');
Writeln(' Der Stereoeffekt verrät, ob der Dieb');
Writeln(' sich an der linken oder rechten Seite befindet.');
Writeln(' Beliebige Taste zum Fortsetzen drücken.');
ch:=Readkey;

textmode(C40);
port[basisschnittstelle+1]:=0;        { Note einstellen }
port[basisschnittstelle]:=$ff;

port[basisschnittstelle+1]:=$14;
port[basisschnittstelle]:=0;

port[basisschnittstelle+1]:=$8;
port[basisschnittstelle]:=64;

port[basisschnittstelle+1]:=$10;
port[basisschnittstelle]:=4;

port[basisschnittstelle+1]:=$15;
port[basisschnittstelle]:=0;

port[basisschnittstelle+1]:=$1c;
port[basisschnittstelle]:=1;

setbildschirm;
randomize;
xdieb:=random(16);
ydieb:=random(16);
xpolizist:=8;
ypolizist:=8;

getintvec(8,oldtimer);               { Vektor übernehmen }
setintvec(oldtimv,oldtimer);
setintvec(8,@newtimerint);

while (stop<>1) do
begin

  setzpop(xpolizist,ypolizist,1);
  ch:=readkey;
  if ch=#0 then ch:=readkey;
  setzpop(xpolizist,ypolizist,32);
  setzpop(xdieb,ydieb,32);          { löschen }
  case ch of                                    { Cursortasten }
```

```
    #77:if (xpolizist<15) then Inc(xpolizist);  { bestimmen  }
    #75:if (xpolizist>0) then Dec(xpolizist);   { die neue   }
    #72:if (ypolizist>0) then Dec(ypolizist);   { Koordinate }
    #80:if (ypolizist<15) then Inc(ypolizist);
    #27:stop:=1;
  end;
  inteldieb;
  if ((xdieb=xpolizist) AND (ydieb=ypolizist)) then stop:=1;
end;

Port[basisschnittstelle+1]:=$1c;
Port[basisschnittstelle]:=0;

setintvec(8,oldtimer);

TextMode(c80);
Writeln('Gefaßt !!');
Writeln;

initcms;
settimer(100,newtimepointer);
If Keypressed then ch:=readkey;

while not Keypressed do     { und ein Effekt hinterher }
begin
  for i:=255 downto 0 do
    spielnote(0,100,i,5,2,0,0,50);
  for i:=0 to 255 do
    spielnote(0,100,i,5,2,0,0,50);
end;

ch:=readkey;
resettimer;
resetcms;

end.
```

Listing 9.6: Pascal-Listing zum Programm DIEB

```
/* *************************************************
**   Include-File CMSNOTE.H für DIEB.C           **
**   Turbo C++ 2.0                               **
************************************************* */

#define basisschnittstelle 0x220    /* Standard-Schnittstelle */
```

```
typedef unsigned char byte;

unsigned zeitkan[12]; /* Zeit für jeden Kanal */
byte cmseinfrequ[12]; /* Welcher Frequenzkanal? */
byte cmseinnoise[12]; /* Welcher Noisekanal? */
byte zaehler;
byte frequtot,noisetot;    /* Das Total */

void spielnote(byte kanal,byte ampl,byte ton,
    byte oktav,byte art,byte noiseclock,
    byte envelope,unsigned dauer)
{
  unsigned int cmskanal,cmsschnittstelle;
  byte i,j,k,l;

  cmsschnittstelle=basisschnittstelle;
  cmskanal=kanal;
  if (kanal>=6)      /* Kanal grösser als 6 */
  {                       /* anderen CMS-Chip wählen */
    kanal-=6;
    cmsschnittstelle+=2;
  }
  outp(cmsschnittstelle+1,kanal);
  outp(cmsschnittstelle,ampl);              /* Amplitude */
  outp(cmsschnittstelle+1,8+kanal);
  outp(cmsschnittstelle,ton);               /* Frequenz  */
  outp(cmsschnittstelle+1,0x10+(kanal/2));
  j=(oktav<<((kanal&1)*4));
  outp(cmsschnittstelle,j);                 /* Oktav     */
  outp(cmsschnittstelle+1,0x16);
  k=(noiseclock << (((kanal/3)&1)*4));
  outp(cmsschnittstelle,k);                 /* Noisefrequenz */
  outp(cmsschnittstelle+1,0x18+(kanal/3));
  outp(cmsschnittstelle,envelope);          /* Envelope */

  if (art&2)
    cmseinfrequ[cmskanal]=1;   /* Frequenzkanal */
  if (art&1)
    cmseinnoise[cmskanal]=1;   /* Noisekanal */
  zeitkan[cmskanal]=dauer;       /* und die Länge der Note */
}

void interrupt (*oldtim)(void);  /* der alte Timer */

void interrupt newtim()            /* der neue Timer */
```

```
{
  byte frequ,noise;
  int i,j;
  unsigned int cmsschnittstelle;

  for(i=0;i<12;i++)                    /* alle Kanäle ablaufen */
  {
     if (cmseinfrequ[i] || cmseinnoise[i] )
      /* Ist das Kanal eingeschaltet? */
      {
         if (zeitkan[i]>0)
           zeitkan[i]--;
         else
         {
            cmseinnoise[i]=0;     /* Kanal */
            cmseinfrequ[i]=0;     /* ausschalten */
         }
      }
  }

  frequtot=0;
  noisetot=0;

  cmsschnittstelle=basisschnittstelle;
  for(i=0;i<6;i++)                      /* Welche Kanäle */
  {                                     /* anschalten?   */
    if (cmseinfrequ[i]) frequtot+=(1<<i);
    if (cmseinnoise[i]) noisetot+=(1<<i);
  }

  outp(cmsschnittstelle+1,0x14);  /* Einstellen der Frequenz- */
  outp(cmsschnittstelle,frequtot);       /* Register */
  outp(cmsschnittstelle+1,0x15);          /* und Noiseregister */
  outp(cmsschnittstelle,noisetot);

  frequtot=0;
  noisetot=0;

  for(i=6;i<12;i++)                 /* Dasselbe für die Kanäle */
  {                                 /* 6 - 11 */
    if (cmseinfrequ[i]) frequtot+=(1<<(i-6));
    if (cmseinnoise[i]) noisetot+=(1<<(i-6));
  }

  outp(cmsschnittstelle+3,0x14);
  outp(cmsschnittstelle+2,frequtot);
```

```
  outp(cmsschnittstelle+3,0x15);
  outp(cmsschnittstelle+2,noisetot);

  zaehler++;                        /* Erhöhe Zähler */
  oldtim();                         /* Alten Timer aufrufen */
}

void settimer(unsigned Freq,void interrupt (*newIRQ)())
{
  int ITel;

  asm cli;
  ITel = 1193180/Freq;    /* Berechne die Anzahl der */
  outp(0x43,0x36);        /* Clock-Ticks und         */
  outp(0x40,ITel &255);   /* übergebe sie dem         */
  outp(0x40,ITel >>8);    /* Timerchip                */
  oldtim=getvect(8);
  setvect(8,newIRQ);      /* übernehme der Timerinterrupt */
  asm sti;
}

void resettimer()
{
  asm cli;
  outp(0x43,0x36);        /* Zurücksetzen der Clock-Ticks in */
  outp(0x40,0x0);         /* Normaleinstellung               */
  outp(0x40,0x0);
  setvect(8,oldtim);      /* Alten Timer zurücksetzen        */
  asm sti;
}

void resetcms()
{
  outp(basisschnittstelle+1,0x1c); /* Reset-Kommando   */
  outp(basisschnittstelle,2);
  outp(basisschnittstelle+3,0x1c); /* für beide Chips */
  outp(basisschnittstelle+2,2);
}

void initcms()
{
  int tel;

  resetcms();
  outp(basisschnittstelle+1,0x1c);      /* Enable all sound */
  outp(basisschnittstelle,1);
```

```
  outp(basisschnittstelle+3,0x1c);
  outp(basisschnittstelle+2,1);

  for (tel=0;tel<12;tel++)
  {
    zeitkan[tel]=0;                    /* Initialisiere alle */
    cmseinfrequ[tel]=0;                /* Register           */
    cmseinnoise[tel]=0;
    spielnote(tel,0,0,0,0,0,0,0);
  }

}
```

Listing 9.7: C-Programm zur Unterstützung des Spiels DIEB

```
/* ***************************************************
**   DIEB.C                                         **
**   Turbo C++ 2.0                                  **
*************************************************** */

#include <stdio.h>
#include <conio.h>
#include <stdlib.h>
#include <dos.h>
#include "cmsnote.h"

typedef unsigned int  word;

byte far *bildschirm;                    /* Pointer zu Bildschirm */
byte xdieb,ydieb,xpolizist,ypolizist;  /* x/y Koordinate */
                                         /* vom Dieb und Polizist */


void setbildschirm()
{
  int i;

  clrscr();
  bildschirm=MK_FP(0xb800,22);  /* Pointer zu Bildschirm */
  bildschirm[0]=218;             /* Zeichne ein Quadrant */
  for (i=2;i<34;i+=2) bildschirm[i]=196;
  bildschirm[34]=191;

  for (i=80;i<80*17;i+=80)
  {
    bildschirm[i]=179;
```

```
    bildschirm[i+34]=179;
  }

  bildschirm[80*17]=192;
  for (i=(80*17)+2;i<(80*17)+34;i+=2) bildschirm[i]=196;
  bildschirm[(80*17)+34]=217;
  _setcursortype(_NOCURSOR);        /* Cursor löschen */
}

void setzpop( byte x, byte y, byte kar )
{
  word totaal=0;                          /* Plaziert ein Zeichen */
  totaal+=((++x)*2)+((++y)*80);  /* ins Quadrat */
  bildschirm[totaal]=kar;
}

void inteldieb()
{
  byte xr,yr;                    /* neue x- und y- */

  xr=random(2);                  /* Koordinate vom Dieb */
  yr=random(2);
  if ((xr==1) && (xdieb<15)) xdieb++;
  else if (xdieb>0) xdieb--;
  if ((yr==1) && (ydieb<15)) ydieb++;
  else if (ydieb>0) ydieb--;
}

void interrupt (*oldtim)(void);   /* Alter Timer Interrupt */

int beepcount=0;
int diebcount=0;
byte xmin=0,ymin=0;
byte amplit=0,oct=0;
byte stereo=0;

void interrupt newtimerint(void)  /* Neuer Timer */
{
  beepcount++;             /* Zähler erhöhen */
  if (beepcount==9)        /* Töne abhängig von */
  {                        /* Koordinaten */
    if (stereo==0)
    {
      if (xpolizist<=xdieb)
      {
        xmin=(xdieb-xpolizist);
```

```
        amplit=0;
        amplit=((15-xmin)<<4);
      }
    else
        amplit=0;
    outp(basisschnittstelle+1,0);
    outp(basisschnittstelle,amplit);
  }
  else
  {
    if (xpolizist>=xdieb)
    {
      xmin=(xpolizist-xdieb);
      amplit=15-xmin;
    }
    else
        amplit=0;
    outp(basisschnittstelle+1,0);
    outp(basisschnittstelle,amplit);
  }
  stereo=stereo^1;      /* Nächstes mal andere Seite */

  if (ypolizist<ydieb)
  {
    ymin=(7-(ydieb-ypolizist)/2);
    oct=ymin;
    outp(basisschnittstelle+1,0x10);
    outp(basisschnittstelle,oct);
  }
  else
  {
    ymin=(7-(ypolizist-ydieb)/2);
    oct=ymin;
    outp(basisschnittstelle+1,0x10);
    outp(basisschnittstelle,oct);
  }

beepcount=0;
outp(basisschnittstelle+1,0x14);
outp(basisschnittstelle,1);
}

if (beepcount==5)
{
  outp(basisschnittstelle+1,0x14);
  outp(basisschnittstelle,0);
```

```
    }

    if (diebcount==0) setzpop(xdieb,ydieb,32);
    diebcount++;

    if (diebcount==182)
    {
        setzpop(xdieb,ydieb,2);
        diebcount=0;
    }

    oldtim();
}

void main()
{
    int a,i,j;
    int stop=0;

    clrscr();
    printf("\n\n\n Der Polizist (Schwarz) muß");
    printf(" den Dieb (Weiss) fassen. \n");
    printf(" Verwende dazu die Cursortasten.\n");
    printf(" Hohe Töne bedeuten, daß der Dieb sehr");
    printf(" nah ist, tiefe Töne umgekehrt.\n");
    printf(" Der Stereo-Effekt verrät, ob der Dieb");
    printf(" sich auf der linken oder rechten Seite befindet.\n");
    printf("\n Beliebige Taste zum Fortsetzen drücken.\n");
    getch();

    textmode(C40);
    outp(basisschnittstelle+1,0);       /* Register einstellen */
    outp(basisschnittstelle,0xff);
    outp(basisschnittstelle+1,0x14);
    outp(basisschnittstelle,0);
    outp(basisschnittstelle+1,0x8);
    outp(basisschnittstelle,64);
    outp(basisschnittstelle+1,0x10);
    outp(basisschnittstelle,4);
    outp(basisschnittstelle+1,0x15);
    outp(basisschnittstelle,0);
    outp(basisschnittstelle+1,0x1c);
    outp(basisschnittstelle,1);

    setbildschirm();
    randomize();
```

```
xdieb=random(16);
ydieb=random(16);
xpolizist=8;
ypolizist=8;
oldtim=getvect(8);
setvect(8,newtimerint);

while (!(stop))
{
  setzpop(xpolizist,ypolizist,1);
  a=getch();
  if (!a) a=getch();
  setzpop(xpolizist,ypolizist,32);
  setzpop(xdieb,ydieb,32);

  switch (a)
  {
    case 77:                          /* Cursortasten */
        if (xpolizist<15) xpolizist++;  /* bestimmen die neue */
        break;                        /* Koordinate */
    case 75:
        if (xpolizist>0) xpolizist--;
        break;
    case 72:
        if (ypolizist>0) ypolizist--;
        break;
    case 80:
        if (ypolizist<15) ypolizist++;
        break;
    case 27:
        stop=1;
        break;
    default:
        break;
  }

  inteldieb();
  if ((xdieb==xpolizist) && (ydieb==ypolizist)) stop=1;
}

outp(basisschnittstelle+1,0x1c);
outp(basisschnittstelle,0);
setvect(8,oldtim);
clrscr();
_setcursortype(_NORMALCURSOR);
textmode(C80);
```

```
  printf("\n    Gefaßt!! \n\n");

  initcms();
  settimer(100,newtim);
  while (!kbhit())              /* und ein Effekt hinterher */
  {
    for (i=255;i>0;i--)
    spielnote(0,100,i,5,2,0,0,50);
    for (i=0;i<255;i++)
    spielnote(0,100,i,5,2,0,0,50);
  }

  getch();
  resettimer();
  resetcms();

}
```

Listing 9.8: C-Listing des Programms DIEB

Kapitel 10

DSP programmieren

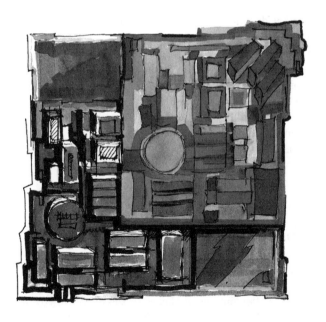

Wie bereits in Kapitel 3 erwähnt wurde, ist es möglich, mit Hilfe des DSP (des digitalen Soundprozessors) Geräusche aufzunehmen, abzuspielen und zu speichern. Es wird vorausgesetzt, daß Sie Kapitel 3 gelesen haben und mit den Begriffen Sample und Sample-Rate vertraut sind. Überall dort, wo von Sound Blaster die Rede ist, sind zugleich die beiden anderen akustischen Karten gemeint.

Der Aufbau eines Sample

Ein Sample ist aus mehreren Bytes zusammengesetzt. Ein Byte hat einen Bereich von 0 bis 255. 128 ist absolute Stille und 0 und 255 sind die Höchstwerte für die negative bzw. positive Spannung, die an den Lautsprecher weitergeleitet wird. Bei Stereo-Samples sind die Daten in gleicher Weise über den linken und rechten Kanal verteilt. Die Daten der geraden Adressen sind für den linken Kanal und die Daten der ungeraden Adressen für den rechten Kanal.

Der Sound Blaster hat die Möglichkeit, die Sample-Daten zu verkleinern. Die Daten, die aus 8-Bits-Samples bestehen, können zu 4, 2.6 oder 2 Bits konvertiert werden. Der Wert 2.6 bedeutet eigentlich, daß zwei Werte in drei Bits konvertiert werden und ein Wert in zwei Bits. Hierdurch wird die Größe der Sample-Daten 2-, 3- oder 4mal kleiner. Während des Abspielens konvertiert die Sound Blaster-Karte die Daten selbst wieder zu 8-Bits-Samples. Die Qualität des Sample leidet jedoch stark unter dieser Komprimierung. Für Sprachsamples, die ohnehin keine sehr gute Qualität brauchen, ist das nicht schlimm, weil gerade dadurch sehr viel mehr Sample-Daten gespeichert werden können. Die Programme Vedit und Voxkit bieten Möglichkeiten zur Konvertierung der 8-Bits-Samples.

Wie man abspielt und aufnimmt

Es gibt zwei Möglichkeiten, Samples aufzunehmen und abzuspielen:

Mit Hilfe von DMA   Dies nimmt fast keine Prozessorzeit in Anspruch, und andere Programme arbeiten mit voller Geschwindigkeit weiter.

Direkt   Dies gibt die Möglichkeit, mehrere Bearbeitungen wie Echo und Filter sowie änderungen der Tonhöhe und der Lautstärke direkt durchzuführen. Dieses Verfahren braucht jedoch sehr viel Prozessorzeit, und andere Programme werden deshalb erheblich langsamer ablaufen.

Das Abspielen über DMA ist mit Hilfe des mit dem Sound Blaster mitgelieferten Treibers CT-VOICE.DRV möglich. Sie finden diesen Treiber in dem Verzeichnis VOXKIT oder im Verzeichnis DRV. Miitels dieses Treibers können Sie Samples im VOC-Format aufnehmen und abspielen. Bevor wir eine Beschreibung dieses Treibers geben, wenden wir uns zunächst dem VOC-Format selbst zu. Die Version des Formats ist 1.10, welche sowohl für den Sound Blaster wie für den Sound Blaster Pro benutzt wird.

Das VOC-Format

Eine ".VOC"-Datei besteht aus einem Header-Teil und einem Datenteil, dem eigentlichen VOC-Format.

Der Header enthält allgemeine Daten, die nicht vom CT-VOICE-Treiber benutzt werden. Der Header muß übersprungen werden, wenn man nur die Daten benutzen will.

Der Header

Offset (hexadezimal)

00h-13h Beschreibung des Dateityps. Die 19 Bytes enthalten den Text "Creative Voice File", gefolgt vom EOF-Byte 1Ah.

14h-15h Start des Datenblocks der Datei. Dieses Wort (=2 Bytes) ist deshalb definiert, weil der Header in künftigen Versionen seine Größe ändern kann. Der normale Wert ist hier 001Ah.

16h-17h Dateiversion. Das erste Byte enthält den Wert hinter dem Punkt, das zweite den Wert vor dem Punkt. So hat das erste Byte in Version 1.10 den Wert 0Ah (=10) und das zweite Byte den Wert 1.

18h-19h Der Identifizierungscode. Hiermit kann überprüft werden, ob die Datei eine richtige VOC-Datei ist. Der Wert ist das Komplement der Dateiversion in 16h und 17h, die zu 1234h addiert wird.

Beispiel: Für Version 1.10 ist das Komplement von 010Ah der Wert FEF5h (010Ah
XOR FFFFh); FEF5h + 1234h = 1129h.

1Ah - ... Hier fängt der Datenblock an.

Der Datenblock

Der Datenblock besteht aus einem oder mehreren untergeordneten Blöcken. Jeder untergeordnete Block kann ein Sample oder andere Daten enthalten. So ist es möglich, in einer Datei mehrere Samples mit verschiedenen Sample-Rates zu speichern. Alle untergeordneten Blöcke bestehen aus einem kleinen Header und den richtigen Daten. Der Header enthält Daten über den Blocktyp, die Größe des Blocks und eventuell zusätzliche Daten.

Die ersten vier Bytes eines jeden Blocks sind immer gleich. Das erste Byte definiert den Blocktyp, die drei nächsten geben die Größe des Blocks an (dies ist die Größe der Daten hinter diesen vier Bytes). Der Blocktyp ist unwichtig, wenn man einen Block überspringen will.

Folgende Blocktypen sind möglich:

Blocktyp 0: Ende des Datenblocks

Dies ist der einzige Blocktyp ohne Daten über die Größe des Blocks.

Er gibt an, wo die untergeordneten Blöcke aufhören. Sobald der CT-VOICE-Treiber diesem Block begegnet, beendet er die Verarbeitung weiterer untergeordneter Blöcke.

Hinweis: überprüfen Sie also immer, ob sich dieser Block am Ende des Teils befindet, der abgespielt werden soll. Sollte dies nicht der Fall sein, dann müssen Sie diesen Blocktyp hinzufügen, weil sonst der CT-VOICE-Treiber das nächste Byte hinter dem letzten Block als gültigen Blocktyp betrachtet. Dies kann zu unvorhersehbaren Situationen führen (von unbestimmten Geräuschen bis zum Absturz des Computerprogramms).

Blocktyp 1: Neue Sample-Daten

Hiermit kann ein neues Sample abgespielt werden. Außer den Sample-Daten enthält der Block auch noch Daten über die Geschwindigkeit und das eventuell verwendete Komprimierungsverfahren.

Felder:

Die Blockgröße ist einschließlich der Felder SR und PACK, also der Größe der Daten + 2.

SR steht für Sample-Rate. Der Wert wird mit Hilfe folgender Formel berechnet: SR= 256 − 1000000 / Sample-Rate.

So enthält SR den Wert 156 mit einem Sample-Rate von 10000 Hz. (1000000 / 10000 = 100, 256 − 100 = 156). Die maximale Sample-Rate des Sound Blaster ist 23000 Hz, für den Pro liegt sie bei 44100 Hz.

PACK enthält das Komprimierungsverfahren. Folgende Werte sind möglich:

0:   8 Bits, normale, nicht komprimierte Samples
1:   4-Bits-Komprimierung
2:   2.6-Bits-Komprimierung
3:   2-Bits-Komprimierung

DATA enthält die Sample-Daten. Die Größe der Daten ist identisch mit der Blockgröße − 2.

Blocktyp 2: Sample-Daten

Wenn Sie mehrere Samples mir der gleichen Geschwindigket und der gleichen Komprimierung abspielen wollen, können Sie diesen Blocktyp verwenden. Die Sample-Rate dieses Blocks wird mit den Einstellungen des zuletzt verarbeiteten neuen Sample-Datenblocks (siehe oben) abgespielt. Dies hat den Vorteil, daß Sie den Sample-Rate nur in einem Block zu modifizieren brauchen.

Felder:

Die Blockgröße enthält nun die Größe der Daten.

DATA enthält die Sample-Daten.

Blocktyp 3: Stille

Sie können den Sound Blaster eine Weile lang nicht arbeiten lassen. Dies ist mit Hilfe
dieses Blocks möglich, der eine bestimmte Dauer die Tonwiedergabe unterbricht. Wenn
Sie alle Pausen der Sample-Daten durch diesen Block ersetzen, werden die Daten viel
weniger Speicherkapazität in Anspruch nehmen. Das Programm VEDIT bietet diese
Möglichkeit.

Felder:

Die Blockgröße enthält den Wert 3.

PERIODE enthält einen 16-Bits-Wert. Dieser Wert, um 1 erhöht, ergibt die Länge der
Stille als Sample-Rate-Einheit.

SR ist die Sample-Rate, siehe die Beschreibung des Blocktyps 1.

Beispiel:

Nehmen wir mal an, die Sample-Rate ist 4000 Hz (4000mal in der Sekunde wird ein
Wert verarbeitet). Der Wert 8000 für diese Periode ergibt eine Stille von (8000/4000=)
2 Sekunden. Mit anderen Worten: Es wird angeblich 8000mal ein bestimmter Wert verarbeitet. Der Wert für PERIODE ist jedoch: 8000 − 1 = 7999! Je höher die Sample-Rate
also ist, desto präziser ist die Länge, und desto kleiner die maximale Länge!

Blocktyp 4: Marker

Mit Hilfe dieses Blocks kann dem Statuswort (siehe nächsten Abschnitt) ein neuer Wert
verliehen werden. So können Sie Ihr Programm warten lassen, bis ein bestimmtes
Sample abgespielt wird. Sie brauchen nur das Statuswort zu überprüfen!

Felder:

Blockgröße enthält den Wert 2.

MARK enthält einen Wert zwischen 1 und 65534 (FFFEh). Die Werte 0 und 65535 sind für den CT-VOICE-Treiber bestimmt und dürfen nicht verwendet werden.

Blocktyp 5: ASCII-Text

Hiermit können einen VOC-Block mit bestimmten Anmerkungen versehen. Der Text endet auf ein Byte mit dem Wert 0.

Felder:

Blockgröße enthält die Länge des Textes einschließlich einer Null.

TEXT enthält den Text. Beispiel: "Der Drum.",0.

Blocktyp 6: Start der Wiederholungen

Dieser Block gibt den Start einer Wiederholung an. Der CT-Treiber wiederholt alle Blöcke zwischen diesem Block und dem Blocktyp "Ende der Wiederholung" so oft wie es eingegeben wurde.

Felder:

Blockgröße enthält den Wert 2.

ZäHLER gibt die Zahl der Wiederholungen an. Die nächsten Blöcke werden ZäHLER +1 Male wiederholt. Enthält ZäHLER jedoch den WERT 65535 (FFFFh), dann werden die Blöcke unendlich oft wiederholt. Der nächste Abschnitt enthält eine Funktion, mit der diese Wiederholung beendet werden kann.

Blocktyp 7: Ende der Wiederholung

Dieser Block zeigt das Ende der Wiederholungsblöcke an. Alle untergeordneten Blöcke zwischen diesem und dem vorhergehenden Block werden so oft wiederholt wie vorher eingegeben wurde. Siehe dazu Blocktyp 6.

Felder:

Blockgröße enthält den Wert 0.

Hinweis: Eingeschlossene Wiederholungsblöcke werden nicht unterstützt und sind daher nicht gestattet.

Blocktyp 8: Zusätzliche Daten

Dieser Block wird nur vom neuen CT-VOICE-Treiber unterstützt, der mit dem Sound Blaster geliefert wird. Sobald dieser Block verarbeitet ist, werden im nächsten neuen Sample-Block (vom Typ 1) die Einstellungen dieses Blocks statt der Einstellungen, die zum neuen Block gehören, verwendet. Dies funktioniert jedoch nur einmal. Für jeden neuen Sample-Block muß also, wenn nötig, dieser untergeordnete Block hinzugefügt werden. Es ist möglich, mit diesem Block zusätzliche Daten zu verarbeiten, die sich auf den erweiterten DSP des Sound Blaster Pro beziehen.

Felder:

Blockgröße enthält den Wert 4.

SR enthält wieder die Sample-Rate. Dies ist nun jedoch ein genauerer 16-Bits-Wert. Der Wert des SR wird mit Hilfe folgender Formel bestimmt: $SR = 65536 - 256000000 /$ Sample-Rate. Die maximale Sample-Rate bleibt 44100 Hz. Wenn es einen Stereo-Sample betrifft, so muß die Sample-Rate verdoppelt werden. Die Formel lautet dann: $SR = 65536 - 256000000 / (\text{Sample-Rate} * 2)$.

Beispiel:

Ein Mono-Sample mit der Sample-Rate 20000 Hz ergibt SR = 52736 (= 65536 − 256000000 / 20000).

Ein Stereo-Sample mit Sample-Rate 20000 Hz ergibt SR = 59136 (= 65536 – 256000000 / 40000).

PACK enthält das Komprimierungsverfahren, das bereits im Blocktyp 1 erklärt wurde. Meistens enthält PACK den Wert 0.

MODE gibt an, ob der Sample Mono oder Stereo abgespielt werden soll. Ersteres geschieht, sobald das Byte den Wert 0 enthält, letzteres, sobald das Byte den Wert 1 enthält. Wenn der Sample Stereo abgespielt wird, muß PACK den Wert 0 enthalten.

Der CT-VOICE-Treiber

Der CT-VOICE-Treiber enthält die Funktionen, mit denen die Sound Blaster-Karte initialisiert werden kann und die Samples des VOC-Formats abgespielt werden können. Damit dies überhaupt möglich ist, muß CT-VOICE.DRV zuerst in ein Segment des Offsets 0 geladen werden. Der Treiber wird dann mit einem FAR-Call an den Offset 0 des Segments angesteuert. Alle benutzten Register werden vom Treiber selbst gespeichert, so daß sie nicht verändert werden können. Die Listings 2 und 4 enthalten Schnittstellen für Pascal und C. Die Listings 1 und 3 enthalten ein kurzes Assembler-Programm, das von Pascal und C benutzt wird. Zu dem Sound Blaster Pro wird ein erweiterter CT-Voice-Treiber mit 14 zusätzlichen Funktionen zur Unterstützung des Sound Blaster Pro geliefert. Die Version des "normalen" CT-VOICE-Treibers ist 1.20; die Version des erweiterten Treibers ist 2.10. Übrigens ist die erweiterte Version mit der normalen Version völlig kompatibel und kann also auch vom einfachen Sound Blaster verwendet werden.

Die CT-VOICE-Funktionen

Dieser Abschnitt handelt von den CT-VOICE-Funktionen. Zunächst wird erklärt, wie diese in Pascal, C und Assembler aufgerufen werden. Manche Funktionen beziehen sich jedoch nur auf Assembler, weil Pascal und C diese auf andere Weise ansteuern. Wenn in Pascal und C die Variablen zur Ein-und Ausgabe benutzt werden, werden im Assembler-Teil die Namen dieser Variablen einem Register zugeordnet. Dies ist geschehen, damit die Funktionen die verschiedenen Register voneinander unterschieden können. Die Register müssen mit einem einfachen 16-Bits-Wert versehen werden. Ein fertiges Assembler-Ergebnis wird in die Variable SBIOResult aufgenommen. Diese Variable ist vom Typ Word oder unsigned int.

Anmerkung: Der Treiber muß zuerst mittels Funktion 3 (Initialisierung) aktiviert werden, bevor höhere Funktionen verwendet werden können. Die Funktio-
nen 0 bis einschließlich 2 und 19 (der erweiterten Version) können jedoch benutzt werden.

Funktion 0: Die Nummer der Version

```
Function CTVersion: Word
int CTVersion ()
```

Eingabe: BX=0

Ausgabe: AH=Nummer vor dem Punkt
AL=Nummer hinter dem Punkt

Die Funktion zeigt die Nummer der Version. Hierdurch kann ein Programm prüfen, ob
es die Version unterstützt.

Funktion 1: Die I/O-Ports definieren

```
Procedure BenutzPort (Anschluss:Word)
void BenutzPort (int Anschluss)
```

Eingabe: BX=1
AX=Anschluss

Ausgabe: keine

Mit dieser Funktion werden die I/O-Ports des Sound Blaster definiert. Die
verschiedenen Einstellungen sind: 210H, 220H, 230H, 240H, 250H und 260H. Sie
müssen darauf achten, daß der Sound Blaster Pro nur die Ports 220H und 240H
unterstützt. Diese Funktion muß aktiviert werden, bevor die Karte mittels Funktion 3
initialisiert wird. Der Standardwert ist vom Hersteller auf 220H eingestellt.

Funktion 2: Die Definition der Nummer des IRQ-Interrupt

```
Procedure BenutzeIRQ (IRQ:Word)
void BenutzeIRQ (int IRQ)
```

Eingabe: BX=2

AX=IRQ

Ausgabe: keine

Mittels dieser Funktion wird der richtige IRQ-Interrupt eingestellt. Dieser wird am Ende einer DMA-Datenübertragung aktiviert. Die möglichen Einstellungen sind: 2, 3, 5 und 7 oder 2, 5, 7, 10 für den Sound Blaster Pro. Genau wie bei der letztgenannten Funktion gilt hier, daß diese Funktion vor der Initialisierung aktiviert werden muß (siehe Kapitel 2 über die Verwendung der verschiedenen IRQ-Interrupts).

Funktion 3: Initialisierung des Treibers

```
Procedure InitialisiereTreiber
int InitialiereTreiber ()
```

Eingabe: BX=3

Ausgabe: AX=Ergebnis

Diese Funktion zur Initialisierung des Treibers und des DSP muß aktiviert werden. Nur die Funktionen 0, 1, 2 und 19 können zur Änderung der Standardeinstellungen verwendet werden. Andere Funktionen können nicht benutzt werden, bevor diese Funktion erfolgreich aktiviert wurde. Die Funktion meldet mittels eines Codes, ob dies der Fall ist. Die möglichen Codes sind:

0: Alles OK, der Treiber ist betriebsbereit.

1: Die Karte ist keine oder eine unbekannte Sound Blaster (Pro)-Karte.

2: Das Einlesen und Speichern der I/O-Daten funktioniert nicht (falscher Port).

3: Interrupt des DMA funktioniert nicht (IRQ-Nummer oder DMA-Kanal sind falsch eingestellt worden).

Die Variable SBIOResult enthält (wie bei den übrigen Funktionen) den Rückgabecode für Pascal und C.

Bitte beachten Sie: Nach der Aktivierung wird das Signal an den Lautsprecher geleitet. Dies hat meistens ein leichtes Geräusch im Lautsprecher zur Folge. Hierdurch können Sie prüfen, ob alles richtig funktioniert.

Funktion 4: Ein- und Ausschalten der Wiedergabe durch den Lautsprecher

```
Procedure LautSprecher (W:Word)
void LautSprecher (int W)
```

Eingabe: BX=4
        AX=W

Ausgabe: keine

Für den Wert W gilt:

gleich Null: Signal wird nicht an den Lautsprecher weitergeleitet.
ungleich Null: Signal wird an den Lautsprecher weitergeleitet.

Mittels der Initialisierungsfunktion 3 wird die Wiedergabe eingeschaltet.

Hinweis: Der Programmierer muß diese Funktion wieder ausschalten, wenn das Programm wieder zu DOS zurückkehrt oder wenn ein Sample aufgenommen wird. Dies gilt nicht für den Sound Blaster Pro, bei dem das Samplen verbessert wurde.

Funktion 5: Die Definition des Offset des Statuswortes

Eingabe: BX=5
        ES:DI=Segment:Offset des Wortes

Ausgabe: keine

Das Statuswort gibt an, ob der Treiber gerade ein Sample abspielt oder aufnimmt. Wenn dies der Fall ist, enthält das Statuswort den Wert 65535 (=FFFFh) oder den Wert, der von einem Markierungsblock (siehe vorangehenden Abschnitt) eingegeben wurde. Sobald dieser Prozeß beendet wurde, geht das Statuswort in die Ruhestellung und bekommt wieder den Wert 0.

Diese Funktion ist nur von Bedeutung für den Assembler-Programmierer. In Pascal und C wird die Variable Statuswort definiert. Der Typ dieser Variablen ist Word oder unsigned int.

Funktion 6: Start des Abspielens eines VOC-Blocks

```
Procedure SpieleBlock (Start:VocTp)
void SpieleBlock (VocTp Start)
```

Eingabe: BX=6
         ES:DI=Start der VOC untergeordneten Blöcke

Ausgabe: keine

Mit Hilfe dieser Funktion wird ein Block des VOC-Formats (siehe vorangehenden Abschnitt) über den DMA abgespielt. Dies nimmt fast keine Prozessorzeit in Anspruch, so daß andere Programme einfach weiterarbeiten können. Das Statuswort enthält den Wert 65535 oder FFFFh, bis dieser mittels eines Markierungsblocks geändert wird oder bis das Ende der Blöcke erreicht wurde (Blocktyp 0). Dies ergibt den Wert 0. Für Pascal und C ist ein Record bzw. eine Struktur VocTp definiert, die zusätzliche Daten enthält.

Es ist nicht möglich, einen anderen Sample-Block gleichzeitig abzuspielen. Zu diesem Zweck muß zuerst die Ausgabe mittels Funktion 8 beendet werden.

Mit Hilfe des Statuswortes und eines Markierungsblocks kann bestimmt werden, welches Sample gerade abgespielt wird oder ob das Abspielen bereits zu Ende ist. Mit dieser Information kann dann genau bestimmt werden, was man als nächstes machen soll.

Funktion 7: Ein Sample aufnehmen

```
Procedure NimmSampleAuf (Laenge: LongInt; Rate: Word;
                         Var V: VocTp)
```

```
void NimmSampleAuf (long Laenge, unsigned Rate, VocTp & V)
```

Eingabe: BX=7
           AX=Rate
           DX:CX=Laenge
           ES:DI=Start

Ausgabe: keine

Sie verwenden diese Funktion zum Aufnehmen von Geräuschen. Das Sample fängt bei der Startadresse Start an, und hat eine Länge von Laenge Bytes und eine Geschwindigkeit von Rate Hz. Der Wert der Rate liegt zwischen 4000 und 12000 Hz für den einfachen Sound Blaster und zwischen 4000 und 44100 Hz für den Sound Blaster Pro. Wird jedoch ein Stereo-Sample aufgenommen, dann muß die Sample-Rate zwischen 4000 und 22050 Hz liegen. Der wirkliche Wert der Rate ist aber doppelt so groß wie die Sample-Rate (z.B. bei einer Sample-Rate von 13000 Hz wird der Wert der Rate 26000 und nicht 13000!). Der Treiber wandelt den Wert selbst in einen 8-Bits-Wert um.

Das Statuswort hat während der Aufnahme den Wert 65535. Danach bekommt es wieder den Wert 0. Die Aufnahme kann mit Hilfe von Funktion 8 (Aufnehmen und Abspielen beenden) unterbrochen werden.

Nähere Informationen über das Aufnehmen von Stereo-Samples entnehmen Sie bitte auch Funktion 16.

Hinweis: Das Sample bekommt sofort einen Header im VOC-Format. Bei einem Stereo-Sample wird der zusätzliche Datenblock (Typ 8) noch vor den Header gestellt. Die Laenge umfaßt die Gesamtlänge des Blocks. Die wirkliche Länge des aufgenommenen Geräusches ist 8 oder 16 Bytes geringer.

Funktion 8: Das Aufnehmen und Abspielen eines Sample-Blocks beenden

```
Procedure StopVProcess
void StopVProcess()
```

Eingabe: BX=8

Ausgabe: keine

Das Aufnehmen oder Abspielen wird beendet. Das Statuswort bekommt wieder den Wert 0. Bei einer Aufnahme wird der VOC-Header mit den richtigen Daten versehen.

Funktion 9: Den Treiber ausschalten

```
Procedure TreiberAus
void TreiberAus()
```

Eingabe: BX=9

Ausgabe: keine

Wenn der Treiber abspielt und aufnimmt, wird diese Tätigkeit unterbrochen. Es werden keine Signale mehr an den Lautsprecher weitergeleitet. Diese Funktion muß immer dann aktiviert werden, wenn man das Programm beendet und zu DOS zurückkehrt.

Funktion 10: Das Abspielen unterbrechen

```
Procedure Pause
void Pause()
```

Eingabe: BX=10

Ausgabe: AX =0, Abspielen unterbrochen
        =1, Es wird kein Sample abgespielt.

Der Treiber unterbricht das Abspielen eines Sample. Wenn dies nicht möglich ist, wird der Wert 1 zurückgeben. Das Ergebnis steht in Pascal und C wieder in der Variablen SBIOResult. Verwenden Sie Funktion 11, um das Abspielen wieder fortzusetzen.

Funktion 11: Das Abspielen fortsetzen

```
Procedure SetzeFort
void SetzeFort()
```

Eingabe: BX=11

Ausgabe: AX =0, Das Abspielen wird fortgesetzt
          =1, Das Abspielen wurde nicht unterbrochen.

Der Treiber setzt das Abspielen eines Sample-Blocks fort. Wenn der Treiber nicht unterbrochen wurde, gibt die Funktion den Wert 1 zurück, sonst den Wert 0.

Funktion 12: Nach einer Unterbrechung das Abspielen wieder fortsetzen

```
Procedure BeendeWiederholung (I:Word)
void BeendeWiederholung (int I)
```

Eingabe: BX=11
          AX=1

Ausgabe: AX =0, Alles OK
          =1, Ein Sample wurde abgespielt.

Diese Funktion bezieht sich auf das VOC-Format, wodurch es möglich ist, ein oder
mehrere Samples mehrmals zu wiederholen (endlos, wenn man das wünscht). Die
Funktion schaltet nach einer Wiederholung automatisch zum nächsten untergeordneten
Block um. Dies kann man dazu benutzen, einen bestimmten Sample-Verlauf, in der
immer das gleiche abgespielt wird, endlos zu wiederholen (z.B. Fußstapfen, Hub-
schrauber, Auto usw.) Wenn man eine änderung wünscht, kann zum nächsten Datenblock umgeschaltet werden. Beachten Sie dazu auch den vorangehenden Abschnitt. Die
Variable 1 bestimmt das Verfahren: Bei einem Wert von 0 werden die Blöcke zum
letzten Mal wiederholt, bei dem Wert 1 wird die Wiederholung sofort beendet und wird
auf den untergeordneten Block am Ende der Wiederholung umgeschaltet.

Funktion 13: Eine Benutzerroutine definieren

```
Procedure BenutzerRoutine (P:^Procedure)
Procedure KeineBenutzerRoutine
void BenutzerRoutine (void *P())
void KeineBenutzerRoutine ()
```

Eingabe: BX=13
          DX:AX = Offset der Benutzerroutine

Ausgabe: keine

Hiermit kann der Programmierer am Anfang der Verarbeitung eines Datenblocks in einem untergeordneten Block eine eigene Routine aufrufen. Weil dies nicht für den
Assembler-Programmierer gilt, werden beide Möglichkeiten (Assembler und Pascal/C)
einzeln beschrieben.

Für den Assembler-Programmierer

Die Benutzerroutine hat drei Voraussetzungen:

1.   Weil es hier einen Far CALL betrifft, muß die Routine auf ein RETF enden.

2.   Außer dem Carry-Flag müssen alle benutzten Register gespeichert werden.

3.   Wenn der nächste untergeordnete Block übersprungen werden soll, muß das Carry-
     Flag den Wert 1 enthalten, oder wenn der nächste Block verarbeitet werden soll,
     den Wert 0.

Bei jeder Aktivierung zeigt ES:BX nach dem zu verarbeitenden Block. Das Byte auf
ES:BX bezeichnet den Blocktyp.

Es ist selbstredend, daß am Blockende das Carry-Flag gelöscht werden muß. Wenn dies
nicht geschieht, wird der nächste Block übersprungen (weil der Block keine Länge hat),
und alle folgenden Bytes werden als ein neuer Block betrachtet. Die Folgen sind er-
sichtlich.

Zum Ausschalten der Benutzerroutine müssen AX und DX den Wert 0 enthalten.

Für den Pascal- und C-Programmierer

Für diese Programmierer sind einige bestimmte Variablen definiert worden, nämlich:

```
Var
BlockStart: Pointer;
BlockLaenge: LongInt;
Blocktyp: Byte;
Weiter: Boolean;

void *BlockStart;
long Blocklänge;
```

```
unsigned char Blocktyp;
char Weiter;
```

Sobald diese Prozedur aktiviert wird, enthalten die Variablen die richtigen Werte für den nächsten Block. Mit der Variablen "Weiter" kann angegeben werden, ob der nächste Block gespielt (True, 1) oder nicht gespielt (False, 0) werden soll. Die übrigen Variablen können so oft modifiziert werden, wie man will. Sie haben keinen Einfluß auf den weiteren Verlauf.

Es spricht für sich, daß die Routine bei einem Ende-Block immer den nächsten Block verarbeitet, weil sonst die nächsten Bytes als Samples betrachtet werden. Die Folgen einer solchen Aktion sind bekannt.

Damit die Benutzerroutine wieder ausgeschaltet wird, muß die Prozedur "KeineBenutzerRoutine" aktiviert werden.

Die folgenden 13 Funktionen werden nur vom neuen CT-VOICE-Treiber für den Sound Blaster Pro unterstützt.

Funktion 14: Das Abspielen eines VOC-Blocks, der in einem Extended Memory Block gespeichert ist

```
Procedure SpieleEMBBlock (Handle: Word;Start;LongInt)
void SpieleEMBBlock(unsigned Handle,long Start)
```

Eingabe: BX=14
         DX=Handle
         DI:SI=Start in Extended Memory

Ausgabe: AX =0, Alles OK
         =1, Fehler aufgetreten.

Mittels dieser Funktion werden verschiedene untergeordnete Blöcke, die sich in einem Extended Memory-Block (von jetzt an als EMB abgekürzt) befinden, abgespielt. Sie müssen selber den HIMEM.SYS-Treiber installieren, ein EMB reservieren und mit den richtigen Daten versehen. Die Variable Handle steuert den reservierten Block.

Sie können nun große VOC-Blöcke abspielen, ohne daß diese einen Teil des von DOS benutzten Speichers beanspruchen. Dies ist natürlich nur dann möglich, wenn Ihr Computer über ein richtiges Extended Memory verfügt. Die Funktion arbeitet nicht mit simulierten EMBs (die sich z.B. auf der Festplatte befinden), weil das Abspielen über den DMA stattfindet.

Funktion 15: Ein Sample aufnehmen mit Hilfe eines EMB

```
Function NimmEMBSampleAuf(Handle, SR: Word;
                         Start: LongInt):Boolean;
int NimmEMBSampleAuf(unsigned Handle, unsigned SR, long Start);
```

Eingabe: BX=15
AX=SR
DX=Handle
DI:SI=Start in Extended Memory

Ausgabe: AX =0, Alles OK
=1, Fehler aufgetreten
SR = Die Sample-Rate

Mit Hilfe dieser Funktion wird ein Sample in einem EMB aufgenommen. Das richtige EMB befindet sich in der Variablen Handle. Die Größe des EMB ist zugleich die Größe des aufzunehmenden Sample. Weiter gelten dieselben Regeln wie für normale Aufnahmen (Funktion 7).

Funktion 16: Die Aufnahme-Einstellungen

```
Procedure StereoAufnahme (V:Word)
void StereoAufnahme(int V)
```

Eingabe: BX=16
AX=V

Ausgabe: AX=vorheriger Wert

Mit dieser Funktion bestimmen Sie, ob bei der nächsten Aufnahme ein Mono- oder ein Stereo-Sample aufgenommen werden soll. Enthält V den Wert 0, dann wird ein Mono-Sample aufgenommen. Es wird dann kein zusätzlicher Datenblock gebildet. Wenn V den Wert 1 enthält, dann wird ein Stereo-Sample aufgenommen. In diesem Fall wird ein zusätzlicher Datenblock für den neuen Sample-Block gebildet.

Funktion 17: Die Bestimmung der Eingabe

```
Procedure Eingang(V: Word)
void Eingang(int V)
```

Eingabe: BX=17
         AX=V

Ausgabe: AX=die vorherige Einstellung

Der Wert V bestimmt den Eingabekanal für das Aufnehmen eines Sample. Die möglichen Werte sind 0,1 und 3 für das Mikrophon bzw. den LINE- oder CD-Eingang. Wenn mit Hilfe der Funktionen 7 oder 15 ein Sample aufgenommen wird, wird der gewählte Eingang als Eingabekanal benutzt. Es ist nicht möglich, über mehrere Eingänge gleichzeitig aufzunehmen, obwohl mehrere Eingänge über den Ausgabekanal angesteuert und abgespielt werden können. Sie können jedoch den Ausgang wieder mit dem Mikrophon- oder LINE-Eingang verbinden. Dadurch ist es möglich, z.B. den CD- und den LINE-Eingang mit nur einem Sample aufzunehmen.

Funktion 18: Die Einstellungen des Aufnahmefilters

```
Procedure AufnahmeFilter (V; Word)
void AufnahmeFilter (int V)
```

Eingabe: BX=18
         AX=V

Ausgabe: AX=der vorherige Wert

Wenn V den Wert 0 enthält, werden die tiefen Töne gefiltert, enthält V jedoch den Wert 1, dann werden die hohen Töne gefiltert.

Funktion 19: Die Einstellungen des DMA-Kanals

```
Procedure BenutzeKanal (C: Word)
void BenutzeKanal (int C)
```

Eingabe: BX=19
       AX=C

Ausgabe: AX =0, Alles OK
         =FFFFH, falscher Wert

Mittels der Variablen C wird der DMA-Kanal gewählt, der bei dem Sound Blaster Pro auf DSP eingestellt ist. Mögliche Werte von C sind 0, 1 und 3. Wie bei den Funktionen 1 und 2 muß diese Funktion aktiviert werden, bevor der Treiber mittels Funktion 3 initialisiert wird.

Funktion 20: Die Bestimmung der Sound Blaster-Karte

```
Var Kartentyp : Word
int Kartentyp
```

Eingabe: BX=20

Ausgabe: AX = 1, normaler Sound Blaster
        = 2, vorherige Version des Sound Blaster Pro
        = 3, Sound Blaster 2.0

Diese Funktion überträgt Informationen darüber, welche Karte der Computer enthält.

Die folgenden fünf Funktionen beziehen sich alle auf den Mischer-Chip. Die Einstellungswerte werden an den Mischer-Chip weitergeleitet und vom CT-VOICE-Treiber in internen Variablen gespeichert. Kapitel 12 beschäftigt sich weiter mit diesem Chip.

Funktion 21: Die Einstellungen der Lautstärke

```
Procedure Lautstaerke(S,C,V : Word)
void Lautstaerke(int S, int C, int V)
```

Eingabe: BX=20
       AX=s
       CX=V
       DX=C

Ausgabe: AX <>FFFFH, AX enthält den vorherigen Wert
         =FFFFH, Fehler aufgetreten

Mit dieser Funktion kann die Lautstärke eines der verschiedenen Bestandteile modifiziert werden. Die Variable S bestimmt, welcher Bestandteil gemeint ist. Die möglichen
Einstellungen von S sind folgende:

0:   Die Lautstärke des Ausgabesignals
1:   Die Lautstärke des VOICE-Teils
2:   Die Lautstärke des Mikrophon-Eingangs
3:   Die Lautstärke des CD-ROM
4:   Die Lautstärke des Stereo-LINE-Eingangs

Wie bereits früher erwähnt wurde, sind die Einstellungen 0, 1, 3 und 4 für Stereo. Mit
Hilfe des Wertes von C kann bestimmt werden, ob der linke oder der rechte Kanal modifiziert werden soll. Wenn C den Wert 1 enthält, wird nur die Lautstärke des linken
Kanals verändert. Für den rechten Kanal muß C den Wert 2 enthalten. Die gilt jedoch
nicht für das CD-ROM.

über den linken Kanal werden die beiden Lautstärken eingestellt. C muß immer den
Wert 1 enthalten. Wenn Sie die Lautstärke des Mikrophons einstellen, hat die Variable
C keinen Einfluß, weil der MIC-Kanal Mono ist und deshalb den Wert 1 enthalten muß.
Der Maximalwert des Lautstärke-V ist 15 für die Optionen 0, 1, 3 und 4, und 7 für die
Option 2. Wenn der Wert von V größer als der eingestellte Wert ist, wird dieser auto-
matisch vom Treiber auf den Maximalwert eingestellt. Der angezeigte Wert ist der vor-
herige Wert der Lautstärke. Wenn die Lautstärke beider Kanäle eingestellt wird, ist der
angezeigte Wert der vorherige Lautstärkenwert des rechten Kanals.

Funktion 22: Die Filtereinstellungen

```
Procedure Filter (S,V: Word)
void Filter(int S, int V)
```

Eingabe: BX=22
         AX=S
         CX=V

Ausgabe: AX=(siehe vorangehende Funktion)

Die Variable S bestimmt, welcher Filter ein- oder ausgeschaltet wird. Wenn S den Wert 0 enthält, wird der Ausgabefilter aktiviert. Enthält S den Wert 1, dann handelt es sich um den Eingabefilter. Der gewählte Filter kann mit Hilfe einer Null in der Variablen V eingeschaltet werden. Enthält V den Wert 1, dann wird der Filter ausgeschaltet. Auch hier gilt wieder, daß der angezeigte Wert die vorherige Einstellung des Filters verkörpert.

Funktion 23: Reset des Mischer-Chips

```
Procedure ResetMixer()
```

Eingabe: BX=23

Ausgabe: keine

Mit dieser Funktion werden alle Einstellungen für Lautstärke und Filter wieder in ihre Ausgangsposition gebracht. Alle vorherigen Einstellungen werden damit überschrieben. Kapitel 12 enthält die Daten der Standardeinstellungen. Diese Funktion wird ausschließlich von der alten Version 1.21 des erweiterten Treibers unterstützt.

Funktion 24: Bestimmung der Lautstärke-Einstellungen

```
Procedure LiesAlleLautstaerken
void LiesAlleLautstaerken()
```

Eingabe: BX=24

Ausgabe: keine

Wenn der Mischer-Chip direkt programmiert wird (Kapitel 12), kann mittels dieser Funktion der CT-VOICE-Treiber mit den neuesten Daten versehen werden. Alle Mischer-Chip-Einstellungen werden eingelesen und in die internen Variablen des Treibers aufgenommen. Die vorherigen Einstellungen werden dabeiüberschrieben. Danach stimmen die internen Variablen wieder mit den aktuellen Einstellungen des Mischer-Chips überein.

Funktion 25: Abfrage der Lautstärke

```
Function BestimmeLautstaerke (S,C:Word) : Word
int BestimmeLautstaerke (int S, int C)
```

Eingabe: BX=25
        AX=S
        DX=C

Ausgabe: AX = Der gesuchte Wert
         = FFFFH; es ist ein Fehler aufgetreten

Die Variablen S und C haben die gleiche Funktion wie Funktion 21. Die Variable S be-stimmt den Bestandteil, während die Variable C den Kanal für die Lautstärke festlegt. C darf jedoch keinen Nullwert enthalten. Der angezeigte Wert stammt von der internen Variablen, welche der CT-VOICE-Treiber benutzt. Und das braucht also nicht die aktu-elle Einstellung des Mischer-Chips zu sein. Es kann sein, daß diese von einem anderen Programm neu programmiert wurde. Wenn Sie nicht sicher sind, ob das der Fall ist, können Sie die vorangehende Funktion benutzen.

Funktion 26: Bestimmung der Sample-Rate

```
Procedure BestimmeRate (Var Max, Min : Word; M,R : Word)
int BestimmeRate (int *Max, int *Min, int M, int R)
```

Eingabe: BX=26
        AX=R
        DX=M

Ausgabe: AX=die Mindest-Sample-Rate (Min)
         DX=die höchste Sample-Rate (Max)

Mit dieser Funktion können Sie die minimale und maximale Sample-Rate eines be-stimmten Modus bestimmen. Mit der Variablen R geben Sie an, ob es sich um eine Aufnahme (0) oder eine Wiedergabe (1) handelt. Wenn die Sound-Karte ein Sound Bla-ster Pro ist, kann mit Hilfe der Variablen M bestimmt werden, ob es sich um Mono (0) oder Stereo handelt. Bei anderenSound-Karten muß M immer den Wert 0 enthalten. Diese Funktion wird nicht von Version 1.21 des erweiterten CT-VOICE-Treibers unter-stützt. Sie ist durch Funktion 27 ersetzt worden.

Funktion 27: Bestimmung der Filtereinstellung

```
Function ZeigeFilter (S : Word) : Word
int ZeigeFilter (int S)
```

Eingabe: BX=27
           AX=S

Ausgabe: AX =die vorherige Einstellung (0 oder 1)
            =FFFFH; es ist ein Fehler aufgetreten.

Die Möglichkeiten der Variablen S sind die gleichen wie bei Funktion 22. Die Funktion verfährt fast auf die gleiche Weise wie die vorangehende Funktion, jedoch mit dem Unterschied, daß jetzt nach der Filtereinstellung gesucht wird. Auch hier gilt wieder, daß der angezeigte Wert aus dem Speicher stammt und nicht die aktuelle Einstellung des Mischer-Chips zu sein braucht.

Es folgen jetzt die Listings der Schnittstellen in Pascal und C, unterstützt von einigen Routinen in Maschinensprache.

```
          .MODEL TPASCAL
          .CODE
; Dateiname = CT-INTER.ASM !
; Assembler-Datei, die für die Schnittstelle zwischen
; CT-VOICE-Treiber und Turbo Pascal zuständig ist.
;
; Run TASM CT-INTER, um CT-INTER.OBJ
; bilden zu können. Diese Objektdatei wird später benutzt.
;
; Folgende Prozeduren sind definiert:
;
; Procedure CallCTVoice(Var R : Register);
; Procedure CTVoiceAdresse(P : Pointer);
; Procedure Variable(StPt, BsPt, BlPt, BtPt,
;                         DoPt : Pointer);
; Procedure BenuRoutine(P : Pointer);
; P richtet sich nach einer Interrupt-Routine in Pascal.
;
PUBLIC CTVoiceAdresse, CallCTVoice
PUBLIC Variable, BenuRoutine
;
; Definiere eine Struktur für den Registertyp,
; der bei der Offset-Kalkulation verwendet werden kann.
;
```

```
Register STRUC
rAX      dw 0
rBX      dw 0
rCX      dw 0
rDX      dw 0
rBP      dw 0
rSI      dw 0
rDI      dw 0
rDS      dw 0
rES      dw 0
rMarkierungs  dw 0
ENDS
;
; Definiere eine viel benutzte Routine:
; Kopieren eines DWORD
@CopyDword MACRO Dest,Source
        mov ax,WORD PTR Source+0
        mov WORD PTR Dest+0,ax
        mov ax,WORD PTR Source+2
        mov WORD PTR Dest+2,ax
ENDM
; Die pauschalen Variablen
CTVoicePt            DD 0           ; CT-VOICE Adresse
BenutzRoutAdresse    DD ?           ; Benutzerroutine
BlockStart           DD ?           ; Adresse des Pointer
BlockLaenge          DD ?           ; Adresse des LongInt
BlockTyp             DD ?           ; Adresse des Byte
FortFahren           DD ?           ; Adresse des Boolean
;
; Procedure CTVoiceAdresse(P : Pointer);
; Bestimme die StartAdresse des CT-VOICE-Treibers.
;
CTVoiceAdresse PROC FAR P:DWORD
        @CopyDword cs:CTVoicePt,P
        ret
ENDP
;
; Procedure CallCTVoice(Var R : Register);
; Aktiviert den CT-VOICE-Treiber.
;
CallCTVoice PROC FAR R : DWORD;
        push ds                   ; muß gespeichert werden
        lds si,[R]                ; DS:SI zeigt auf R
        mov ax,[si+rSI]           ; speichere benutztes SI
        push ax
        mov ax,[si+rAX]           ; definiere alle Register
```

```
        mov bx,[si+rBX]              :
        mov cx,[si+rCX]
        mov dx,[si+rDX]
        mov di,[si+rDI]
        mov es,[si+rES]
        mov ds,[si+rDS]
        pop si                       ; definiere SI
        call [DWORD PTR cs:CtVoicePt]
        push ds                      ; speichere DS
        push si                      ; speichere SI
        lds si,[R]                   ; DS:SI zeigt auf R
        mov [si+rAX],ax              ; speichere alle Reg.
        mov [si+rBX],bx
        mov [si+rCX],cx
        mov [si+rDX],dx
        mov [si+rDI],di
        mov [si+rES],es
        pop ax                       ; AX=SI nach Aktivierung
        mov [si+rSI],ax
        pop ax                       ; AX=DS nach Aktivierung
        mov [si+rDS],ax
        pop ds                       ; Reset benutztes DS
        ret
ENDP
;
; Procedure Variable(StPt, BsPt, BlPt, BtPt,
;                       DoPt : Pointer);
; Richte die Pointer nach  Statuswort, BlockStart,
; BlockLaenge, BlockTyp & Fortfahren.
;
Variable PROC FAR Stp:DWORD,Bsp:DWORD, (fährt fort)..
... BlP:DWORD,BtP:DWORD,DoP:DWORD
        @CopyDword cs:BlockStart,BsP
        @CopyDword cs:BlockLaenge,BlP
        @CopyDword cs:BlockTyp,BtP
        @CopyDword cs:FortFahren,DoP
        mov bx,5                     ; richte Pointer nach
        les di,StP                   ; StatusWort
        call [DWORD PTR cs:CTVoicePt]
        ret
ENDP
;
; Procedure BenuRoutine(P : Pointer);
; Definiere Benutzer-Interrupt
;
BenutzRoutine PROC FAR P : DWORD
```

```
        mov ax,[WORD PTR P+0]
        mov [WORD PTR cs:BenutzRoutAdresse+0],ax
        mov dx,[WORD PTR P+2]
        mov [WORD PTR cs:BenutzRoutAdresse+2],dx
        or ax,dx                 ; P=0:0?
        jnz NewUserRoutine
        mov bx,13                ; ja, schalte Routine aus
        call [DWORD PTR cs:CTVoicePt]
        ret

NewUserRoutine:
        mov ax,offset BenutzSchnittstelle
        mov dx,cs
        mov bx,13                ; Definiere Schnittstelle
        call [DWORD PTR cs:CTVoicePt]
        ret
ENDP
;
; Diese Routine bezieht sich auf die Schnittstelle der
; Interrupt-Routine in Pascal. Die Routine
; definiert die notwendigen Variablen und aktiviert die
; Pascal-Routine. Danach wird geprüft,
; ob der nächste Block abgespielt werden soll.
;
BenutzSchnittstelle PROC FAR
        push ax                  ; speichere benutzte
        push si                  ; Register
        push ds
        lds si,[cs:BlockStart]   ; definiere BlockStart
        mov [si],bx              ; des
        mov [si+2],es            ; abzuspielenden Blocks
        lds si,[cs:BlockLaenge]  ; definiere BlockLaenge
        mov ax,[es:bx+1]         ; mit Hilfe der 24 Bits
        mov [si],ax              ; Länge
        mov ax,[es:bx+3]
        xor ah,ah                ; Lösche 25..32 Bits
        mov [si+2],ax
        lds si,[cs:BlockTyp]     ; definiere BlockTyp
        mov al,[es:bx]
        mov [si],al
        lds si,[cs:FortFahren]   ; stelle boolean
        mov byte ptr [si],-1     ; ein auf Standard True
        pushf                    ; simuliere Int
        call [DWORD PTR cs:BenutzRoutAdresse]
        cmp byte ptr [si],0      ; Fortfahren = False?
        jne ClearCarryMarkierung ; nein, verarbeite Block
```

```
        cmp byte ptr [es:bx],0   ; letzter Block?
        Die ClearCarryMarkierung ; ja, verarbeite ihn
        pop ds                   ; bringe benutzte
        pop si                   ; Register wieder in
        pop ax                   ; Ausgansposition
        stc                      ; Verarbeite Block nicht
        retf                     ; zum  CT-VOICE

ClearCarryMarkierung:
        pop ds                   ; bringe benutzte
        pop si                   ; Register wieder in
        pop ax                   ; Ausgangsposition
        clc                      ; Verarbeite Block
        retf                     ; zum CT-VOICE
ENDP
        END                      ; Ende Assembler-Datei
```

Listing 10.1: Assembler-Schnittstelle für Turbo Pascal

```
Unit CTVOICE;
{ Unit zur Unterstützung des CT-VOICE-Treibers }

Interface
Const
{ Fehler während der Initialisierung }
  CallOk         = 0;
  KartenFehler   = 1;
  IOPortFehler   = 2;
  DMAFehler      = 3;

{ Zur überprüfung des Lautsprechers }
  SpEin          = 1;
  SpAus          = 0;
{ Verschiedene Block- (Bl)Typen im VOC-Format }
  EndeBl         = 0;
  NeuesSampleBl  = 1;
  SampleBl       = 2;
  StilleBl       = 3;
  MarkierBl      = 4;
  TextBl         = 5;
  WiederholBl    = 6;
  WiederholEndeBl = 7;
  ZusInfoBl      = 8; { Nur für den Pro }

{ Mögliche Sound Blaster-Karten }
```

```
  SoundBlaster    = 0;
  SoundBlPro      = 1;
  SoundB120       = 2;

{ Die drei Bestandteile, die als Eingang dienen können. }
  MIC             = 0;
  CD_ROM          = 1;
  Line            = 3;

{ Lautstärkenwahl }
  MainVl          = 0;
  VoiceVl         = 1;
  MICVl           = 2;
  CD_ROMVl        = 3;
  LineVl          = 4;
  Beide           = 0;
  Links           = 1;
  Rechts          = 2;

{ Filtereinstellungen }
  TiefenFilter    = 0;
  HoehenFilter    = 1;
  AusgabeFilter   = 0;
  Eingabefilter   = 1;

{ Art der Aufnahme }
  Stereo          = 1;
  Mono            = 0;
{ normales Ein und Aus }
  Ein             = 0;
  Aus             = 1;

Type
{ Dummy-Array von fast 64K }
  IntArType = Array [0..$fff0] oder Byte;

{ Datensatz mit VOC-Daten}
  VocTp      = Record
    Start   : Pointer;
    Laenge  : LongInt;
    Block   : ^IntArType;
  End;

{ Procedure für die Benutzerroutine }
  Proc    = Procedure;
  ProcTp = ^Proc;
```

```
Var
{ Das Statuswort deutet an, ob CT-VOICE arbeitet }
  StatusWort   : Word;
{ Zeigt auf dem Anfang des untergeordneten Blocks }
  BlockStart   : ^IntArType;
{ Die Länge des untergeordneten Blocks }
  BlockLaenge  : LongInt;
{ Der Type des untergeordneten Blocks }
  BlockType    : Byte;
{ Zeigt an, ob der nächste Block gespielt werden soll }
  Weiter   : Boolean;
{ Kartentyp }
  KartenTyp   : Byte;
{ Ergebnis der Prozeduren }
  SBIOResult : Word;

{** Platte I/O  **}
{ Lädt den CT-VOICE-Treiber }
Procedure LoadCTDriver(N : String);
{ Prüfe, ob eine Datei das VOC-Format besitzt }
Function  CheckVOCFile(N : String) : Boolean;
{ Lade eine VOC-Datei}
Procedure LoadVOCFile(N : String; Var V : VocTp);
{ Speichere einen VOC- Block }
Procedure SaveVOCFile(N : String; V : VocTp);
{ Lösche den VOC-Block im Speicher }
Procedure DisposeVOC(Var V : VocTp);

{** Initialisierung **}
{ Bestimme die Version }
Function  CTVersion : Word;
{ Definiere den BasisPort }
Procedure BenutzPort(P : Word);
{ Bestimme IRQ-Nummer }
Procedure BenutzIRQ(I : Word);
{ Bestimme  DMA Kanal (für den Sound Blaster Pro !) }
Procedure BenutzKanal(D : Word);
{ Initialisiere Treiber }
Procedure InitialisiereTreiber;

{** Dienstprogramme **}
{ Schalte Lautsprecher ein oder aus }
Procedure LautSprecher(W : Word);
{ Beende Aufnehmen oder Abspielen }
Procedure StopVProcess;
```

```
{ Beende den Treiber }
Procedure DriverAus;{ Definiere die Benutzerroutine }
Procedure BenutzerRoutine(P : ProcTp);
{  Definiere Mindest- und HöchstSample-Rate  }
Procedure DefiniereRate(Var Max, Min : Word; M, K : Word);


{** Mischer-Chip, für den Sound Blaster Pro **}
{ Stelle auf Stereo- oder Mono-Aufnahmen ein }
Procedure AufnahmeModus(B : Word);
{ Bestimme Eingang }
Procedure Eingang(S : Word);
{Schalte den Aufnahmefilter ein oder aus }
Procedure AufnahmeFilter(B : Word);
{ Stelle Lautstärke ein }
Procedure Lautstaerke(S,C,V : Word);
{ Schalte Eingabe- der Ausgabefilter ein oder aus }
Procedure Filter(S,V : Word);
{ Reset Mischer-Chip }
Procedure ResetMixer;
{ Lies alle Lautstärken  }
Procedure LiesAlleLautstaerken;
{ Definiere die versch. Lautstärken- und Filtereinstellungen  }
Function DefiniereLautstaerke(S,V : Word) : Word;
Function ZeigeFilter(S : Word) : Word;


{** Abspielen **}
{ Unterbreche das Abspielen }
Procedure Pause;
{ Fahre fort }
Procedure FahreFort;
{ Beende Wiederholung }
Procedure BeendeWiederholung(I : Word);
{ Spiel einen VOC-Block ab }
Procedure SpieleBlock(V : VocTp);
{ Spiele einen VOC-Block in einem EMB ab
  (für Sound Blaster Pro !) }
Procedure SpieleEMBBlock(H : Word; S : LongInt);


{** Aufnehmen **}
{ Nimm ein Sample auf }
Procedure NimmSampleAuf(L : LongInt;SR : Word;
                        Var V : VocTp);
{ Nimm ein Sample in einem EMB auf (für Sound Blaster Pro !) }
Procedure NimmEMBSampleAuf(SR : Word; H : Word;
                           S : LongInt);
```

```
{** VOC- Dienstprogramme **}
{ Richte VOC-Block nach dem ersten untergeordneten Block }
Procedure ErsterUnterBlock(Var V : VocTp);
{ Richte VOC-Block nach dem nächsten untergeordneten Block }
Procedure NaechsterUnterBlock(Var V : VocTp);


{** Funktionen des CT-TIMER.DRV **}
{ Definiere Lautstärkentabelle }
Procedure Lautstaerkentabelle(V : Pointer; S : Byte);
{ Stelle Echo-Puffer ein. }
Procedure EchoPuffer(E : Pointer; S : Word);
{ Führe eine Befehlskette aus. }
Procedure Befehl(S : String);
{ Was ist die aktuelle Lautstärke? }
Function HVolume : Byte;


Implementation


Uses DOS;


Var
   CTAdresse   : Pointer;
   CTGroesse : LongInt;
   R         : Register;


{ Lade und definiere die Maschinensprache-Routinen }
{$L CT-INTERF.OBJ}
{$F+}
Procedure CTVoiceAdresse(P : Pointer); External;
Procedure CallCTVoice(Var R : Registers); External;
Procedure Variable(StPt, BsPt, BlPt, BtPt,
                          DoPt : Pointer); External;
Procedure BenutzRoutine(P : ProcTp); External;


{$F-}


{** Platte I/O **}
Procedure LoadCTDriver(N : String);
Var
   F      : File;
   S      : String[8];
   Off, Sg : Word;


Begin
   if N='' then N:='CT-VOICE.DRV';   { Name }
   Assign(F,N); Reset(F,1);
```

```
  Seek(F,2); BlockRead(F,S,9);        { lies ID }
  Seek(F,0);
  S[0]:=#8;                           { bestimme Länge }
  If S='CT-VOICE' then Begin
    CTGroesse:=FileSize(F);           { bestimme Größe }
    GetMem(CTAdresse,CTGroesse+16);
    Off:=Ofs(CTAdresse^);             { Achte darauf   }
    Sg:=Seg(CTAdresse^);              { daß  CT-VOICE }
    Sg:=Sg+Off shr 4;                 { als Offset 0 }
    Off:=Off and 15;                  { geladen wird }
    If Off <> 0 Then Begin            { Offset = 0? }
      Inc(Sg);                        { nächstes Segment }
      Off:=0;                         { Offset ist jetzt 0 }
    End;
    CTAdresse:=Ptr(Sg,Off);
    BlockRead(F,CTAdresse^,CTGroesse);
    Close(F);
    CTVoiceAdresse(CTAdresse);
    SBIOResult:=0;
  End
  Else Begin
    Close(F);                         { kein Treiber    }
    SBIOResult:=1;
  End
End;

Function CheckVOCFile(N : String) : Boolean;

Var
  F     : File;
  S     : String[19];  T1,T2 : Word;
  R     : Boolean;

Begin
  R:=False;                           { Ergebnis }
  Assign(F,N); Reset(F,1);
  BlockRead(F,S,19);                  { Lies Header ID }
  S[0]:=#18;
  If S='reative Voice File' Then Begin
    Seek(F,$16);                      { Version }
    BlockRead(F,T1,2);
    BlockRead(F,T2,2);
    T1:=(T1 XOR $FFFF) + $1234;       { Prüfe Ergebnis }
    R:=T1=T2;                         { Gleich? }
  End;
  Close(F);
```

```
  CheckVOCFile:=R;                        { Zeige Ergebnis }
End;


Procedure LoadVOCFile(N : String; Var V : VocTp);
Var
  F           : File;
  T           : Word;
  SgH, OfH  : Word;
  SgE, OfE  : Word;
  HS          : LongInt;

Begin
  Assign(F,N); Reset(F,1);
  Seek(F,$14);                            { bestimme Größe }
  BlockRead(F,T,2);                       { des Header und }
  Seek(F,T);                              { überspringe ihn }
  V.Laenge:=FileSize(F)-T;
  GetMem(V.Start,V.Laenge);
  BlockRead(F,V.Start^,V.Laenge);
  Close(F);
  V.Block:=V.Start;
End;


Procedure SaveVOCFile(N : String; V : VocTp);

Var
  F   : File;
  S   : String;
  T   : Word;

Begin
  Assign(F,N); ReWrite(F,1);
  S:='Creative Voice File'+#$1A;    { ID-Text }
  BlockWrite(F,S,20);
  T:=$001A; BlockWrite(F,T,2);      { Größe Header }
  T:=$010A; BlockWrite(F,T,2);      { Version 1.10 }
  T:=(T-$1234) XOR $FFFF;           { Kontrolle }
  BlockWrite(F,T,2);
  BlockWrite(F,V.Start^,V.Laenge);  { Die Sample-Daten }
  Close(F);
End;


Procedure DisposeVOC(Var V : VocTp);

Begin
  FreeMem(V.Start,V.Laenge);
```

```
   V.Start:=Nil;
   V.Laenge:=0;
   V.Block:=Nil;
End;


{** Initialisierung **}
{ Die folgenden Prozeduren und Funktionen definieren die   }
{ Schnittstelle zwischen dem CT-VOICE-Treiber und Pascal.  }
{ Ihre Funktion ist logisch und einfach. Es wird           }
{ keine nähere Erklärung gegeben.                          }

Function CTVersion : Word;

Begin
  R.BX:=0;
  CallCTVoice(R);
  CTVersion:=R.AX
End;


Procedure BenutzPort(P : Word);

Begin
  R.BX:=1;
  R.AX:=P;
  CallCTVoice(R);
  SBIOResult:=R.AX;
End;


Procedure BenutzIRQ(I : Word);

Begin
  R.BX:=2;
  R.AX:=I;
  CallCTVoice(R);
  SBIOResult:=R.AX;
End;


Procedure BenutzKanal(D : Word);

Begin
  R.BX:=19;
  R.AX:=D;
  CallCTVoice(R);
  SBIOResult:=R.AX;
End;
```

```
Procedure InitialisiereTreiber;
Begin
  R.BX:=3;
  CallCTVoice(R);
  SBIOResult:=R.AX;
  If R.AX=0 Then Begin
    Variable(@StatusWort,@BlockStart,@BlockLaenge,
             @BlockTyp,@FortFahren);
    R.BX:=20;    CallCTVoice(R);
    Kartentyp:=Lo(R.AX)
  End;
End;

{** Dienstprogramme **}

Procedure LautSprecher(W : Word);

Begin
  R.BX:=4;
  R.AX:=W;
  CallCTVoice(R);
End;

Procedure StopVProcess;

Begin
  R.BX:=8;
  CallCTVoice(R);
End;

Procedure TreiberAus;

Begin
  R.BX:=9;
  CallCTVoice(R);
End;

Procedure BenutzerRoutine(P : ProcTp);

Begin
  If P=Nil Then
    BenutzRoutine(Ptr(0,0))
  Else
    BenutzRoutine(P);
End;
```

```
Procedure BestimmeRate(Var Max, Min : Word; M, K : Word);

Begin
  R.BX:=26;
  R.AX:=K;
  R.DX:=M;
  CallCTVoice(R);
  Max:=R.DX;
  Min:=R.AX;
End;

{** Mixer-Chip **}

Procedure AufnahmeModus(B : Word);

Begin
  R.AX:=B;
  R.BX:=16;
  CallCtVoice(R);
  SBIOResult:=R.AX;
End;

Procedure Eingang(S : Word);

Begin
  R.AX:=S;
  R.BX:=17;
  CallCtVoice(R);
  SBIOResult:=R.AX;
End;

Procedure AufnahmeFilter(B : Word);

Begin
  R.AX:=B;
  R.BX:=18;
  CallCtVoice(R);
  SBIOResult:=R.AX;
End;

Procedure Lautstaerke(S,C,V : Word);

Begin
  If C=Beide Then Begin
    Lautstaerke(S,Links,V);
    C:=Rechts;
```

```
   End;
   R.AX:=S;
   R.BX:=21;
   R.CX:=V;
   R.DX:=C;
   CallCtVoice(R);
   SBIOResult:=R.AX;
End;

Procedure Filter(S,V : Word);

Begin
   R.AX:=S;
   R.BX:=22;
   R.CX:=V;
   CallCtVoice(R);
   SBIOResult:=R.AX;
End;

Procedure ResetMixer;

Begin
   R.BX:=23;
   CallCtVoice(R);
End;

Procedure LiesAlleLautstaerken;

Begin
   R.BX:=24;
   CallCtVoice(R);
End;

Function ZeigeLautstaerke(S,V : Word) : Word;

Begin
   R.AX:=S;   R.BX:=25;
   R.DX:=V;
   CallCtVoice(R);
   ZeigeLautstaerke:=R.AX;
End;

Function ZeigeFilter(S : Word) : Word;

Begin
   If CTVersion=$20A Then
```

```
    R.BX:=27
  Else
    R.BX:=26;
  R.AX:=S;
  CallCtVoice(R);
  ZeigeFilter:=R.AX;
End;

{** Abspielen **}

Procedure Pause;

Begin
  R.BX:=10;
  CallCTVoice(R);
  SBIOResult:=R.AX;
End;

Procedure FahreFort;

Begin
  R.BX:=11;
  CallCTVoice(R);
  SBIOResult:=R.AX;
End;

Procedure BeendeWiederholung(I : Word);

Begin
  R.BX:=12;
  R.AX:=I;
  CallCTVoice(R);
  SBIOResult:=R.AX;
End;

Procedure SpieleBlock(V : VocTp);

Begin
  R.BX:=6;
  R.DI:=Ofs(V.Start^);
  R.ES:=Seg(V.Start^);
  CallCTVoice(R);
End;

Procedure SpieleEMBBlock(H : Word; S : LongInt);
```

```
Begin
  R.BX:=14;
  R.DX:=H;
  R.DI:=S Shr 16;   R.SI:=S And $FFFF;
  CallCTVoice(R);
  SBIOResult:=R.AX;
End;

{** Aufnehmen **}

Procedure NimmSampleAuf(L : LongInt; SR : Word;
                        Var V : VocTp);

Begin
  GetMem(V.Start,L);
  V.Laenge:=L;
  R.BX:=7;
  R.AX:=SR;
  R.DX:=L shr 16;
  R.CX:=L and 65535;
  R.ES:=Seg(V.Start^);
  R.DI:=Ofs(V.Start^);
  CallCTVoice(R);
End;

Procedure NimmEMBSampleOp(SR : Word; H : Word;
                          S : LongInt);

Begin
  R.AX:=SR;
  R.BX:=15;
  R.DX:=H;
  R.DI:=S Shr 16;
  R.SI:=S And $FFFF;
  CallCTVoice(R);
  SBIOResult:=R.AX;
End;

{** VOC-Dienstprogramme **}

Procedure ErsterUnterBlock(Var V : VocTp);

Begin
  V.Block:=V.Start;
End;
```

```
Procedure NaechsterUnterBlock(Var V : VocTp);

Var
  A : LongInt;

Begin
{ Berechne 24-Bit-Adresse }
  A:=16*LongInt(Seg(V.Block^))+LongInt(Ofs(V.Block^));
{ Addiere dies mit : 4 + Blocklänge }
  A:=A+4+V.Block^[1]+256*V.Block^[2]+256*256*V.Block^[3];
{ Stel V.Block in }
  V.Block:=Ptr(A shr 4, A and 15);
End;


{** Funktionen des CT-TIMER.DRV **}

Procedure Lautstaerkentabelle(V : Pointer; S : Byte);

Begin
  R.BX:=128;
  R.AX:=0;
  R.CL:=S;
  R.DI:=Ofs(V^);
  R.ES:=Seg(V^);
  CallCtVoice(R);
End;


Procedure EchoPuffer(E : Pointer; S : Word);

Begin
  R.BX:=128;
  R.AX:=1;
  R.CX:=S;
  R.DI:=Ofs(E^);
  R.ES:=Seg(E^);
  CallCtVoice(R);
End;


Procedure Befehl(S : String);

Begin
  S:=S+#0;
  R.BX:=129;
  R.DI:=Ofs(S[1]);
  R.ES:=Seg(S[1]);
  CallCtVoice(R);
```

```
End;

Function HLautstaerke : Byte;

Begin
  R.BX:=130;
  CallCtVoice(R);
  HLautstaerke:=R.AL;
End;

End.
```

Listing 10.2: Pascal-Unit zur Unterstützung des CT-VOICE/CT-TIMER-Treibers

```
        .MODEL SMALL
        .CODE
; Datei : CT-INTER.ASM
; Assembler-Datei, die als Schnittstelle zwischen dem
; CT-VOICE-Treiber und Turbo-C dient.
;
; Aktiviere TASM /MX CT-INTER, damit CT-INTER.OBJ
; entsteht.
; Verbinde dann CT-INTER.OBJ mit den
; übrigen Dateien.
;
; Definierte Funktionen :
; - void CallCTVoice(struct REGPACK far *R);
; - void CTVoiceAdresse(char far *A, unsigned G);
; - void Variable(void far *StPt, void far *BsPt,
;                   void far *BlPt, void far *BtPt,
;                   void far *DoPt)
; - void BenutzRoutine(void interrupt *P);
;
PUBLIC _CTVoiceAdresse, _CallCTVoice
PUBLIC _Variable, _BenutzRoutine
;
; Definiere eine Struktur für den Typ REGPACK
; der bei der Offset-Kalkulation angewandt werden kann.
;
Register STRUC
rAX     dw 0
rBX     dw 0
rCX     dw 0
rDX     dw 0
rBP     dw 0
```

```
rSI       dw 0
rDI       dw 0
rDS       dw 0
rES       dw 0
rMarkierungs   dw 0
ENDS
;
; Definiere eine viel benutzte Routine:
; Wie man ein DWORD kopiert.
;
@CopyDword MACRO Dest,Source
        mov ax,WORD PTR Source+0
        mov WORD PTR Dest+0,ax
        mov ax,WORD PTR Source+2
        mov WORD PTR Dest+2,ax
ENDM
;
; Die Pauschal-Variablen
;
CTVoicePt              DD 0                ; CT-VOICE-Adresse
BenutzRoutAdresse      DD 0                ; Benutzerroutine
BlockStart             DD 0                ; Adresse des Pointer
BlockLaenge            DD 0                ; Adresse des LongInt
BlockTyp               DD 0                ; Adresse des Byte
FortFahren             DD 0                ; Adresse des Boolean
;
; void CTVoiceAdresse(char far *A, unsigned P)
; Bestimme die StartAdresse des CT-VOICE-Treibers.
;
_CTVoiceAdresse PROC FAR
        ARG A:DWORD,G:WORD
        push bp
        mov bp,sp
        push ds
        lds si,[A]             ; DS:SI ist
        mov dx,ds              ; nach CT-VOICE gerichtet
        mov ax,si              ; DX:AX=DS:SI
        add ax,15              ; minimalisiere
        shr ax,1              ; und runde auf
        shr ax,1
        shr ax,1
        shr ax,1
        add dx,ax
        mov es,dx              ; ES:0 Start CT-VOICE
        mov cx,[G]             ; CX=Größe des Treibers
        mov di,cx             ; Fange am Ende
```

```
        add si,cx                   ; des Treibers
        inc cx                      ; ein Byte mehr
        std
        rep movsb                   ; kopiere Treiberdaten
        cld
        mov [WORD PTR CTVoicePt+0],0
        mov [WORD PTR CTVoicePt+2],es
        pop ds
        pop bp
        ret
ENDP
;
; void CallCTVoice(struct REGPACK far *R);
; Aktiviert den CT-VOICE Treiber.
;
_CallCTVoice PROC FAR
        ARG R : DWORD
        push bp
        mov bp,sp
        push ds                     ; muß gespeichert werden
        lds si,[R]                  ; DS:SI zeigt auf R
        mov ax,[si+rSI]             ; speichere benutztes SI
        push ax
        mov ax,[si+rAX]             ; definiere alle Register
        mov bx,[si+rBX]             ;
        mov cx,[si+rCX]
        mov dx,[si+rDX]
        mov di,[si+rDI]
        mov es,[si+rES]
        mov ds,[si+rDS]
        pop si                      ; definiere SI
        call [DWORD PTR cs:CtVoicePt]
        push ds                     ; speichere DS
        push si                     ; speichere SI
        lds si,[R]                  ; DS:SI zeigt auf R
        mov [si+rAX],ax             ; speichere alle Reg.
        mov [si+rBX],bx
        mov [si+rCX],cx
        mov [si+rDX],dx
        mov [si+rDI],di
        mov [si+rES],es
        pop ax                      ; AX=SI nach Aktivierung
        mov [si+rSI],ax
        pop ax                      ; AX=DS nach Aktivierung
        mov [si+rDS],ax
        pop ds                      ; bringe benutztes DS wieder in
```

```
        pop bp                          ; Ausgangsposition
        ret
ENDP
;
; void Variable(void far *StPt, void far *BsPt,
;                 void far *BlPt, void far *BtPt,
;                 void far *DoPt)
; Richte die Pointer nach Statuswort, BlockStart,
; BlockLaenge, BlockTyp & Fortfahren.
;
_Variable PROC FAR
        ARG Stp:DWORD,Bsp:DWORD,BlP:DWORD,...(fortfahren)...
                    BtP:DWORD,DoP:DWORD
        push bp
        mov bp,sp
        @CopyDword cs:BlockStart,BsP
        @CopyDword cs:BlockLaenge,BlP
        @CopyDword cs:BlockTyp,BtP
        @CopyDword cs:FortFahren,DoP
        mov bx,5                  ; richte Pointer nach
        les di,StP               ; StatusWort
        call [DWORD PTR cs:CTVoicePt]
        pop bp
        ret
ENDP
;
; void BenutzRoutine(void interrupt *P);
; Definiere Benutzer-Interrupt.
;
_BenutzRoutine PROC FAR
        ARG P : DWORD
        push bp
        mov bp,sp
        mov ax,[WORD PTR P+0]
        mov [WORD PTR cs:GebrRoutAdresse+0],ax
        mov dx,[WORD PTR P+2]
        mov [WORD PTR cs:BenutzRoutAdresse+2],dx
        or ax,dx                 ; P=0:0?
        jnz NewUserRoutine
        mov bx,13                ; ja, schalte Routine aus
        call [DWORD PTR cs:CTVoicePt]
        pop bp
        ret
;
NewUserRoutine:
        mov ax,offset BenutzSchnittstelle
```

```
            mov dx,cs
            mov bx,13                    ; Definiere Schnittstelle
            call [DWORD PTR cs:CTVoicePt]
            pop bp
            ret
ENDP
;
; Diese Routine ist für die Schnittstelle der Interrupt-
; Routine in C zuständig. Die Routine definiert die
; zu benutzenden Variablen und aktiviert die C-Routine.
; Nach der Aktivierung wird geprüft, ob der
; nächste Block gespielt werden soll.
;
BenutzSchnittstelle PROC FAR
            push ax                      ; speichere benutzte
            push si                      ; Register
            push ds
            lds si,[cs:BlockStart]       ; definiere BlockStart
            mov [si],bx                  ; des zu spielenden
            mov [si+2],es                ; Blocks
            lds si,[cs:BlockLaenge]      ; stelle BlockLaenge ein
            mov ax,[es:bx+1]             ; auf eine 24-Bit-
            mov [si],ax                  ; Laenge
            mov ax,[es:bx+3]
            xor ah,ah                    ; Lösche 25..32 Bits
            mov [si+2],ax
            lds si,[cs:BlockTyp]         ; Definiere Blocktyp
            mov al,[es:bx]
            mov [si],al
            lds si,[cs:FortFahren]       ; stelle Boolean ein
            mov byte ptr [si],-1         ; auf standard True
            pushf                        ; simuliere Int
            call [DWORD PTR cs:BenutzRoutAdresse]
            cmp byte ptr [si],0          ; FortFahren = False?
            jne ClearCarryMarkierung     ; nein, verarbeite Block
            cmp byte ptr [es:bx],0       ; letzter Block?
            Die ClearCarryMarkierung     ; ja, verarbeite diesen
            pop ds                       ; bringe benutzte Register
            pop si                       ; wieder in Ausgansposition
            pop ax
            stc                          ; Verarbeite Block nicht
            retf                         ; zum CT-VOICE zurück
;
ClearCarryMarkierung:
            pop ds                       ; bringe benutzte Register wieder
            pop si                       ; in Ausgansposition
```

```
        pop ax
        clc                      ; Verarbeite Block
        retf                     ; zum CT-VOICE zurück
ENDP
        END                      ; Ende Assembler- Datei
```

Listing 10.3: Assembler-Schnittstelle für Turbo C

```
/* Datei: CT-INTER.H                                       */
/* Header für die Schnittstelle mit der Maschinensprache   */
/* Definiere die Routinen der Maschinensprachenschnittstelle */

extern void far CallCTVoice(struct REGPACK far *R);
extern void far BenutzRoutine(void interrupt far *P);
extern void far CTVoiceAdresse(char far *P,unsigned S);
extern void far Variable(void far *StPt,
             void far *BsPt, void far *BlPt,
             void far *BtPt, void far *DoPt);
```

Listing 10.4: Header für die Schnittstelle von CT-INTER.OBJ mit CTVOICE.C

```
/* Datei : CTVOICE.H                                       */
/* Header für CTVOICE-Bibliothek                           */
/* Fehler, die während der Initialisierung entstehen */

#define CallOk          0
#define KartenFehler    1
#define IOPortFehler    2
#define DMAFehler       3


/* Zur überprüfung des Lautsprechers */
#define SpEin           1
#define SpAus           0

/* Verschiedene Block-(Bl)-Typen im VOC-Format */
#define EndeBl          0
#define NwSampleBl      1
#define SampleBl        2
#define StilleBl        3
#define MarkierBl       4
#define TextBl          5
#define WiederholBl     6
#define WiederholEndBl  7
#define ZusInfoBl       8     /* Nur für den Pro */
```

```
/* Mögliche Sound Blaster-Karten */
#define SoundBlaster   0
#define VorherSBPro    1
#define NeuerSBPro     2

/* Die drei Bestandteile, die als Eingang dienen können */
#define MIC            0
#define CD_ROM         1
#define Line           3

/* Lautstärkenwahl */
#define MainVl         0
#define VoiceVl        1
#define MICVl          2
#define CD_ROMVl       3
#define LineVl         4
#define Beide          0
#define Links          1
#define Rechts         2

/* Filtereinstellungen */
#define TiefenFilter   0
#define HoehenFilter   1
#define AusgabeFilter  0
#define EingabeFilter  1

/* Verschiedene Aufnahme-Modi */
#define Stereo         1
#define Mono           0

/* Einfaches ein und aus */
#define Ein            0
#define Aus            1

/* Dummy-Array von fast 64K */
typedef unsigned char IntArTyp[0xfff0];

/* Datensatz für VOC */
typedef struct {
  void *Start;
  long Laenge;
  IntArTyp far *Block;
} VocTp;

/* Pauschale Variable */
```

```
extern unsigned StatusWort;
extern IntArTyp *BlockStart;
extern long BlockLaenge;
extern unsigned char BlockTyp;
extern unsigned char FortFahren;
extern unsigned char KartenTyp;
extern unsigned SBIOResult;

/* Procedure für die Benutzerroutine */

/*** Platte I/O ***/
/* Lade den CT-VOICE-Treiber */
extern void LoadCTTreiber(char *N);
/* Ist die Datei im VOC- Format? */
extern char CheckVOCDatei(char *N);
/* Lade eine VOC- Datei */
extern void LoadVOCDatei(char *N, VocTp *V);
/* Speichere einen VOC- Block   */
extern void SaveVOCDatei(char *N, VocTp V);
/* Entferne den VOC- Block aus dem Speicher   */
extern void DisposeVOC(VocTp *V);

/*** Initialisierung ***/
/* Bestimme die Version */
extern unsigned CTVersion();
/* Definiere Basis-Port   */
extern void BenutzPort(unsigned P);
/* Bestimme IRQ-Nummer */
extern void BenutzIRQ(unsigned I);
/* Stelle den DMA-Kanal ein (für den Sound Blaster Pro !) */
extern void BenutzKanal(unsigned D);
/* Initialisiere den Treiber */
extern void InitialisiereTreiber();

/*** Dienstprogramme ***/
/* Schalte den Lautsprecher ein oder aus   */
extern void Lautsprecher(unsigned W);
/* Aufnehmen oder abspielen beenden */
extern void StopVProcess();
/* Ende des Treibers */
extern void TreiberAus();
/* Definiere die Benutzerroutine   */
extern void BenutzerRoutine(void interrupt far *P);
/* Abfrage der Höchst- und Mindest-Sample-Rate */
void DefiniereRate(unsigned *Max, unsigned *Min,
                   unsigned M, unsigned K);
```

```
/*** Mixer-Chip, für den Sound Blaster Pro ***/
/* Einstellungen für Stereo- oder Mono-Aufnahmen */
extern void AufnahmeMode(unsigned B);
/* Bestimme den Eingang */
extern void Eingang(unsigned S);
/* Den Aufnahmefilter ein- oder ausschalten */
extern void AufnahmeFilter(unsigned B);
/* Lautstärke einstellen */
extern void Lautstaerke(unsigned S, unsigned C, unsigned V);
/* Eingabe- oder Ausgabefilter ein- oder ausschalten */
extern void Filter(unsigned S, unsigned V);
/* Reset des Mixer-Chip */
extern void ResetMixer();
/* Lies alle Lautstaerken */
extern void LiesAlleLautstaerken();
/* Definiere die versch. Lautstärken- und Filtereinstellungen */
extern unsigned ZeigeLautstaerke(unsigned S, unsigned V);
extern unsigned ZeigeFilter(unsigned S);


/*** Abspielen ***/
/* Abspielen unterbrechen */
extern void Pause();
/* Fortfahren */
extern void FahrFort();
/* Ende der Wiederholungen */
extern void EndeWiederholung(unsigned I);
/* Spiele einen VOC-Block ab */
extern void SpieleBlock(VocTp V);
/* Spiele einen VOC- Block in einem EMB ab
   (Nur Sound Blaster Pro !) */
extern void SpieleEMBBlock(unsigned H, long S);


/*** Aufnehmen ***/
/* Nimm ein Sample auf */
extern void NimmSampleOp(long L, unsigned SR,
                         VocTp *V);
/* Nimm ein Sample in einem EMB auf (nur Sound Blaster Pro !) */
extern void NimmEMBSampleOp(unsigned SR, unsigned H,
                            long S);


/*** VOC-Dienstprogramme ***/
/* Richte VOC.Block nach dem ersten untergeordneten Block */
extern void ErsterUnterBlock(VocTp *V);
/* Richte VOC.Block nach dem nächsten untergeordneten Block */
extern void NaechsterUnterBlock(VocTp *V);
```

```
/*** Funktionen des CT-TIMER.DRV ***/
/* Definiere Lautstärkentabelle */
extern void LautstaerkenTabelle(void *V, unsigned char S);
/* Bestimme Echopuffer */
extern void EchoBuffer(void *E, unsigned S);
/* Führe eine Befehlskette aus */
extern void Commando(char * S);
/* Abfrage der aktuellenLautstaerke? */
extern unsigned char HLautstaerke();
```

Listing 10.5: Header der C-Bibliothek zur Unterstützung des CT-VOICE/CT-TIMER-Treibers

```
/* Datei: CTVOICE.C                                           */
/* Bibliothek zur Unterstützung des CT-VOICE Treibers */

#include <stdio.h>
#include <dos.h>
#include <alloc.h>
#include "CT-INTER.H"

#define extern              /* definiere pauschal */

#include "CTVOICE.H"
#undef extern

struct REGPACK R;
char *CTAdresse;

/*** Platte I/O ***/
void LoadCTTreiber(char *N)
{
  Datei *F;
  char S[9];
  unsigned CTGroesse;

  if (strcmp(N,"") == 0)
    F=fopen("CT-VOICE.DRV","rb");
  else
    F=fopen(N,"rb");

  fseek(F,3,SEEK_SET);
  fread(&S,9,1,F);   /* Lies ID */
  fseek(F,0L,SEEK_END);
  S[9] = 0;                          /* bestimme Länge */
```

```
  if (strcmp(S,"CT-VOICE") == 0) {
    CTGroesse = ftell(F);              /* bestimme Größe */
    fseek(F,0L,SEEK_SET);
    CTAdresse = malloc(CTGroesse + 16);
    fread(CTAdresse,CTGroesse,1,F);
    fclose(F);
    CTVoiceAdresse((char far *) CTAdresse, CTGroesse);
    SBIOResult = 0;
  }
  else {
    fclose(F);                         /* kein Treiber */
    SBIOResult = 1;
  }
}

char CheckVOCDatei(char *N)
{
  Datei *F;
  char S[20];
  unsigned T1, T2;
  char R;

  R = 0;                               /* definiere Ergebnis */
  F=fopen(N,"rb");
  fread(S,19,1,F);                     /* Lies Header ID */
  S[20] = 0;

  if (strcmp(S,"Creative Voice Datei") == 0) {
    fseek(F,0x16,SEEK_SET);       /* bestimme die Version */
    fread(&T1,2,1,F);
    fread(&T2,2,1,F);
    T1 = (T1 ^ 0xFFFF) + 0x1234; /* überprüfe Kalkulation. */
    R = T1 == T2;                      /* gleich? */
  }

  fclose(F);
  return R;                            /* Zeige Ergebnis */
}

void LoadVOCDatei(char *N, VocTp *V)
{
  Datei *F;
  unsigned T;
  unsigned SgH, OfH;
  unsigned SgE, OfE;
  long HS;
```

```
    F=fopen(N,"rb");
    fseek(F,0x14,SEEK_SET);            /* Lies Größe  */
    fread(&T,2,1,F);                   /* des Headers und  */
    fseek(F,0L,SEEK_END);             /* überspringe ihn */
    V->Laenge = ftell(F) - T;
    fseek(F,T,SEEK_SET);
    V->Start = malloc(V->Laenge);
    fread(V->Start,V->Laenge,1,F);
    fclose(F);
    V->Block = V->Start;
}

void SaveVOCDatei(char *N, VocTp V)
{
    Datei *F;
    char S[21]="Creative Voice Datei\x1A";
    unsigned T;

    F = fopen(N,"wb");
    fwrite(S,20,1,F);
    T = 0x001A; fwrite(&T,2,1,F);  /* Größe Header  */
    T = 0x010A; fwrite(&T,2,1,F);  /* Version 1.10 */
    T = (T - 0x1234) ^ 0xFFFF;     /* Kontrolle  */
    fwrite(&T,2,1,F);
    fwrite(V.Start,V.Laenge,1,F);  /* die Sample-Daten */
    fclose(F);
}

void DisposeVOC(VocTp * V)
{
    free(V->Start);
    V->Start = NULL;
    V->Laenge = 0;
    V->Block = NULL;
}


/*** Initialisierung ***/

/* Die folgenden Funktionen sind für die Schnittstelle */
/* zwischen dem CT-VOICE-Treiber und C zuständig.       */
/* Ihre Funktion ist einfach. Sie werden keine          */
/* nicht näher erklärt.                                 */

unsigned CTVersion(void)
{
```

```
  R.r_bx = 0;
  CallCTVoice(&R);
  return R.r_ax;
}

void BenutzPort(unsigned P)
{
  R.r_bx = 1;
  R.r_ax = P;
  CallCTVoice(&R);
  SBIOResult = R.r_ax;
}

void BenutzIRQ(unsigned I)
{
  R.r_bx = 2;
  R.r_ax = I;
  CallCTVoice(&R);
  SBIOResult = R.r_ax;
}

void BenutzKanal(unsigned D)
{
  R.r_bx = 19;
  R.r_ax = D;
  CallCTVoice(&R);
  SBIOResult = R.r_ax;
}

void InitialisiereTreiber(void)
{
  R.r_bx = 3;
  CallCTVoice(&R);
  SBIOResult = R.r_ax;

  if (R.r_ax == 0) {
    Variable(&StatusWort,&BlockStart,&BlockLaenge,
             &BlockTyp,&FortFahren);
    R.r_bx = 20;
    CallCTVoice(&R);
    KartenTyp = R.r_ax & 0xff;
  }
}

/*** Dienstprogramme ***/
```

```c
void Lautsprecher(unsigned W)
{
  R.r_bx = 4;
  R.r_ax = W;
  CallCTVoice(&R);
}

void StopVProcess(void)
{
  R.r_bx = 8;
  CallCTVoice(&R);
}

void TreiberAus(void)
{
  R.r_bx = 9;
  CallCTVoice(&R);
}

void BenutzerRoutine(void interrupt far *P)
{
  if (P == NULL)
    BenutzRoutine(MK_FP(0,0));
  else
    BenutzRoutine(P);
}

void BestimmRate(unsigned *Max, unsigned *Min,
                 unsigned M, unsigned K)
{
  R.r_bx = 26;
  R.r_ax = K;
  R.r_dx = M;
  CallCTVoice(&R);
  *Max = R.r_dx;
  *Min = R.r_ax;
}

/*** Mixer-Chip ***/

void AufnahmeMode(unsigned B)
{
  R.r_ax = B;
  R.r_bx = 16;  CallCTVoice(&R);
  SBIOResult = R.r_ax;
}
```

```
void Eingang(unsigned S)
{
  R.r_ax = S;
  R.r_bx = 17;
  CallCTVoice(&R);
  SBIOResult = R.r_ax;
}

void AufnahmeFilter(unsigned B)
{
  R.r_ax = B;
  R.r_bx = 18;
  CallCTVoice(&R);
  SBIOResult = R.r_ax;
}

void Lautstaerke(unsigned S,
         unsigned C,
         unsigned V)
{
  if (C == Beide) {
    Lautstaerke(S,Links,V);    /* zuerst links */
    C = Rechts;                /* dann rechts  */
  }

  R.r_ax = S;
  R.r_bx = 21;
  R.r_cx = V;
  R.r_dx = C;
  CallCTVoice(&R);
  SBIOResult = R.r_ax;
}

void Filter(unsigned S,
            unsigned V)
{
  R.r_ax = S;
  R.r_bx = 22;
  R.r_cx = V;
  CallCTVoice(&R);
  SBIOResult = R.r_ax;
}

void ResetMixer(void)
{
```

```
  R.r_bx = 23;
  CallCTVoice(&R);
}

void LiesAlleLautstaerken(void)
{
  R.r_bx = 24;
  CallCTVoice(&R);
}

unsigned ZeigeLautstaerke(unsigned S, unsigned V)
{
  R.r_ax = S;
  R.r_bx = 25;
  R.r_dx = V;
  CallCTVoice(&R);
  return R.r_ax;
}

unsigned ZeigeFilter(unsigned S)
{
  if (CTVersion() >= 0x20A) /* ab 2.10 andere */
    R.r_bx = 27;            /* Funktionsnummer  */
  else
    R.r_bx = 26;

  R.r_ax = S;
  CallCTVoice(&R);
  return R.r_ax;
}

/*** Abspielen ***/

void Pause(void)
{
  R.r_bx = 10;
  CallCTVoice(&R);
  SBIOResult = R.r_ax;
}

void Weiter(void)
{
  R.r_bx = 11;
  CallCTVoice(&R);
  SBIOResult = R.r_ax;
}
```

```
void StopWiederholung(unsigned I)
{
  R.r_bx = 12;
  R.r_ax = I;
  CallCTVoice(&R);
  SBIOResult = R.r_ax;
}

void SpieleBlock(VocTp V)
{
  R.r_bx = 6;
  R.r_di = FP_OFF(V.Start);
  R.r_es = FP_SEG(V.Start);
  CallCTVoice(&R);
}

void SpieleEMBBlock(unsigned H,long S)
{
  R.r_bx = 14;
  R.r_dx = H;
  R.r_di = S >> 16;
  R.r_si = S & 0xffff;
  CallCTVoice(&R);
  SBIOResult = R.r_ax;
}

/*** Aufnehmen ***/

void NimmSampleAuf(long L, unsigned SR, VocTp *V)
{
  V->Start = (char far *) malloc(L);
  V->Laenge = L;
  R.r_bx = 7;
  R.r_ax = SR;
  R.r_dx = L >> 16;
  R.r_cx = L & 65535;
  R.r_es = FP_SEG(V->Start);
  R.r_di = FP_OFF(V->Start);
  CallCTVoice(&R);
}

void NimmEMBSampleAuf(unsigned SR,unsigned H,long S)
{
  R.r_ax = SR;
  R.r_bx = 15;
```

```
  R.r_dx = H;
  R.r_di = S >> 16;
  R.r_si = S & 0xffff;
  CallCTVoice(&R);
  SBIOResult = R.r_ax;
}

/*** VOC-Dienstprogramme ***/

void ErsterUnterBlock(VocTp * V)
{
  V->Block = V->Start;
}


void NaechsterUnterBlock(VocTp * V)
{
  long A;

  /* Berechne 24-Bit- Adresse */
  A = 16 * (long) FP_SEG(*V->Block) + (long) FP_OFF(*V->Block);
  /* Addiere diese mit : 4 + die Block-Laenge */
  A = A + 4 + (*V->Block[1]) + (*V->Block[2]) << 8 +
              (*V->Block[3]) << 16;
  /* Definiere V.Block */
  V->Block = MK_FP(A >> 4,A & 15);
}


/*** Funktionen des CT-TIMER.DRV ***/

void LautstaerkenTabelle(void *V, unsigned char S)
{
  void far *H = (void far *) V;

  R.r_bx = 128;
  R.r_ax = 0;
  R.r_cx = S;
  R.r_di = FP_OFF(H);
  R.r_es = FP_SEG(H);
  CallCTVoice(&R);
}


void EchoBuffer(void *E, unsigned S)
{
  void far *H = (void far *) E;

  R.r_bx = 128;
```

```
   R.r_ax = 1;
   R.r_cx = S;
   R.r_di = FP_OFF(H);
   R.r_es = FP_SEG(H);
   CallCTVoice(&R);
}

void Befehl(char *S)
{
   strcat(S,0);
   R.r_bx = 129;
   R.r_di = FP_OFF(S);
   R.r_es = FP_SEG(S);
   CallCTVoice(&R);
}

unsigned char HLautstaerke(void)
{
   R.r_bx = 130;
   CallCTVoice(&R);
   return R.r_ax & 0xff;
}
```

Listing 10.6: C-Bibliothek zur Unterstützung des CT-VOICE/CT-TIMER-Treibers

Programmbeispiel in C und Pascal

In diesem Abschnitt wird mit Hilfe der obigen Bibliothek gezeigt, wie man Samples aufnehmen und abspielen kann. Die folgenden vier Listings in Pascal und C bewirken das gleiche. Die beiden ersten beziehen sich auf den Sound Blaster und den Sound Blaster MCV, während die beiden nächsten sich auf den Pro (mit den erweiterten Möglichkeiten) beziehen.

```
Program CTTest;
{ Testprogramm für den einfachen CT-VOICE Treiber. }

Uses CTVoice, CRT;

Var
   Sample  : VocTp;   { Sample }
```

```
Begin
  ClrScr;
  LoadCTTreiber('');                       { lade den Treiber }
  WriteLn(Hi(CTVersion),'.',Lo(CTVersion));
  BenutzPort($220);                        { definiere Port   }
  BenutzRQ(7);                             { definiere IRQ    }
  InitialisiereTreiber;

  If SBIOResult = CallOk Then Begin
    Lautsprecher(SpAus);                   { nichts weiterleiten   }
    NimmSampleOp(60000,9000,Sample);
    GotoXY(1,1); Write('Aufnehmen ...');

    Repeat                                 { Warte, bis das     }
    Until StatusWort=0;                    { Sample aufgenommen ist }

    ErsterUnterBlock(Sample);
    NaechsterUnterBlock(Sample);
    Sample.Block^[0]:=0;                   { Ergänze Ende Block  }
    Inc(Sample.Laenge);                    { Einschließlich Ende Block    }
    SaveVOCDatei('Test.Voc',Sample);       { Speichere }
    DisposeVoc(Sample);
    LoadVOCDatei('Test.Voc',Sample);       { Lade Sample }

    GotoXY(1,2);
    Write('Abspielen ...');
    Lautsprecher(SpEin);                   { Weiterleiten }
    SpieleBlock(Sample);                   { Spiele Sample ab }

    Repeat
    Until StatusWort=0;                    { warte bis Ende }

    TreiberAus;                            { alles aus      }
    WriteLn;
  End
  Else
    WriteLn('Fehlerwert: ',SBIOResult);
End.
```

Listing 10.7: Pascal-Testprogramm für den einfachen CT-VOICE-Treiber

```
/* Testprogramm für den CT-VOICE Treiber */

#include <conio.h>
#include "ctvoice.h"
```

```
VocTp Sample;    /* Sample */

void main()
{
  clrscr();
  LoadCTTreiber("");                 /* lade den Treiber */
  printf("%d.%d\n",CTVersion() >> 8,CTVersion() & 0xff);
  BenutzPort(0x220);          /* definiere Port */
  BenutzIRQ(7);               /* definiere IRQ  */
  InitialisiereTreiber();

  if (SBIOResult == CallOk) {
    Eingang(CD_ROM);
    Lautsprecher(SpAus);        /* nichts weiterleiten */
    NimmSampleAuf(40000,9000,&Sample);
    gotoxy(1,1); printf("Aufnehmen ...");

    do {   /* warte bis das Sample aufgenommen ist */
    } while (!(StatusWort == 0));

    ErsterUnterBlock(&Sample);
    NaechsterUnterBlock(&Sample);
    *Sample.Block[0] = 0;    /* ergänze Ende Block */
    ++Sample.Laenge;         /* einschließlich Ende Block */
    SaveVOCDatei("Test.Voc",Sample);    /* speichere */
    DisposeVOC(&Sample);     /* entferne aus dem Speicher */
    LoadVOCDatei("Test.Voc",&Sample);   /* lade Sample */

    gotoxy(1,2);
    printf("Abspielen ...");
    Lautsprecher(SpEin);     /* weiterleiten */
    SpieleBlock(Sample);     /* Spiele Sample ab */

    do { /* warte bis Sample abgespielt ist */
    } while (!(StatusWort == 0));

    TreiberAus();
    printf("\n");  }
  else
    printf("Fehlercode : %d\n",SBIOResult);
}
```

Listing 10.8: C-Testprogramm für den einfachen CT-VOICE-Treiber

```
Program CTProTest;

{ Testprogramm für den erweiterten CT-VOICE Treiber }

Uses CTVoice, CRT;

Var
  Ch      : Char;      { Taste }
  Vol     : Byte;      { Lautstärke }
  Sample  : VocTp;     { Sample }

Begin
  ClrScr;
  LoadCTTreiber('');             { lade den Treiber }

  WriteLn(Hi(CTVersion),'.',Lo(CTVersion));
  BenutzPort($220);              { definiere Basis-Port }
  BenutzIRQ(7);                  { definiere IRQ-Nummer }
  BenutzKanal(1);
  InitialisiereTreiber;

  If SBIOResult = CallOk Then Begin
    Eingang(Line);                  { Sample von Line }
    Lautstaerke(LineVl,Beide,15);    { stelle Lautstärke ein }
    Lautstaerke(MainVl,Beide,15);
    Filter(EingabeFilter,Ein);
    Lautsprecher(SpUit);            { nichts weiterleiten }
    AufnahmeMode(Stereo);
    NimmSampleOp(64000,20000,Sample);
    GotoXY(1,1); Write('Aufnehmen ...');

    Repeat                          { Warte bis das }
    Until StatusWort=0;             { Sample aufgenommen ist }

    Lautstaerke(LineVl,Beide,0);   { definiere Lautstärke }
    Lautstaerke(VoiceVl,Beide,15);
    ErsterUnterBlock(Sample);

    If Sample.Block^[0]=8 Then
       NaechsterUnterBlock(Sample);
    NaechsterUnterBlock(Sample);
    Sample.Block^[0]:=EndeBl;    { ergänze Ende Block }
    Inc(Sample.Laenge);           { einschließlich Ende Block }
    SaveVOCDatei('Test.Voc',Sample); { speichere }
    DisposeVoc(Sample);              { entferne aus Speicher }
    LoadVOCDatei('Test.Voc',Sample); { lade Sample }
```

```
   GotoXY(1,2); Write('Abspielen ...');
   Lautsprecher(SpEin);            { weiterleiten }
   Ch:=#0;                         { um sicher zu gehen }
   Vol:=15;                        { Start Lautstärke }


   Repeat
     If StatusWort=0 Then SpieleBlock(Sample);
     GotoXY(1,3);                   { Zeige Lautstärke }
     Write('Lautstärke = ',ZeigeLautstaerke(MainVl,Links),' ');

     If KeyPressed Then Begin   { Taste gedrückt }
       Ch:=ReadKey;
       If Ch=#0 Then Ch:=ReadKey;
       Case Ch of
         #72 : If Vol<15 Then Begin   { Cursor up }
                 Inc(Vol);
                 Lautstaerke(MainVl,Beide,Vol);
               End;

         #80 : If Vol>0  Then Begin   { Cursor down }
                 Dec(Vol);
                 Lautstaerke(MainVl,Beide,Vol);
               End;

         #27 : {Dummy};                { Escape }

         Else    Begin                { Unterbreche }
                 Pause;
                 Ch:=ReadKey;         { Warte auf Taste }
                 Weiter;
                 End
       End {Case}
     End; {If}
   Until Ch=#27;                     { Escape }

   TreiberAus;
   WriteLn;
 End
 Else
   WriteLn('Fehlercode : ',SBIOResult);
End.
```

Listing 10.9: Pascal-Testprogramm für den erweiterten CT-VOICE-Treiber

```
/* Testprogramm für den erweiterten CT-VOICE Treiber */

#include <conio.h>
#include "ctvoice.h"

char Ch  = 0;          /* Taste */
char Vol = 15;         /* Lautstärke */
VocTp Sample;          /* Sample */

void main()
{
  clrscr();
  LoadCTTreiber("");              /* lade den Treiber */
  printf("%d.%d\n",CTVersion() >> 8,CTVersion() & 0xff);
  BenutzPort(0x220);             /* benutze Basis-Port */
  BenutzIRQ(7);                  /* definiere IRQ-Nummer  */
  BenutzKanal(1);                /* definiere DMA- Kanal   */
  InitialisiereTreiber();
  if (SBIOResult == CallOk) {
   Eingang(CD_ROM);              /* Sample von Line */
    Lautstaerke(CD_ROMVl,Beide,15);/* stelle Lautstärke ein */
    Lautstaerke(MainVl,Beide,15);  /* höre mit */
    Filter(EingabeFilter,Ein);
    Lautsprecher(SpAus);           /* nichts weiterleiten */
    AufnahmeMode(Stereo);          /* Nimm in Stereo auf */
    NimmSampleAuf(40000,20000,&Sample);
    gotoxy(1,1); printf("Aufnehmen ...");

    do { /* Warte bis das Sample aufgenommen ist */
    } while (!(StatusWort == 0));

    Lautstaerke(CD_ROMVl,Beide,0);   /* beende Line */
    Lautstaerke(VoiceVl,Beide,15);
    ErsterUnterBlock(&Sample);

    if (*Sample.Block[0] == ExtraInfoBl) /* überspringe */
      NaechsterUnterBlock(&Sample);         /* Block */

    NaechsterUnterBlock(&Sample);
    *Sample.Block[0] = EndeBl; /* ergänze EndeBlock */
    ++Sample.Laenge;             /* einschließlich EndeBlock */
    SaveVOCDatei("Test.Voc",Sample);    /* speichere */
    DisposeVOC(&Sample);    /* entferne aus Speicher */
    LoadVOCDatei("Test.Voc",&Sample);  /* lade Sample */
    gotoxy(1,2); printf("Abspielen ...");
    Lautsprecher(SpEin);           /* weiterleiten */
```

```
do {
  if (StatusWort == 0) SpieleBlock(Sample);
  gotoxy(1,3);                    /* zeige Lautstärke  */
  printf("Lautstärke = %d ",ZeigeLautstaerke(MainVl,Links));

  if (kbhit()) {                  /* Taste gedrückt */
    Ch = getch();
    if (Ch == '\x00') Ch = getch();
    switch (Ch) {
      case 'H'  : if (Vol < 15) { /* Cursor up */
                    ++Vol;
                    Lautstaerke(MainVl,Beide,Vol);
                  }
                  break;

      case 'P'  : if (Vol > 0) { /* Cursor down */
                    --Vol;
                    Lautstaerke(MainVl,Beide,Vol);
                  }
                  break;

      case '\x1B': break;        /* Escape */

      default   : Pause();  /* andere Taste */
                  Ch = getch();
                  Weiter();
    }
  }
} while (!(Ch == '\x1B'));    /* Escape beendet */

  Lautstaerke(CD_ROMVl,Beide,15);
  TreiberAus();
  printf("\n");
}
else
  printf("Fehlercode : %d\n",SBIOResult);
}
```

Listing 10.10: C-Testprogramm für den erweiterten CT-VOICE-Treiber

Direkte VOICE-Ein-/Ausgabe mittels des DSP

In diesem Abschnitt erfahren Sie, wie Sie direkt, also ohne die Verwendung von CT-VOICE und DMA, Geräusche aufnehmen und abspielen können. Zunächst wird aber erklärt, wann es hilfreich sein kann, den DSP direkt zu programmieren.

Der Vorteil ist, daß während des Abspielens bestimmte Effekte erzeugt werden können (siehe nächsten Abschnitt).

Es ist auch möglich, das Sample vorher mit Hilfe bestimmter Effekte zu bearbeiten, jedoch nicht alle Effekte sind dazu geeignet. Denken Sie z.B. an das direkte Einstellen der Lautstärke während des Abspielens. Bei dem Sound Blaster Pro ist dies wohl, bei dem Sound Blaster und dem Sound Blaster MCV ist dies jedoch nicht möglich. Wenn man die Effekte zuvor eingibt, hat das den Nachteil, daß – jedenfalls wenn Sie die Originaldaten behalten wollen – zuerst eine Kopie der Sample-Daten angefertigt werden muß, bevor diese bearbeitet werden. Meistens ist es nicht möglich, die Daten umgekehrt zu benutzen. Das Vorzeitige Bearbeiten nimmt also viel Speicherkapazität und Zeit in Anspruch, was vor allem bei großen Samples Probleme geben kann.

Ein großer Nachteil des sofortigen Abspielens ist jedoch, daß dies Prozessorzeit in Anspruch nimmt, und andere Programme hierdurch beträchtlich verzögert werden können (vor allem wenn mit großen Samples gearbeitet wird). Ein anderer Nachteil ist, daß man die Hardware-Dekomprimierungsmethoden nicht anwenden kann.

Sie müssen also selbst entscheiden, ob Sie die Samples direkt oder über DMA abspielen wollen oder nicht (Denken Sie hier z.B. an den Typ des Programms und des Computers, den Sie haben).

Die Programmierung

Der DSP benutzt vier I/O-Ports, nämlich:

2X6h: den Reset-Port; dieser kann nur beschrieben werden.

2XAh: den Port für die Dateneingabe. Dieser kann nur gelesen werden.

2XCh: den Befehls-/Daten-Port (nur schreiben) und den Port des Pufferstatus (nur lesen).

Sie können Daten oder Befehle an den Port weitergeben und den Pufferstatus über diesen Port einlesen. Für den Pufferstatus gilt, daß – wenn Bit 7 nicht gesetzt ist – es möglich ist, Daten und Befehle an diesen Port weiterzugeben.

2XEh: Gibt an, ob Daten vorhanden sind. Dies findet wieder über Bit 7 statt. Jetzt gilt aber, daß nur Daten vorhanden sind, wenn Bit 7 gesetzt ist (1).

Bitte beachten Sie: Bit 7 ist das höherwertige Bit.

X steht hier für den von Ihnen gewählten Basis-Port. Der Reset-Port wird zur Initialisierung des DSP benutzt. Zusammen mit Port 22AH wird hiermit geprüft, ob der Port wohl der richtige ist. Dadurch, daß alle möglichen Ports geprüft werden, wird festgestellt, welcher Port der richtige ist (siehe Listings 10.11 und 10.12).

Reset des DSP

1.   Geben Sie dem Port 2X6h den Wert 1.

2.   Warten Sie 3 Mikrosekunden.

3.   Geben Sie dem Port 2X6h eine 0.

4.   Lesen Sie die Daten des Anschlusses 2XEh und prüfen Sie, ob Bit 7 gesetzt ist (=1). Wiederholen Sie dieses Verfahren einige Male.

      Wenn das Bit jetzt noch immer nicht gesetzt ist (=0), dann sind Fehler bei dem DSP aufgetreten. Sehen Sie für mögliche Ursachen weiter unter 7. Es ist nicht notwendig, die Schritte 5 und 6 zu wiederholen.

5.   Lesen Sie ein Byte des Anschlusses 2XAh.

6.   Dieses Byte muß den Wert AAh enthalten. Wenn dies nicht der Fall ist, dann müssen Sie die Schritte 4 und 5 einige Male wiederholen. Wenn das Byte danach noch immer denselben Wert hat, ist die Reset-Aktion erfolgreich gewesen und kann der DSP benutzt werden. Hat das Byte jedoch noch immer nicht denselben Wert wie AAh, dann sind Fehler aufgetreten. Sehen Sie für mögliche Ursachen weiter unter 7.

7.   Sollten Sie diesen Punkt erreichen, dann war die Reset-Aktion fehlerhaft. Dies kann zwei Ursachen haben, nämlich:

a.   Der Basis-Port stimmt nicht, oder:

b.   Die Reset-Aktion ist fehlerhaft verlaufen.

Sie können versuchen, noch einmal diese Aktion durchzuführen, oder aber Sie
wählen eine andere Basis-Port.

Ein Reset des DSP dauert gewöhnlich etwa 100 Mikrosekunden.

```
Program AutoDetect;

Const
  WieOft1 = 10;      { Reset }
  WieOft2 = 50;      { Testdaten vorhanden }

Var
  Anschluss : Word;      { der aktuelle Port }
  Gefunden : Boolean;    { Port ist SB Port }
  Zaehler1  : Word;      { wie oft die Reset-Aktion
                           durchgeführt wird }
  Zaehler2  : Word;      { wie oft die Reset-Aktion
                           durchgeführt wird }

Begin
  Anschluss:=$210;       { anfangen bei Port 210h }
  Gefunden:=False;       { noch nichts gefunden }
  Zaehler1:=WieOft1;     { initialisiere den Zaehler }

  While (Ansschluss<=$260) And Not Gefunden Do Begin
    Port[Anschluss+$6]:=1;  { Reset Sound Blaster }
    Port[Anschluss+$6]:=0;
    Zaehler2:=WieOft2; { Test für Daten }

    While (Zaehler2>0) And (Port[Anschluss+$E] < 128) Do
      Dec(Zaehler2);

    If (Zaehler2=0) Or (Port[Anschluss+$A]<>$AA) Then Begin
      Dec(Zaehler1);          { Anschluss 2XAh <> AAh }
      If Zaehler1=0 Then Begin
        Zaehler1:=WieOft1; { Reset nicht gelungen }
        Anschluss:=Anschluss+$10  { versuche nächsten Port }
      End { If }
    End { If }
    Else
      Gefunden:=True    { Reset erfolgreich }
```

```
   End; { While }

  If Gefunden Then          { zeige Ergebnis }
    WriteLn('Port gefunden auf ',Anschluss)
  Else
    WriteLn('Keinen Port gefunden !')
End. { Programm }
```

Listing 10.11: Pascal-Listing, mit dem der Sound Blaster-Port ermittelt werden kann

```c
/* Ermittelt den Basis-Port mit Hilfe des DSP */

#include <stdio.h>
#include <dos.h>

#define WieOft1 10  /* Reset */
#define WieOft2 50  /* Testdaten vorhanden */

unsigned Anschluss = 0x210; /* der aktuelle Port */
char Gefunden = 0;          /* Port ist SB Port */
unsigned Zaehl1, Zaehl2;    /* Reset & warten */

void main()
{
  Zaehl1 = WieOft1;      /* initialisiere den Zähler */

  while ((Anschluss <= 0x260) && !Gefunden) {
    outportb(Anschluss + 0x6,1);  /* Reset Sound Blaster */
    outportb(Anschluss + 0x6,0);
    Zaehl2 = WieOft2;           /* Test für Daten */
    while ((Zaehl2 > 0) && (inportb(Anschluss + 0xE) < 128))
      --Zaehl2;
    if ((Zaehl2==0) || (inportb(Anschluss + 0xA) != 0xAA)) {
      --Zaehl1;                 /* Port 2XAh <> AAh */
      if (Zaehl1 == 0) {
        Zaehl1 = WieOft1;   /* Reset nicht gelungen */
        Anschluss = Anschluss + 0x10; /* versuche nächsten */
      }
    }
    else                        /* Reset erfolgreich */
      Gefunden = 1;             /* Port gefunden */
  }

  if (Gefunden)                 /* zeige Ergebnis */
    printf("Basis-Port gefunden auf %d\n",Anschluss);
```

```
else
   printf("Keinen Basis-Port gefunden !\n");
}
```

Listing 10.12: C-Listing, mit dem der Sound Blaster-Port ermittelt werden kann

Nachdem der DSP zurückgesetzt wurde, können damit Geräusche aufgenommen und abgespielt werden. Zu diesem Zweck wird zuerst ein Befehlsbyte an den DSP gerichtet, danach wird ein Byte gelesen oder geschrieben.

Geräusche aufnehmen

1. Richten Sie den Befehl 20h an den Befehlsansschluß 2XCH.

2. Wenn Sie in einer schnellen Sprache (wie z.B. Assembler) oder mit einem sehr schnellen Computer arbeiten, ist es notwendig, mit Hilfe von Bit 7 zu prüfen. ob der zur Verfügung stehende Daten-Port 2XEH ein Byte zurücksenden kann. Dies ist möglich, wenn Bit 7 den Wert 1 (Status Set) hat.

3. Lesen Sie ein Byte des Anschlusses 2XAH der Dateneingabe.

4. Nun können Sie eine Weile warten, so daß das Sample mit einer konstanten Geschwindigkeit aufgenommen wird (dies wird im Verlauf des Textes näher erklärt). Kehren Sie dann wieder zum ersten Schritt zurück, bis Sie das Ende der Aufnahme erreicht haben (Ende des Puffers).

Hinweis: Sollten Sie mittels des CT-VOICE-Treibers samplen, dann können Sie dieses Verfahren dazu verwenden, einen sogenannte "Stille-Test" durchzuführen. Sie lesen zu diesem Zweck z.B. ein Byte der Eingabe des Mikrophons.

Enhält dieses Byte einen Wert zwischen 128+A und 128-A, dann wird kein Geräusch über das Mikrophon aufgenommen. Liegt jedoch der Wert des Byte außerhalb dieses Bereichs, dann werden vom Mikrophon Geräusche aufgenommen, und Sie können mittels des CT-VOICE-Treibers ein Sample aufnehmen. Die Konstante A ist notwendig, weil die Eingabe Störungen und Geräuschen unterliegt und niemals den Wert 128 haben kann, der absolute Stille bedeutet. Ein Beispiel finden Sie in den folgenden Listings.

```
Const
  Mindestwert = 10;    { Stille-Bereich }

Procedure WarteAufGeraeusch(Anschluss : Word);

Var
  H : Byte;        { Sample-Byte }

Begin
  Repeat
    Port[Anschluss+$C]:=$20; { Lies Byte }
    Repeat                   { Daten vorhanden? }
    Until Port[Anschluss+$E]>=128;
    H:=Port[Anschluss+$A];    { Ja, lies sie }
  Until (H<128-Mindestwert) OR (H>128+Mindestwert);
End;  { H ist nicht im Stille-Bereich }
```

Listing 10.13: Pascal-Beispiel eines Stille-Tests

```
#define Mindestwert 10     /* Grenze: 128-Mw. und 128+Mw. */

void WarteAufGeraeusch(Word Anschluss)
{
  /* Warte solange, bis Eingabe nicht länger zwischen
     128-Mindestwert und 128+Mindestwert liegt. */
  Byte H;   /* Sample-Byte */

  do {
    outportb(Anschluss + 0xC,0x20);  /* Lies Byte */
    do {                            /* Daten vorhanden? */
    } while (!(inportb(Anschluss + 0xE) >= 128));
    H = inportb(Anschluss + 0xA);    /* Ja, lies sie */
  } while (!((H < 128 - Mindestwert) |
           (H > 128 + Mindestwert)));
}  /* H befindet sich nicht im Stille-Bereich */
```

Listing 10.14: C-Beispiel eines Stille-Tests

Geräusche abspielen

1.   Richten Sie den Befehl 10H an den Befehls-Port 2XCH.

2. Wenn Sie in einer schnellen Sprache (wie z.B. Assembler) oder mit einem sehr schnellen Computer arbeiten, ist es notwendig, mittels Bit 7 des Datenanschlusses 2XCH zu prüfen, ob der DSP überhaupt fähig ist, ein nächstes Byte zu empfangen. Dies ist nur dann möglich, wenn Bit 7 den Wert 0 hat (=Status Reset).

3. Senden Sie das Datenbyte an Daten-Port 2XCH.

4. Warten Sie wieder eine Weile, so daß das Sample mit einer konstanten Geschwindigkeit aufgenommen wird. Wiederholen Sie dann den ersten Schritt, und zwar so lange, bis das Ende des Sample erreicht wurde.

Sowohl das Aufnehmen wie das Abspielen findet mit einer konstanten Geschwindigkeit statt. Dies ist nur möglich, wenn ein Wert in gleichmäßigen Abständen aufgenommen und abgespielt wird. Zu diesem Zweck muß der Timer verwendet werden. Vor allem in höheren Sprachen kann der für Aufnehmen und Abspielen unterschiedlich sein, so daß auch die Länge unterschiedlich ist. Wenn eine Warteschleife statt des Timers benutzt wird, ist es möglich, daß viel langsamer oder viel schneller abgespielt als aufgenommen wird. Es ist auch möglich, daß bei anderen Computern ein Teil des Codes schneller verarbeitet wird, wodurch Unterschiede in der Geschwindigkeit entstehen können. Es ist sogar möglich, daß während der Aufnahme ein Interrupt generiert wird, der eine bestimmte Zeit für sich in Anspruch nimmt. Denken Sie hier z.B. an ein Pausenprogramm für Festplatte auf dem Timer. Dieses Interrupt kann sich während des Abspielens durchaus an einer anderen Stelle auftreten oder aber findet gar nicht statt. Aufnahme und Wiedergabe sind dann unterschiedlich lang.

Im nächsten Abschnitt ist von einem alternativen Treiber die Rede, der den Timer zur Aufnahme und Wiedergabe von Geräuschen benutzt. Am Ende dieses Kapitels ist ein Listing mit den entsprechenden Daten aufgenommen worden.

Der alternative CT-VOICE-Treiber

Dieser Treiber ist mit dem CT-VOICE-Treiber (dem einfachen Treiber) kompatibel und hat mehrere Funktionen. Dies hat den Vorteil, daß man einen Treiber gegen einen anderen auswechseln kann, und daß man einfach das VOC-Format benutzen kann. Dieser Timer heißt von jetzt an CT-Timer.

Bei diesem Treiber wird die Assembler-Sprache verwendet, weil diese (wenn assembliert) einen schnellen und kompakten Code erzeugt. Geschwindigkeit ist sehr wünschenswert, weil hier von der Möglichkeit zur Beschleunigung des Timer-Interrupts Gebrauch gemacht wird.

Nehmen wir als Beispiel mal eine Sample-Rate von 10000 Hz. Dies bedeutet, daß der Timer Interrupt 10000mal in der Sekunde aktiviert wird. Sollte der Timer Interrupt ein Pascal- oder C-Programm ansteuern, dann nimmt es mehr Zeit in Anspruch, den Programmcode zu verarbeiten. Sollte dies nur einmal stattfinden, dann wäre dies überhaupt nicht schlimm. Bei 10000 Unterbrechungen in der Sekunde jedoch würde das Programm sich wesentlich verzögern. Trotz des optimierten Assembler-Codes arbeitet der Computer dennoch wesentlich langsamer. Dies läßt sich nicht verhindern. Ein niedriger Sample-Wert bedeutet, daß der Computer schneller arbeitet (er hat mehr Zeit für das Programm) als bei einer höheren Sample-Rate.

Obwohl der Timer durch den Treiber beschleunigt wird, wird das alte Timerprogramm 18.2mal in der Sekunde aktiviert, so daß alle zeitempfindlichen Funktionen wie gewohnt arbeiten. Wenn der Timer Interrupt während des Abspielens von Ihrem eigenen Programmübernommen wird, wird diese neue Routine mit der Geschwindigkeit Ihrer aktuellen Sample-Rate aktiviert. Dies sollten Sie besser vermeiden.

Bei diesem Treiber sind drei neue Funktionen definiert, die bei 128 anfangen, so daß keine anderen Funktionen überschrieben werden.

Funktion 128: Die Einstellungen des Puffers

```
Procedure LautstaerkenTabelle(V : Pointer; C : Byte)
Procedure EchoPuffer(E : Pointer; C : Word)

void LautstaerkenTabelle(void *V, unsigned char C)
void EchoPuffer(void *E, unsigned C)
```

Eingabe: BX = 128
             AX = 0, LautstaerkenTabelle
               = 1, echo Puffer
             CX = C
             ES:DI = V of E

Ausgabe: keine

Mit dieser Funktion werden die zwei benutzten Puffer definiert.

Im nächsten Abschnitt werden wir sehen, wozu diese Puffer dienen. Bei der Definition der Lautstärkentabelle bestimmt die Variable C, in wievielen Schritten die Lautstärke eingestellt werden kann. Die Variablen E und V müssen auf einen reservierten

Speicherblock gerichtet sein. Die benötigte Speicherkapazität für die Lautstärkentabelle ist 256 *(C+1) (Lautstärke kann von 0 bis C eingestellt werden). Die Größe des Echopuffers stimmt gewöhlich mit C überein. Der Treiber bildet selbst die Lautstärkentabelle im reservierten Speicher. Der vom Pointer V bezeichnete Speicher darf also nicht verändert werden. Diese Funktion muß sofort nach der Initialisierung aktiviert werden, jedenfalls wenn der Echo- oder Lautstärke-Effekt benutzt werden soll.

Funktion 129: Eine Befehlskette verarbeiten

```
Procedure Befehl(S : String)
void Befehl(char *S)
```

Eingabe: BX = 129
        ES:DI = Segment:Offset der Zeichenkette

Ausgabe: keine

Mit dieser Funktion können Sie eine sogenannte Kommandozeile an den Treiber weitergeben. Wie dies vor sich geht, finden Sie ebenfalls im nächsten Abschnitt. Für den Assembler-Programmierer gilt, daß die Zeichenkette auf ein 0-Byte enden muß. Bei den Pascal- und C-Funktionen geschieht dies automatisch.

Funktion 130: Abfrage der aktuellen Lautstärke-Einstellung

```
Function HLautstaerke : Byte
int HLautstaerke ()
```

Eingabe: BX = 130

Ausgabe: AX = aktuelle Lautstärke-Einstellung

Bei den meisten Effekten wird die Lautstärke bearbeitet. Mit dieser Funktion kann die Lautstärke-Einstellung des Treibers eingelesen werden.

Effekte

Durch die verschiedenen (meist mathematischen) Bearbeitungen der Sample-Daten können bestimmte Effekte erzeugt werden. In diesem Kapitel werden einige dieser Effekte näher betrachtet.

Es ist durchaus möglich, daß nicht alle Effekte vollständig mit der physikalischen und mathematischen Theorie übereinstimmen, aber die so implementierten Effekte sind einfach und kurz.

Weil die meisten Bearbeitungen mathematischer Natur sind, wird statt der Werte 0 bis 255 mit den Werten -128 bis 127 gearbeitet.

Dies bedeutet, daß das Sample-Byte zunächst um den Wert 128 verringert wird. Danach findet die Bearbeitung statt, und schließlich wird die Zahl 128 wieder hinzugezählt.

Als Formel:

```
S = F(S - 128) + 128
```

In den Formeln werden folgende Namen für die Variablen verwendet:

S: Vorheriger Sample-Wert (Byte)
F(X):   "Mathematische" Bearbeitung

Der Lautstärke-Effekt

Bei der Lautstärke nimmt jeder Sample-Wert um einen bestimmten Prozentsatz zu oder ab. Als Formel:

```
F(S) = S * V / VO
```

Das Sample klingt leiser, wenn V kleiner ist als VO. Ist V größer als VO, dann wird das Sample verstärkt. Dies ist wichtig für leise Samples. Die Variable V steht für die aktuelle Lautstärke, während VO die maximale Lautstärke darstellt.

Mit dem Lautstärke-Effekt können die sogenannte Fade-In und Fade-Out-Effekte erzeugt werden. Bei dem Fade-In-Effekt wird ein Sample mit der anfänglichen Lautstärke 0 abgespielt, danach wird die Lautstärke allmählich erhöht, bis ein bestimmter Wert erreicht wurde. Der Fade-Out-Effekt funktioniert auf die gleiche Weise, mit dem Unterschied, daß nun die Lautstärke allmählich auf Null zurückgebracht wird. Auf diese Weise wird die Lautstärke eines Tons allmählich reduziert.

Fade-Out wird oft bei Musik verwendet. Am Ende eines Musikstücks hört der Ton nicht sofort auf, sondern wird allmählich in der Lautstärke reduziert.

Im CT-Timer-Treiber wird oft eine Lautstärkentabelle mit allen möglichen Lautstärken verwendet.

Dies ist sehr nützlich, weil eine Division und eine Multiplikation mehr Zeit in Anspruch nimmt, als den betreffenden Wert in der Tabelle nachzuschlagen. Bei Funktion 128 können Sie den Start eines freien Speicherblocks angeben, in dem diese Daten gespeichert werden können.

Mixen

Zwei Samples mixen ist eine einfache Angelegenheit. Zählen Sie die verschiedenen Sample-Werte zusammen und dividieren diese durch das Ergebnis. Die Formel, nach der Kanal 0 und Kanal 1 gemixt werden können, lautet:

```
F(S0,S1) = (S0 + S1) / 2
```

Wenn die Zahl der Samples eine Potenz von 2 ist, können die schnellen Shift-Routinen benutzt werden. Man braucht dann nicht zu dividieren. Die Höchst- und Mindestwerte müssen jedoch beachtet werden. Wenn einer dieser Werte nämlich überschrieben wird, muß der Sample-Wert mit diesem Wert übereinstimmen.

Der Echo-Effekt

Auch dies ist ein sehr nützlicher Effekt. Dadurch, daß die Parameter verändert werden, können verschiedene Effekte erzeugt werden. Es nimmt sehr viel Zeit in Anspruch, das Echo zu berechnen. Bei dem Echo können zwei Parameter eingestellt werden:

1. Die Geschwindigkeit, mit der die Lautstärke des Tons abnimmt.
2. Die Zeitspanne, bis der Ton wieder hörbar ist.

Nehmen wir mal an, daß zum einem bestimmten Zeitpunkt der Sample-Wert P abgespielt wird. Dieser Wert wird nach einer bestimmten Anzahl von Bytes zusammen mit dem neuen Wert wieder abgespielt. Allerdings klingt der Sample-Wert P nun leiser.

Der Effekt kann bei dem CT-TIMER realisiert werden, indem man einen Puffer benutzt, in dem der gespielte Wert jedesmal gespeichert wird. Dieser Wert kann dann ein nächstes Mal um einen bestimmten Prozentsatz verringert werden und so mit dem neuen Wert gemixt werden. Das Ergebnis kommt dann an die Stelle des vorherigen Sample-Werts.

Weil hier jedoch Berechnungen mit Festkommazahlen verwendet werden, ist es durchaus möglich, daß ein Sample-Wert nicht ganz genau 128 als Ergebnis hat. Dies verursacht dann gewisse Unregelmäßigkeiten (Rauschen) im Ton, die man hören kann. Wenn Sie in Pascal oder C das Echo vorher zusammenstellen, sollten Sie besser Gleitkommazahlen verwenden. Als Alternative können Sie zu einem gewissen Zeitpunkt den ursprünglichen Sample-Wert nehmen. Dieser muß dann um den richtigen Prozentsatz verringert und das Ergebnis vom aktuellen Sample-Wert abgezogen werden.

Eine Art Robotereffekt kann man erzeugen, indem man die Intervalle möglichst klein macht. Der Echo-Effekt entsteht durch besonders große Intervalle.

Effekte des CT-TIMER

Bleibt noch die Frage, wie diese Effekte im CT-TIMER ein- und ausgeschaltet werden können. Man hätte dies mittels eines neuen Blocktyps machen können. Weil dieser neue Typ jedoch wahrscheinlich nicht von anderen VOC-Editors unterstützt würde, wäre das keine gute Lösung. Die Effekte müssen also mittels eines bestehenden Blocktyps, wie z.B. des Markierungs- oder des Textblocks realisiert werden. Bei dem CT-TIMER hat man Letzteres gewählt, weil der Textblock auf andere Programme keinen Einfluß hat, während dies bei dem Markierungsblock wohl der Fall ist.

In den Texten können Befehle verarbeitet werden. Wenn als erstes Zeichen ein "#" verwendet wird, prüft der CT-TIMER, ob die unmittelbar darauffolgenden Zeichen ein Befehl sind. In dem Fall wird die dazugehörige Routine aktiviert.

Beispiele:

'#Volume':   der Lautstärke-Befehl
'#UHU':   unbekannter UHU-Befehl
'Name':   kein Befehl

Die Befehle können auch mit Hilfe von Funktion 129 ausgeführt werden. In diesem Falle braucht das Zeichen "#" nicht verwendet zu werden (in einer VOC-Datei "#VolumeOff" und mittels Funktion 129 "VolumeOff").

Bei den Befehlen besteht kein Unterschied zwischen Großbuchstaben und Kleinbuchstaben ("Volume" ist identisch mit "vOlUmE").

Auf jeden Befehl können noch eine oder mehrere Zahlen folgen. Dies sind ganz gewöhnliche Dezimalzahlen, wie z.B. "#Volume 123".

Die Befehle

"#Volume v"

Stellt die Lautstärke auf den Wert v ein. Wenn v größer als der Höchstwert ist, dann bekommt die Lautstärke automatisch den Höchstwert. Mittels dieser Funktion wird automatisch der Lautstärke-Effekt eingeschaltet.

"#VolumeOff"

Schaltet den Lautstärke-Effekt aus.

"#Fade s e p"

Hiermit wird ein Fade definiert. s ist die Anfangslautstärke und e die Endlautstärke. Die Zahl p steht für die Anzahl der Bytes, die jedesmal verarbeitet werden müssen, bevor die Lautstärke verändert wird. Ein Fade-In wird z.B. auf das Ergebnis von "#Fade 0x200" definiert, ein Fade-Out auf das Ergebnis von "#Fade x 0 200" (x ist die maximale Lautstärke). Mit dieser Funktion wird auch der Lautstärke-Effekt eingeschaltet.

"#FadeOff"

Beendet den Fade-Vorgang und schaltet ihn aus. Der Lautstärke-Effekt wird jedoch nicht verändert.

"#Echo s p"

Der Wert s steht für die Zahl der Schritte in Bytes, bevor der Wert wiederholt wird. Dieser Wert muß also kleiner als die Größe des Echopuffers sein, oder mit ihm übereinstimmen. Die Zahl p wird für den Prozentsatz der Verringerung verwendet. Dieser stimmt mit p/256 überein.

Weil ein Puffer benutzt wird, klingt das Echo auch dann weiter, wenn ein anderes Sample oder ein Stilleblock abgespielt wird. Mit dem folgenden Befehl oder dadurch, daß dieser Befehl von neuem gegeben wird, kann dies vermieden werden. Am Anfang dieses Befehls wird der Puffer nämlich geleert.

"#EchoOff"

Beendet den Echo-Effekt.

"#EffectOff"

Schaltet alle Effekte aus.

Wenn keine Effekte verwendet werden, nimmt das Abspielen viel weniger Zeit in Anspruch.

Mit einem VOC-Editor, der die Möglichkeit besitzt, Texte zu ergänzen und zu modifizieren (wie z.B. VEDIT), können die Befehle programmiert werden. Die Listings 15 und 16 geben ein Beispiel dafür, wie die zusätzlichen Funktionen benutzt werden können.

Im Listing des CT-TIMER werden zwei Tabellen verwendet, die sich in den Dateien CONVTABL.INC und WARTABL.INC befinden. Diese Programme werden vom GW-BASIC-Programm generiert, das auf das CT-TIMER-Listing folgt. Dieses Listing müssen Sie also zuerst eingeben und aktivieren, sonst entsteht ein "FATAL"-Error während des Assemblierens!

```
Program CTTimerTest;

{ Testprogramm für den CT-TIMER-Treiber. }

Uses CTVoice, CRT;

Var
  Ch       : Char;      { Taste }
  Vol      : Byte;      { Lautstärke }
  Sample   : VocTp;     { Sample }
  EPuffer,
  VPuffer  : Pointer;   { Echo + Lautstärke-Puffer }

{ Bilde die Funktion St, die eine Zahl als Eingabe
  hat und diese zu einer Zeichenkette konvertiert. }

Function St(N : Word) : String;

Var
  S : String;

Begin
  Str(N,S); St:=S;
End;

Begin
  ClrScr;
  LoadCTTreiber('CT-TIMER.DRV'); { Lade den Treiber }
  BenutzPort($220);              { Definiere Port  }
  InitialisiereTreiber;

  If SBIOResult = CallOk Then Begin
    GetMem(VPuffer,129*256);      { reserviere Speicherplatz }
    LautstaerkenTabelle(VPuffer,128);   { für die Puffer    }
    GetMem(EPuffer,4096);
    EchoPuffer(EPuffer,4096);
    Lautsprecher(SpAus);          { nichts weiterleiten }
    NimmSampleAuf(60000,8000,Sample);
    GotoXY(1,1); Write('Aufnehmen ...');

    Repeat                        { Warte bis das    }
    Until StatusWort=0;           { Sample  aufgenommen ist }

    GotoXY(1,2); Write('Abspielen ...');
    Lautsprecher(SpEin);          { Daten weiterleiten   }
    Ch:=#0;                       { um sicher zu gehen }
```

```
Vol:=128;                       { Start Lautstärke }
Befehl('Fade 0 128 100');
Befehl('Echo 2000 180');


Repeat
  If StatusWort=0 Then    { Spiele Sample erneut ab }
    SpieleBlock(Sample);
  GotoXY(1,3);               { zeige Lautstärke }
  Write('Lautstärke = ',HLautstaerke,' ');
  If KeyPressed Then Begin   { Taste gedrückt }
    Ch:=ReadKey;
    If Ch=#0 Then Ch:=ReadKey;
    Case Ch of

      #72 : If Vol<128 Then Begin   { Cursor up }
              Inc(Vol);           { erhöhe Lautstärke }
              Befehl('Lautstärke '+St(Vol));
            End;

      #80 : If Vol>0 Then Begin    { Cursor down }
              Dec(Vol);            { verringere Lautstärke }
              Befehl('Lautstärke '+St(Vol));
            End;

      #27 : {Dummy};                 { Escape }

    Else    Begin       { andere Taste nicht aktiviert }
              Pause;
              Repeat Until KeyPressed;
              Ch:=ReadKey;       { warte auf Taste}
              FortFahren;
            End
    End {Case}
  End; {If}
Until Ch=#27;

Befehl('FADE 128 0 100');

Repeat                        { Warte bis    }
  GotoXy(1,3);                { Lautstärke 0 ist.    }
  Write('Lautstärke = ',HLautstaerke,' ');
  If StatusWort=0 Then SpieleBlock(Sample);
Until HLautstaerke=0;


TreiberAus;
WriteLn;
```

```
   End
   Else
     WriteLn('Fehlercode: ',SBIOResult);
End.
```

Listing 10.15: Beispiel eines Pascal-Programms für die CT-TIMER-Funktionen

```
/* Testprogramm für den CT-TIMER-Treiber */

#include <conio.h>
#include "ctvoice.h"

char Ch = 0;                 /* Taste */
unsigned char Vol = 32;      /* Lautstärke */
VocTp Sample;                /* Sample */
void *EPuffer;               /* Echo Puffer */
void *VPuffer;               /* Lautstärke Puffer */
char S[30];

void main()
{
  clrscr();
  LoadCTTreiber("CT-TIMER.DRV");  /* lade den Treiber */
  BenutzPort(0x220);              /* definiere Port    */
  InitialisiereTreiber();

  if (SBIOResult == CallOk) {
    VPuffer = (void *) malloc(33*256); /* reserviere */
    LautstaerkenTabelle(VPuffer,32);         /* Puffer */
    EPuffer = (void *) malloc(4096);
    EchoPuffer(EPuffer,4096);
    Lautsprecher(SpAus);            /* nichts weiterleiten */
    NimmSampleAuf(32000,8000,&Sample);
    gotoxy(1,1); printf("Aufnehmen ...");

    do {   /* Warte bis das Sample aufgenommen ist*/
    } while (!(StatusWort == 0));

    printf("Abspielen ...");
    Lautsprecher(SpEin);          /* Daten weiterleiten  */
    Befehl("Fade 0 32 400"); /* Fade-In des Sample */
    Befehl("Echo 100 180");  /* Verwende Echo */

    do {
      if (StatusWort == 0) /* Spiele Sample erneut ab */
```

```
       SpieleBlock(Sample);
   gotoxy(1,3);              /* zeige Lautstärke  */
   printf("Lautstärke = %d ",HLautstaerke());

   if (kbhit()) {            /* Taste gedrückt */
     Ch = getch();
     if (Ch == '\x00') Ch = getch();
     switch (Ch) {
       case 'H'  : if (Vol < 32) { /* cursor up */
                     ++Vol;     /* erhöhe Lautstärke */
                     sprintf(S,"Lautstärke %d",Vol);
                     Befehl(S);
                   }
                   break;
       case 'P'  : if (Vol > 0) {/* cursor down */
                     --Vol;     /* verringere Lautstärke */
                     sprintf(S,"Lautstärke %d",Vol);
                     Befehl(S);
                   }
                   break;
       case '\x1B': break;

       default   : Pause();      /* andere Taste */
                   Ch = getch();/* macht Pause      */
                   FahrFort();
     }
   }
 } while (!(Ch == '\x1B'));

 Befehl("FADE 32 0 400");    /* fade-out des Sample  */

 do {  /* Warte bis Lautstärke 0 ist */
   gotoxy(1,3);
   printf("Lautstärke = %d ",HLautstaerke());
   if (StatusWort == 0) SpieleBlock(Sample);
 } while (!(HLautstaerke() == 0));

 TreiberAus();
 printf("\n");
}
else
  printf("Fehlercode: %d\n",SBIOResult);}
```

Listing 10.16: Beispiel eines C-Programms für die CT-TIMER-Funktionen

```
      .MODEL TINY
      .CODE
      ORG 0h
; Dateiname : CT-TIMER.ASM
; CT-TIMER.DRV, ein CT-VOICE kompatibler Treiber.
; Dieser verwendet jedoch den Timer statt
; DMA. Hierdurch werden mehrere Effekte
; möglich.
;
; RUN : TASM CT-TIMER.ASM
;    TLINK /T CT-TIMER.OBJ, CT-TIMER.DRV
;
; Möglichkeiten
Nichts                          = 0
Abspielen                       = 1
Aufnehmen                       = 2
Unterbrechen                    = 3
NochEinBlock                    = 4
; BlockTypen
EndeBl                          = 0
NeuerSampleBl                   = 1
SampleBl                        = 2
StilleBl                        = 3
MarkierungsBl                   = 4
TextBl                          = 5
WiederholStartBl                = 6
WiederholEndeBl                 = 7
Start:                          jmp Steuerung
IDText                          DB "CT-VOICE"


;-------------------------------------------------
; Die Treibervariablen
;-------------------------------------------------


      ORG 30h                   ; für Kompatibilität
SBIOPort                        DW 220h  ; der Basis-Port
SBIRQNummer                     DB 7 ; wird nicht benutzt
InitialisierungsMarkierung      DB 0 ; Treiber initialisiert ?
StatusPointer                   DD 0 ; Adresse (StatusWort)
OldTimerZaehler                 DW 0 ; damit alles richtig
                                     ; funktioniert
OldTimerIZaehler                DW 0 ; der vorherigen Timer-
OldTimerPointer                 DD 0 ; Routine
StilteMarkierung                DB 0 ; Stille oder Sample
BlockStart                      DD 0
      ; nach dem untergeordneten Block gerichtet
```

```
WiederholeStart          DD 0 ; zur Wiederholung eines
WiederholeEnde           DD 0 ; oder mehrerer
WiederholeZaehler        DW 0 ; untergeordneten Blöcke
WiederholeMarkierung     DB 0
SpieleMarkierung         DB 0 ; spielt ab?
SpieleBackup             DB 0 ; Kopie der SpieleMarkierung
SamplePointer            DD 0 ; für die Abspiel-
SampleLaenge             DD 0 ; und Aufnahme-Routinen
EffekteMarkierung        DB 0 ; Verwendete Effekte
AktionsMarkierung        DB Nichts   ; aktuelle Aktion
AktionBackup             DB 0 ; Kopie der
                              ; AktionsMarkierung
BenutzRoutePtr           DD 0 ; die Benutzerroutine
BenutzRouteMarkierung    DW 0 ; Benutzerroutine?
BefehlString             DD 0 ; Adresse(Effekt-
                              ; Zeichenkette)
Lautstaerkentabelle      DD 0 ; Adresse
                              ; (Lautstärkentabelle)
aktuelleLautstaerke      DB 0 ; spricht für sich
MaximumLautstaerke       DB 0 ; gleichfalls
EchoMulti                DB 0 ; Definition des Echo-
EchoPuffer               DD 0 ; Effekts
EchoEnde                 DW 0 ; Ende für echo
PufferStart              DW 0 ; Anfang des Puffers
PufferEnde               DW 0 ; das wirkliche PufferEnde
MultiTabelle             DB 256 dup (0)  ; Hilfe-Tabelle
FadeZaehler              DW 0 ; Definition des
FadeInit                 DW 0 ; Fade-Effekts
FadeLautstaerke          DB 0
FadeAufZaehler           DB 0

; Die Funktionen des Treibers, der Effekte, und der
; untergeordneten Blöcke

FunktionsTabelle           DW BestimmeVersion,StelleOBasisEin
    DW DefiniereIRQ,InitTreiber,StelleSpeakerEin
    DW DefiniereStatusAdr,SpieleVOCBlock
    DW NimmVOCAuf,BeendeVOCProcess
    DW DerInitTreiber,Unterbrich,Kontinuiere
    DW VerlasseWiederhole,BenutzerRoute
ZusFunktionen DW StellePufferEin, VerarbeiteBefehlString
    DW aktuelleLautstaerkeQ
Effekt-Funktionen DW Lautstaerke   ; vorherige
    DW Fade
    DW Echo
    DW 4 Dup (KeinEffekt)
```

```
     DW KeinEffekt                      ; erste
BlockRoutinen DW REndeBl,RNeuesSampleBl,RSampleBl
     DW RStilleBl,RMarkierungsBl,RTextBl
     DW RWiederholeStartBl,RWiederholeEndeBl

; Effekt-Zeichenketten:
; DB Vergleich Zeichenkette, DW Funktion.

BefehlStrings                      DB "ECHO",0
     DW EchoEffekt
     DB "FADE",0
     DW FadeEffekt
     DB "VOLUME",0
     DW LautstaerkeEffekt
     DB "ECHOOFF",0
     DW EchoEffectOff
     DB "FADEOFF",0
     DW FadeEffectOff
     DB "VOLUMEOFF",0
     DW LautstaerkeEffectOff
     DB "EFFECTOFF",0
     DW EffekteOff
     DB 0

; Die beiden von CALCTABL.BAS errechneten Tabellen
SRConvTabelle                      LABEL WORD
INCLUDE CONVTABL.INC
WarteTabelle                       LABEL WORD
INCLUDE WARTEABL.INC

;------------------------------------------------------------
; Die verschiedenen Effekte
;------------------------------------------------------------

; Für jeden Effekt gilt, daß der Sample-Wert sich nach
; der Aktivierung in AL befindet. Dieser muß danach den
; verarbeiteten Wert enthalten.
; Weiter sind die Werte von ES & DX bereits gespeichert,
; die übrigen Register müssen noch gespeichert werden.
; Nach der Aktivierung enthält DS den gleichen Wert wie CS.
; Die Lautstärke: Verarbeite die aktuelle Lautstärke, benutze
; dazu die vorher berechnete Tabelle.

Lautstaerke PROC NEAR
     push bx                       ; speichere BX
     les bx,[LautstaerkenTabelle]
```

```
        ; ES:BX = @LautstaerkenTabelle
        add bh,[aktuelleLautstaerke]
        sub al,128
        xlat es:[bx]                    ; ersetze AL
        add al,128
        pop bx                          ; bringe BX in Ausgansposition
        ret
ENDP


; Fade-Effekt: Sowohl der Fade-In- wie der Fade-Out-
; Effekt.

Fade PROC NEAR
        dec [FadeZaehler]               ; Veränderung der Lautstärke ?
        jnz EndeFade
        mov dx,[FadeInit]               ; ja, Zähler in Ausgangsposition
        mov [FadeZaehler],dx
        mov dl,[aktuelleLautstaerke]    ; bearbeite Lautstärke
        add dl,[FadeZaehler]
        mov [aktuelleLautstaerke],dl
        cmp dl,[FadeLautstaerke]        ; richtiger Wert erreicht
        jne EndeFade
        and [EffekteMarkierung],not 2   ; ja, schalte Effekt aus
EndeFade:
        ret
ENDP


; Echo-Effekt; Mixe die Samples, aber dividiere nicht durch
; zwei.

Echo PROC NEAR
        push bx                         ; speichere BX
        sub al,128
        cbw                             ; 8 Bits -> 16 Bits
        mov dx,ax                       ; DX = 16-Bit- Wert
        les bx,EchoPuffer               ; ES:BX = @EchoPuffer
        mov al,es:[bx]                  ; AL = vorheriger Wert
        cbw                             ; 8 Bits -> 16 Bits
        add ax,128
        add ax,dx
        or ah,ah                        ; 0 <= AX <= 255?
        jz NoOverflow
        mov al,ah                       ; nein, AL = 0 oder 255
        cbw                             ; definiere anhand des
        not ah                          ; Zeichens
        mov al,ah
```

```
NoOverFlow:
    push ax                     ; aufbewahren
    mov dx,bx
    mov bx,offset MultiTabelle
    xlat
    mov bx,dx
    mov es:[bx],al              ; speichere den Wert
    inc bx                      ; nächstes Byte
    cmp bx,[EchoEnde]           ; Ende?
    jb EchoOk
    mov bx,[PufferStart]        ; ja, zum Anfang
EchoOk:
    mov [Word ptr EchoPuffer],bx
    pop ax                      ; bringe wieder in Ausgansposition
    pop bx                      ; und BX
    ret
ENDP

; Kein Effekt, Dummy-Routine.

KeinEffekt PROC NEAR
    ret
ENDP

;------------------------------------------------------
; Routinen, für bestimmte Effekte
;------------------------------------------------------
; Diese Routinen werden mittels RTextB1 aktiviert.
; Die Routinen können die Routine
; ZeigeParameter benutzen, die den Wert des Parameters
; in AX zeigt. CF enthält die Fehlermarkierung.
; Stelle Lautstärke ein, #Volume-Wert

LautstaerkeEffekt PROC NEAR
    call ZeigeParameter         ; bestimme Wert
    jc LautstaerkeEError
    cmp al,[MaximumLautstaerke]    ; größer als max. Stärke
    jb KeineLautstaerkeMax
    mov al,[MaximalLautstaerke]    ; ja, dann maximale Stärke
KeineLautstaerkeMax:
    cmp [WORD PTR LautstaerkenTabelle+2],0
    je LautstaerkeEError        ; Lautstaerkentabelle?
    mov [aktuelleLautstaerke],al    ; ja, ändere Lautstärke
    or [EffekteMarkierung],1    ; und erzeuge Effekt
LautstaerkeEError:
    ret
```

```
ENDP

; Definiere Fade, #FADE-Start-, -Ende, -Geschwindigkeit.
; In Abhängigkeit vom Start und Ende entsteht
; ein Fade-In- oder ein Fade-Out-Effekt.

FadeEffekt PROC NEAR
        call ZeigeParameter         ; bestimme Start
        jc FadeEError
        push ax
        call ZeigeParameter         ; bestimme Ende
        pop bx
        jc FadeEError
        push bx
        push ax
        call ZeigeParameter         ; bestimme Geschwindigkeit
        pop cx
        pop bx
        jc FadeEError
        mov [FadeZaehler],ax        ; alle nötigen Einstellungen
        mov [FadeInit],ax           ; vornehmen
        mov [FadeLautstaerke],cl
        mov [aktuelleLautstaerke],bl
        mov al,1
        cmp bl,cl                   ; Start < Ende?
        jb PositivesFade
        neg al                      ; ja, AL=-AL
PositivesFade:
        mov [FadeZaehler],al        ; speichere 1 oder -1
        or [EffekteMarkierung],3    ; erzeuge Effekt
FadeEError:
        ret
ENDP

; Bestimme Echo, #ECHO-Schrittgröße, -Multiplikator.
; Lösche den Puffer und fertige eine Echo-Tabelle an.

EchoEffekt PROC NEAR
        call ZeigeParameter         ; bestimme Schrittgröße
        jc EchoEError
        push ax
        call ZeigeParameter         ; Multiplikator
        pop bx
        jc EchoEError
        cmp [WORD PTR EchoPuffer+2],0
        je EchoEError               ; Puffer eingestellt?
```

```
    mov ch,al                   ; ch = Multiwert
    mov ax,cs                   ; ja, ES=CS
    mov es,ax
    mov di,offset MultiTabelle
    xor cl,cl                   ; berechne Multitabelle
BerechneMult:
    mov al,cl
    sub al,128                  ; verringere vorherigen Wert
    cbw                         ; durch die Berechnung:
    mov dl,ch                   ; xEchoMulti/256
    mov dh,0
    imul dx
    mov al,ah
    stosb                       ; speichere Wert
    inc cl                      ; auf 255 folgt 0
    jnz BerechneMult
    mov ax,[PufferStart]
    mov [WORD PTR EchoPuffer],ax
    add bx,ax
    cmp bx,[PufferEnde]         ; Puffer overflow?
    jb PufferKleiner
    mov bx,[PufferEnde]         ; ja
PufferKleiner:
    mov cx,bx                   ; Lösche Puffer
    sub cx,ax
    mov [EchoEnde],bx
    les di,EchoPuffer
    xor al,al
    rep stosb
    or [EffektenMarkierung],4   ; erzeuge Effekt
EchoEError:
    ret
ENDP

; Schalte den Lautstärke-Effekt aus.

LautstaerkeEffectOff PROC NEAR
    and [EffekteMarkierung],not 4
    ret
ENDP

; Schalte den Fade-Effekt aus.

FadeEffectOff PROC NEAR
    and [EffekteMarkierung],not 4
    ret
```

```
ENDP

; Schalte den Echo-Effekt aus.

EchoEffectOff PROC NEAR
     and [EffekteMarkierung],not 4
     ret
ENDP

; Schalte alle Effekte aus.

EffekteOff PROC NEAR
     mov [EffekteMarkierung],0
     ret
ENDP

;------------------------------------------------------------
; Routinen, die von den Treiber-Funktionen benutzt werden
;------------------------------------------------------------
; Schreibe einen Befehl und mache dies 200h mal

TestSchreibeSB PROC NEAR
     push cx                        ; speichere benutztes CX
     mov cx,200h                    ; 200h mal
     mov ah,al                      ; AH=Kopie Befehl
     mov dx,[SBIOPort]              ; DX=2X0
     add dx,0Ch                     ; DX=2XC
TestSchreibeWarte:
     in al,dx
     or al,al                       ; Prüfe Bit 7
     jns TestSchreibeOk             ; =0?
     loop TestSchreibeWarte         ; nein, nochmal
     stc                            ; mißlungen
     pop cx
     ret
TestShreibeOk:
     mov al,ah                      ; gelungen
     out dx,al                      ; schreibe Befehl
     clc
     pop cx
     ret
ENDP

; Lies Daten. Versuche dies 200h mal.

TestLiesSB PROC NEAR
```

```
        push cx                          ; speichere benutztes CX
        mov dx,[SBIOPort]
        add dl,0Eh                       ; DX=2XEh
        mov cx,200h
TestLiesWarte:
        in al,dx
        or al,al                         ; Prüfe Bit 7
        js TestLiesOk                    ; =1?
        loop TestLiesWarte               ; nein, nochmal

        stc                              ; mißlungen
        pop cx
        ret
TestLiesOk:
        sub dl,04h                       ; DX=2XAh
        in al,dx                         ; Lies Daten
        clc                              ; gelungen
        pop cx
        ret
ENDP

; Schicke einen Befehl oder Daten an den SB, warte
; wenn der SB keinen Befehl empfangen kann.

SchreibeSB PROC NEAR
        mov dx,[SBIOPort]                ; DX=2XCh
        add dx,0Ch
        mov ah,al                        ; AH=Kopie AL
SchreibeWarte:
        in al,dx
        or al,al
        js SchreibeWarte                 ; bit 7=1?
        mov al,ah                        ; nee, schreibe Daten
        out dx,al                        ; oder Befehl
        ret
ENDP

; Lies Daten des SB, prüfe, ob Daten vorhanden sind.
; Warte, wenn dies nicht der Fall ist.

LiesSB PROC NEAR
        mov dx,[SBIOPort]                ; DX=2XEh
        add dl,0Eh
        sub al,al
LiesWarte:
        in al,dx
```

```
        or al,al
        jns LiesWarte              ; Bit 7=0?
        sub dl,4                   ; nein, Lies Daten von
        in al,dx                   ; Port 2XAh
        ret
ENDP


; Reset des SB durch den eingestellten IO-Port.

ResetSoundBl PROC NEAR
        mov dx,[SBIOPort]
        add dl,6                   ; DX=2X6h
        mov al,1
        out dx,al                  ; Schreibe 1
        in al,dx                   ; Warte eine Weile
        in al,dx
        in al,dx
        in al,dx
        sub al,al
        out dx,al                  ; Schreibe 0
        mov bl,10h                 ; versuche dies 10h mal
ResetTestSchleife:
        call TestLiesSB
        cmp al,0AAh                ; AL=AAh??
        je ResetTestOk
        dec bl                     ; nein, nochmal
        jnz ResetTestSchleife
        stc                        ; Reset mißlungen
        ret
ResetTestOk:
        clc                        ; Reset OK
        ret
ENDP


; Einstellung des Timer-Interrupt.

DefiniereTimerInt PROC NEAR
        pushf                      ; speichere Markierungen
        push es
        cli                        ; Interrupts aus
        mov dx,0                   ; definiere Interrupt
        mov es,dx
        mov dx,cs
        xchg ax,[WORD PTR es:8*4+0]
        xchg dx,[WORD PTR es:8*4+2]
        mov [WORD PTR OldTimerPointer+0],ax
```

```
        mov [WORD PTR OldTimerPointer+2],dx
        mov [OldTimerIZaehler],1    ; aktiviere jedesmal den
        mov [OldTimerZaehler],1     ; Timer
        pop es
        popf                        ; bringe I-Markierung wieder in
        ret                         ; Ausgangsposition
ENDP


; Bringe Timer-Interrupt in Ausgangsposition und setze
; Timer zurück, die Timer-Geschwindigkeit auf 18.2 mal
; in der Sekunde.

KorrigiereTimerInt PROC NEAR
        pushf                       ; Speichere Flags
        push es
        cli                         ; Interrupts aus
        mov al,36h                  ; Reset des Timer
        out 43h,al                  ; so daß dieser 18.2
        xor al,al                   ; mal in der Sekunde
        out 40h,al                  ; aktiviert wird.
        xor al,al
        out 40h,al
        xor ax,ax                   ; Korrigiere Interrupt
        mov es,ax                   ; Vektor
        mov ax,[WORD PTR OldTimerPointer+0]
        mov dx,[WORD PTR OldTimerPointer+2]
        mov [WORD PTR es:8*4+0],ax
        mov [WORD PTR es:8*4+2],dx
        pop es
        popf                        ; Korrigiere I-Flag
        ret
ENDP


; Definiere das StatusWort auf einen bestimmten Wert.

DefiniereStatusWort PROC NEAR
        push ds
        push si
        lds si,[StatusPointer]
        mov [si],ax                 ; Definiere Wert
        pop si
        pop ds
        ret
ENDP


; Minimalisiere Segment:Offset so daß Offset zwischen
```

```
; 0 und 15 liegt.

Minimalisiere PROC NEAR
      push ax                        ; speichere AX
      shr ax,1                       ; AX=AX/2
      shr ax,1                       ; gleichfalls
      shr ax,1                       ; gleichfalls
      shr ax,1                       ; AX=Offset/16
      add dx,ax                      ; Vergrößere Segment
      pop ax                         ; Korrigiere Offset AX
      and ax,15                      ; AX zwischen 0 und 15
      ret
ENDP

; Wandle ein Segment:Offset in eine 20-Bit-Adresse um.

Berechne20Bits PROC NEAR
      push bx                        ; speichere BX
      xor bx,bx
      shl dx,1                       ; DX=DX*2
      rcl bl,1                       ; BL=Bit des DX
      shl dx,1
      rcl bl,1
      shl dx,1
      rcl bl,1
      shl dx,1                       ; DX=DX*2*2*2=DX*16
      rcl bl,1                       ; BL=DX/4096
      add ax,dx                      ; AX=Offset+Segment*16
      adc bl,0                       ; Verarbeite Overflow
      mov dx,bx                      ; DX=Bits 20 .. 16
      pop bx
      ret
ENDP

; Zum nächsten Block.

NaechsterBlock PROC NEAR
      les di,[BlockStart]            ; ES:DI=aktueller Start
      mov ax,[es:di+1]              ; BL,AH,AL = 20 Bits
      mov bl,[es:di+3]              ; Größe
      xor bh,bh
      add di,4
      add ax,di                      ; Addiere Offset DI und
      adc bx,0                       ; BL,AH,AL.
      and bx,0fh
      mov dx,es                      ; berechne neues ES
```

```
        ror bx,1
        ror bx,1
        ror bx,1
        ror bx,1                    ; BX=BX*16*16*16
        add dx,bx                   ; DX=neues Segment
        call Minimalisiere
        mov [WORD PTR BlockStart+0],ax
        mov [WORD PTR BlockStart+2],dx
        ret
ENDP


; überspringe Blöcke, bis der richtige Block
; erreicht wurde.

SucheBlock PROC NEAR
        les di,[BlockStart]         ; ES:DI=aktueller Start
        cmp al,[es:di]              ; vergleiche BlockTypen
        den Blockgefunden           ; identisch?
        push ax                     ; nein, speichere BlockTyp
        call NaechsterBlock
        pop ax                      ; Korrigiere BlockTyp
        jmp SucheBlock              ; fange von neuem an
BlockGefunden:
        ret                         ; BlockTyp gefunden
ENDP


; Wandle ein ASCII-Zeichen in Großbuchstaben um.

UpCase PROC NEAR
        cmp al,'a'
        jb NoLetter
        cmp al,'z'
        ja NoLetter
        sub al,'a'-'A'
NoLetter:
        ret
ENDP


; Bestimme die nächste Zahl in einer Befehlskette.

ZeigeParameter PROC NEAR
        les di,[BefehlString]       ; ES:DI
        cmp BYTE PTR [es:di],0      ; Null?
        je ZeigeParameterError
        xor bh,bh                   ; nein, kein Ende
UeberspringeRest:
```

```
        mov bl,[es:di]              ; BL = Zeichen
        cmp bl,0                    ; Ende der Kette?
        je ZeigeParameterError
        inc di                      ; nein, vergrößere DI
        cmp bl,'9'                  ; ist BL eine Ziffer?
        ja UeberspringeRest
        cmp bl,'0'
        jb UeberspringeRest
        mov ax,bx                   ; ja, AX=BX-'0'
        sub ax,'0'
BestimmeZahl:
        mov bl,[es:di]              ; BL = Zeichen
        cmp bl,'9'                  ; BL wieder eine Ziffer?
        ja EndeZahl
        cmp bl,'0'
        jb EndeZahl
        sub bx,'0'                  ; ja, AX=AX*10+BX-'0'
        mov cx,10
        mul cx
        add ax,bx
        inc di                      ; nächstes Zeichen
        jmp BestimmeZahl
EndeZahl:
        mov [WORD PTR BefehlsKette],di ; speichere aktuellen
        clc                         ; Pointer
        ret
ZeigeParameterError:
        mov [WORD PTR BefehlsKette],di
        stc
        ret
ENDP

; Prüfe, ob eine Kette einen Befehl enthält. Aktiviere
; dann, wenn nötig, die dazugehörige Routine.

BefehlTest PROC NEAR
        les di,[BefehlsKette]       ; ES:DI = Start Text
        mov si,Offset BefehlKetten
        xor bx,bx                   ; Start bei DI+0
VergleicheBefehl:
        lodsb                       ; Zeichen aus Tabelle
        cmp al,0                    ; Ende der Kette?
        je EndeBefehl
        call Upcase                 ; nein
        mov ah,al                   ; AH = Upcase(AL)
        mov al,[es:di+bx]           ; Zeichen aus Kette
```

```
        call Upcase
        inc bx                          ; nächstes Zeichen
        cmp al,ah                       ; AL=AH?
        je VergleicheBefehl
        xor ah,ah                       ; nein, überspringe Rest
UeberspringeRestCom:                    ; der Befehlskette
        lodsb
        or al,al                        ; AL=0?
        jnz UeberspringeRestCom         ; ja -> Z-Flag = 1
UeberspringeCall:
        add si,2                        ; überspringe Offset Call
        xor bx,bx                       ; Anfang des Textes
        cmp [si],bl                     ; Ende der Tabelle?
        jne VergleicheBefehl
        ret                             ; ja, kein Befehl!
EndeBefehl:
        mov al,[es:di+bx]               ; nächstes Zeichen
        call UpCase
        cmp al,'A'                      ; ist dies ein Buchstabe?
        jb VerarbeiteBefehl
        cmp al,'Z'
        jb UeberspringeCall
VerarbeiteBefehl:
        add di,bx                       ; nein, Text identisch
        mov WORD PTR [BefehlString+0],di
        call WORD PTR [si]
        ret
ENDP

; Verarbeite den Rest des aufgenommenen Sample. Bringe dazu
; den VOC Block Header auf den aktuellen Stand.

VerarbeiteAufnahme PROC NEAR
        mov ax,[WORD PTR SamplePointer+0]
        mov dx,[WORD PTR SamplePointer+2]
        call Berechne20Bits
        mov bx,ax
        mov cx,dx
        mov ax,[WORD PTR BlockStart+0]
        mov dx,[WORD PTR BlockStart+2]
        call Berechne20Bits
        sub bx,ax                       ; berechne Länge des
        sbb cx,dx                       ; Sample
        sub bx,4                        ; überspringe Header und
        sbb cx,0                        ; das letzte Byte
        les di,[BlockStart]             ; speichere die Länge im
```

```
        mov [es:di+1],bx            ; VOC-Header
        mov [es:di+3],cl
        les di,[SamplePointer]      ; markiere das Ende
        mov BYTE PTR [es:di],0      ; mit einem EndeBlock-Typ
        ret
ENDP

;-------------------------------------------------------------
; Die Routinen eines untergeordneten VOC-Blocks
;-------------------------------------------------------------
; Verarbeite einen untergeordneten VOC-Block.

VerarbeiteVOCBlock PROC NEAR
        cmp [BenutzRouteMarkierung],0 ; Benutzerroutine?
        je VerarbeiteBlockTyp
        les bx,[BlockStart]          ; ja, aktiviere ihn
        call dword ptr [BenutzRoutePtr]
        jnc VerarbeiteBlockTyp       ; Diesen Block verarbeiten?
        call NaechstBlock            ; nein, nächsten Block
        jmp VerarbeiteVOCBlock       ; fange von vorne an
VerarbeiteBlockTyp:
        les di,[BlockStart]          ; ES:DI=Start Block
        mov bl,[es:di]               ; BL=Block Typ
        cmp bl,7                      ; Typ bekannt?
        jbe VerarbeiteDiesenBlock
        call NaechstBlock            ; nein, nächster Block
        jmp VerarbeiteVOCBlock       ; fange von vorne an
VerarbeiteDiesenBlock:
        shl bl,1                      ; aktiviere dazugehörige
        xor bh,bh                     ; Routine
        call [bx+Offset BlockRoutinen]
        call NaechstBlock            ; für nächstes Mal
        cmp [AktionsMarkierung],NochEinBlock
        je VerarbeiteVOCBlock        ; oder diesmal?
        ret                           ; nein, fertig
ENDP

; Der Ende-Block; Abspielen beenden

REndeBl PROC NEAR
        mov [SpieleMarkierung],0     ; Abspielen beendet
        call KorrigierTimerInt       ; korrigiere den Timer
        mov ax,0
        call BestimmeStatusWort      ; StatusWort=0
        mov [AktionsMarkierung],Nichts ; nicht beschäftigt
        ret
```

```
ENDP

; Ein neues Sample + Einstellungen

RNeuesSampleB1 PROC NEAR
    mov [StilleMarkierung],0   ; keine Stille
    mov [SpieleMarkierung],0   ; Abspielen beenden
    mov bl,[es:di+4]                ; bestimme anhand des
    xor bh,bh                       ; SR den richtigen
    shl bx,1                        ; Wert
    mov ax,[bx+WarteTabelle]
    mov [OldTimerIZaehler],ax
    mov [OldTimerZaehler],ax
    mov ax,di                       ; Sample fängt an bei
    add ax,6                        ; Offset 6
    mov [WORD PTR SamplePointer+0],ax
    mov [WORD PTR SamplePointer+2],es
    mov ax,[es:di+1]                ; kopiere die Länge
    mov dl,[es:di+3]
    xor dh,dh                       ; nachdem 2 Bytes übersprungen
    sub ax,2                        ; wurden
    sbb dx,0
    mov [WORD PTR SampleLaenge+0],ax
    mov [WORD PTR SampleLaenge+2],dx
    mov al,0B6h                     ; Definiere den Sample-Rate
    out 43h,al                      ; des Timer
    mov ax,[bx+SRConvTabelle]
    out 40h,al
    mov al,ah
    out 40h,al
    mov [SpieleMarkierung],1   ; Start des Abspielens
    mov [AktionsMarkierung],Abspielen
    ret
ENDP

; Ein neues Sample.

RSampleB1 PROC NEAR
    mov [StilleMarkierung],0   ; keine Stille
    mov [SpieleMarkierung],0   ; Beende Abspielen
    mov ax,di                       ; bestimme den Start des
    add ax,6                        ; Sample
    mov [WORD PTR SamplePointer+0],ax
    mov [WORD PTR SamplePointer+2],es
    mov ax,[es:di+1]                ; und kopiere die Länge
    mov [WORD PTR SampleLaenge+0],ax
```

```
        mov al,[es:di+3]
        xor ah,ah
        mov [WORD PTR SampleLaenge+2],ax
        mov [AktionsMarkierung],Abspielen
        mov [SpieleMarkierung],1  ; Start des Abspielens
        ret
ENDP


; Ein Stille-Block.

RStilleBl PROC NEAR
        mov [SpieleMarkierung],0   ; Beende Abspielen
        mov bl,[es:di+6]           ; bestimme anhand des SR
        xor bh,bh                  ; die Werte
        shl bx,1
        mov ax,[bx+WarteTabelle]
        mov [OldTimerIZaehler],ax
        mov [OldTimerZaehler],ax
        mov ax,[es:di+4]           ; kopiere die Länge
        mov [WORD PTR SampleLaenge+0],ax
        xor ax,ax
        mov [WORD PTR SampleLaenge+2],ax
        mov al,0B6h                ; Definiere den Sample-Rate
        out 43h,al                 ; des Timer
        mov ax,[bx+SRConvTabelle]
        out 40h,al
        mov al,ah
        out 40h,al
        mov [StilleMarkierung],1  ; Spiele abs. Stille ab.
        mov [SpieleMarkierung],1  ; Start des Abspielens
        mov [AktionsMarkierung],Abspielen
        ret
ENDP


; Gib dem Statuswort einen neuen Wert.

RMarkierungsBl PROC NEAR
        mov ax,[es:di+4]           ; bestimme Wert
        call BestimmeStatusWort
        mov [AktionsMarkierung],NochEinBlock
        ret
ENDP


; Verarbeite einen TextBlock. Wenn das erste Zeichen '#'
; ist, wird geprüft, ob es sich um einen Befehl handelt.
```

```
RTextB1 PROC NEAR
    add di,4
    cmp BYTE PTR [es:di],'#'   ; Zeichen = '#'?
    jne KeinBefehl
    inc di                          ; ja, speichere Start
    mov [WORD PTR BefehlsKette+0],di
    mov [WORD PTR BefehlsKette+2],es
    call BefehlTest                 ; Verarbeite Befehl
KeinBefehl:
    mov [AktionsMarkierung],NochEinBlock
    ret
ENDP


; Start einer Wiederholung. Stelle alle richtigen Werte ein.

RWiederholeStartB1 PROC NEAR
    mov [WORD PTR WiederholeStart+0],di
    mov [WORD PTR WiederholeStart+2],es
    mov ax,[es:di+4]
    inc ax
    mov [WiederholeZaehler],ax
    mov [WiederholeMarkierung],1
    mov [AktionsMarkierung],NochEinBlock
    ret
ENDP


; Ende der Wiederholung. Fange, wenn nötig, von vorne an.

RWiederholeEndeB1 PROC NEAR
    xor ax,ax                       ; AX=0
    cmp [WiederholeMarkierung],1     ; Wiederholung aktiv?
    jne EndeWiederholung
    mov ax,[WiederholeZaehler]; ja, AX=mal
    sub ax,1                        ; machen
    jc endlos                       ; AX war 0?
    jz EndeWiederholung             ; nein, ax ist 0?
    mov [WiederholeZaehler],ax; nein, speichere AX
Endlos:
    mov ax,[WORD PTR WiederholeStart+0]; kopiere
    mov [WORD PTR BlockStart+0],ax  ; Start
    mov ax,[WORD PTR WiederholeStart+2]; Wiederholung
    mov [WORD PTR BlockStart+2],ax
    mov [AktionsMarkierung],NochEinBlock
    ret
EndeWiederholung:
    mov [WiederholeZaehler],ax; keine Wiederholung mehr
```

```
        mov [WiederholeMarkierung],0
        mov [AktionsMarkierung],NochEinBlock
        ret
ENDP

; Das Interrupt-Steuerprogramm, das den Abspielvorgang steuert.

AbSpieleSteuerprogramm PROC FAR
        push ax                     ; speichere AX
        cmp [cs:SpieleMarkierung],1     ; Spiele Sample ab?
        WohlAbspielen
SpVorherTimer:
        dec [cs:OldTimerZaehler]   ; nein
        jnz KeineVorherSpAktivierung     ; zum vorherigen Timer?
        mov ax,[cs:OldTimerIZaehler]     ; ja, korrigiere den
        mov [cs:OldTimerZaehler],ax      ; Zähler
        pop ax                      ; korrigiere AX
        jmp DWORD PTR [cs:OldTimerPointer]
KeineVorherSpAktivierung:
        mov al,20h                  ; Gib an, daß
        out 20h,al                  ; Interrupt
        pop ax                      ; empfangen wurde
        iret
WohlAbspielen:
        push dx                     ; Spiele ein Sample ab
        push ds
        mov ax,cs                   ; DS=CS
        mov ds,ax
        mov al,10h                  ; Befehl 10h
        call SchreibeSB
        cld                         ; verringere Länge
        sub [WORD PTR SampleLaenge+0],1
        jnz KeinSpEnde
        sub [WORD PTR SampleLaenge+2],1
        jns KeinSpEnde
        mov [SpieleMarkierung],0  ; Ende des Sample
        mov al,20h                  ; Timer muß aber jedesmal
        out 20h,al                  ; verarbeitet werden
        sti                         ; aktiviere Interrupts
        push di                     ; speichere Register
        push es
        push bx
        push cx
        push si
        mov al,128                  ; AL=absolute Stille
        call SchreibeSB
```

```
        call VerarbeiteVOCBlock
        pop si                          ; korrigiere Register
        pop cx
        pop bx
        pop es
        pop di
        pop ds
        pop dx
        pop ax
        iret

KeinSpEnde:
        push es
        push di
        mov al,128                      ; AL=absolute Stille
        cmp [StilleMarkierung],1        ; Stille spielen?
        je VerarbeiteEffekte

SpieleKeineStille:
        les di,[SamplePointer]          ; nein
        mov al,[es:di]                  ; AL=Sample-Wert
        add [WORD PTR SamplePointer+0],1
        jnc VerarbeiteEffekte
        add [WORD PTR SamplePointer+2],1000h

VerarbeiteEffekte:
        cmp [EffekteMarkierung],0       ; Effekt vorhanden?
        jne WohlEffekte
        jmp KeineEffekte                ; nein, überspringen

WohllEffekte:
        mov dh,[EffekteMarkierung]      ; DI=Effekte-Flag
        mov di,dx
        xx=7*2                          ; TASM Variable xx
        REPT 8                          ; Wiederhole Block 16 mal
        LOCAL KeineBearbeitung
        rol di,1                        ; Effekt erzeugen?
        jnc KeineBearbeitung
        call [EffektFunktionen+xx]      ; ja, aktiviere sie

KeineBearbeitung:
        xx=xx-2
        ENDM                            ; Ende Wiederholungsblock

KeineEffekte:
        pop di                          ; Spiele Wert ab
```

```
      pop es
      call SchreibeSB
      pop ds
      pop dx
      jmp SpVorherTimer
ENDP


; Das Interrupt-Steuerprogramm, das die Aufnahme steuert.

AufNimmSteuerprogramm PROC FAR
      push ax                    ; speichere AX
      cmp [cs:SpieleMarkierung],1    ; Sample aufnehmen?
      je WohlAufnehmen

AufVorherTimer:
      dec [cs:OldTimerZaehler]   ; nein
      jnz KeineVorherAufAktivierung   ; zum vorherigen Timer?
      mov ax,[cs:OldTimerIZaehler]    ; ja, korrigiere den
      mov [cs:OldTimerZaehler],ax     ; Zähler
      pop ax                     ; korrigiere AX
      jmp DWORD PTR [cs:OldTimerPointer]

KeineVorherAktivierung:
      mov al,20h                 ; Gib an, daß
      out 20h,al                 ; Interrupt
      pop ax                     ; empfangen ist
      iret

WohlAufnehmen:
      push dx                    ; Nimm ein Sample auf
      push ds
      mov ax,cs                  ; DS=CS
      mov ds,ax
      mov al,20h                 ; Befehl 20h
      call SchreibeSB
      cld                        ; verringere Länge
      sub [WORD PTR SampleLaenge+0],1
      jnz KeinAufEnde
      sub [WORD PTR SampleLaenge+2],1
      jns KeinAufEnde
      mov [SpieleMarkierung],0   ; Ende des Sample
      mov al,20h                 ; Timer muß jedesmal
      out 20h,al                 ; verarbeitet werden
      sti                        ; Definiere Interrupts
      push di                    ; speichere Register
      push es
```

```
    push bx
    push cx
    push si
    call LiesSB
    call VerarbeiteAufnahme
    call REndeBl                   ; korrigiere Treiber
    pop si                         ; korrigiere Register
    pop cx
    pop bx
    pop es
    pop di
    pop ds
    pop dx
    pop ax
    iret

KeinAufEnde:
    push es
    push di
    les di,[SamplePointer]         ; nein
    call LiesSb
    mov [es:di],al                 ; AL=Sample-Wert
    add [WORD PTR SamplePointer+0],1
    jnc KeinSegmentOverflow
    add [WORD PTR SamplePointer+2],1000h

KeinSegmentOverFlow:
    pop di                         ; Spiele Wert ab
    pop es
    pop ds
    pop dx
    jmp AufVorherTimer
ENDP


;-----------------------------------------------------------
; Die Treiber-Funktionen
;-----------------------------------------------------------
; Zeige die Version des Treibers. Dieser Treiber stimmt
; mit Version 1.10 überein.

BestimmeVersion PROC NEAR
    mov ax,10Ah                    ; AX=Version 1.10
    ret
ENDP
```

```
; Bestimme den BasisPort; prüfe zuerst, ob der richtige
; Port gewählt wurde.

StelIOBasisEin PROC NEAR
    test ax,0Fh                 ; prüfe die ersten 4 Bits
    jnz KeinRichtigPort         ; alle 0?
    cmp ax,210h                 ; ja, AX >= 210h?
    jb KeinRichtigPort
    cmp ax,260h                 ; ja, AX <= 260h?
    ja KeinRichtigPort
    mov [SBIOPort],ax           ; ja, neuer Port

KeinRichtigPort:
    ret
ENDP

; Bestimme das richtige IRQ   ; weil das DMA nicht benutzt wird,
; ist dies eine Dummy-Funktion.

StelIRQEin PROC NEAR
    ret
ENDP

; Initialisiere den Treiber. Prüfe, ob der Basis-Port
; richtig ist.

InitTreiber PROC NEAR
    call ResetSoundB1
    mov ax,2                    ; Port nicht richtig
    jc KeinRichtigReset
    dec al                      ; Aktiviere Lautsprecher
    call AktivSpeaker
    mov [InitialisierungsMarkierung],1 ; Initiierung ok.
    mov [AktionsMarkierung],Nichts
    xor ax,ax

KeinRichtigReset:
    ret
ENDP

; Stelle Lautstärke der Lautsprecher ein.

StelleLautsprecherEin PROC NEAR
    mov ah,0D3h                 ; AH=Lautsprecher aus
    or al,al
    jz LautsprecherControl
```

```
        mov ah,0D1h                  ; AH=Lautsprecher ein

LautsprecherControl:
        mov al,ah                    ; stelle Lautsprecher ein
        call SchreibeSB
        ret
ENDP


; Bestimme die Adresse des Statusworts

BestimmeStatusAdr PROC NEAR
        mov [WORD PTR StatusPointer+0],di
        mov [WORD PTR StatusPointer+2],es
        ret
ENDP

; Spiele ein VOC-Block ab.

SpieleVocBlock PROC NEAR
        cmp [AktionsMarkierung],Nichts ; nicht beschäftigt?
        je SpieleBlockAb
        mov ax,1                      ; nein, beschäftigt!
        ret


SpieleBlockAb:
        mov [OldTimerZaehler],1    ; aktiviere vorherigen Timer
        mov ax,di                  ; optimalisiere den
        mov dx,es                  ; Start des Sample
        call Minimalisiere
        mov [WORD PTR BlockStart+0],ax
        mov [WORD PTR BlockStart+2],dx
        mov [SpieleMarkierung],0   ; Spiele nichts ab
        mov ax,Offset AbSpieleSteuerprogramm
        call DefiniereTimerInt     ; Definiere Timer-Int.
        mov ax,0FFFFh
        call BestimmeStatusWort    ; StatusWort=0FFFFh
        mov [AktionsMarkierung],Abspielen
        call VerarbeiteVOCBlock    ; Start des ersten Blocks
        xor ax,ax
        ret
ENDP

; Nimm einen VOC-Block auf.

NimmVOCAuf PROC NEAR
        sub cx,6
```

```
       sbb dx,0
       jnc SpeicherAusreichend
       mov ax,2
       stc
       ret

SpeicherAusreichend:
       mov [WORD PTR SampleLaenge+0],cx
       mov [WORD PTR SampleLaenge+2],dx
       mov cx,ax
       mov dx,000FH
       mov ax,4240H
       div cx
       neg ax                   ; SR=256-1000000/Rate
       push ax                  ; speichere für später
       mov ax,di                ; Optimalisiere ES:DI
       mov dx,es
       call Minimalisiere
       mov di,ax
       mov es,dx
       pop bx                   ; BX=SR
       mov BYTE PTR [es:di],1   ; Block-Typ 1
       mov [es:di+4],bl         ; SR
       mov BYTE PTR [es:di+5],0; einfaches 8-Bit Sample
       mov [WORD PTR BlockStart+0],di
       mov [WORD PTR BlockStart+2],es
       add di,6                 ; Start der Sample-Daten
       mov [WORD PTR SamplePointer+0],di
       mov [WORD PTR SamplePointer+2],es
       xor bh,bh                ; Definiere Pointer
       shl bx,1
       push bx
       mov ax,Offset AufnahmeSteuerprogramm
       call BestimmeTimerInt
       pop bx
       mov ax,[bx+WarteTabelle]  ; für den vorherigen Timer
       mov [OldTimerIZaehler],ax ; Aktivierung
       mov [OldTimerZaehler],ax
       mov al,0B6h               ; Definiere den Sample-Rate
       out 43h,al               ; des Timer
       mov ax,[bx+SRConvTabelle]
       out 40h,al
       mov al,ah
       out 40h,al
       mov [SpieleMarkierung],1 ; Start der Aufnahme
       mov ax,0FFFFh
```

```
        call BestimmeStatusWort    ; StatusWort=0FFFFh
        mov [AktionsMarkierung],Aufnehmen
        ret
ENDP


; Beende Aufnehmen oder Abspielen. Korrigiere den Timer und
; verarbeite, wenn nötig, die Blocklänge während der Aufnahme.

BeendeVOCProcess PROC NEAR
        cmp [AktionsMarkierung],Abspielen   ; beschäftigt?
        je BeendeAbspielen
        cmp [AktionsMarkierung],Unterbrechen
        je BeendeAbspielen
        cmp [AktionsMarkierung],Aufnehmen
        je BeendeAufnehmen
        mov ax,1                      ; nein!
        ret


BeendeAbspielen:
        mov [SpieleMarkierung],0  ; Beende das Abspielen
        call KorrigiereTimerInt   ; korrigiere Timer
        mov ax,0
        call BestimmeStatusWort   ; lösche StatusWort
        mov [AktionsMarkierung],Nichts
        xor ax,ax
        ret


BeendeAufnehmen:
        mov [SpieleMarkierung],0
        call KorrigiereTimerInt
        call VerarbeiteAufnahme
        mov ax,0
        call BestimmeStatusWort
        mov [AktionsMarkierung],Nichts
        xor ax,ax
        ret
ENDP

; Schalte den Treiber aus. Beende das Abspielen und schalte
; den Lautsprecher aus.

DerInitTreiber PROC NEAR
        mov al,0                      ; Schalte Lautsprecher aus
        call StelleLautsprecherEin
        mov [InitiierungsMarkierung],0
        jmp BeendeVOCProcess
```

```
ENDP

; Unterbrich das Abspielen.

Unterbrich PROC NEAR
    cmp [AktionsMarkierung],Abspielen   ; spielt gerade ab.
    je PauseOk
    mov ax,1                 ; nein!
    ret
PauseOk:
    mov [AktionsMarkierung],Pause
    mov al,[SpieleMarkierung] ; speichere vorherige Markierung
    mov [SpieleMarkierung],0  ; Halte den Timer an
    mov [SpieleBackup],al
    xor ax,ax
    ret
ENDP

; Angehaltenen Block fortsetzen

Kontinuiere PROC NEAR
    cmp [AktionsMarkierung],Pause   ; Pause?
    je KontinuierOk
    mov ax,1                 ; nein!
    ret
KontinuierOk:
    mov [AktionsMarkierung],Abspielen   ; gerade beim Abspielen
    mov al,[SpieleBackup]      ; Definiere Spiele-Flag
    mov [SpieleMarkierung],al
    xor al,al
    ret
ENDP

; Verlasse eine Wiederholungsschleife.

VerlasseWiederhole PROC NEAR
    cmp [WiederholeMarkierung],1   ; bereits wiederholt?
    je VerlasseWiederholeOk
    mov ax,1                 ; nein!
    ret
VerlasseWiederholeOk:
    mov [WiederholeZaehler],1 ; letzte Wiederholung
    cmp ax,0                 ; sofort?
    jne Sofort
    mov ax,0                 ; nein
    ret
```

```
Sofort:
    mov al,WiederholeEndeBl    ; ja, sofort weitermachen
    call SucheBlock
    mov [WiederholeZaehler],1  ; mit Block nach Ende
    mov [SpieleMarkierung],0   ; Wiederhole Block
    call VerarbeiteVOCBlock
    ret
ENDP

; Definiere die Benutzerroutine.

BenutzerRoute PROC NEAR
    mov [WORD PTR BenutzRoutePtr+0],ax
    mov [WORD PTR BenutzRoutePtr+2],dx
    or ax,dx
    mov [BenutzRouteMarkierung],ax
    ret
ENDP

; Stelle den Puffer für den Echo-Effekt und
; den Lautstärke-Effekt ein.

StellePufferEin PROC NEAR
    cmp ax,0
    je LautstaerkePuffer
    mov [WORD PTR EchoPuffer+0],di
    mov [WORD PTR EchoPuffer+2],es
    mov [PufferStart],di
    add cx,di
    mov [PufferEnde],cx
    mov [EchoEnde],cx
    ret
LautstaerkePuffer:
    mov [WORD PTR LautstaerkenTabelle+0],di
    mov [WORD PTR LautstaerkenTabelle+2],es
    mov [MaximalLautstaerke],cl
    mov dl,cl
    mov cl,0CalcNextLautstaerke:
    mov ch,0
CalcSampleValue:
    mov al,ch
    imul cl
    idiv dl
    stosb
    inc ch
    jnz CalcSampleValue
```

```
      inc cl
      cmp cl,dl
      jbe CalcNextLautstaerke
      ret
ENDP


; Erzeuge einen Effekt mittels Verarbeitung einer
; Befehlskette

VerarbeiteBefehlString PROC NEAR
      mov [WORD PTR BefehlString+0],di
      mov [WORD PTR BefehlString+2],es
      call BefehlTest
      ret
ENDP


; Bestimme aktuelle Lautstärke.

aktuelleLautstaerkeQ PROC NEAR
      mov al,aktuelleLautstaerke
      xor ah,ah
      ret
ENDP


;-----------------------------------------------------
; Die Schnittstelle
;-----------------------------------------------------
; Hier begint der Teil, un der die Aktivierung stattfindet.

Ansteuerung PROC FAR
      push bx                      ; speichere Register
      push cx
      push dx
      push bp
      push di
      push si
      push ds
      push es
      push cs
      pop ds                       ; DS=CS
      cld
      cmp bx,3                      ; BX <= 3?
      jbe AktivierungGestattet
      cmp [InitialisierungsMarkierung],1 ; nein
      je AktivierungGestattet     ; Treiber init.?
      mov ax,-1                    ; nein, falsche Funktion
```

```
    jmp short KeineAktivierung
AktivierungGestattet:
    cmp bx,13                    ; Funktion <= 13?
    jbe VerarbeiteFunktion
    cmp bx,128                   ; nein, Funktion < 128?
    jae ExtraFunktion
    mov ax,-2                    ; ja, falsche Funktion
    jmp KeineAktivierung
ExtraFunktion:
    cmp bx,128+(EffektFunktions-Extrafunktionen)/2
    jae KeineAktivierung
    sub bx,128-(ExtraFunktionen-FunktionsTabelle)/2
VerarbeiteFunktion:
    shl bx,1                     ; Aktiviere Funktion
    call [bx+Offset FunktionsTabelle]
KeineAktivierung
    pop es
    pop ds
    pop si
    pop di
    pop bp
    pop dx
    pop cx
    pop bx
    retf
ENDP

END Start
```

Listing 10.17: CT-TIMER in Assembler

```
100 ' Funktion, die die Tabellen des CT-TIMER.ASM erstellt.
110 ' Öffne die benutzten Dateien
120 OPEN "CONVTABL.INC" FOR OUTPUT AS #1
130 OPEN "WARTEABL.INC" FOR OUTPUT AS #2
140 ' Berechne für jedes SR die dazugehörigen Werte
150 FOR SR!=0! TO 255!
160 ' Berechne die eigentliche Sample-Rate
170 Sample-Rate! = 1000000!/(256!-SR!)
180 ' Berechne hiermit den Wert des Timer
190 TimerRATE = INT(1193280!/Sample-Rate!)
200 ' Berechne wie oft gewartet werden soll
210 WAITRATE = INT(Sample-Rate!/18.2)
220 ' Speichere die Werte in den Dateien
230 IF SR! MOD 6 = 0 THEN GOSUB 300 ELSE GOSUB 340
```

```
240 NEXT
250 ' Schließe die Dateien
260 CLOSE #1
270 CLOSE #2
280 END
290 ' Fange bei der nächsten Zeile an
300 PRINT #1, : PRINT #1,CHR$(9);"dw";TimerRATE;
310 PRINT #2, : PRINT #2,CHR$(9);"dw";WAITRATE;
320 RETURN
330 ' Speichere die Daten in den Dateien
340 PRINT #1,",";TimerRATE;
350 PRINT #2,",";WAITRATE;
360 RETURN
```

Listing 10.18: Basic-Programm, das die zwei CT-TIMER-Tabellen erstellt

Kapitel 11

Wie funktioniert MIDI?

Stellen Sie sich einmal vor, was passieren würde, wenn ein Masterkeyboard die MIDI-Daten der gespielten Noten an ein MIDI-Instrument des Ausgangs MIDI OUT weiterleiten würde, während dieser an seiner Stelle die Daten an den MIDI-THRU-Ausgang weiterleiten würde. Sie werden verstehen, daß, wenn in einer solchen Situation nochmals sechs weitere MIDI-Instrumente angeschlossen würden, alle Instrumente gleichzeitig dieselben Noten spielen würden!

Um dies zu vermeiden, sind in das MIDI-Protokoll 16 Kanäle aufgenommen worden, die unterschiedliche Daten bearbeiten können. In dem MIDI-Kabel sind 16 Kanäle vorhanden, welche man mit Fernsehkanälen vergleichen kann. Auf diese Weise ist es möglich, daß alle genannten MIDI-Instrumente einen unterschiedlichen Kanal wählen und so verschiedene Noten spielen können.

Ein MIDI-Instrument hat meistens die Möglichkeit, einen MIDI-Kanal zu wählen. Sowohl der Master wie auch die Slaves können einen MIDI-Kanal bestimmen. Damit nun alle acht MIDI-Instrumente der verschiedenen Kanäle gleichzeitig unterschiedliche Noten spielen können, ist ein Sequencer notwendig. Mit Hilfe des Sequencers können 16 Kanäle gleichzeitig mit unterschiedlichen Daten versehen werden.

Wenn ein MIDI-Instrument nur einen MIDI-Kanal empfangen und ansteuern kann, spricht man von "OMNI OFF". Diese Möglichkeit wird vor allem in Anlagen mit einem Sequencer oder in Anlagen, in denen viele MIDI-Instrumente miteinander verbunden sind, verwendet. "OMNI ON" hingegen bedeutet, daß der Slave alle 16 Kanäle zugleich bearbeiten kann. Diese Möglichkeit werden Sie wahrscheinlich nur dann verwenden, wenn Sie zwei oder mehr MIDI-Instrumente gleichzeitig spielen oder ganze Kompositionen mit einem Instrument spielen wollen. Die Slaves verwenden in solchen Fällen alle 16 Kanäle für Empfang und Wiedergabe.

Eine weitere Einstellungsmöglichkeit ist die Wiedergabe von nur einer Stimme (monophonische Wiedergabe) oder von mehreren Stimmen (polyphonische Wiedergabe) pro Kanal. Die MONO-Einstellung wird vor allem bei MIDI-Gitarren verwendet, wobei jede Saite einen eigenen MIDI-Kanal hat. Bei Synthesizern und Keyboards verwendet man meist die POLY-Einstellung.

Damit man leicht aus den drei Möglichkeiten OMNI, POLY und MONO wählen kann, gibt es im MIDI-Protokoll vier Modi, die man mit dem MODE-Selector auswählen kann. Sie werden hier kurz erwähnt:

1.   MODE 1: OMNI ON und POLY sind eingeschaltet.

      Bei dieser Einstellung können alle 16 MIDI-Kanäle mit mehreren Stimmen für jeden einzelnen Kanal empfangen werden.

2. MODE 2: OMNI ON und MONO sind eingeschaltet.

Auch hier werden alle 16 Kanäle empfangen, es wird aber nur eine Stimme wiedergegeben.

3. MODE 3: OMNI OFF und POLY sind selektiert.

Bei dieser Einstellung wird nur der gewählte MIDI-Kanal empfangen, aber mehrere Stimmen werden gleichzeitig wiedergegeben. Dies ist die am häufigsten verwendete Einstellung.

4. MODE 4. Hier sind OMNI OFF und MONO sind selektiert.

Nur der gewählte MIDI-Kanal wird empfangen, es wird aber nur eine Stimme pro Kanal wiedergegeben. Dieser Modus wird vor allem bei MIDI-Gitarren verwendet.

Zwischen Master und Slaves können zwei verschiedene Arten von Daten ausgetauscht werden, nämlich kanalabhängige und kanalunabhängige Daten. Die kanalabhängigen Daten (auch Channel Messages genannt) werden über einen der 16 MIDI-Kanäle weitergeleitet. Sie erreichen aber nur ein MIDI-Instrument, und zwar das Instrument, das auf den Kanal eingestellt wurde, das auch die Messages schickt.

Die Systemdaten (System Messages) können über jeden beliebigen Kanal weitergeleitet werden, weil System Messages von jedem MIDI-Instrument, das an das MIDI-System angeschlossen ist, empfangen werden können.

Channel Messages beziehen sich auf Musik, die abgespielt wird, während System Messages sich auf das ganze System beziehen. Die Channel Messages kann man in Mode Messages und Voice Messages unterteilen. Mode Messages beziehen sich auf die bereits vorhin beschriebenen Modi. Die Voice Messages kann man nochmals in fünf verschiedene Klassen unterteilen, nämlich:

1. Note Information.

Diese Daten geben nähere Auskünfte über die Noten, wie z.B. wann welche Taste betätigt wurde und wie lange.

2. Program Changes.

Auf einem Keyboard oder Synthesizer können viele Töne gewählt werden, indem man die TONE SELECT-Tasten betätigt. Durch eine Program Change Message ändert der Slave den Ton.

3.   Control Changes.

Die Control Changes Messages beziehen sich auf gewisse Veränderungen in den Werten der Controllers. Controllers sind z.B. das Dämpfungspedal, das Portamento und das Vibrato.

4.   After-Touch.

Diesen Effekt findet man fast ausschließlich bei Synthesizern. Indem eine Taste fester gedrückt wird, entsteht das sogenannte After-Touch, wodurch die Note ein Vibrato oder eine Änderung der Lautstärke bekommt.

5.   Pitch Bender.

Das Pitch Bender ist ein kleiner Joystick neben der Tastatur eines Synthesizer. Sie können damit die Tonhöhe der gespielten Noten verändern.

Die System Messages werden von jedem angeschlossenen MIDI-Instrument empfangen und weitergeleitet. Mit Hilfe der System Messages können z.B. ein Sequencer und ein Synthesizer miteinander synchronisiert werden, so daß beide im gleichem Moment zu spielen anfangen.

Es gibt System Messages, die sich ausschließlich auf das MIDI-Gerät eines bestimmten Herstellers beziehen; dies sind die sogenannte "System Exclusive Messages". Diese Sysex-Messages haben immer eine ID-Nummer, die bestimmt, auf welchen Hersteller sich die System Exclusive Message bezieht.

Wenn ein Slave System Exclusive Messages mit einer abweichenden ID-Nummer empfängt, dann werden diese Messages nicht beachtet.

Die Sysex-Messages ermöglichen es, diejenigen Parameter zu verändern, die nicht als Standard in dem MIDI-Protokoll erwähnt sind, und die für jeden Hersteller abweichend sein können. Auf diese Weise können mit Hilfe der Sysex-Messages die Parameter eines Tons geändert werden, um damit einen nicht näher definierten Ton zu erzeugen.

Vor allem aus den Voice Messages geht hervor, daß unterschiedliche MIDI-Instrumente auch unterschiedliche Spezifikationen haben können. Es gibt nur wenig Keyboards mit einem Pitch-Bender oder einem After-Touch. Messages mit Pitch Bend- oder After-Touch-Informationen, die an ein Keyboard ohne diese Möglichkeiten weitergeleitet werden, werden nicht beachtet.

Damit Sie aber wissen, was Ihr MIDI-Instrument alles bearbeiten kann, wird mit jedem MIDI-Instrument eine sogenannte MIDI Implementation Chart mitgeliefert. Hieraus können Sie genau entnehmen, welche Daten Ihr MIDI-Instrument aufnehmen oder weiterleiten kann. Diese Implementation Charts sind standarisiert, das heißt, daß in jeden einzelnen Chart – von welchem Hersteller auch immer – jeweils dieselben Spalten und Reihen aufgenommen wurden. Der Inhalt kann allerdings verschieden sein.

Der Implementation Chart hat vier Spalten: Function, Transmitted, Recognized und Remarks.

In die Function-Spalte sind die verschiedenen Teile aufgenommen, die wichtig für die Verbindung mehrerer MIDI-Instrumente sind.

In der zweiten und dritten Spalte steht, welche Daten von einem MIDI-Instrument empfangen und weitergeleitet werden können.

Die letzte Spalte enthält etwaige Bemerkungen zu den verschiedenen Funktionen. Ganz unten stehen dann die Modi 1 – 4 mit ihren Definitionen und den Symbolen, mit denen bezeichnet wird, ob eine bestimmte Funktion vorhanden ist. Im allgemeinen bedeutet ein Punkt das Vorhandensein und ein Kreuz das Fehlen einer Funktion.

Sternchen bedeuten, daß die bezeichnete Funktion nicht bei dem MIDI-Instrument vorhanden ist.

Hinter den bereits erwähnten Punkten stehen oft noch Zahlen. Diese deuten auf den Wert, die eine bestimmte Funktion haben kann.

Damit Sie den Implementation Chart besser verstehen, werden wir im folgenden Abschnitt die Funktionen etwas näher betrachten.

Basic Channel

Default:	Dies sind die Kanäle, die beim Einschalten des Geräts automatisch selektiert werden.
Changed:	Diese Kanäle kann man selbst wählen, z.B. mit Hilfe der Taste MIDI Channel auf dem Synthesizer.

Mode

Default:	Das Gerät hat beim Einschalten automatisch diese Einstellung.

Messages: Welche Mode Messages können empfangen und bearbeitet werden?

Altered: Ändern sich die Modi, wenn eine Mode Message weitergeleitet wird?

Note Number

Dies ist die Zahl der Noten, die bearbeitet oder empfangen werden können.

True Voice: Noten, die für ein Instrument zu hoch oder zu tief liegen, werden manchmal in einer höheren oder tieferen Oktave gespielt. True Voice bestimmt, welche Noten ohne Veränderung gespielt werden.

Velocity

Note On: Abfrage der Geschwindigkeit, mit der eine Taste gedrückt wird.

Note Off: Wie schnell wird diese Taste wieder losgelassen?

After-Touch

Keys: Ist das MIDI-Instrument für polyphonisches After-Touch (ein After-Touch für jede Note, die gespielt wird) überhaupt geeignet?

Channels: Oder ist das MIDI-Instrument nur für Channel After-Touch geeignet?

Pitch Bender

Ist es möglich, Pitch Bender Daten zu bearbeiten, und wenn ja, was sind die genauen Werte?

Control Change

Diese Funktion gibt an, welche Control Messages das MIDI-Instrument weiterleiten und empfangen kann.

Program Change

Welche Program-Change-Nummern kann das MIDI-Instrument weiterleiten und empfangen?

True: Es ist möglich, daß zu hohe Nummern an andere Instrumente
                           weitergeleitet werden. Dies wird hier angegeben.

System exclusive
    Kann das MIDI-Instrument Sysex Messages weiterleiten oder empfangen?

System Common

    Song Position: Kann das MIDI-Instrument in einer MIDI-Umgebung mit ei-
                           nem MIDI Song Position Pointer arbeiten, so daß die exakte
                           Stelle in einem Musikstück angegeben werden kann?

    Song Select: Ist es auch möglich, einen bestimmten Song zu wählen?

    Tune: Ist es ebenfalls möglich, einen Begleitrhythmus zu wählen?

System Real Time

    Clock: Wenn das MIDI-Instrument System Real Clock Messages
                           bearbeiten kann, dann kann es mit einem anderen Instrument
                           im gleichen Rhythmus spielen.

    Command: Mit den System Real Commands weiß das MIDI-Instrument
                           genau, wann die Musik anfangen und aufhören soll.

AUX Messages

    Local ON/OFF: Bei Local ON sind die gespielten Noten auch bei dem MIDI-
                           Instrument zu hören, im Gegensatz zu Local OFF.

    All Notes OFF: Kann man alle Noten auf einmal löschen?

    Active Sense: Kann das MIDI-Instrument Messages empfangen, oder über-
                           trägt es selbst Daten, anhand derer man überprüfen kann, ob es
                           noch im Einsatz ist.

    Reset: Kann das MIDI-Instrument in den Eingangsmodus zurückge-
                           setzt werden?

Notes
    In den Notes finden sich meistens Ergänzungen und Änderungen.

Multi timbre sound module			Date: Jan. 14. 1988	
Model MT-32			Version: 1.02	

MIDI Implementation Chart

	Function..	Transmitted	Recognized	Remarks
Basic Channel	Default Changed		2-10 1-8, 10	
Mode	Default Messages Altered	 ********	Mode 3	
Note Number	 True Voice	* 0-127 ********	0-127 12-108	
Velocity	Note ON Note OFF	* *	o v=1-127 x	
After Touch	Key's Ch's	* *	x x	
Pitch Bender		*	o 0-24 semi	
     Control	1 7 10 11 12 :	* * * * *	o o o o x	Modulation Part Volume Panpot Expression
Change	63 64 65 : 120 121	 * * *	 o x o	 Hold 1 Reset all controllers
Prog Change	 True #	*	o 0-127 0-127	
System Exclusive	o	o		
	Song Pos	x	x	

System	Song Sel	x	x	
Common	Tune	x	x	
System	Clock	x	x	
Real Time	Commands	x	x	
	Local ON/OFF	x	x	
Aux	All Notes OFF	x	o (123-127)	
Message	Active Sense	x	o	
	Reset	x	x	
Notes		*	in OVERFLOW MODE received message goes thru MIDI OUT.	

Mode 1: OMNI ON, POLY   Mode 2: OMNI ON, MONO   o: YES
Mode 3: OMNI OFF, POLY Mode 4: OMNI OFF, MONO   x: NO

Abb. 11.1: MIDI Implementation Chart MT-32

Als Beispiel geben wir im folgenden Abschnitt die MIDI Implementation Chart des MT-32 und des DX&. Das MT-32 ist ein akustisches Module des japanischen Herstellers Roland. Weil es ein Sound Modul ist, hat es keine Tastatur und kann keine Musikdaten abgeben. Das einzige, das das MT-32 übertragen kann, sind die Sysex Messages, die zur Beantwortung der eingegangenen Sysex Messages notwendig sind.

Das DX7 ist ein Synthesizer der Firma Yamaha. Da eine Tastatur vorhanden ist, können Sie bei einem Vergleich der Charts die Unterschiede mit dem MT-32 sehr gut beobachten.

MIDI-Spezifikationen

Die Standardkabel für MIDI sind mit 5poligen DIN-Steckern versehen. Die Kabel sind abgeschirmte sogenannte "Twisted Pair"-Kabel, wobei die Abschirmung auf Pin 2 liegt. Die gekreuzten Datenleitungen sind an die Pins 4 und 5 angeschlossen. Die Pins 1 und 3 sind nicht belegt. Als maximale Länge werden 15 Meter angegeben.

Yamaha digital programmable algorithm synthesizer
Model DX7

MIDI Implementation Chart

	Function..	Transmitted	Recognized	Remarks
Basic Channel	Default Changed	1 x	1 1-16	
Mode	Default Messages Altered	Mode 3 x	Mode 3 OMNI ON POLY, MONO	
Note Number	 True Voice	36-96	0-127	
Velocity	Note ON Note OFF	o x (9n 0vh)	o x	
After Touch	Key's Ch's	x o	x o	Older DX7's used control 3 for this message
Pitch Bender		o	o	
Control Change	1 2 4 6 64 65 96/97	o o o o o o o	o o o o o o o	Mod Breath Foot Control Data entry Sustain Portamento +/-
Prog Change	 True #	0-63	0-127 1-32	
System Exclusive	o	o		Data dumps, parameters
System Common	Song Pos Song Sel Tune	x x x	x x x	
System Real Time	Clock Commands	x x	x x	
	Local ON/OFF	x	x	

Aux	All Notes OFF	x	o	
Messages	Active Sense	o	o	
	Reset	x	x	
Notes				

Mode 1: OMNI ON, POLY   Mode 2: OMNI ON, MONO   o: YES
Mode 3: OMNI OFF, POLY Mode 4: OMNI OFF, MONO   x: NO

Abb. 11.2: MIDI Implementation Chart DX7

Die MIDI-Schnittstelle ist eine asynchrone serielle Schnittstelle mit einer Baudrate von 31,25 KBaud. Dies bedeutet, daß pro Sekunde 31250 Bits übertragen werden. Acht Daten-Bits werden mit einem Start-Bit und einem Stopp-Bit versehen.

Status-Bytes

Die Bytes, die übertragen werden, kann man in zwei Gruppen unterteilen: die Status-Bytes und die Daten-Bytes. Die Status-Bytes sind eigentlich Befehle, während die Daten-Bytes die Daten zu den Befehlen enthalten.

Status-Bytes erkennt man daran, daß ihr Wert immer zwischen 128 und 255 liegt. Das kommt daher, weil das Most Significant Bit des Status-Bytes immer einen gesetzt ist. Bei den Daten-Bytes ist das höherwertigste Bit stets gelöscht, so daß ein Daten-Byte immer einen Wert zwischen 0 und 127 hat. So ist auch einfach zu erkennen, wann ein neuer Befehl anfängt. Man braucht nur ein Byte, das einen größeren Wert als 127 hat, abzuwarten.

Das MIDI-Protokoll bezieht sich auf 16 unabhängige Kanäle. Die unteren vier Bits des Status-Bytes sind für diese 16 Kanäle reserviert.

Weil das höherwertigste Bit immer eine Funktion hat, bleiben nur noch drei weitere Bits für die anderen Funktionen übrig.

Ein Status-Byte kann also nur einen MIDI-Kanal beeinflussen. Um mehrere MIDI-Kanäle zu steuern, ist es notwendig, ebensoviele Status-Bytes mit den dazugehörigen Daten-Bytes an jeden einzelnen Kanal zu senden.

Es gibt aber eine Ausnahme: Status-Bytes mit einem Wert zwischen 240 und 255 beziehen sich auf alle Kanäle und können deshalb 16 mögliche Funktionen haben.

Ein Status-Byte sieht folgendermaßen aus:

Status-Bytes mit einem Wert zwischen 128 und 239 nennt man Voice Messages, weil diese Daten für nur einen Kanal bestimmt sind. Die Status-Bytes mit einem Wert zwischen 240 und 255 sind die System Messages. System Messages beziehen sich auf das MIDI-System und müssen somit an alle Kanäle weitergeleitet werden. Die Status-Bytes kann man folgendermaßen unterteilen:

–   Die Status-Bytes 128 bis einschließlich 143 beziehen sich auf die Note Off-Daten. Das heißt, daß die gedrückte Taste wieder losgelassen wird. Das Status-Byte wird von zwei Daten-Bytes gefolgt. Das erste gibt die Tonhöhe an, das zweite die Geschwindigkeit, mit der die Taste wieder losgelassen wird.

Oktavnummer	C	C#	D	D#	E	F	F#	G	G#	A	A#	B
0	0	1	2	3	4	5	6	7	8	9	10	11
1	12	13	14	15	16	17	18	19	20	21	22	23
2	24	25	26	27	28	29	30	31	32	33	34	35
3	36	37	38	39	40	41	42	43	44	45	46	47
4	48	49	50	51	52	53	54	55	56	57	58	59
5	60	61	62	63	64	65	66	67	68	69	70	71
6	72	73	74	75	76	77	78	79	80	81	82	83
7	84	85	86	87	88	89	90	91	92	93	94	95
8	96	97	98	99	100	101	102	103	104	105	106	107
9	108	109	110	111	112	113	114	115	116	117	118	119
10	120	121	122	123	124	125	126	127				

Tab. 11.1: Notennummern

– Die Status-Bytes 144 bis einschließlich 159 beziehen sich auf die Note On-Daten. Diese Daten werden generiert, sobald eine Taste angeschlagen wird. Neben dem Status-Byte gibt es zwei weitere Bytes. Das erste gibt den Wert der Note an, das zweite die Geschwindigkeit, mit der die Taste angeschlagen wird.

– Die Status-Bytes 160 bis einschließlich 175 beziehen sich auf das Key Pressure, also den Tastendruck. Key Pressure gleicht dem polyphonischen After-Touch. Das bedeutet, daß bei jeder gespielten Note After-Touch-Codes erzeugt werden. Es folgen dann noch zwei weitere Bytes. Das erste gibt wieder die Tonhöhe an, das zweite den genauen Druck.

– Die Status-Bytes 176 bis einschließlich 191 sind Parameter-Bytes. Diese Parameter-Bytes übertragen die Nummer des Controller und dessen Wert. Tabelle 11.2 zeigt die Controllers mit ihrer Funktion, ihren Nummern und ihren Werten.

– Die Status-Bytes 192 bis einschließlich 207 übertragen das Program Change. Hinter dem Status-Byte folgt das Byte mit der Nummer des neu zu wählenden Tons.

– Die Status-Bytes 208 bis einschließlich 223 beinhalten den Channel Pressure. Im Gegensatz zum Key Pressure wird hier der After-Touch-Code für jeden einzelnen Kanal ausgeführt. Hinter dem Status-Byte folgt nur noch ein einziges Byte, der den genauen Wert des Channel Pressure enthält.

– Die Status-Bytes 224 bis einschließlich 239 enthalten die Pitch Wheel-Daten. Mit dem Pitch Wheel kann die Tonhöhe der gespielten Noten sehr einfach geändert werden. Das Pitch Wheel kann man mit einem kleinen analogen Joystick vergleichen, der die geringste Veränderung sehr genau registriert. Zu diesem Zweck werden zwei weitere Daten-Bytes hinzugefügt, die zusammen eine 14-Bit-Zahl bilden. Eine Pitch Wheel Message sieht dann folgendermaßen aus: 1110KKKK 0LLLLLLL 0HHHHHHH. K steht für die Kanäle, L für die unteren und H für die oberen 7-Bit-Werte.

Voice Messages

Für alle Voice Messages gilt die Regel des "Running Status-Byte". Wenn in demselben Kanal gleichzeitig zwei oder mehr Voice Messages hintereinander generiert werden, darf das Status-Byte weggelassen werden. Es wird dann nur ein Status-Byte mit den dazugehörigen Daten-Bytes empfangen. Nach den Status-Bytes folgen dann unmittelbar die Daten-Bytes der folgenden Messages. Dies ist einfach zu erkennen, weil alle Daten-

Bytes kleiner als 128 sind. Sobald eine Message empfangen wird, die größer ist als 127, wird eine andersartige Message generiert.

Nummer	Funktion	Wert	Verwendung
0	Continuous controller #0	0-127	MSB
1	Modulation Wheel	0-127	MSB
2	Breath Control	0-127	MSB
3	Continuous controller #3	0-127	MSB
4	Foot controller	0-127	MSB
5	Potamento time	0-127	MSB
6	Data Entry	0-127	MSB
7	Main Volume	0-127	MSB
8	Continuous controller #8	0-127	MSB
9	Continuous controller #9	0-127	MSB
"	"	"	"
31	Continuous controller #31	0-127	MSB
32	Continuous controller #0	0-127	LSB
33	Modulation Wheel	0-127	LSB
34	Breath Control	0-127	LSB
35	Continuous controller #3	0-127	LSB
36	Foot controller	0-127	LSB
37	Potamento time	0-127	LSB
38	Data Entry	0-127	LSB
39	Main Volume	0-127	LSB
40	Continuous controller #8	0-127	LSB
41	Continuous controller #9	0-127	LSB
"	"	"	"
63	Continuous controller #31	0-127	LSB
64	Damper pedal on/off (sustain)	0=off	127=on
65	Portamento on/off	0=off	127=on
66	Sustenuto on/off	0=off	127=on
67	Soft pedal on/off	0=off	127=on
68	Nicht definiert on/off	0=off	127=on
69	Hold 2	0=off	127=on
70	Nicht definiert on/off	0=off	127=on
"	"	"	"
80	General purpose controller #5	0-127	MSB
81	General purpose controller #6	0-127	MSB
82	General purpose controller #7	0-127	MSB

Nummer	Funktion	Wert	Verwendung
83	General purpose controller #8	0-127	MSB
84	Nicht definiert on/off	0=off	127=on
85	Nicht definiert on/off	0=off	127=on
86	General purpose controller #5	0-127	LSB
87	General purpose controller #6	0-127	LSB
88	General purpose controller #7	0-127	LSB
89	General purpose controller #8	0-127	LSB
90	Nicht definiert on/off	0=off	127=on
91	Nicht definiert on/off	0=off	127=on
92	Tremolo Depth	0-127	
93	Chorus Depth	0-127	
94	Detune	0-127	
95	Phaser Depth	0-127	
96	Data Entry +1	127	
97	Data Entry −1	127	
98	Non-registered parameter MSB		
99	Non-registered parameter LSB		
100	Registered parameter MSB		
101	Registered parameter LSB		
102	Nicht definiert	?	
"	"	"	"
121	Nicht definiert	?	
122	Local Control on/off	0=off	127=on
123	All notes off	0	
124	Omni mode off (incl. all notes off)	0	
125	Omni mode on (incl. all notes off)	0	
126	Mono mode on (incl. all notes off)	**	
127	Poly mode on (incl. mono=off & all notes off)	0	

** Dieser Wert ist entweder identisch mit der Zahl der Kanäle oder gleich Null, wenn die Zahl der Kanäle mit der des des Empfängers übereinstimmt.

Tab. 11.2: Controller-Nummern

Eine Note On Message mit Geschwindigkeit Null stimmt mit einer Note Off-Message überein. Dies ist vor allem praktisch für die Running Status-Byte-Zeile, weil dadurch eine geringere Datenübertragung notwendig ist.

Die Velocity-Daten-Bytes werden durch eine Logarithmentafel repräsentiert. MIDI-Geräte, die kein Velocity generieren können, übertragen immer den Velocity-Wert 64.

Die Pitch-Wheel-Bytes können einen Wert zwischen 0 und 16383 haben. Das Pitch Wheel im Ruhestand hat den Wert 8192.

Mode Messages

Mode Messages sind Nachrichten mit einem Status-Byte zwischen 176 und 191, deren erstes Daten-Byte zwischen 122 und 127 liegt. Die Mode Messages sehen wie folgt aus:

–   Local Control hat für das erste Daten-Byte den Wert 122 und für das zweite den Wert Null, wenn das Local Control aus-, 127, wenn es eingeschaltet ist. Wenn Local Control eingeschaltet ist, werden alle auf der Tastatur gespielten Noten auch tatsächlich auf dem MIDI-Instrument wiedergegeben. Im anderen Fall wird auf dem Instrument nichts gespielt. Die Daten der Noten werden aber stets an den MIDI-OUT-Anschluß weitergeleitet.

–   Bei All Notes Off hat das erste Daten-Byte den Wert 123 und das zweite den Wert Null. Diese Funktion schaltet alle gespielten Noten im betreffenden MIDI-Kanal aus.

–   Omni Mode Off, dessen erstes Daten-Byte 124 ist und vom das zweite den Wert Null hat, bedeutet, daß auf allen MIDI-Kanälen Voice Messages empfangen werden können. Das erste Daten-Byte ist 125 und das zweite 0.

–   Im Monophonic Mode hat das erste Daten-Byte den Wert 126 während das zweite die Zahl der monophonischen Kanäle angibt. Eine Null im zweiten Daten-Byte bedeutet, daß die Zahl der Kanäle mit der Zahl der Stimmen im Empfangsgerät übereinstimmt. Dieser Modus hat für jeden Kanal genau eine Stimme zur Verfügung.

–   Polyphonic Mode, mit den Daten-Bytes 127 und 0 zeigt an, daß mehrere Stimmen pro Kanal empfangen werden können.

Die Kombination der letzten vier Mode Messages ergibt die Modi 1 bis einschließlich 4 des ersten Abschnitts. Wenn ein MIDI-Instrument einen bestimmten Modus nicht unterstützt, wird meistens auf Mode 1 umgeschaltet.

System Messages

Die Messages mit den Status-Byte-Nummern 240 bis einschließlich 247 sind die sogenannte System Messages. Sie beziehen sich auf ein bestimmtes Gerät und befinden sich denn auch immer im MIDI Implementation Chart. Die System Messages haben folgende Status-Bytes:

–   Status-Byte 240 zeigt einen System-Exclusive-Befehl an. Alle Funktionen eines MIDI-Instruments, die nicht im MIDI-Protokoll stehen, können vom Hersteller diesem Befehl zugeordnet werden.

    Ein System-Exclusive-Befehl hat eine schwankende Anzahl Daten-Bytes. Das Ende eines solchen Befehls wird entweder mit Status-Byte 247 angegeben, der sogenannte Terminator Message, oder einfach durch den Beginn eines neuen Status-Bytes.

–   Status-Byte 242 bestimmt die Song-Position. Das betrifft vor allem MIDI Sequencer, die hierdurch an jeder beliebigen Stelle in einem Musikstück beginnen können. Es folgen zwei Daten-Bytes, die zusammen eine 14-Bit-Zahl bilden, wobei die sieben niedrigsten Bits am Anfang stehen. Die Song-Position wird in "Beats" ausgedrückt. Ein Beat entspricht sechs Takten der eingebauten Uhr.

–   Für ein Song Select ist Status-Byte 243 zuständig. Es folgt ein Daten-Byte, in dem die Nummer des zu wählenden Musikstücks angegeben wird.

–   Status-Byte 246 steht für ein Tune Request. Der Tune-Request-Befehl gibt analogen Synthesizern den Auftrag, ihre Oszillatoren zu stimmen. Daten-Bytes werden nicht benötigt.

–   Der End Of Exclusive- (EOX) oder Terminator-Befehl hat die Status-Byte-Nummer 247. Er wird dazu verwendet, das Ende eines System-Exclusive-Blocks anzugeben.

–   Die Status-Bytes 241, 244 und 245 sind undefiniert.

Innerhalb eines System-Exclusive-Blocks dürfen nur Daten-Bytes stehen. Eine Terminator Message am Ende eines System-Exclusive-Blocks ist optional. Das erste Daten-Byte eines System Exclusive ist immer die MIDI ID-Nummer. Diese ID-Nummer ist eine eindeutige Nummer, anhand derer die Hersteller von MIDI-Geräten identifiziert werden können. Die Liste der Nummern ist von der MIDI-Association aufgestellt worden. Die Nummern 1 bis einschließlich 31 beziehen sich auf amerikanische, die Nummern 32 bis 63 auf europäische, und die Nummern zwischen 64 und 95 auf japanische Hersteller.

Die ersten fünf Hersteller eines jeden Kontinents sind folgende:

1	Sequential Circuits	32	Bon Tempi	64	Kawai
2	Big Briar	33	S.I.E.L.	65	Roland
3	Octave/Plateau	34	Icram	66	Korg
4	Moog	35	SynthAxe	67	Yamaha
5	Passport Designs	36	Hohner	68	Casio

Tab. 11.3: Hersteller

Real Time Messages

Die letzte Gruppe der Nachrichten bilden die Real Time Messages. Diese haben Status-Bytes mit Nummern zwischen 248 und 255. Real Time Messages können überall zwischen anderen Messages gefügt werden und sind nicht größer als das Status-Byte selbst, besitzen also keine eigenen Daten-Bytes. Sie sind sehr geräteabhängig, so daß auch sie im MIDI Implementation Chart zu finden sind.

Real Time Messages sind:

Timing Clock Message:	Status-Byte-Nummer 248. Alle 34 Uhrtakte wird eine Timing Clock Message mittels einer Viertelnote übertragen. Oft wird sie zur Synchronisation von MIDI-Instrumenten, namentlich bei Schlagzeuggeräten, verwendet.
Start Message:	Status-Byte-Nummer 250. Dies ist der Startbefehl für Sequencer und Schlagzeuggeräte.
Continue Message:	Status-Byte-Nummer 251. Eine Continue Message gibt dem Gerät den Auftrag, bei dem nächsten Takt der eingebauten Uhr weiterzuspielen.
Stop Message:	Status-Byte-Nummer 252. Gibt dem Sequencer oder dem Schlagzeuggerät den Auftrag, das Spielen zu beenden.
Active Sensing Message:	Status-Byte-Nummer 254. Ein Active-Sensing-Byte wird alle 300 Mikrosekunden abgegeben. Die Empfangsgeräte

können so selber bestimmen, ob es vielleicht eine Störung gegeben hat. In einem solchen Fall können sie dann sofort auf eine andere Einstellung umschalten.

System Reset Message: Status-Byte-Nummer 255. Nach der Aktivierung dieses Byte wechseln die Empfangsgeräte sofort in ihren Anfangsmodus über. Dies ist eine Art Notbremse, die Sie auch nur zu diesem Zweck einsetzen sollten.

Nachdem nun alle Messages besprochen wurden, folgt im nächsten Abschnitt ein Praxisbeispiel.

Ein Keyboard ist mittels der MIDI-Box an den Sound Blaster angeschlossen. Auf dem Keyboard ist Kanal 4 selektiert. Im Implementation Chart steht, daß dieses Keyboard bei Note On Velocity 64 und bei Note Off Velocity 0 generiert. Sie spielen jetzt eine Note, wählen dann einen anderen Ton, spielen wieder eine Note und lassen die noch immer gedrückte Taste wieder los. Sie empfangen dann auf dem Sound Blaster folgende Bytes:

```
147 50 64 50 0 195 4 147 55 64 55 0 59 64 62 64 62 0 59 0
```

147 ist ein Status-Byte und bedeutet Note On Kanal 4. Es müssen dann zwei Bytes folgen, nämlich die Tonhöhe und die Geschwindigkeit der Note. Es wurde ein D in Oktave 4 mit Velocity 64 gespielt. Wenn wir uns nun das nächste Byte anschauen, stellt sich heraus, daß es dort überhaupt kein Status-Byte gibt. Das bedeutet, daß wieder eine Note On Message in demselben Kanal abgegeben wurde. Dieselbe Note hat jetzt Velocity 0, was bedeutet, daß die Taste losgelassen wurde. Das nächste Byte ist ein Status-Byte und gibt ein Program Change auf Kanal 4 an. Der Wert des gewählten Tons ist 4. Es folgt nun wieder ein Note On Status-Byte mit der Note G in Oktave 4. Diese Taste wird gedrückt und zwei Bytes später wieder losgelassen. Die Bytes 59 64 haben eine Note On Message ausgelöst mit der Note B in Oktave 4. Während diese Taste betätigt wird, wird auch ein D in Oktave 5 gedrückt (62 64).

Dieses D in Oktave 5 wird als erstes wieder losgelassen (62 0); danach wird auch das B in Oktave 4 losgelassen.

Die einzig noch fehlende Information ist der Zeitpunkt, an dem die verschiedenen Messages empfangen wurden. Wie lange die verschiedenen Tasten betätigt wurden, läßt sich allerdings nicht bestimmen. Der Computer kann hier helfen.

Das Format der MIDI-Dateien

Die MIDI-Daten lassen sich nicht ohne weiteres speichern. Von einer Textdatei brauchen nur die Schriftzeichen und Codes, aus denen der Text zusammengesetzt ist, gespeichert zu werden. In dem MIDI-Format ist der Zeitpunkt, an dem die MIDI-Daten abgespielt werden müssen, von sehr großer Bedeutung. Es ist nicht sehr effizient, einfach die Zeit an eine MIDI Message anzuhängen und dann das Ganze in einer Datei abzuspeichern.

In diesem Abschnitt wird sehr oft von Hexadezimalzahlen die Rede sein. Wer noch nicht mit dieser Zahlendarstellung vertraut ist, möge sich bitte Kapitel 7 anschauen.

Dadurch, daß die Status-Bytes immer größer oder gleich 80H und die Werte der Daten-Bytes immer kleiner sind, kann man einfach sehen, wann eine Message anfängt. Nun ist es wichtig, den Zeitpunkt, an dem eine Message anfängt, richtig zu bestimmen. Es wurde vereinbart, daß die erste Message immer zum Zeitpunkt 0 startet. Die Zeiten der nächsten Messages werden anhand des Zeitunterschieds zwischen zwei Messages berechnet. Im Protokoll heißt dies "Delta Time". Es ist wünschenswert, dies richtig zu definieren, so daß der Anfang einer Message einfach gefunden werden kann. Zu diesem Zweck wurde vereinbart, daß das letzte Byte der Delta Time immer kleiner ist als 128 (Bit 7 gelöscht), und daß die vorangehenden Bytes immer größer oder gleich 128 sind (Bit 7). Auf diese Weise ist es einfach, den Beginn einer Message zu finden. Das Delta Time muß jedoch immer berechnet werden.

Zahl der Variablenlänge	Hexadezimalzahl
7FH	7FH
81H	80H
C000H	2000H
7FFFH	3FFFH
8180H	4000H
C08000H	100000H
FFFF7FH	1FFFFFH
81808000H	200000H
C0808000H	8000000H
FFFFFF7FH	FFFFFFFH

Tab. 11.4: Hexadezimalzahlen

Diese Art Datenspeicherung nennt man Variablenlänge. Aus den folgenden Beispielen geht hervor, daß die Berechnung wohl Schwierigkeiten bereiten mag. Die linke Reihe enthält die Zahlen der Variablenlänge, und die rechte die entsprechenden normalen Zahlen, beide in der hexadezimalen Notation.

Blockstruktur

Das Dateiformat ist aus Blöcken zusammengesetzt. Es gibt zwei Arten von Blöcken: Header-Blöcke und Track-Blöcke. Eine Datei beginnt immer mit einem Header-Block, danach können mehrere Track-Blöcke folgen. Der Header-Block enthält Daten für die MIDI-Datei. Die Track-Blöcke enthalten MIDI-Daten von maximal 16 MIDI-Kanälen.

Ein Header-Block sieht folgendermaßen aus:

```
MThd <Länge der Header-Daten><Header-Daten>
```

Die Header-Daten sind aus folgenden Bestandteilen zusammengesetzt:

```
<Format><Zahl der Tracks><Verteilung>
```

Insgesamt sieht der Header folgendermaßen aus:

4 Bytes mit den Buchstaben MThd
4 Bytes, die die Länge der Header-Daten bestimmen
2 Bytes für das Format
2 Bytes für die Zahl der Tracks in der Datei
2 Bytes für die Verteilung

Das wichtigste Byte steht als erstes. Im allgemeinen ist die Länge der Header-Daten gleich 00000006H.

Die zwei Bytes für das Format geben an, wie die MIDI-Datei im einzelnen organisiert ist. Man kann dabei drei verschiedene Dateitypen unterschieden:

DateiTyp 0   Die MIDI-Datei besteht aus einem Track, in dem die Daten von allen 16 MIDI-Kanälen enthalten sind.

DateiTyp 1   Die MIDI-Datei enthält einen oder mehrere identische Tracks.

DateiTyp 2   Die MIDI-Datei besteht aus einem oder mehreren unabhängigen Tracks.

Die nächsten zwei Bytes enthalten die Zahl der Tracks, die eine MIDI-Datei insgesamt enthält. Die letzten 2 Bytes bestimmen die Verteilung einer Viertelnote. Das Delta Time ist hiervon abhängig. Bei der Verteilung 1 ist ein Delta Time 2 genau so lang wie die Dauer einer halben Note. Es kann durchaus geschehen, daß der Wert dieser zwei Bytes negativ ist. In diesem Fall wird die Zeitverteilung in Sekunden gemessen. Es findet dann eine Konvertierung nach normaleren Methoden der Zeitmessung statt, und zwar nach den SMPTE- und MTC-Formaten. Das höchste Byte kann dann den Wert −24, −25, −29 oder −30 haben. Diese Zahlen stammen aus der Video-Welt und geben die Zahl der Frames (Bilder) in der Sekunde an. Im zweiten Byte wird die Verteilung innerhalb eines Frames geregelt. Diese Zahl muß unbedingt postiv sein. Die normalen Werte sind 4, 8, 10, 80 und 100.

Track-Blöcke

Die Track-Blöcke sehen wie aus folgt:

```
MTrk <Länge der Track-Daten><Track-Daten>,
```

wobei:

<Track-Daten>   =   <MTrk event>* { * = Wiederholung möglich}

<MTrk event>   =   <Delta Time><event>

<event>   =   <MIDI event> oder
                        <sysex event> oder
                        <meta event>

Das Delta Time wird nach dem Verfahren der Variablenlänge abgespeichert. Das Running Status-Verfahren gilt auch hier. Das erste Event in dem Track muß aber ein Status-Byte enthalten.

Ein Problem in dem MIDI Dateiformat sind die Sysex-Messages. Diese können nämlich als F7H abgeschlossen werden. Dies ist aber größer als 128. Deshalb könnten sie als erstes Byte einer Variablenlänge angesehen werden. Um dies zu vermeiden, wurde das Sysex Event entworfen.

Es gibt zwei Arten Sysex Events:

```
F0H <Länge><Bytes die auf das F0H-Byte folgen>
F7H <Länge><alle Bytes die weitergeleitet werden müssen>
```

Der Grund, weshalb es zwei Sysex Events gibt, liegt darin, daß manche Hersteller ihre Sysex Messages als kleine Pakete anbieten.

Die Länge wird durch das Verfahren der Variablenlänge bestimmt. Das erste Sysex Event ist dazu bestimmt, vollständige System Exclusive Messages zu speichern. Das zweite richtet seine Aufmerksamkeit auf die Pakete. Das Verfahren des Running Status darf nicht verwendet werden.

Ein Sysex Event muß am Ende eines F0H oder am Ende des letzten Paketes immer von einem F7H beendet werden. Wenn der Master kein F7H gesendet hat, muß das Programm es selbst hinzufügen.

Ein erstes Paket wird immer mit einem F0H Event abgegeben, es wird aber nicht von einem F7H beendet. Die nächsten Pakete werden alle mit einem F7H Event übertragen. Das letzte Paket enthält am Ende das F7H. Das F7H Event kann auch dazu verwendet werden, leere Messages weiterzugeben. Die Real Time Song Pointer- oder MIDI Time Code Messages können durchaus, mit leeren Messages versehen, gespeichert werden. Sie sollten aber ignoriert werden. Diese Art von F7H Events braucht nicht von einem F7H beendet zu werden.

Meta Events sind Events, die alles andere als MIDI-Informationen enthalten, wohl aber für dieses Format verwendbar sind. Meta Events haben folgende Syntax:

```
FFH <Typ><Länge><Daten-Bytes>
```

Der Types, der die Nummer des Event angibt, ist ein Byte mit einem Wert kleiner als 128. Die Länge der nächsten Daten-Bytes wird mit Hilfe des Verfahrens der Variablenlänge berechnet. In den Daten-Bytes werden die Daten angegeben, die sich auf das Meta Event beziehen. Genau wie bei den Sysex Events ist das Running Status – Verfahren ausgeschlossen.

Es muß immer ein Status-Byte in einer Message vorhanden sein.

Meta Events, die nicht von einem Programm bearbeitet werden, müssen übergangen werden. Die folgenden Meta Events müssen jedoch immer erkannt werden:

FFH 00H 02H ss ss Sequence-Nummer

Bei Verwendung muß dieses Event am Beginn eines Tracks stehen, noch vor dem Delta Time- und den MIDI Events. Die Sequence-Nummer gibt dem Track einen bestimmten Wert, so daß in einer Cue Message mit Hilfe dieser Nummern nach vorne oder nach hinten gespult werden kann.

Die Meta Event-Nummern 1 bis einschließlich 0FH sind für die Texte eines Songs reserviert.

FFH 01H Textlänge Text-Event

Text-Events stehen am Anfang eines Track und können die verschiedensten Texte enthalten.

FFH 02H Textlänge Copyright-Daten

Dieses Event, das erste Event in Time 0 im ersten Track-Block, muß immer den Buchstaben (C), das Copyright-Jahr und den Namen des Eigentümers enthalten.

FFH 03H Textlänge Sequence/Track-Name

Wenn sich dieses Event in einem Track des Dateiformats 0 oder im ersten Track eines Dateiformats 1 befindet, bezieht sich der Name auf den Namen des Sequencers. In allen anderen Fällen stimmt der Name mit dem Namen des Tracks überein.

FFH 04H Textlänge Instrumentname

Dieses Event gibt eine Beschreibung des in dem Track verwendeten Instruments.

FFH 05H Textlänge Songtext

Dies enthält den Text des Songs. Es ist üblich, den Songtext aufzuteilen und als Song-text-Events in die Delta Times zu aufzunehmen, die sich auf das Singen beziehen.

FFH 06H Textlänge Marker

Gibt den Namen der genauen Stelle in der Sequence wieder. Das Marker-Event befindet sich entweder in dem Dateiformat 0 oder im ersten Track des Format 1.

FFH 07H Textlänge Cue Point

Das Cue Point Event enthält den Text, der zu einer bestimmten Stelle gehört. Denken Sie hier z.B. an ein einstürzendes Gebäude, das sowohl von einer Melodie als auch von einem entsprechenden Text auf dem Bildschirm, wie z.B. "Haus stürzt ein", begleitet wird.

FFH 2FH 00H Ende des Track

Das End of Track Event ist nicht optionell wie alle anderen Meta-Events. Es muß am Ende eines Track stehen, um auf diese Weise das Ende des Track genau angeben zu können.

FFH 51H 03H tt tt tt Tempo

Das Set Tempo-Event wird in Mikrosekunden pro MIDI-Viertelnote gemessen. Dieses Event bewirkt einen Tempowechsel.

FFH 54H 05H Stunde Minute Sekunde Frames Fractional-Frames SMPTE Offset

Dieses Event gibt den SMPTE-Zeitpunkt an, an dem ein Track gestartet werden muß. Das Format ist SMPTE-Zeit, wobei Fractional Frames die Zahl der Hundertstelsekunden innerhalb eines Frames angeben.

Im Dateiformat 1 muß dieses Event zusammen mit dem Tempo-Event definiert werden. Das SMPTE-Event muß immer am Anfang eines Tracks, vor den Delta Time- und vor den anderen MIDI-Events stehen.

FFH 58H 04H nn dd cc bb Time Signature

Das Time Signature-Event bestimmt die Zeiteinheit, die im MIDI-Format verwendet wird. nn steht für Numerator und dd für Denominator des Time Signature. Der Denominator wird als eine negative Potenz von 2 dargestellt. Der cc-Parameter gibt die Zahl der Takte der MIDI-Uhr innerhalb eines Metronom-Beats an. Schließlich gibt der bb-Parameter an, wieviel 32stel Noten sich innerhalb einer MIDI-Viertelnote befinden können.

So bedeutet das Event FFH 58H 04H 06H 03H 24H 08H, daß die Zeit als 6/8 (denn 2 hoch –3 ergibt 1/8) notiert wird, sich 32 Takte der MIDI-Uhr in einem Takt sowie acht 32stel Noten in einer MIDI-Viertelnote befinden.

FFH 59H 02H sf mi Key Signature

Dieses Event definiert die Menge der Flats, Sharps und Schlüssel. So steht sf=-5 für 5 Flats, sf=5 für 5 Sharps, sf=-1 für 1 Flat, sf=0 für den C-Schlüssel, mi=0 für den großen und mi=1 für den kleinen Schlüssel.

FFH 7fH Längendaten Spezifisches Meta-Event für Sequencers

Sie finden dieses Meta-Event in der Anlage der Gebrauchsanweisung des Sequencers, weil jeder Hersteller für dieses Event verschiedene Definitionen verwendet.

```
4D 54 68 64 00 00 00 06-00 01 00 0E 01 E0 4D 54    MThd..........MT
72 6B 00 00 05 DB 00 FF-03 1F 42 61 72 72 61 63    rk........Barrac
6B 73 2D 47 6F 20 54 6F-20 53 6C 65 65 70 20 59    ks-Go To Sleep Y
6F 75 20 50 69 6C 6F 74-73 00 FF 54 05 60 00 00    ou Pilots..T.`..
00 00 00 FF 58 04 04 02-18 08 00 FF 51 03 09 62    ....X.......Q..b
58 83 60 FF 51 03 08 E3-64 83 60 FF 51 03 08 95    X.`.Q...d.`.Q...
44 83 60 FF 51 03 08 50-E8 83 60 FF 51 03 08 50    D.`.Q..P...`.Q..P
E8 83 60 FF 51 03 08 A8-CC 83 60 FF 51 03 08 8B    ...`.Q......`.Q..
80 83 60 FF 51 03 08 95-44 83 60 FF 51 03 08 F6    ...`.Q...D.`.Q...
EC 83 60 FF 51 03 08 B2-90 83 60 FF 51 03 09 3B    ...`.Q......`.Q..;
48 83 60 FF 51 03 08 B2-90 83 60 FF 51 03 08 9F    H.`.Q......`.Q...
08 83 60 FF 51 03 08 C6-18 83 60 FF 51 03 09 B0    ...`.Q......`.Q...
78 83 60 FF 51 03 08 CF-DC 83 60 FF 51 03 09 58    x.`.Q......`.Q..X
94 83 60 FF 51 03 07 D1-F4 83 60 FF 51 03 08 E3    ...`.Q......`.Q...
64 83 60 FF 51 03 08 81-BC 83 60 FF 51 03 08 81    d.`.Q......`.Q...
BC 83 60 FF 51 03 08 8B-80 83 60 FF 51 03 08 64    ...`.Q......`.Q..d
70 83 60 FF 51 03 08 ED-28 83 60 FF 51 03 08 64    p.`.Q...(.`.Q..d
70 83 60 FF 51 03 09 14-38 83 60 FF 51 03 08 A8    p.`.Q...8.`.Q...
CC 83 60 FF 51 03 08 BC-54 83 60 FF 51 03 08 6E    ...`.Q...T.`.Q..n
34 83 60 FF 51 03 08 64-70 83 60 FF 51 03 08 A8    4.`.Q..dp.`.Q...
CC 83 60 FF 51 03 08 8B-80 83 60 FF 51 03 08 A8    ...`.Q......`.Q...
CC 83 60 FF 51 03 08 47-24 83 60 FF 51 03 08 3D    ...`.Q..G$.`.Q..=
60 83 60 FF 51 03 08 D9-A0 83 60 FF 51 03 08 C6    `.`.Q......`.Q...
18 83 60 FF 51 03 08 64-70 83 60 FF 51 03 08 ED    ...`.Q..dp.`.Q...
28 83 60 FF 51 03 07 EF-40 83 60 FF 51 03 08 C6    (.`.Q...@.`.Q...
18 83 60 FF 51 03 08 95-44 83 60 FF 51 03 08 ED    ...`.Q...D.`.Q...
28 83 60 FF 51 03 08 B2-90 83 60 FF 51 03 08 CF    (.`.Q......`.Q...
DC 83 60 FF 51 03 08 BC-54 83 60 FF 51 03 09 9C    ...`.Q...T.`.Q...
F0 83 60 FF 51 03 08 5A-AC 83 60 FF 51 03 09 4E    ...`.Q..Z...`.Q..N
D0 83 60 FF 51 03 08 E3-64 83 60 FF 51 03 08 C6    ...`.Q...d.`.Q...
18 83 60 FF 51 03 08 ED-28 83 60 FF 51 03 09 27    ...`.Q...(.`.Q..'
C0 83 60 FF 51 03 08 C6-18 83 60 FF 51 03 08 CF    ...`.Q......`.Q...
DC 83 60 FF 51 03 08 95-44 83 60 FF 51 03 08 B2    ...`.Q...D.`.Q...
90 83 60 FF 51 03 09 14-38 83 60 FF 51 03 08 CF    ...`.Q...8.`.Q...
DC 83 60 FF 51 03 08 D9-A0 83 60 FF 51 03 08 CF    ...`.Q......`.Q...
DC 83 60 FF 51 03 09 14-38 83 60 FF 51 03 08 C6    ...`.Q...8.`.Q...
18 83 60 FF 51 03 08 D9-A0 83 60 FF 51 03 08 33    ...`.Q......`.Q..3
9C 83 60 FF 51 03 07 0E-A4 83 60 FF 51 03 07 EF    ...`.Q......`.Q...
40 83 60 FF 51 03 08 0C-8C 83 60 FF 51 03 07 AA    @.`.Q......`.Q...
E4 83 60 FF 51 03 08 0C-8C 83 60 FF 51 03 07 E5    ...`.Q......`.Q...
7C 83 60 FF 51 03 07 D1-F4 83 60 FF 51 03 07 53    |.`.Q......`.Q..S
00 83 60 FF 51 03 08 6E-34 83 60 FF 51 03 08 D9    ...`.Q..n4.`.Q...
A0 83 60 FF 51 03 07 D1-F4 83 60 FF 51 03 08 3D    ...`.Q......`.Q..=
60 83 60 FF 51 03 07 F9-04 83 60 FF 51 03 08 C6    `.`.Q......`.Q...
18 83 60 FF 51 03 08 A8-CC 83 60 FF 51 03 07 E5    ...`.Q......`.Q...
7C 83 60 FF 51 03 07 BE-6C 83 60 FF 51 03 08 81    |.`.Q...l.`.Q...
BC 83 60 FF 51 03 07 C8-30 83 60 FF 51 03 08 D9    ...`.Q...0.`.Q...
A0 83 60 FF 51 03 08 64-70 83 60 FF 51 03 08 5A    ...`.Q..dp.`.Q..Z
AC 83 60 FF 51 03 08 6E-34 83 60 FF 51 03 07 E5    ...`.Q..n4.`.Q...
```

```
7C 83 60 FF 51 03 08 29-D8 83 60 FF 51 03 07 F9    |.`.Q..)..`.Q...
04 83 60 FF 51 03 08 0C-8C 83 60 FF 51 03 08 02    ..`.Q.....`.Q...
C8 83 60 FF 51 03 08 95-44 83 60 FF 51 03 09 0A    ..`.Q...D.`.Q...
74 83 60 FF 51 03 09 C4-00 83 60 FF 51 03 08 B2    t.`.Q.....`.Q...
90 00 FF 58 04 04 02 18-08 83 60 FF 51 03 07 70    ...X......`.Q..p
4C 83 60 FF 51 03 08 0C-8C 83 60 FF 51 03 07 83    L.`.Q.....`.Q...
D4 83 60 FF 51 03 08 95-44 83 60 FF 51 03 07 E5    ..`.Q...D.`.Q...
7C 83 60 FF 51 03 08 02-C8 83 60 FF 51 03 08 20    |.`.Q....`.Q..
14 83 60 FF 51 03 08 5A-AC 83 60 FF 51 03 08 16    ..`.Q..Z.`.Q...
50 83 60 FF 51 03 08 02-C8 83 60 FF 51 03 07 DB    P.`.Q....`.Q...
B8 83 60 FF 51 03 08 3D-60 83 60 FF 51 03 08 ED    ..`.Q..=`.`.Q...
28 83 60 FF 51 03 09 45-0C 83 60 FF 51 03 08 20    (.`.Q..E.`.Q..
14 83 60 FF 51 03 08 5A-AC 83 60 FF 51 03 08 33    ..`.Q..Z.`.Q..3
9C 83 60 FF 51 03 08 A8-CC 83 60 FF 51 03 08 8B    ..`.Q.....`.Q...
80 83 60 FF 51 03 08 5A-AC 83 60 FF 51 03 08 5A    ..`.Q..Z.`.Q..Z
AC 83 60 FF 51 03 08 95-44 83 60 FF 51 03 08 64    ..`.Q...D.`.Q..d
70 83 60 FF 51 03 08 77-F8 83 60 FF 51 03 08 E3    p.`.Q..w.`.Q...
64 83 60 FF 51 03 08 BC-54 83 60 FF 51 03 09 45    d.`.Q...T.`.Q..E
0C 83 60 FF 51 03 08 E3-64 83 60 FF 51 03 08 A8    ..`.Q...d.`.Q...
CC 83 60 FF 51 03 08 ED-28 83 60 FF 51 03 08 E3    ..`.Q...(.`.Q...
64 83 60 FF 51 03 09 45-0C F8 00 FF 51 03 0A F2    d.`.Q..E....Q...
BC 83 60 FF 51 03 0A E8-F8 83 60 FF 51 03 0B 19    ..`.Q.....`.Q...
CC 83 60 FF 51 03 0B 54-64 83 60 FF 51 03 0B 23    ..`.Q..Td.`.Q..#
90 83 60 FF 51 03 0B FA-68 83 60 FF 51 03 0B 54    ..`.Q...h.`.Q..T
64 83 60 FF 51 03 0B FA-68 83 60 FF 51 03 0A E8    d.`.Q...h.`.Q...
F8 83 60 FF 51 03 0B 85-38 83 60 FF 51 03 0A C1    ..`.Q...8.`.Q...
E8 83 60 FF 51 03 0C 04-2C 83 60 FF 51 03 0A C1    ..`.Q...,.`.Q...
E8 83 60 FF 51 03 0B 40-DC 83 60 FF 51 03 0B 4A    ..`.Q..@..`.Q..J
A0 83 60 FF 51 03 0B B6-0C 83 60 FF 51 03 0A A4    ..`.Q.....`.Q...
9C 83 60 FF 51 03 0B 54-64 83 60 FF 51 03 0A E8    ..`.Q..Td.`.Q...
F8 83 60 FF 51 03 0B 06-44 83 60 FF 51 03 0B 8E    ..`.Q...D.`.Q...
FC 83 60 FF 51 03 0C 79-5C 83 60 FF 51 03 0B 7B    ..`.Q..y\.`.Q..{
74 83 60 FF 51 03 0B 7B-74 83 60 FF 51 03 0A 87    t.`.Q..{t.`.Q...
50 83 60 FF 51 03 0A 7D-8C 83 60 FF 51 03 0A B8    P.`.Q..}..`.Q...
24 83 60 FF 51 03 0B 71-B0 83 60 FF 51 03 0A D5    $.`.Q..q..`.Q...
70 83 60 FF 51 03 0A D5-70 83 60 FF 51 03 0B BF    p.`.Q...p.`.Q...
D0 83 60 FF 51 03 0B 10-08 83 60 FF 51 03 0A 7D    ..`.Q.....`.Q..}
8C 83 60 FF 51 03 0B D3-58 83 60 FF 51 03 0A AE    ..`.Q...X.`.Q...
60 83 60 FF 51 03 0B 85-38 83 60 FF 51 03 0B 71    `.`.Q...8.`.Q..q
B0 83 60 FF 51 03 0B B6-0C 83 60 FF 51 03 0B 40    ..`.Q.....`.Q..@
DC 83 60 FF 51 03 0B B6-0C 83 60 FF 51 03 0B BF    ..`.Q.....`.Q...
D0 83 60 FF 51 03 0A 91-14 83 60 FF 51 03 0B A2    ..`.Q.....`.Q...
84 83 60 FF 51 03 0B 23-90 83 60 FF 51 03 0A DF    ..`.Q..#..`.Q...
34 83 60 FF 51 03 0A AE-60 83 60 FF 51 03 0B 37    4.`.Q...`.`.Q..7
18 83 60 FF 51 03 0B B6-0C 83 60 FE 00 02 C8 05    ..`.Q...........
00 FE 00 02 CE 05 00 FF-51 03 0A DF 34 00 FF 2F    ........Q...4../
00 4D 54 72 6B 00 00 00-B6 00 FF 03 05 43 72 61    .MTrk........Cra
73 68 00 B9 07 66 81 B7-60 99 31 08 3C 89 31 40    sh..f..`.1..1@
00 99 31 0C 3C 89 31 40-00 99 31 10 3C 89 31 40    ..1..1@..1..1@
```

```
00 99 31 18 3C 89 31 40-00 99 31 20 3C 89 31 40      ..1..1@..1 .1@
00 99 31 30 3C 89 31 40-00 99 31 50 3C 89 31 40      ..10.1@..1P.1@
00 99 31 70 3C 89 31 40-8B 20 99 31 0C 3C 89 31      ..1p.1@. .1..1
40 00 99 31 10 3C 89 31-40 00 99 31 18 3C 89 31      @..1..1@..1..1
40 00 99 31 20 3C 89 31-40 00 99 31 2C 3C 89 31      @..1 .1@..1,.1
40 00 99 31 38 3C 89 31-40 00 99 31 48 3C 89 31      @..18.1@..1H.1
40 00 99 31 78 3C 89 31-40 82 83 06 99 31 7C 82      @..1x.1@....1|.
33 89 31 40 8C 30 99 31-7F 71 89 31 40 82 AE 66      3.1@.0.1.q.1@..f
FE 00 02 AA 00 00 FE 00-02 B0 00 00 FF 2F 00 4D      ............./.M
54 72 6B 00 00 00 2F 00-FF 03 04 46 6F 6F 74 83      Trk.../....Foot.
CD 4B 99 24 6C 81 25 89-24 40 8D 15 99 24 66 81      .K.$l.%.$@...$f.
15 89 24 40 82 AE 66 FE-00 02 23 00 00 FE 00 02      ..$@..f...#.....
29 00 00 FF 2F 00 4D 54-72 6B 00 00 01 B1 00 FF      )..././.MTrk......
03 05 53 6E 61 72 65 83-A4 00 99 26 10 81 70 89      ..Snare....&..p.
26 40 00 99 26 10 50 89-26 40 00 99 26 10 50 89      &@..&.P.&@..&.P.
26 40 00 99 26 16 50 89-26 40 00 99 26 16 81 70      &@..&.P.&@..&..p
89 26 40 00 99 26 16 81-70 89 26 40 00 99 26 16      .&@..&..p.&@..&.
81 70 89 26 40 00 99 26-16 81 70 89 26 40 00 99      .p.&@..&..p.&@..
26 18 78 89 26 40 00 99-26 18 78 89 26 40 00 99      &.x.&@..&.x.&@..
26 18 78 89 26 40 00 99-26 18 78 89 26 40 00 99      &.x.&@..&.x.&@..
26 18 81 70 89 26 40 00-99 26 18 78 89 26 40 00      &..p.&@..&.x.&@.
99 26 18 78 89 26 40 00-99 26 18 81 70 89 26 40      .&.x.&@..&..p.&@
00 99 26 1C 81 70 89 26-40 00 99 26 1E 81 70 89      ..&..p.&@..&..p.
26 40 00 99 26 20 78 89-26 40 00 99 26 22 78 89      &@..& x.&@..&"x.
26 40 00 99 26 22 81 70-89 26 40 00 99 26 2A 50      &@..&".p.&@..&*P
89 26 40 00 99 26 2A 50-89 26 40 00 99 26 32 50      .&@..&*P.&@..&2P
89 26 40 00 99 26 33 81-70 89 26 40 00 99 26 33      .&@..&3.p.&@..&3
50 89 26 40 00 99 26 3A-50 89 26 40 00 99 26 30      P.&@..&:P.&@..&0
50 89 26 40 00 99 26 42-81 70 89 26 40 00 99 26      P.&@..&B.p.&@..&
2B 81 70 89 26 40 00 99-26 54 81 70 89 26 40 00      +.p.&@..&T.p.&@.
```

Abb. 11.3: Beispiel aus Wing Commander

Jetzt, nachdem das MIDI-Dateiformat besprochen wurde, wenden wir uns einem Beispiel zu. Als Beispiel aus der Praxis haben wir uns für ein bekanntes Stück aus dem Spiel Wing Commander entschieden.

MIDI im Sound Blaster

Die Bearbeitung der MIDI-Daten wird im Sound Blaster vom DSP-Chip geregelt. Der DSP-Chip speichert die eingehenden MIDI-Daten in einem 64 Bytes großen Puffer und leitet die ausgehenden Daten an den MIDI-Ausgang weiter.

Weil die Baudrate des MIDI-Systems 31250 Baud beträgt, müssen alle Daten schnell und gewissenhaft bearbeitet werden. Weil nämlich etwa 3906 Bytes in der Sekunde empfangen werden, ist der Puffer in fast 1/50 Sekunde gefüllt, so daß die alten Daten überschrieben werden.

Damit die Daten im Puffer überhaupt eingelesen werden können, verfügt die MIDI Read-Funktion über zwei Modi: einen Direkt- und einen Interrupt-Modus. Der MIDI Write-Modus kann nur in direkter Weise operieren, d.h. die MIDI-Daten werden vom laufenden Programm direkt am MIDI-Anschluß abgeholt und weitergeleitet. Das Programm muß dauernd beobachten, ob die MIDI-Anschlußstelle einsatzbereit ist und ob bereits MIDI-Daten zur Vefügung stehen.

Im Interrupt-Modus ist das Warten nicht notwendig. Sobald neue MIDI-Daten eintreffen, wird ein Hardware-Interrupt generiert. Dieser Interrupt unterbricht das laufende Programm, wodurch dann die MIDI-Daten der MIDI-Anschlußstelle eingelesen werden können. Dann geht es wieder zum laufenden Programm zurück. Den vollständigen Interrupt Handler, also das Programm, das aktiviert wird, sobald MIDI-Daten eintreffen, muß man aber selbst schreiben.

Die Daten des MIDI-Anschlusses können mit Hilfe der DSP-Funktionen mit den Nummern 30H bis einschließlich 3FH eingelesen oder eingegeben werden.

Hierzu sind folgende Ports wichtig:

2x6H   DSP RESET (nur schreiben)
2xAH   DSP READ DATA (nur lesen)
2xCH   DSP WRITE DATA or COMMAND (nur schreiben)
2xCh   DSP WRITE BUFFER STATUS (nur lesen)
2xEH   DSP DATA AVAILABLE STATUS (nur lesen)

Das x der Hexadezimalzahlen gibt einen Wert zwischen 1 und 6 an, je nachdem wie der I/O-Address Jumper eingestellt wurde. Die Standardeinstellung dieses Jumpers ist 220H, so daß das x als 2 interpretiert werden kann.

Die MIDI-Funktionen des DSP sind:

30H MIDI READ-Modus (direkt)
31H MIDI READ-Modus (mit Interrupt)
38H MIDI Write-Modus (direkt)

Wie gesagt, können MIDI-Daten nur in direkter Weise an den MIDI-Anschluß weitergeleitet werden. Dies geschieht dadurch, daß der Befehl 38 an den DSP-COMMAND-

Port weitergegeben wird (2xCH), gefolgt vom MIDI-Byte, das an den DSP-DATA-Port gesandt wird. (Das ist auch gleichzeitig der DSP-COMMAND-Port.)

Bevor aber diese Aufträge an den DSP weitergeleitet werden, muß aber noch untersucht werden, ob dieser die Daten oder Befehle bearbeiten kann. Dazu muß der DSP WRITE BUFFER STATUS (wieder der Port 2xCH) eingelesen werden. Wenn Bit 7 des Bytes gesetzt ist (=1), bedeutet dies, daß der DSP keine neuen Daten oder Befehle aufnehmen kann.

Damit die MIDI-Daten unmittelbar eingelesen werden können, muß der Befehl 30H an den DSP-Befehls-Port (2xCh) weitergeleitet werden. Damit man bestimmen kann, ob überhaupt MIDI-Daten vorhanden sind, muß der DSP-DATA-AVAILABLE-Port (2xEH) eingelesen werden. Wenn Bit 7 dieses Bytes definiert wurde, bedeutet dies, daß MIDI-Daten im Puffer vorhanden sind. Es kann dann zugleich ein MIDI-Byte eingelesen werden, indem der DSP READ DATA-Port (2xAH) eingelesen wird.

MIDI-Daten werden mit Hilfe einer Interrupt-Routine eingelesen. Auf dem Sound Blaster gibt es einen Jumper, der angibt, welches IRQ für den Sound Blaster bestimmt ist. Sie können unter den Nummern 2, 3, 5 oder 7 wählen. Für diese Interrupt-Nummer muß dann eine Routine geschrieben werden.

Damit der DSP weiß, daß ein Interrupt verwendet werden soll, muß er den Befehl 31H bekommen. Wenn nun MIDI-Daten empfangen werden, wird der Prozessor unterbrochen und die Interrupt-Routine aktiviert. Damit das Interrupt Request erneuert wird, müssen die Daten der DSP STATUS PORT (2xEH) einmal eingelesen werden. Wenn dies geschehen ist, kann auch das MIDI Daten-Byte der Port DSP READ DATA (2xAH) eingelesen werden.

Sobald Sie die Interrupt-Routine nicht mehr brauchen, z.B. wenn Sie zu DOS zurückkehren, können Sie mit Hilfe des Befehls 31H den Interrupt-Service unterbrechen.

Jedes Byte, das an den DSP weitergeleitet oder eingelesen wird, muß einem bestimmten Verfahren unterworfen werden. Zuerst muß untersucht werden, ob der DSP überhaupt dazu imstande ist, einen Befehl oder gar ein Daten-Byte zu bearbeiten.

Dazu muß man folgendes machen:

1. Lesen Sie die Daten der Port 2xCH DSP WITE BUFFER STATUS ein.

2. Untersuchen Sie, ob Bit 7 des eingelesenen Byte gelöscht ist (=0). Ist dies nicht der Fall, dann wiederholen Sie den ersten Schritt.

3.   Geben Sie nun den Befehl oder das Daten-Byte an den Port 2xCH DSP WITE
     DATA oder COMMAND.

Für das Einlesen eines Daten-Byte der DSP READ DATA-Port gilt folgendes:

1.   Lesen Sie die Daten des Anschlusses DSP DATA AVAILABLE STATUS (2xEH)
     ein.

2.   Vergewissern Sie sich, daß Bit 7 des eingelesenen Byte den Wert 1 hat. Wenn
     nicht, dann wiederholen Sie den ersten Schritt.

3.   Lesen Sie nun das Daten-Byte der Port DSP READ DATA (2xAH) ein.

Diese Verfahren werden am besten anhand von einigen Beispielen erklärt. Dieser Abschnitt wird deshalb mit ein paar Parogrammbeispielen abgeschlossen, in denen alle
drei Modi eingesetzt werden.

Der Sound Blaster Pro

Mit dem Erscheinen des Sound Blaster Pro wurden die MIDI-Möglichkeiten wesentlich
erweitert. So hat der Sound Blaster Pro die Möglichkeit, im sogenannten UART-Modus
zu operieren. In diesem Modus ist es möglich, MIDI-Daten zugleich zu lesen und zu
schreiben. Es ist also der UART-Modus, der den full-duplex-Betrieb ermöglicht.

Die DSP-MIDI-Funktionen sind um folgende Funktionen erweitert worden:

```
35H: MIDI-UART-Modus (Interrupt)
```

Dieser Modus geht davon aus, daß Sie die MIDI-Daten nur einlesen wollen. Wenn Sie
diese auch schreiben möchten, dann können Sie sie einfach an den Port DSP WRITE
DATA (2xCH) weiterleiten. Der DSP geht nämlich davon aus, daß im UART-Modus
alle Daten, die beim DSP-Daten-Port eintreffen, MIDI-Daten sind, die weitergeleitet
werden müssen.

MIDI Time Stamp

Mit dem Erscheinen des Sound Blaster Pro, ist auch das MIDI-Time-Stamp-Protokoll
zum ersten Mal erschienen. Jedem eintreffenden MIDI-Byte gehen von nun an drei

Time-Stamp-Bytes voran. Diese geben die Zeit an, die verstrichen ist, seit das letzte
DSP RESET gegeben wurde.

Hieraus ergibt sich folgendes:

1. Die Größe des MIDI Daten-Puffers ist sehr viel kleiner geworden. War der Puffer
    im Normal-Mode noch für 64 MIDI-Codes geeignet, bietet er jetzt nur noch 16
    Codes Platz. Die Daten müssen daher rechtzeitig aus dem MIDI-Puffer entfernt
    werden!

2. Die Herstellung eines Sequencer ist jetzt sehr viel einfacher. Man braucht nicht
    mehr auf die Zeit oder die Zeitunterschiede zu achten. Der DSP-Chip fügt sie ein-
    fach zu den MIDI-Bytes hinzu.

3. Damit auch frühere Versionen des Sound Blaster unterstützt werden können, muß
    immer auf die Sound Blaster-Version geachtet werden.

Die DSP-Versionen

Wenn man wissen möchte, welche Version der Sound Blaster hat, bittet man um die
Nummer des DSP-Chips.

Zu diesem Zweck gibt es eine Funktion, die mit einem neuen DSP-Befehl aufgerufen
wird, nämlich:

```
2EH: Nummer der DSP-Version
```

Der DSP überträgt zwei Bytes in den MIDI Datenpuffer.

Das erste Byte nach dem Lesen des READ-DATA-Ports, ist die Zahl vor dem Punkt der
Versionsnummer. Die Zahl hinter dem Punkt ergibt sich aus dem zweiten Byte.

Die Sound Blaster der Versionen 1.0, 1.5, 1.6 und MCV haben alle einen DSP mit der
Nummer 1.00.

Die Sound Blaster Pro haben einen DSP mit der Nummer 2.01.

Spielen mit MIDI

In diesem Abschnitt verwenden Sie die Programme aus den vorangehenden Abschnitten, mit dem Zweck, einen einfachen Sequencer selber zu schreiben.

Das wichtigste Element eines Sequencers ist die Zeit. Wenn MIDI-Daten zum Zeitpunkt X eintreffen und die nächsten MIDI-Daten zum Zeitpunkt X+31, dann wird sich dieser Unterschied auch bei dem Abspielen der MIDI-Daten ergeben. Kurz: Es muß sehr genau festgestellt werden, welche Zeitunterschiede es zwischen den verschiedenen Daten gibt.

Der Timer-Chip wird zu diesen Zweck oft genutzt. Dieser kann sehr viele Male in der Sekunde aktiviert werden. Der Timer-Chip ist interrupt based, das heißt, daß er eine Interrupt-Leitung (Nummer) hat, welche mehrmals in der Sekunde (normalerweise 16,2 mal) angesteuert werden kann, um z.B. die Zeit zu registrieren.

Der Programmierer kann übrigens selber bestimmen, wie oft der Interrupt Timer aktiviert werden soll.

Die Funktionen des einfachen Sequencers sind folgende:

–   Eintreffende MIDI-Daten so lange aufnehmen, bis eine Taste gedrückt wird.
–   Eintreffende MIDI-Daten so lange abspielen, bis eine Taste gedrückt wird.

```
{ ***************************************************
** Unit MIDILIB zur Unterstützung von SEQ.PAS **
** und MIDICMF.PAS                            **
** Turbo Pascal 4.0/6.0                       **
*************************************************** }

Unit midilib;

Interface

Const
schnittstelle   = $220;
reset    = schnittstelle+$06;      { Register DSP }
readdata = schnittstelle+$0a;
writecom = schnittstelle+$0c;
writebuf = schnittstelle+$0c;
dataavail= schnittstelle+$0e;
OldtimV  = 103;
```

```
type
version=record
    hoch : byte;
    tief : byte;
  end;


procedure resetDSP;
procedure writedat( n : byte );
function readdat : byte;
function polreaddat : byte;
procedure settimspeed( Freq : word );
procedure settimer( Freq : word; Rout : pointer );
procedure resettimer;
procedure get_version_number( var nummer : version );


implementation

uses dos,crt;


procedure resetDSP;        { Initialisiere DSP-Chip }
var
 b : word;

begin
  port[reset]:=1;
  for b:=3 downto 0 do;
  port[reset]:=0;
  while (port[dataavail] and 128)=0 do;
  while not(port[readdata]=$aa) do;
  writeln("Reset DSP ok. ");
end;


procedure writedat(n : byte); { schreibe ein Daten-Byte }
begin                         { oder ein Kommando zum DSP }
    while (port[writebuf] and 128)<>0 do;
    port[writecom]:=n;
end;


function readdat : byte;   { Lese ein Byte aus dem DSP }
begin                                  { Puffer }
    while (port[dataavail] and 128)=0 do;
    readdat:=port[readdata];
```

```
end;


function polreaddat : byte; { Beim Polling-Mode auf }
begin                       { Tastendruck achten }
    while (((port[dataavail] and 128)=0) and not
        keypressed) do;
    polreaddat:=port[readdata];
end;


procedure settimspeed(Freq : word);
                            { Berechne die Geschwindigkeit }
var                         { vom Timer und übergebe }
  ITel : longint;           { sie dem Timerchip }


begin
    inline($FA);
    ITel:= 1193180 div Freq;
    port[$43]:=$36;
    port[$40]:=lo(ITel);
    port[$40]:=hi(ITel);
    inline($FB);
    writeln("Clocktick = ",Freq);
end;


procedure settimer(Freq : word; Rout : pointer);
var
  OldV : pointer;


begin
    inline($FA);
    getintvec(8,OldV);        { übernehme Timer }
    setintvec(OldtimV,Oldv);
    setintvec(8,Rout);
    settimspeed(Freq);
    inline($FB);
end;


procedure resettimer;  { Alle Änderungen }
Var                    { des Timers zurücksetzen }
  OldV : pointer;


begin
```

```
     inline($FA);
     port[$43]:=$36;
     port[$40]:=$0;
     port[$40]:=$0;
     getintvec(OldtimV,Oldv);
     setintvec(8,Oldv);
     inline($FB);
  end;


procedure get_version_number( var nummer : version );

begin                      { Versionsnummer des DSP }
   writedat($E1);          { Kommando gib_version }
   nummer.hoch:= readdat;
   nummer.tief:= readdat;
end;

end.
```

Listing 11.1: Unit MIDILIB

```
{ **************************************************
**   SEQ.PAS                                     **
**   Turbo Pascal 6.0                            **
************************************************** }

program sequencer;

Uses Dos,Crt,midilib;

Const
schnittstelle= $220;     { Werte der Jumper }
IRQ = $5;


var
lese_schreibe : boolean;
zaehler : longint;
i : word;
midi_zeit : array [0..1000] of longint;
midi_note : array [0..1000] of byte;


procedure newtim; interrupt;  { neuer Timer-Interrupt }
```

```pascal
begin
  if lese_schreibe then inc(zaehler)
  else
    if (zaehler>0) then dec(zaehler);
  intr(OldtimV,R);
end;


procedure newIRQ; interrupt;   { Interrupt für }
var dummy : byte;              { Interrupt-Mode }

begin
  if (i<1000) then
    begin
      midi_note[i]:=readdat;
      midi_zeit[i]:=zaehler;
      inc(i);
      zaehler:=0;
    end;
  dummy:=port[dataavail];
  port[$20]:=$20;
end;


procedure uartIRQ; interrupt; { Interrupt für }
var dummy : byte;             { UART-Mode }
begin
  if (i<1000) then
    begin
      midi_zeit[i]:=readdat;
      midi_zeit[i]:=midi_zeit[i]+readdat*256;
      midi_zeit[i]:=midi_zeit[i]+readdat*65536;
      midi_note[i]:=readdat;
      inc(i);
    end;

  dummy:=port[dataavail];
  port[$20]:=$20;
end;


var
 k : word;
 oldport : byte;
 wahl,zugelassen,dummy  : char;
 nummer : version;
```

```
begin                             { Hauptprogramm }
  resetDSP;
  clrscr;
  zugelassen:="2";
  wahl:="0";
  writeln("1. MIDI polling mode.");
  writeln("2. MIDI interrupt mode.");
  get_version_number(nummer);
  if (nummer.hoch>=2) then
    begin
    writeln("3. MIDI UART mit Time Stamp.");
    zugelassen:="3";
    end;
  write("DSP versionnummer ");
  writeln(nummer.hoch,".",nummer.tief);
  writeln("Wähle die Mode : ");
  while ( (wahl<"1") or (wahl>zugelassen)) do
  wahl:=readkey;
  writeln("Beliebige Taste zum Start drücken.");
  dummy:=readkey;
  writeln("Go !");

  case wahl of

  "1"  :  begin
    writedat($30);              { Polling-Mode }
    settimer(100,@newtim);     { Timer benutzen }
    lese_schreibe:= true;
    while ((i<1000) and  not keypressed) do
    begin
      midi_note[i]:=polreaddat;
      midi_zeit[i]:=zaehler;
      inc(i);
      zaehler:=0;
    end;
  end;

  "2"  :  begin
    setintvec(8+IRQ,@newIRQ);     { Neue IRQ setzen }
    oldport:=port[$21];
    port[$21]:=oldport and ($ff xor (1 shl IRQ));
    writedat($31);                { Interrupt Mode }
    lese_schreibe:= true;
    settimer(100,@newtim);
    while not keypressed do;
```

```
    writedat($31);
    port[$21]:=oldport;
    end;

"3"  :  begin
    setintvec(8+IRQ,@uartIRQ);   { UART-IRQ setzen }
    oldport:=port[$21];
    port[$21]:=oldport and ($ff xor (1 shl IRQ));
    writedat($37);              { UART-Mode mit MTC }
    while not keypressed do;
    port[$21]:=oldport;
    end;
end;

if keypressed then dummy:=readkey;
if (wahl<"3") then
  begin
    resetDSP;
    lese_schreibe:=false;
    end
else
  begin
    settimer(1000,@newtim);  { Timer in Millisekunden }
    lese_schreibe:=true;
    zaehler:=0;
    end;

if (midi_note[0]<$80) then   { Anfang mit }
begin                        { Running-Status-Byte ? }
  if (wahl<"3") then writedat($38);
  writedat($90);
end;

k:=0;
while ((k<i) and not keypressed) do
 begin
  if (wahl<"3") then
  begin                          { Schicke Midi- }
   zaehler:=midi_zeit[k];     { datei wieder zurück }
   while (zaehler>0) do;
   writedat($38);
   writedat(midi_note[k]);
   inc(k);
  end
  else
  begin                          { für UART-Mode }
```

```
    while (zaehler<midi_zeit[k]) do;
    writedat(midi_note[k]);
    inc(k);
   end;
  end;

 resettimer;
 writeln("Fertig.");
 if (wahl="3") then resetDSP;
end.
```

Listing 11.2: SEQ.PAS

```
/* **************************************************
**    Include file MIDI.H für MIDICMF.C und    **
**    SEQ.C                                     **
**    Turbo C++ 2.0                             **
************************************************** */

#include <dos.h>

#pragma inline

#define reset      schnittstelle+0x06 /* Definition */
#define readdata   schnittstelle+0x0a /* alle Schnittstellen */
#define writecom   schnittstelle+0x0c /* MIDI-angehörend */
#define writebuf   schnittstelle+0x0c
#define dataavail  schnittstelle+0x0e

struct version                    /* Struktur für */
  {                               /* Versionsnummer */
    unsigned char hoch;
    unsigned char tief;
  };


void resetDSP()                   /* Reset DSP-Chip */
{
  int b;

  outp(reset,1);
  for (b=3;b>0;b--);
  outp(reset,0);
  while (!(inp(dataavail)&128));
  while (inp(readdata) !=0xaa );
```

```c
   printf("\nReset DSP ok. \n");
}


void writedat(n)              /* Schreibe ein Byte zur */
int n;                        /* DSP */
{
  while (inp(writebuf)&128);
  outp(writecom,n);
}


readdat()            /* Lese ein DSP-Byte */
{
  short int n;

  while (!(inp(dataavail)&128));
  n=(inp(readdata));
  return(n);
}


polreaddat()       /* Ohne kbhit() gerät man beim */
{                  /* Polling-Mode in eine Schleife */
  short int n;
  while (!(inp(dataavail)&128) && !kbhit());
  n=(inp(readdata));
  return(n);
}


void interrupt ( *oldtim )(void); /* Alter Timer-Interrupt */


void settimspeed(unsigned Freq)
{
  int ITel;

  asm cli;
  ITel = 1193180/Freq;       /* Berechne die Anzahl */
  outp(0x43,0x36);           /* der Clockticks und gib */
  outp(0x40,ITel &255);      /* sie durch */
  outp(0x40,ITel >>8);
  asm sti;
  printf("\nClocktick = %d\n",Freq);
}
```

```
void settimer(unsigned Freq,void interrupt (*newIRQ)())
{
  oldtim = getvect(8);      /* übernehme der Timer */
  setvect(8,newIRQ);
  settimspeed(Freq);        /* Geschwindigkeit einstellen */
}


void resettimer()
{
  asm cli;

  outp(0x43,0x36);          /* Zurücksetzen der Timer- */
  outp(0x40,0x0);           /* angelegenheiten */
  outp(0x40,0x0);
  setvect(8,oldtim);

  asm sti;
}

struct version get_version_number()
{
  struct version nummer;

  writedat(0xE1);           /* Kommando Versionsnummer */
  nummer.hoch= readdat();   /* Lese die Werte aus dem */
  nummer.tief= readdat();   /* DSP-Puffer */
  return(nummer);
}
```

Listing 11.3: MIDI.H

```
/* ************************************************
**   SEQ.C                                      **
**   Turbo C++ 2.0                              **
************************************************ */

#include <stdio.h>
#include <dos.h>

#define  schnittstelle 0x220   /* Selektierte Schnittstelle */
#define  IRQ  0x5              /* Selektiertes IRQ */

#include "midi.h"
```

```
unsigned char lese_schreibe=0;
long zaehler=0;
int i=0;
long midi_zeit[1000];              /* Puffer für */
unsigned char midi_note[1000];     /* Zeit und Note */

void interrupt newtim()            /* Zähler */
{
  if (lese_schreibe)
    zaehler++;
  else
    if (zaehler>0) zaehler--;
  oldtim();
}

void interrupt newIRQ()    /* Für Interrupt-Mode */
{
  if (i<1000)
    {
      midi_note[i]=readdat();    /* Lese das Midi-Byte */
      midi_zeit[i++]=zaehler;    /* Schreibe die Zeit  */
      zaehler=0;
    }
  inp(dataavail);
  outp(0x20,0x20);
}


void interrupt uartIRQ()     /* für UART-Mode */
{
  if (i<1000)
    {
      midi_zeit[i]=readdat();     /* Time-Stamp */
      midi_zeit[i]+=readdat()*256;
      midi_zeit[i]+=readdat()*65536;
      midi_note[i++]=readdat();  /* Midi-Byte */
    }
  inp(dataavail);
  outp(0x20,0x20);
}


void main(void)
{
  int k=0;
  unsigned char oldport;
```

```
char wahl="0",zugelassen;
struct version nummer;

resetDSP();
clrscr();
zugelassen="2";
printf("\n\n\n\n\n\t\t1. MIDI Polling Mode.\n\n");
printf("\t\t2. MIDI Interrupt Mode.\n\n");
nummer=get_version_number();

if (nummer.hoch>=2)
   {
   printf("\t\t3. MIDI UART mit Time Stamp.\n\n");
   zugelassen="3";
   }

printf("\t\tDSP Versionnummer ");
printf("%d.%d\n\n",nummer.hoch,nummer.tief);
printf("\t\tWahl ein mode : ");
while ( wahl<"1" || wahl>zugelassen)
wahl=getch();

printf("\nBeliebige Taste zum Start drücken.\n");
getch();

printf("Go !\n");
switch(wahl) {

case '1' :                    /* Polling Mode */
  writedat(0x30);
  settimer(100,newtim);
  lese_schreibe=1;
  while ((i<1000) && !kbhit())
    {
    midi_note[i]=polreaddat();   /* Jedesmal lesen */
    midi_zeit[i++]=zaehler;
    zaehler=0;
    }
  break;

case '2' :                    /* Interrupt Mode */
  setvect(8+IRQ,newIRQ);
  oldport=inp(0x21);
  outp(0x21,oldport&(0xff^(1<<IRQ)));   /* IRQ-Mask */
  writedat(0x31);
  settimer(100,newtim);
```

```
   lese_schreibe=1;
   while(!kbhit());          /* Warten auf Tastendruck */
   writedat(0x31);           /* Zurück im Normalstand */
   outp(0x21,oldport);
   break;

case '3'  :                  /* UART-Mode */
   setvect(8+IRQ,uartIRQ);
   oldport=inp(0x21);
   outp(0x21,oldport&(0xff^(1<<IRQ)));
   writedat(0x37);           /* Kommando UART MTC */
   while(!kbhit());
   outp(0x21,oldport);
   break;

default  : break;
   }

if (kbhit()) getch();

if (wahl<'3')                /* Alles wieder spielen */
  {
   resetDSP();
   lese_schreibe=0;
  }
else
  {
   settimer(1000,newtim);
   lese_schreibe=1;
   zaehler=0;
  }

if (midi_note[0]<0x80)
{                                      /* Status-Byte ? */
  if (wahl<'3') writedat(0x38);
  writedat(0x90);
}

while (k<i && !kbhit())
  {
  if (wahl<'3')
   {
   zaehler=midi_zeit[k];     /* Wenn Zähler null, */

   while (zaehler>0);        /* sende Midi-Byte */
```

```
    writedat(0x38);
    writedat(midi_note[k++]);
  }
  else
  {
    while (zaehler<midi_zeit[k]);

    writedat(midi_note[k++]);
  }
 }

resettimer();
printf("Fertig.\n");
if (wahl=='3') resetDSP();
}
```

Listing 11.4: SEQ.C

Das Abspielen von CMF-Songs mit Hilfe von MIDI

Das CMF-Format besteht zum Teil aus einer Anzahl Parametern, die Creative Labs erzeugt hat, zum Teil aus einer MIDI-Datei. Im einzelnen bedeutet dies, daß der Music Block (nichts anderes als ein MIDI-Dateiformat 1) nach dem Header und dem Instrument-Block anfängt.

Dieser Abschnitt besteht weiter aus einem Programm, das diese CMF-Datei lädt und dann abspielt.

```
{ ***************************************************
** MIDICMF.PAS                                   **
** Turbo Pascal 4.0                              **
*************************************************** }

Program Midicmf;

Uses Dos,Crt,midilib;

Const schnittstelle = $220;    { Selektierte Jumper }
      IRQ = $7;

var nexttoken:byte;
    clocktick:word;
```

```pascal
     stop:byte;
     zaehler:longint;
     mempos:pointer;
     size:word;
     anzahl_bytes:integer;
     result:integer;
     formattype:integer;
     tel:integer;
     curmempos:word;
     ch:char;

Function ReadPos(index:word):byte;
                    { Lesen eines indexierten Bytes }
begin
  readpos:=mem[Seg(mempos^):Ofs(mempos^)+index]
end;


Function LoadFile( dateiname : string): byte;
var fp : FILE;

begin                   { Laden einer Datei in den Speicher }
{$I-}
        Assign(fp,dateiname);
        if ( ioresult <> 0 ) then
        begin
          loadfile:=1;
          exit;
        end;

        System.Reset(fp,1);
{$I+}
        if ( ioresult <> 0 ) then
        begin
          loadfile:=2;
          exit;
        end;

        If (filesize(fp)>$FFFF) then
        begin
          Writeln("Datei für dem Puffer zu groß.");
          loadfile:=3;
        end;

        size:= filesize(fp);
        getmem(mempos,size);
```

```
        if ( mempos=nil ) then
        begin
          writeln("Keine Speicher");
          loadfile:=4;
          exit
        end;

        blockread(fp,mempos^,size,anzahl_bytes);
        if ((ioresult<>0) or (anzahl_bytes<>size)) then
        begin
          loadfile:=3;
          exit;
        end;
        close(fp);
        loadfile:=0;
end;


Function Controle:byte;              { Ist die Datei }
const midiheader:string[4]="MThd";   { eine MIDI- }
      cmfheader:string[4]="CTMF";    { oder CMF-Datei? }

var j:byte;
    temp:string[4];

begin
  j:=Readpos(4);
  Move(mempos^,temp[1],4); temp[0]:=#4; { 4 Bytes groß}

  if (temp=cmfheader) then
    controle:=0
  else
  if (temp=midiheader) then
    controle:=1
  else
    controle:=255;
end;


Procedure Error;
begin
  writeln("Was Du nun sagst ist Unsinn...");
  writeln(nexttoken);
  halt(1);
end;
```

```
Procedure Send(token:byte);    { Sende ein Byte zum DSP }
begin
  writedat($38);
  writedat(token);
end;


Function Next:byte;            { Lese folgendes Byte }
begin
  next:=ReadPos(curmempos);
  Inc(curmempos);
end;


Procedure SysExmsg;
begin
  send(nexttoken);
  nexttoken:=next;

  while (nexttoken>=$f8) do       { Real-Time Messages }
  begin
    send(nexttoken);
    nexttoken:=next;
  end;

  if (nexttoken<$80) then        { Data-Byte }
  begin
    send(nexttoken);
    nexttoken:=next;
  end
  else
    error;

  while not (nexttoken=$f7) do     { EOX }
  begin

    while (nexttoken>=$f8) do      { Real-Time Messages }
    begin
      send(nexttoken);
      nexttoken:=next;
    end;

    while (nexttoken<$80) do        { Data-Bytes }
    begin
      send(nexttoken);
      nexttoken:=next;
```

```
    end;

  end;
  send(nexttoken);
  nexttoken:=next;
end;


Procedure SysSelect;
begin
  send(nexttoken);
  nexttoken:=next;

  while (nexttoken>=$f8) do    { Real-Time-Messages }
  begin
    send(nexttoken);
    nexttoken:=next;
  end;

  if (nexttoken < $80) then    { Data-Byte }
  begin
    send(nexttoken);
    nexttoken:=next;
  end
  else
    error;

end;


Procedure SysSongPos;
begin
  send(nexttoken);
  nexttoken:=next ;

  while (nexttoken>=$f8) do    { Real-Time-Messages }
  begin
    send(nexttoken);
    nexttoken:=next;
  end;

  if (nexttoken < $80) then    { Data-Byte }
  begin
    send(nexttoken);
    nexttoken:=next ;
    while (nexttoken>=$f8) do  { Real-Time-Messages }
```

```
      begin
        send(nexttoken);
        nexttoken:=next ;
      end;

      if (nexttoken < $80) then   { Data-Byte }
      begin
        send(nexttoken);
        nexttoken:=next;
      end
      else
        error;
    end
    else
      error;
  end;


procedure SysCommonMsg;
begin
  if (nexttoken=$f6) then
  begin
    send(nexttoken);
    nexttoken:=next;
  end
  else
    if (nexttoken=$f2) then
      syssongpos
    else
      if (nexttoken=$f3) then
        sysselect
      else
        error;
  end;


Procedure Metaevent;            { Die verschiedenen }
var lengte:byte;                { Meta-Events }
    i:integer;
    tempo:longint;

begin
  nexttoken:=next;
  Case nexttoken of

  3:begin                              { Titel }
```

```
      lengte:=next;
      for i:=0 to lengte-1 do Write(Chr(next));
      Writeln;
      nexttoken:=next;
   end;

$2f:begin                        { Ende des Tracks }
      nexttoken:=next;
      If nexttoken=0 then stop:=1;
   end;

$51:begin                        { Tempo }
      nexttoken:=next;
      If nexttoken=3 then
      begin
        writeln("Tempo-Änderung");
        nexttoken:=next;
        tempo:=nexttoken*65536;
        nexttoken:=next;
        Inc(tempo,nexttoken*256);
        nexttoken:=next;
        Inc(tempo,nexttoken);

        tempo:=tempo div clocktick;
        tempo:=tempo div 12;
        settimspeed(tempo);
        nexttoken:=next;
       end;
     end;

$54:begin                        { Time-stamp }
      nexttoken:=next;
      if nexttoken=5 then
      begin
        writeln("SMPTE");
        for i:=0 to 5 do nexttoken:=next;
      end;
    end;

$58:begin                        { Time-Signature }
      nexttoken:=next;
      if nexttoken=4 then
      begin
        writeln("Time sign.");
        for i:=0 to 4 do nexttoken:=next;
      end;
```

```
      end;

  else
    begin
      writeln("Unbekanntes Meta-Event",next);
      Repeat
        nexttoken:=next;
      Until nexttoken<$80;
    end;
  end;
end;


Procedure Sysmsg;
begin
  if (nexttoken >= $f8) then
  begin
    if (nexttoken = $ff) then MetaEvent;
  end
  else
    if (nexttoken = $f0)
    then
      sysexmsg
    else
      SysCommonMsg;
end;


Procedure Chan1ByteMsg;
begin
  send(nexttoken);
  nexttoken:=next;

  while (nexttoken>=$f8) do    { Real-Time-Messages }
  begin
    send(nexttoken);
    nexttoken:=next;
  end;

  if (nexttoken < $80) then    { Data-Byte }
  begin
    send(nexttoken);
    nexttoken:=next;
  end
  else
    Error;
```

```
end;


Procedure Chan2ByteMsg;
begin
  send(nexttoken);
  nexttoken:=next;

  while (nexttoken>=$f8) do    { Real-Time-Messages }
  begin
    send(nexttoken);
    nexttoken:=next;
  end;

  if (nexttoken<$80) then      { Data-Byte }
  begin
    send(nexttoken);
    nexttoken:=next;

    while (nexttoken>=$f8) do   { Real-Time-Messages }
    begin
      send(nexttoken);
      nexttoken:=next;
    end;

    if (nexttoken < $80) then   { Data-Byte }
      begin
        send(nexttoken);
        nexttoken:=next;
      end
    else
      Error;
  end
  else
    Error;
end;


Procedure Chanmsg;
begin
  if ((nexttoken>=$C0) AND (nexttoken<$E0))
  then
    chan1ByteMsg
  else
    chan2ByteMsg;
end;
```

```
procedure MIDImsg;
begin
  if (nexttoken >= $80) then
    if (nexttoken >= $F0) then
      sysmsg
    else
      chanmsg
  else
  begin                        { Running-Status-Byte }
    send(nexttoken);
    nexttoken:=next;

    if (nexttoken < $80) then    { Data-Bytes }
    begin
      send(nexttoken);
      nexttoken:=next;
    end
    else
      error;

  end;
end;


Procedure ReadVarLength;   { Berechne die Anzahl }
var value:longint;         { der Clockticks }

begin
  value:=nexttoken;

  if (value and $80)=$80 then
  begin
    value:=value AND $7f;
    Repeat
      nexttoken:=next;
      value:=(value shl 7)+(nexttoken AND $7f);
    Until ((nexttoken AND $80)<>128);
  end;

  nexttoken:=next;
  zaehler:=value;
  while (zaehler>0) do;
end;


procedure MIDIstream;
```

```
begin
  readvarlength;
  MIDImsg;
end;


procedure VmidiHeader;   { Wo fängt der Track an? }
var i:integer;

begin
  if Readpos(9)>0 then
    writeln("Dies ist KEIN Format-0-MIDI-File!");

  curmempos:=Readpos(4)*65536;
  Inc(curmempos,ReadPos(5)*4096);
  Inc(curmempos,swap(ReadPos(6))+ReadPos(7)+8);
  Inc(curmempos,8);
end;


Procedure NewTim; interrupt;
var R : registers;
begin
  if (zaehler>0) then dec(zaehler);

  Intr(OldtimV,R);
end;


begin                         { Hauptprogramm }
  checkbreak:=false;
  stop:=0;

  if paramcount<>1 then
  begin
    writeln("Usage: playmidi < CMF-/MIDI-file >");
    halt(1);
  end;

  result:=loadfile(paramstr(1));

  if result<>0 then
  begin
    if (result=2) then
      writeln("Zu wenig Speicherkapazität zur Verfügung.")
    else
```

```pascal
      writeln("Fehler beim Laden ",paramstr(1),". ");
    halt(2);
  end;

  formattype:=controle;
  if formattype=255 then
  begin
    writeln("Kein MIDI- oder CMF-Format. ");
    halt(3);
  end;

  if formattype=1 then          { Lesen der Geschwindigkeit }
  begin
    clocktick:=ReadPos(13) + swap(ReadPos(12));
  end
  else
  begin
    clocktick:=ReadPos($0c) + swap(ReadPos($0d));
  end;

  settimer(clocktick,@newtim);
  resetDSP;

  if formattype=1 then       { Lese Offset }
    Vmidiheader
  else
    curmempos:=Readpos(8)+swap(Readpos(9));

  Nexttoken:=next;

  While (stop<>1) and not keypressed
    do MIDIstream;                          { Spielen }

  if keypressed then ch:=readkey;

  resettimer;
  Writeln("Das war's..");
  freemem(mempos,size);
end.
```

Listing 11.5: CMF-Midi-Spieler (Pascal)

```c
/* ************************************************
**  MIDICMF.C                                    **
**  Turbo C++ 2.0                                **
```

```
********************************************** */

#pragma inline

#include <stdio.h>
#include <io.h>
#include <fcntl.h>
#include <dos.h>
#include <stdlib.h>
#include <string.h>

#define schnittstelle 0x220   /* Basisschnittstelle */

#include "midi.h"

void *hier;
unsigned char *header;
unsigned char *pointer;
unsigned char nexttoken;
unsigned int clocktick;
int stop=0;
long zaehler=0;

loadfile( char *dateiname )    /* lädt die Datei */
{                              /* in den Speicher */
  int handle;
  long filesize;
  int anzahl_bytes;

  if ( (handle=open(dateiname,O_RDONLY | O_BINARY))==-1)
    return(1);
  filesize = filelength(handle);

  if ((hier=malloc(filesize))==NULL)
    return(2);

  if ((read(handle,hier,filesize))==-1)
    return(1);
  close(handle);
  return(0);
}


controle()
{
  int j;
```

```
  char *type1="MThd",*type2="CTMF";

  header=(unsigned char *)hier;
  j=*(header+4);
  *(header+4)=0;

  if ( (strcmp(header,type2)==0) )   /* CMF? */
  {
    *(header+4)=j;
    return(0);
  }
  else
    if (strcmp(header,type1)==0)   /* MIDI? */
    {
      *(header+4)=j;
      return(1);
    }
    else
      return(-1);
}


void error()
{
  printf("\nWas Du nun sagst ist Unsinn...\n");
  printf("%\n",nexttoken);
  exit(1);
}


void send(unsigned char token)
{
  writedat(0x38);       /* MIDI-Kommando schreiben */
  writedat(token);      /* Data-Byte */
}

unsigned char next()    /* Nächstes Byte lesen */
{
  unsigned char k;
  k=*pointer;
  pointer++;
  return(k);
}


void sysexmsg()        /* System-Exclusive-Message */
```

```
{
  send(nexttoken);
  nexttoken=next();

  while (nexttoken>=0xf8 )  /* Mögliche Real-Time-Message */
  {
    send(nexttoken);
    nexttoken=next();
  }

  if ( nexttoken < 0x80 )    /* 1 Data-Byte */
  {
    send(nexttoken);
    nexttoken=next();
  }
  else
    error();

  while (nexttoken != 0xf7 )  /* Abschließen mit EOX */
  {
    while (nexttoken>=0xf8 )   /* Real-Time-Messages */
    {
      send(nexttoken);
      nexttoken=next();
    }

    while ( nexttoken < 0x80 )  /* Data-Bytes */
    {
      send(nexttoken);
      nexttoken=next();
    }
  }
  send(nexttoken);
  nexttoken=next();
}


void sysselect()
{
  send(nexttoken);
  nexttoken=next();

  while (nexttoken>=0xf8 )    /* Real-Time-Messages */
  {
    send(nexttoken);
    nexttoken=next();
```

```
  }

  if ( nexttoken < 0x80 )     /* Data-Byte */
  {
    send(nexttoken);
    nexttoken=next();
  }
  else
    error();
}


void syssongpos()
{
  send(nexttoken);
  nexttoken=next();

  while (nexttoken>=0xf8 )     /* Real-Time-Messages */
  {
    send(nexttoken);
    nexttoken=next();
  }

  if ( nexttoken < 0x80 )     /* Data-Byte */
  {
    send(nexttoken);
    nexttoken=next();
    while (nexttoken>=0xf8 )   /* Real-Time-Messages */
    {
      send(nexttoken);
      nexttoken=next();
    }
    if ( nexttoken < 0x80 )   /* Data-Byte */
    {
      send(nexttoken);
      nexttoken=next();
    }
    else
      error();
  }
  else
    error();
}


void SysCommonMsg()
```

```
{
  if ( nexttoken==0xf6)
  {
    send(nexttoken);
    nexttoken=next();
  }
  else
    if ( nexttoken==0xf2 )
      syssongpos();
    else
      if (nexttoken==0xf3 )
  sysselect();
      else
        error();
}


void metaevent()              /* Die verschiedenen */
{                             /* Meta-Events */
  unsigned char lengte;
  int i;
  long tempo;

  nexttoken=next();

  switch(nexttoken) {

  case 3:     lengte=next();              /* Titel */
        for (i=0;i<lengte;i++)
        putc(next(),stdout);
        nexttoken=next();
        break;

  case 0x2f:  if ((nexttoken=next())==0)
        stop=1;                /* Ende des Tracks */
        break;

  case 0x51:  if ((nexttoken=next())==3)  /* Tempo */
        printf("\nTempo change");
        tempo+=((nexttoken=next())*65536);
        tempo+=((nexttoken=next())*256);
        tempo+=(nexttoken=next());
        tempo/=clocktick;
        tempo/=12;
        settimspeed(tempo);
             nexttoken=next();
```

```
       break;

case 0x54:  if ((nexttoken=next())==5)
      printf("\nSMPTE");          /* Time-Stamp */
      for(i=0;i<6;i++)
      nexttoken=next();
      break;

case 0x58:  if ((nexttoken=next())==4)
      printf("\nTime sign.");
      for(i=0;i<5;i++)        /* Time-Signature */
      nexttoken=next();
      break;

default:     printf("\nUnbekanntes Meta-Event %d",next());
             while ((nexttoken=next())<0x80);
      break;
   }
}


void sysmsg()
{
  if ( nexttoken >= 0xf8 )
  {
    if ( nexttoken == 0xff )
      metaevent();
  }
  else
    if (nexttoken == 0xf0 )
      sysexmsg();
    else
      SysCommonMsg();
}


void chan1ByteMsg()
{
  send(nexttoken);
  nexttoken=next();

  while (nexttoken>=0xf8 )        /* Real-Time-Messages */
  {
    send(nexttoken);
    nexttoken=next();
  }
```

```
  if ( nexttoken < 0x80 )
  {
    send(nexttoken);
    nexttoken=next();
  }
  else
    error();
}

void chan2ByteMsg()
{
  send(nexttoken);
  nexttoken=next();

  while (nexttoken>=0xf8 )    /* Real-Time-Messages */
  {
    send(nexttoken);
    nexttoken=next();
  }

  if ( nexttoken < 0x80 )    /* Mit Data-Byte */
  {
    send(nexttoken);
    nexttoken=next();

    while (nexttoken>=0xf8 )   /* Real-Time-Messages */
    {
      send(nexttoken);
      nexttoken=next();
    }

    if ( nexttoken < 0x80 )    /* Mit Data-Byte */
    {
      send(nexttoken);
      nexttoken=next();
    }
    else
      error();
  }
  else
    error();
}

void chanmsg()
```

```
{
  if ( nexttoken >= 0xC0 && nexttoken < 0xE0 )
    chan1ByteMsg();
  else
    chan2ByteMsg();
}


void MIDImsg()
{
  if (nexttoken >= 0x80 )
    if ( nexttoken >= 0xF0 )
      sysmsg();
    else
      chanmsg();
  else                          /* Running Status */
  {
    send(nexttoken);            /* Data-Byte */
    nexttoken=next();

    if (nexttoken < 0x80 )    /* 0 of 1     */
    {                         /* Data-Bytes */
      send(nexttoken);
      nexttoken=next();
    }
    else
      error();
  }
}


void readvarlength()    /* Lese die Anzahl der Clock-Ticks */
{
  long value;

  if (( value = nexttoken) & 0x80 )
  {
    value &= 0x7f;
    do
    {
      value=(value << 7)+((nexttoken=next()) & 0x7f);
    } while ( nexttoken & 0x80);
  }

  nexttoken=next();
  zaehler=value;
```

```
    while(zaehler>0);
}


void MIDIstream()
{
    readvarlength();
    MIDImsg();
}


void Vmidiheader()   /* offset */
{
    if ((*(header+9))>0)
      printf("\nDies ist KEIN Format-0-MIDI-File!\n");

    pointer=header+((*(header+4))*65536);
    pointer+=((*(header+5))*4096);
    pointer=pointer+((*(header+6))*256)+(*(header+7))+8;
    pointer+=8;
}


void interrupt newtim()   /* zaehler */
{
    if (zaehler>0)
      zaehler--;
    oldtim();
}


main ( int argc, char *argv[])
{
    int result,type,tel;

    if ( !(argc==2) )
    {
      printf("\nUsage: playmidi < CMF-/MIDI-file > \n");
      return(-1);
    }

    if (!((result=loadfile(argv[1]))==0 ))
    {
      if (result==2)
        printf("\nZu wenig Speicher zur Verfügung.\n");
      else
```

```
      printf("\nFehler beim Laden %s.\n",argv[1]);
   return(-2);
}

if ((type=controle())==-1)
{
  printf("\nKein MIDI-CMF-Format. ");
  return(-3);
}

if (type)      /* Geschwindigkeit? */
  clocktick=( *(header+13) ) + ( (*(header+12))*256);
else
  clocktick=( *(header+0x0c) )+( (*(header+0x0d))*256);
settimer(clocktick,newtim);

resetDSP();

if (type)           /* Offset am Anfang */
  Vmidiheader();
else
  pointer=header+(*(header+8))+( (*(header+9))*256 );
nexttoken=next();

while ( !stop && !kbhit() )
MIDIstream();

if ( kbhit() ) getch();
resettimer();
printf("\nDas war's...");
free(hier);
return(0);
}
```

Listing 11.6: CMF-Midi-Spieler (C)

Kapitel 12

Der Mixer-Chip des
Sound Blaster Pro

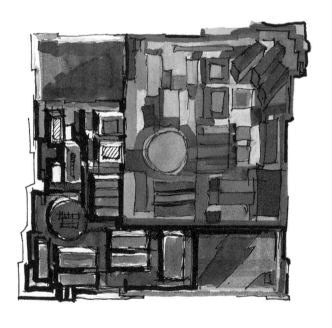

Wie bereits früher erwähnt, bietet der Sound Blaster Pro viele zusätzliche Möglichkeiten. Die meisten sind bereits in den vorangegangenen Kapiteln beschrieben worden.

Es gibt aber noch ein paar neue Funktionen, die nicht in die vorhergehenden Kapitel gehören. Dies sind die Funktionen, die vom Mixer-Chip unterstützt werden. Der Mixer-Chip sorgt für die ein- und ausgehenden Signale und mixt alle Signale zu einem einzigen Ausgabesignal. Zu diesen gehören auch die drei Eingabesignale (CD-ROM, Line- und Mikrophon-Eingabe).

So kann man sofort hören, was aufgenommen wurde, oder man kann sich einfach eine CD (Kapitel 6) anhören, ohne daß diese aufgenommen wird.

Der Mixer-Chip bietet die Möglichkeit, die Lautstärke jedes einzelnen Programmbestandteils zu regeln. Weiter besitzt der Chip noch zusätzliche Einstellungsmöglichkeiten für Aufnahme und Wiedergabe. Der Mixer-Chip wird über die Ports 2X4h und 2X5h programmiert (X=2 oder 4, dem Standard-Port entsprechend).

Das Programmieren der Ports

Das Programmieren der Ports 2X4h und 2X5h geschieht auf die gleiche Weise wie bei dem FM-Teil. Es wird ein Byte auf 2Xh geschrieben, welchee ein bestimmtes Register (eine Variable, die der Mixer-Chip verwendet) wählt.

Dieser Wert gilt als eine Art Index. Dann kann über Port 2X5h der Inhalt dieses Registers gelesen oder dem Register ein neuer Wert zugewiesen werden.

Beispiel (in Pseudocode):

```
[1] OUT 2X4h,3
[2] IN D,2X5h
[3] OUT 2X5h,9
[4] OUT 2X4h,7
[5] OUT 2X5h,D
```

In Zeile 1 wird Register 3 gewählt. Dadurch, daß dieses über Port 2X5h eingelesen wird, bekommt die Variable D den aktuellen Wert dieses Registers. Anschließend wird Register 3 mit dem neuen Wert 9 versehen. In Zeile 4 wird Register 7 gewählt und in Zeile 5 mit dem Wert des Register 3 versehen. Nach diesem Programm hat Register 3 also den Wert 9 und Register 5 den alten Wert des Register 3.

In den nächsten Abschnitten werden die Register behandelt, die im Mixer-Chip definiert wurden.

Es ist möglich, die verwendeten Register mit Standardwerten zu versehen. Dies geschieht, wenn der Mixer-Chip zurückgesetzt wird. Zu diesem Zweck muß zunächst eine 0 nach Port 2X4h geschrieben werden. Das Programm wartet eine Weile (etwa 0,5 Mikrosekunden), danach muß eine 0 nach Port 2X5h geschrieben werden. Nach dem Zurücksetzen haben alle Register wieder ihren Standardwert; die alten Werte sind überschrieben worden.

Die Einstellungen der Lautstärke

Jede Einstellung der Lautstärke ist in einem Einzelregister untergebracht. Bei jedem Bestandteil des Programms kann die Lautstärke des linken wie des rechten Kanals einzeln geregelt werden. Nur die Eingabe des Mikrophon hat nur eine einzige Einstellungsmöglichkeit, was logisch ist, weil diese keine Stereo-Möglichkeiten besitzt. Die Einstellungen der drei Eingabesignale haben aber einen gewissen Einfluß auf die Aufnahme. Steht die Einstellung auf 0, dann besteht die Aufnahme nur aus Stille.

Bestandteil	Registerindex	Standardeinstellung
Allgemein	22h	44h
VOICE	04h	44h
FM	26h	44h
CD	28h	00h
Line	2Eh	00h
Mikrophon	0Ah	00h

Tab. 12.1: Register der Einstellungen für die Lautstärke

Aufbau der Lautstärkeregister

Bits	Funktion
b7b6b5	Lautstärke des linken Kanals (0 – 7)
b3b2b1	Lautstärke des rechten Kanals (0 – 7)

Tab. 12.2: Aufbau des Lautstärkeregisters

Alle Registerwerte aus Tabelle 12.1 haben den gleichen Aufbau. Nur der Wert des Mikrophons ist abweichend.

Bits	Funktion
b2b1	Lautstärke des Mikrophons (0 – 3)

Tab. 12.3: Aufbau des Lautstärkeregisters des Mikrophons

Wie sich aus den obigen Werten ergibt, ist es möglich, die Lautstärke auf einen Wert zwischen 0 (Stille) und 7 (Maximum) einzustellen. Bei dem CT-VOICE-Treiber und auch bei einer Vielzahl der anderen Software für den Sound Blaster Pro kann die Lautstärke aber auf einen Wert zwischen 0 und 15 eingestellt werden. Dies ist möglich, weil diese Programme die Bits 0 und 4 benutzen, so daß ein 4-Bit-Wert eingestellt werden kann. Beim Mixer-Chip stellt sich aber heraus, daß diese Bits keine Funktion bei der Einstellung der Lautstärke haben (sie haben immer den Wert 1). Ein Grund dafür ist vielleicht, daß bei den nächsten Versionen des Sound Blaster Pro die Bits 0 und 4 wahrscheinlich benutzt werden, wodurch es möglich wird, die Lautstärke auf einen Wert zwischen 0 und 15 einzustellen.

Für die Einstellung des Mikrophon gilt das gleiche. Die Programme benutzen nun die Bits 2, 1 und 0 für die Regelung der Lautstärke, so daß es möglich wird, die Lautstärke auf einen Wert zwischen 0 und 7 einzustellen. Auch hier gilt wieder, daß Bit 0 immer den Wert 1 hat und deshalb keinen Einfluß auf die Lautstärke ausübt.

Es ist deutlich, daß die AND-, OR- und Shift-Funktionen gebraucht werden müssen, um die Lautstärke des linken oder rechten Kanals einzustellen, ohne den Wert des anderen Kanals zu verändern.

Für die Einstellung der Lautstärke des Mikrophon ist dies empfehlenswert, weil es möglich ist, daß bei den nächsten Versionen des Sound Blaster Pro andere Bits des OAH-Register benutzt werden, und diese also nicht mit einem festen Wert versehen werden können.

Der allgemeine Algorithmus für die Lautstärkeregelung ist:

1. Wähle Register.
2. Lies früheren Wert.
3. Lösche frühere Einstellung mit Hilfe der AND-Funktion.
4. Schiebe (Shift) wenn nötig den neuen Wert.

5.   Stelle den neuen Wert mit Hilfe der OR-Funktion ein.
6.   Schreibe den neuen Wert in das Register.

Das nächste Beispiel ist ein kurzes Programm, das den linken Lautstärkekanal auf den Wert 6 einstellt, ohne die Einstellung des rechten Kanals zu verändern.

Hinweis: Bei 2X4h und 2X5h ist X der gewählte Standard-Port, der von Ihnen selbst mit Hilfe der richtigen Einstellungen modifiziert werden muß!

```
MOV AH,6
MOV DX,2X4h   ; Schritt 1
MOV AL,22h
OUT DX,AL
INC DX        ; Schritt 2
IN AL,DX
AND AL,0FH    ; Schritt 3
MOV CL,4      ; Schritt 4
SHL AH,CL
OR AL,AH      ; Schritt 5
OUT DX,AL     ; Schritt 6
```

Listing 12.1: Assembler-Beispiel

```
Var
  OldV, NewV, Hilfe:Byte

Begin
  Port[$2X4]:=$22;        {Schritt 1}
  OldV:=Port[$2X5];       {Schritt 2}
  NewV:=OldV And $20F;    {Schritt 3}
  Hilfe:=6 shl 4;         {Schritt 4}
  NewV:=NewV or Hilfe;    {Schritt 5}
  Port[$2X5]:=NewV;       {Schritt 6}
End;
```

Listing 12.2: Pascal-Beispiel

```
{
int OldV, NewV,Hilfe;

outp(0x2X4,0x22);    /*Schritt 1*/
OldV =inp(0x2X5);    /*Schritt 2*/
NewV =OldV & 0x0f;   /*Schritt 3*/
```

```
Hilfe =6<<4;          /*Schritt 4*/
NewV =NewV | Hilfe;  /*Schritt 5*/
outp(0x2X5,NewV)      /*Schritt 6*/
}
```

Listing 12.3: C-Beispiel

Die Filter und andere Einstellungen

Neben den verschiedenen Einstellungen für die Lautstärke sind noch andere Einstellungen auf dem Mixer-Chip möglich. Dies geschieht mit Hilfe der drei Register 06H, 0CH und 0EH:

Register 06h

Dieses Register bestimmt die Art und Weise wie die FM-Kanäle wiedergegeben werden.

Bit	Funktion	Einstellung
b6	Der rechte Kanal	0=ein
		1=aus
b5	Der linke Kanal	0=ein
		1=aus

Tab. 12.4: FM-Wiedergabe

Funktionsweise:

Wenn beide Bits zurückgesetzt wurden (=0), dann findet normale Stereo-Wiedergabe statt. Wenn nur ein Bit zurückgesetzt wurde (=0), dann werden alle FM-Kanäle über den anderen Kanal wiedergegeben.

Beispiel: b6=1 & b5=0: Alles wird nun über den linken Kanal wiedergegeben. Wenn beide Bits zurückgesetzt wurden, dann findet keine FM-Wiedergabe statt. Auf diese Weise können die FM-Kanäle ausgeschaltet werden, ohne die Lautstärke zu verändern.

Register 0Ch

Dieses Register hat drei Funktionen für Sample-Aufnahmen.

Bits	Funktion	Einstellung
b5	Filter für VOICE-Eingabe	0=ein
		1=aus
b3	Durchlaß des Filters	0=hoch
		1=tief
b2b1	Wahl der VOICE-Eingabe	0=Port für Mikrophon
		1=CD-ROM
		2=unbenutzt
		3=Line-Port

Tab. 12.5: Sample-Aufnahmen

Funktionsweise:

Bit 5 bestimmt, ob Bit 3 benutzt wird. Bit 3 wählt den Filter. Mit Hilfe der Bits 2 und 1 kann die Eingabe, für das Aufnehmen eines Samples, bestimmt werden. Obwohl mehrere Eingabesignale zugleich wiedergegeben werden können, wird intern nur eines der drei Signale aufgenommen. Es ist also nicht möglich, ein Sample eines gemixten Signals von Line und CD-ROM aufzunehmen.

Register 0Eh

Dieses Register hat zwei Funktionen.

Bits	Funktion	Einstellung
b5	Filter-Ausgabe	0=ein
		1=aus
b1	Stereo/Mono	0=Mono
		1=Stereo

Tab. 12.6: Stereo/Mono

Funktionsweise:

Bit 1 wird sowohl für die Wiedergabe wie für die Aufnahme benutzt. Bit 5 bestimmt, ob der Filter für die Ausgabe benutzt werden soll oder nicht.

Wieder müssen Sie die AND-, OR- und Shift-Funktionen für die Veränderungen der verschiedenen Einstellungen verwenden. Auch hier gilt, daß bei den nächsten Versionen des Sound Blaster Pro bisher noch nicht benutzte Bits dann doch eine Funktion haben können. Es ist daher empfehlenswert, diese Bit-Werte nicht zu verändern. Für die Einstellungen der verschiedenen Bits gelten die Werte des Algorithmus aus dem vorigen Abschnitt.

Es sollte deutlich sein, daß die Programmierung des Mixer-Chips ziemlich stringent ist. Die Programmierung jeder Einstellung geschieht auf die gleiche Art und Weise.

Anhang A

Wie die Ports benutzt werden

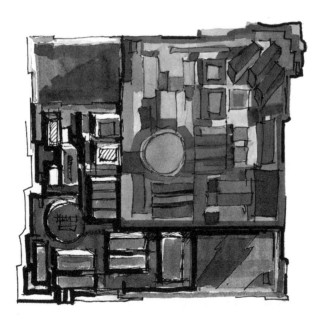

Sound Blaster

Mögliche Basis-Ports: 210h, 220h, 230h, 240h, 250h, 260h.

Port	Beschreibung	Anwendung
200h – 207h	Analoger Joystick-Port	lesen/schreiben
Port + 00h	C/MS 1 – 6 Registerdaten	schreiben
Port + 01h	C/MS 1 – 6 Registerauswahl	schreiben
Port + 02h	C/MS 7 – 12 Registerdaten	schreiben
Port + 03h	C/MS 7 – 12 Register	schreiben
Port + 06h	DSP-Reset	schreiben
Port + 08h	FM-Registerauswahl und Status	schreiben und lesen
Port + 09h	FM-Registerdaten	schreiben
Port + 0Ah	DSP-Daten	lesen
Port + 0Ch	DSP-Befehl oder Daten und Pufferstatus	schreiben und lesen
Port + 0Eh	DSP-Status vorhandener Daten	lesen
388h	FM-Registerauswahl und Status	schreiben und lesen
389h	FM-Registerdaten	schreiben

Tab. A.1: Übersicht der Sound Blaster-Ports (Port = Basis-Port)

Sound Blaster MCV

Mögliche Basis-Ports: 210h, 220h, 230h, 240h, 250h, 260h.

Port	Beschreibung	Anwendung
200h – 207h	Analoger Joystick-Port	lesen/schreiben
Port + 06h	DSP-Reset	schreiben
Port + 08h	FM-Registerauswahl und Status	schreiben und lesen
Port + 09h	FM-Register-Daten	schreiben
Port + 0Ah	DSP-Daten	lesen
Port + 0Ch	DSP-Befehl oder Daten und Pufferstatus	schreiben und lesen
Port + 0Eh	DSP-Status vorhandener Daten	lesen

Port	Beschreibung	Anwendung
338h	FM-Registerauswahl und Status	schreiben und lesen
389h	FM-Registerdaten	schreiben

Tab. A.2: Übersicht der Ports des Sound Blaster MCV (Port = Basis-Port)

Sound Blaster Pro

Mögliche Basis-Ports: 220h, 240h

Port	Beschreibung	Anwendung
200h – 207h	Analoger Joystick-Port	lesen/schreiben
Port + 00h	Auswahl und Status linkes FM-Register	schreiben und lesen
Port + 01h	Daten linkes FM-Register	schreiben
Port + 02h	Auswahl und Status rechtes FM-Register	schreiben und lesen
Port + 03h	Daten rechtes FM-Register	schreiben
Port + 04h	Mixer-Chip Registerauswahl	schreiben
Port + 05h	Mixer-Chip Registerdaten	schreiben/lesen
Port + 06h	DSP-Reset	schreiben
Port + 08h	Auswahl und Status beider FM-Register	schreiben und lesen
Port + 09h	Daten beider FM-Register	schreiben
Port + 0Ah	DSP-Daten	lesen
Port + 0Ch	DSP-Befehl oder Daten und Pufferstatus	schreiben und lesen
Port + 10h	CD-ROM-Befehl und Datenregister	schreiben und lesen
Port + 11h	CD-ROM-Statusregister	lesen
Port + 12h	CD-ROM Register-Reset	schreiben
Port + 13h	CD-ROM-Registerzulassung	schreiben
388h	FM-Registerauswahl und Status	schreiben und lesen
389h	FM-Registerdaten	schreiben

Tab. A.3: Übersicht der Ports des Sound Blaster Pro (Port = Basis-Port)

Anhang B

FM-Register

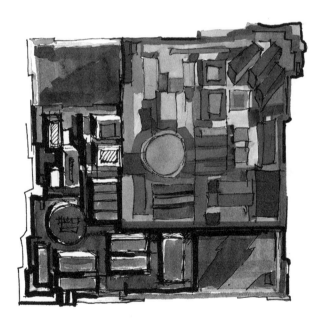

Tabelle B.1 enthält die verschiedenen Registergruppen. In Tabelle B.2 wird dargestellt, wie die 18 Operatoren über die 22 Ports verteilt sind. In der letzten Tabelle schließlich sind die Operatoren der rhythmischen Instrumente aufgelistet. Sie finden die Tabellen außerdem in Kapitel 8.

Register	Bit 7	Bit 6	Bit 5	Bit 4	Bit 3	Bit 2	Bit 1	Bit 0
01h	Test							
02h	Schneller Zähler							
03h	Langsamer Zähler							
04h	IRQ Reset	Mask sch.Z.	langs.Z.				Start/Stop sch.Z.	langs.Z.
08h	CSM	SEL						
20h–35h	AM	VIB	EG-TYP	KSR	MULTI			
40h–55h	KSL		TOTAL LEVEL (TL)					
60h–75h	ATTACK RATE (AR)				DECAY RATE (DR)			
80h–95h	SUSTAIN LEVEL (SL)				RELEASE RATE (RR)			
A0h–A8h	F-NUMMER							
B0h–B8h			KEY	BLOCK			F_NUMMER	
BDh	Stärke AM	VIB	Rythmus modus	BASS DRUM	SNARE DRUM	TOM TOM	TOP CYMBAL	HI HAT
C0h–C8h					FEEDBACK			FM
E0h–F5h							WS	

Tab. B.1: Allgemeine Übersicht der Registereinteilung

Operator	1	2	3	4	5	6	7	8	9
Kanal	1	2	3	1	2	3	4	5	6
Typ	Modulator			Carrier			Modulator		
Register	00h	01h	02h	03h	04h	05h	08h	09h	0Ah
Operator	10	11	12	13	14	15	16	17	18
Kanal	4	5	6	7	8	9	7	8	9
Typ	Carrier			Modulator			Carrier		
Register	0Bh	0Ch	0Dh	10h	11h	12h	13h	14h	15h

Tab. B.2: Verteilung der Operatoren über die Register

Instrument	Operator(en)
Bass Drum	13 & 16
Snare Drum	17
Tomtom	15
Top Cymbal	18
Hi-Hat	14

Tab. B.3: Einteilung der fünf Rhythmusinstrumente

Anhang C

Register der Mischer-Chips

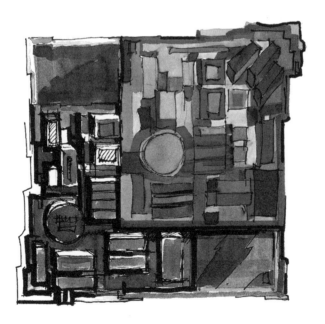

Register	Bit 7	Bit 6	Bit 5	Bit 4	Bit 3	Bit 2	Bit 1	Bit 0
00h	Data Reset							
02h	DSP Lautstärke links			XX	DSP Lautstärke rechts			XX
0Ah	XX	XX	XX	XX	XX	Mic Vol.		XX
0Ch	XX	XX	FINV	XX	TFIL	Select		XX
0Eh	XX	XX	FINV	XX	XX	XX		XX
22h	allg. Lautstärke			XX	allg. Lautstärke			XX
26h	FM Lautstärke links			XX	FM Lautstärke rechts			XX
28h	CD Lautstärke links			XX	CD Lautstärke rechts			XX
2Eh	Line Lautstärke links			XX	Line Lautstärke rechts			XX

Tab. C.1: Allgemeine Übersicht der Registereinteilung

Abkürzungen	Bedeutung
XX	nicht definiert
l.	links
r.	rechts
vol	Lautstärke
FINV	Filtereingabe
TFIL	Art der Filtereingabe
FUIT	Filterausgabe
ST	Stereo/Mono

Tab. C.2: Übersicht der Register des Mischer-Chips

Select	Eingabe über
0	Mikrophon-Port
1	CD-ROM
3	Line-Port

Tab. C.3: Select-Möglichkeiten

Anhang D

DSP-Befehle

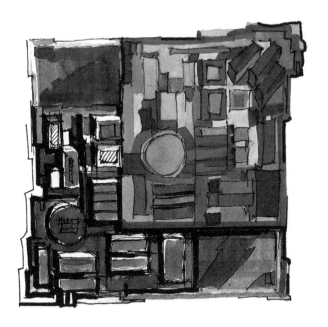

In diesem Anhang werden alle möglichen DSP-Befehle beschrieben. Alle DSP-Befehle werden ausnahmslos über Port 2XCh gegeben, während das Einlesen der Daten immer über Port 2XAh stattfindet.

Abspiel-Befehle

10h; 8-Bit direkt

1. Geben Sie den Befehl 10h.

2. Senden Sie ein Datenbyte.

3. Wiederholen Sie die Schritte 1 und 2 mit einer konstanten Geschwindigkeit.

14h; 8-Bit über DMA

1. Initialisieren Sie den DMA-Controller, und übernehmen Sie den IRQ-Interrupt.

2. Bestimmen Sie die Sample-Rate (beachten Sie auch Befehl 40h).

3. Geben Sie den Befehl 14h.

4. Senden Sie das niederwertige Byte der Länge des Sample-Blocks – 1.

5. Senden Sie das höherwertige Byte der Länge des Sample-Blocks – 1.

6. Die Sample-Ausgabe fängt sofort an, nachdem Schritt 5 ausgeführt wurde. Am Ende generiert der DSP einen Interrupt über das eingestellte IRQ-Interrupt. über DMA können Blöcke mit einer maximalen Länge von 64K-Bytes weitergeleitet werden. Größere Samples müssen also in kleinere Blöcke aufgeteilt werden.

91h; high speed 8-Bit-Übertragung via DMA (Pro)

1. Initialisieren Sie den DMA-Controller, und übernehmen Sie das IRQ-Interrupt.

2. Bestimmen Sie die Sample-Rate (beachten Sie auch Befehl 40h).

3. Geben Sie den Befehl 48h.

4. Senden Sie das niederwertige Byte der Länge des Sample-Blocks – 1.

5. Senden Sie das höherwertige Byte der Länge des Sample-Blocks – 1.

6. Geben Sie den Befehl 91h.

7. Die Sample-Ausgabe beginnt, nachdem Schritt 6 ausgeführt wurde. Am Ende generiert der DSP einen Interrupt über den eingestellten IRQ-Interrupt. über DMA können Blöcke mit einer maximalen Länge von 64K-Bytes weitergeleitet werden. Größere Samples müssen also in kleinere Blöcke aufgeteilt werden.

Bitte beachten Sie: Die Befehle 48h und 91h werden nur vom Sound Blaster Pro unterstützt. Die Befehle werden dazu verwendet, Samples mit einer höheren Sample-Rate abspielen zu können.

Komprimierte Samples abspielen

16h; 2-Bit-Komprimierung über DMA

Hierfür gilt das gleiche Verfahren wie für den Befehl 14h.

17h; 2-Bit-Komprimierung über DMA mit einem Referenzbyte

Hierfür gilt das gleiche Verfahren wie bei dem Befehl 14h. Das erste Byte der Sample-Daten ist das Referenzbyte. Die Sample-Daten sind ganz gewöhnliche 8-Bit-Sample-Daten. Wenn verschiedene Sample-Blöcke abgespielt werden, muß bei den nächsten Blöcken der Befehl 16h verwendet werden, da diese Sample-Blöcke kein Referenzbyte besitzen.

74h; 4-Bit-Komprimierung über DMA

Sehen Sie dazu die Bemerkung zu Befehl 16h.

75h; 4-Bit-Komprimierung über DMA mit Referenzbyte

Sehen Sie dazu die Bemerkung zu Befehl 17h.

76h; 2.6-Bit-Komprimierung über DMA

Sehen Sie dazu die Bemerkung zu Befehl 16h.

77h; 2.6-Bit-Komprimierung über DMA mit Referenzbyte

Sehen Sie dazu die Bemerkung zu Befehl 17h.

Aufnahme-Befehle

20h; direkte Aufnahme

1. Geben Sie den Befehl 20h.

2. Lesen Sie ein Datenbyte und speichern dieses.

3. Wiederholen Sie die Schritte 1 und 2 mit einer konstanten Geschwindigkeit.

24h; über DMA aufnehmen

1. Initialisieren Sie den DMA-Controller, und übernehmen Sie den IRQ-Interrupt.

2. Bestimmen Sie die Sample-Rate (beachten Sie auch Befehl 40h).

3. Geben Sie den Befehl 24h.

4. Senden Sie das niederwertige Byte der Länge des Sample-Blocks − 1.

5. Senden Sie das höherwertige Byte der Länge des Sample-Blocks − 1.

6. Geben Sie den Befehl 91h.

7. Die Sample-Ausgabe fängt an, nachdem Schritt 5 ausgeführt worden ist. Am Ende generiert der DSP einen Interrupt über den eingestellten IRQ-Interrupt. Über DMA können Blöcke mit einer maximalen Länge von 64K-Bytes weitergeleitet werden. Größere Samples müssen also in kleinere Blöcke aufgeteilt werden.

99h; high speed 8-Bits über DMA (Pro)

1. Initialisieren Sie den DMA-Controller, und übernehmen Sie das IRQ-Interrupt.

2. Bestimmen Sie die Sample-Rate (beachten Sie auch Befehl 40h).

3. Geben Sie den Befehl 48h.

4. Senden Sie das niederwertige Byte der Länge des Sample-Blocks – 1.

5. Senden Sie das höherwertige Byte der Länge des Sample-Blocks – 1.

6. Geben Sie den Befehl 91h.

7. Die Sample-Ausgabe fängt an, nachdem Schritt 6 ausgeführt worden ist. Am Ende generiert der DSP ein Interrupt über das eingestellte IRQ-Interrupt. über den DMA können Blöcke mit einer maximalen Länge von 64K-Bytes weitergeleitet werden. Größere Samples müssen also in kleineren Blöcken aufgeteilt werden.

Bitte beachten Sie: Die Befehle 48h und 99 h werden nur vom Sound Blaster Pro unterstützt. Die Befehle werden dazu verwendet, Samples mit einer höheren Sample-Rate aufzunehmen.

Lautsprecher-Befehle

D1h; den Lautsprecher einschalten

Nachdem dieser Befehl gegeben wurde, werden die Signale des DSP an den Verstärker der Karte weitergeleitet. Dieser Befehl nimmt etwa 112 Millisekunden in Anspruch.

D3h; den Lautsprecher ausschalten

Nachdem dieser Befehl gegeben wurde, leitet der DSP keine Signale mehr an den Verstärker weiter. Der DSP braucht höchstens 220 Millisekunden, um diesen Befehl auszuführen.

D8h; Abfrage der Lautsprecher-Einstellung

1.   Geben Sie Befehl D8h.

2.   Lesen Sie ein Byte des DSP. Wenn dieses Byte den Wert 0 hat, dann ist der Lautsprecher ausgeschaltet. Enthält das Byte den Wert 255, dann ist der Lautsprecher eingeschaltet.

Dieser Befehl wird ausschließlich vom Sound Blaster Pro unterstützt.

Sonstige Befehle

40h; die Sample-Rate einstellen

1.   Geben Sie Befehl 40h.

2.   Senden Sie das Byte, das das Ergebnis der folgenden Formel ist:

256 – 1000000 / Sample-Rate.

48h; die Blockgröße einstellen

Sehen Sie dazu die Befehle 91h und 99h.

80h; einen Stille-Block definieren

1.   Initialisieren Sie den IRQ-Interrupt.

2.   Bestimmen Sie die Sample-Rate (beachten Sie auch Befehl 40h).

3.   Geben Sie den Befehl 80h.

4.   Senden Sie das niederwertige Byte der Länge des Sample-Blocks – 1.

5.   Senden Sie das höherwertige Byte der Länge des Sample-Blocks – 1.

6.   Am Ende generiert der DSP einen Interrupt über den eingestellten IRQ.

D0h; DMA beenden

Beendet die DMA-Ein- und Ausgabe zwischen dem DSP und dem Speicher.

D4h; weiter mit DMA

Wenn der DMA-Vorgang unterbrochen wurde, kann er mit Hilfe dieses Befehls wieder fortgesetzt werden.

E1h; Versionsabfrage

1.   Geben Sie den Befehl E1h.

2.   Lesen Sie die höherwertige Nummer der Version.

3.   Lesen Sie die niederwertige Nummer der Version.

MIDI-Befehle

30h; direkte MIDI-Eingabe

1.   Geben Sie den Befehl 30h.

2.   Prüfen Sie, ob Bit 7 des Ports 2XEh gesetzt (=1) ist.

3.   Lesen Sie den MIDI-Code.

4.   Wiederholen Sie die Schritte 2 und 3.

31h; MIDI-Eingabe über Interrupt

1. Initialisieren Sie den IRQ-Interrupt.

2. Geben Sie den Befehl 31h.

3. Sobald ein MIDI-Code weitergeleitet wird, erzeugt der DSP einen Interrupt.

4. Die Interrupt-Routine muß den MIDI-Code einlesen und speichern.

5. Lesen Sie dann noch einmal die Daten des Ports 2XEh, und beenden Sie den Interrupt.

32h; direkte MIDI-Eingabe mit Timestamp

1. Geben Sie den Befehl 32h.

2. Testen Sie, ob Bit 7 des Ports 2XEh gesetzt (=1) ist.

3. Lesen Sie das niederwertige Byte des Timestamp.

4. Lesen Sie das mittlere Byte des Timestamp.

5. Lesen Sie das höherwertige Byte des Timestamp.

6. Lesen Sie den MIDI-Code.

7. Wiederholen Sie die Schritte 2 bis einschließlich 6.

Die Punkte 3 bis einschließlich 5 ergeben einen 24-Bits-Wert, der einen Zeitpunkt in Millisekunden darstellt. Dies ist die Zahl der Millisekunden, die verstrichen sind, nachdem der Befehl 32h gegeben wurde.

33h; MIDI-Eingabe mit Timestamp über den Interrupt

Dieser Befehl funktioniert genauso wie Befehl 31h. Es müssen jetzt aber 4 Bytes von der Interrupt-Routine eingelesen werden. Die drei ersten Bytes enthalten das Timestamp und das letzte Byte den eigentlichen MIDI-Code.

34h; direkter MIDI-UART-Modus

Nachdem dieser Befehl gegeben wurde, können sowohl MIDI-Codes gesendet wie eingelesen werden. Zum Schreiben braucht man nicht zuerst den Befehl 38h senden. Es
kann unmittelbar ein MIDI-Code an den DSP weitergeleitet werden.

35h; MIDI UART-Modus über den Interrupt

Dieser Befehl hat die gleiche Auswirkung wie Befehl 34h. Beim Lesen gelten jedoch
die gleichen Voraussetzungen wie für Befehl 32h.

37h; MIDI-UART-Modus mit Timestamp über den Interrupt

Auch hier gilt, daß nur über einen Interrupt gelesen werden kann. Der Interrupt muß
auch hier, wie bei Befehl 33h, außer dem MIDI-Code das Timestamp einlesen.

Für die UART-Optionen benutzt der DSP einen Puffer von 64 Bytes, so daß bei einer
allzu schnellen MIDI-Eingabe der DSP die MIDI-Codes im Puffer speichern kann. Der
DSP kann also selber höchstens 64 Codes ohne Timestamp oder 16 Codes mit Timestamp speichern.

38h; einen MIDI-Code senden

1. Geben Sie den Befehl 38h.
2. Lesen Sie Port 22Ch.
3. Wiederholen Sie Punkt 2 so lange, bis Bit 7 nicht mehr gesetzt ist.
4. Schreiben Sie einen MIDI-Code.

Bitte beachten Sie: MIDI UART und Timestamp werden nur vom Sound Blaster Pro
unterstützt. Der DSP muß zurückgesetzt werden (über Port 2X6h),
sobald man den UART-Modus aufheben will.

Anhang E

Abbildungsverzeichnis

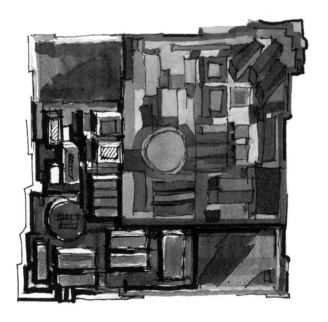

Anhang F

Tabellenverzeichnis

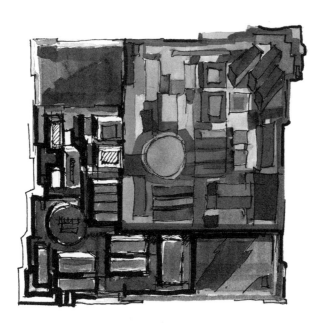

Anhang G

Listingverzeichnis

Stichwortverzeichnis

 **Fordern Sie ein Gesamtverzeichnis**
unserer Verlagsproduktion an:

SYBEX-Verlag GmbH
Erkrather Str. 345-349
D-4000 Düsseldorf 1
Tel.: (02 11) 97 39-0
Fax: (02 11) 97 39-1 99